古代歷史文化 研究輯刊

二九編

王明蓀 主編

第 8 冊

宋代史論探

曾育榮 著

國家圖書館出版品預行編目資料

宋代史論探／曾育榮 著 -- 初版 -- 新北市：花木蘭文化事業
有限公司，2023〔民 112〕
序 4+ 目 2+252 面；19×26 公分
（古代歷史文化研究輯刊 二九編；第 8 冊）
ISBN 978-626-344-152-1（精裝）
1.CST：宋史 2.CST：文集
618   111021683

ISBN-978-626-344-152-1

古代歷史文化研究輯刊
二九編 第 八 冊   ISBN：978-626-344-152-1

宋代史論探

作 者	曾育榮
主 編	王明蓀
總 編 輯	杜潔祥
副總編輯	楊嘉樂
編輯主任	許郁翎
編 輯	張雅淋、潘玟靜 美術編輯 陳逸婷
出 版	花木蘭文化事業有限公司
發 行 人	高小娟
聯絡地址	235 新北市中和區中安街七二號十三樓
	電話：02-2923-1455／傳真：02-2923-1452
網 址	http://www.huamulan.tw 信箱 service@huamulans.com
印 刷	普羅文化出版廣告事業
初 版	2023 年 3 月
定 價	二九編 23 冊（精裝）新台幣 70,000 元

宋代史論探

曾育榮 著

作者簡介

曾育榮（1969～），湖北鄂州人，歷史學博士，湖北大學歷史文化學院教授、博士生導師。主要從事五代十國史、宋代史、湖北地方史和中國史學史研究。迄今在《中華文史論叢》《歷史文獻研究》《思想戰線》《江漢論壇》《湖北社會科學》《南開學報》《湖北大學學報》《中國地方志》《中國史研究動態》《中國民族報》《中國科學報》等刊物和報紙（含論文集）發表學術論文50餘篇；出版專著《高氏荊南史稿》、《五季宋初史論探》，合著《中國歷史·五代史》、《荊楚史學》。

提　　要

　　該論文集的17篇文章，在時限上以兩宋為主，另有數篇亦兼及唐五代。就所探討的論題而言，大體可歸為如下幾類：其一是關於社會層面的思考，如從職業角度考察社會流動與社會變遷的關係，從民間信仰與國家意識耦合的維度分析武當真武崇拜在宋代的定型與獨尊，從民族政策的走向上認識西南地區融入中原王朝的總體趨勢，都是從不同方面解讀社會面相的嘗試與探索。其二是關於經濟史相關問題的初步認知，如關於農具稅源流的梳理、宋代人口政策的理解，書評和綜述也主要集中於該領域。其三是關於文獻、史學和教育史的討論，如《壽昌乘》《五代史闕文》、王禹偁的史學以及壽昌軍學的解剖，均屬此類。其四是關於歷史人物的認識，如王禹偁、洪适、崔與之，包括《宋代嶺南謫宦》，關注的都是人物在歷史時期的活動與影響。以上成果，反映的是作者近二十年對宋代史若干問題的不太成熟的看法，也是將來進一步從事兩宋史研究的起點和基礎。

序

葛金芳

　　半年前，亦即今年（2022 年）三月，曾君育榮所著《五季宋初史論探》（上、中、下三冊）剛剛面世，我未及讀完，八月又收到其所著《宋代史論探》文稿壹冊，內收近年刊發之 17 篇論文，囑我作序。吾不禁歎曰：「後生可畏，吾老矣，追猶不及也。」半年內，兩本文集選編出版，真是來不及讀啊。好在大部分論文此前曾看過，故樂而為之序。

　　彭忠德先生在為《五季宋初史論探》所寫的序中，希望曾君育榮「學超葛、張，望及昔賢」，懸的甚高，觀諸這本文集確有體現。曾君育榮讀本科時，彭忠德先生是其班主任，亦講授「歷史文選」課程。曾君在彭先生教導下篤學勤練，打下文言文閱讀的良好功底，加以品學兼優，本科畢業就留校工作。本科生能夠留校工作，這在上世紀九十年代初，確是不多見的個案。留校之後，曾君雖說從事學生工作，但依舊嗜學如故，在彭先生的影響下，對史學史甚有興趣，體現在這本文集中，就有史學史專輯，即如《王禹偁史學發微》等文，既有獨立見解，又顯史料功底，即可知受彭忠德先生影響之深。

　　在從事數年學生工作後，曾君育榮又找到我想讀研究生，我告之曰：「做學問很苦，不見得比做學生工作輕鬆。你先回去考慮一個禮拜，真願吃做學問之苦，再來找我。」如是拒之者三。曾君育榮鍥而不捨，我終於被他誠心打動，並布置了相關備考書目，結果他以高分勝出，成為我的第六屆研究生。讀碩三年，曾君育榮既要應付日常行政工作，又要跟我讀《宋史》《續資治通鑒長編》和大量的學界成果，確屬不易。我擔心他耽擱學業，常在半夜一兩點停止寫作之際，打電話問他今日《長編》讀至何卷，有何收穫，不料曾君每次都對答如

流，表明他正在燈下看書，完成我布置的「日課」。今天想來，敝人此舉確屬「殘酷」，不近情理，而曾君每夜挑燈看書之刻苦勤奮，則給我留下了深刻的印象。近二十餘年來，曾君育榮能有百萬餘字的論著面世，實乃勤奮所致。

研究生畢業後，曾君遂從行政崗位轉入教學崗位。本世紀初，我有幸成功申請國家社科基金重點項目《唐宋之際經濟結構變遷與國家經濟政策的互動關係研究》，曾君又成為我完成課題的得力助手，協助我撰寫了《20世紀以來唐宋之際經濟政策研究綜述》和《20世紀以來唐宋之際經濟格局變遷研究綜述》等論文，每文均長達幾萬字。發表時雖是我倆共同署名，實則十之八九的工夫係曾君所做，我只是順順文句，加寫個別小段而已，說是曾君所撰亦不為過。這兩篇文章一併收入文集中，亦可見其用力之勤，不曾鬆懈也。

研究生畢業兩年後，曾君又欲讀博深造，我推薦了暨南大學的張其凡先生為其導師。臨行前我囑之曰：「其凡兄文獻功底極為深厚，剛好彌補我之弱項。他為學生開設的『史源學實習』課程係授受於宋史大家陳樂素先生（陳垣先生之子），對於學生文獻學的訓練極為有效。你攻博期間若能將其凡兄之文獻學本領學到手，再輔之以敝人方法論之解剖刀，則前途無量矣。」果不其然，曾君入學之初，其凡兄即將人民出版社要求增補陶懋炳《五代史略》之任務壓在其頭上，且被納入人民出版社出版的中國斷代史系列之中。曾君遂在其凡兄指點下，先從陶著引文正誤入手，校勘筆記長達數萬字；在此過程中，又閱讀了一遍五代史的基本書籍；繼之，又按其凡兄手訂之增補提綱，將二十餘萬字的陶著增補為六十餘萬字的《中國歷史·五代史》，此書受到編輯張秀平、讀者和學界的一致好評。而以《高氏荊南史稿》為題的博士論文亦曾榮登暨南大學優秀博士畢業論文之列。其凡兄在世時與我說起此事，得意之情溢於言表！而此集中所收諸文，如抉發王禹偁《五代史闕文》之史料價值與著錄流別，考察清人輯錄南宋鄂州方志《壽昌乘》之輯佚始末，均得其凡兄「史源學實習」之真傳。可見讀博三年，曾君之文獻學功底大有長進，誠不我欺！

我治史強調通史眼光、全局視野，要在長時段中看出特定時段的變化來。若從經濟結構入手，敝意以為，中國五千餘年的文明，可以劃分為三個階段：此即先秦秦漢至唐代的古代農業社會、宋元明清時期的近世農商社會以及20世紀以來的現代工商業社會。其間發生的兩次轉折，一是唐宋之際商業浪潮的湧動；二是辛亥革命之後現代工業的興起。以個人認識而論，宋元明清農商社會有五大特徵：一是商品性農業的成長導致農村經濟結構發生變化；二是江南

市鎮興起，城市化進程以市鎮為據點不斷加速；三是早期工業化進程開始啟動，經濟成長方式從「廣泛性成長」向「斯密型成長」轉變；四是區域貿易、區間貿易向國際貿易擴展，市場容量增大，經濟開放程度提高；五是紙幣、商業信用、包賣商和雇傭勞動等帶有近世色彩的新經濟因素已然出現。在平時與曾君育榮的交談中，我曾提及農商社會還有很多特徵值得總結，如「流動社會」是否可以作為第六個特徵來概括。若與漢唐時期「中古田制經濟」（其典型為均田制）之凝固性比較，契約租佃經濟之下農民可以自主擇業，自由退佃，農民可以兼業工商以及官員、士兵、赴考士人的全國性流動等，在在顯示晚唐以後的社會更具活力。令人欣慰的是，這本文集所收第一篇長文即是《從「四民分業」到「四民不分」——唐宋時期的職業流動與社會結構變遷》，此文從晚唐以降職業分工擴大、職業層級淡化、官僚隊伍的平民化傾向驟強等方面，強調了農商社會的流動性特徵。於此可見，曾君之長時段眼光及全局視野亦日趨精進！

　　由此觀之，詞章、考據、義理之治學三要，在此二十多年中曾君均有斬獲。「學有傳承，後來轉精」，堅信曾君此後續有成果貢獻於學林，是所望也！

葛金芳

2022 年 8 月 13 日

草於太湖之畔

目

次

從「四民分業」到「四民不分」
——唐宋時期的職業流動與社會結構變遷

　　職業選擇及其變動空間攸關個體生存與社會穩定，是政府民間、朝野上下必須妥善解決的根本性問題；職業的分布與構成則是社會結構的主要表徵，不同歷史時期職業領域的樣貌，所反映的社會結構異同之差別，又隱含社會脈絡伸縮進退的跡象。因此，考察社會各階段職業構成的方式、形態及其對社會分層的直接作用，無疑是認識社會變遷的重要途徑。就中國傳統社會的發展進程而言，介於中古分水嶺的唐宋時期日趨活躍的職業流動，與魏晉南北朝相對凝滯、固化的狀態大異其趣，由以昭示出的是社會結構歷經部分調整發生變動的客觀事實。因其牽涉中國社會本土化演進的長時段走向，故而構成中古社會變遷引人注目的內容之一。此前學界關於唐宋職業論題的探討，主要從社會流動的角度，著眼於科舉制和商人社會地位兩方面展開。[註1] 其相關結論或可概

*與武漢市武珞路中學柯桂林老師合作。

〔註 1〕關於唐宋商人社會地位、科舉與社會流動的研究，此前學者已有梳理，分見張
　　　　邦煒：《「唐宋變革」論與宋代社會史研究》，李華瑞主編：《「唐宋變革」論的
　　　　由來與發展》，天津古籍出版社 2010 年版，第 1～62 頁；張天虹：《「走出科
　　　　舉」：七至二十世紀初中國社會流動研究的再思考》，《歷史研究》2017 年第 3
　　　　期。近年相關成果主要有，馮芸、桂立：《科舉制下宋代商人的社會流動及「士
　　　　商對流」的出現》，《北方論叢》2014 年第 2 期。馮芸：《宋代商人的社會流動
　　　　與宋代社會結構變遷》，《武漢理工大學學報》（社會科學版）2016 年第 1 期。
　　　　賈燦燦：《宋代工商業者的職業流動——以筆記小說為中心的考察》，《三峽大

括為：唐宋歷史變遷中的職業限制相較寬鬆，職業互通與兼容現象漸趨普遍，商人階層的職業流動尤為頻繁，「士多出於商」，傳統的重農抑商觀念發生變化，城市居民職業呈現多樣性，宋代的鄉村客戶上行流動卻仍然極其艱難等等。不過，既往成果大多偏重於唐宋斷代或特定職業群體的討論，而對於唐宋時期職業分合及其演變趨勢的通貫審視，職業流動的取向與典型表現，職業流動引發的社會結構調整等深層次問題關注不多，挖掘有限。有鑑於此，本文擬在考察職業壁壘的消解進程、職業流動的顯著表現的基礎上，分析唐宋職業流動的總體走向及其所導致的社會結構變遷，以期有裨於揭發中古社會結構本土化演進的一般性規律。

一、職業壁壘的消解：由分到合職業流動形成的直接條件

唐宋時期的職業領域，大體經歷了從「四民分業」到「四民不分」的轉變。其前提條件則是先秦魏晉以來長期守護的職業壁壘，自唐初以降即呈緩慢消解之狀。伴隨職業限制的不斷鬆懈乃至取消和廢棄，原先各種職業恒久固定甚至累世相承的局面，最終被職業間的轉換以及互通互融的新面貌取而代之。

史實表明，「四民分業」格局從先秦以迄唐中葉，長達千年之久。春秋時期職業群體劃分已經形成如《管子・小匡》所說的「士、農、工、商四民」的基本結構，《國語》卷6《齊語》亦有「士之子恒為士」「工之子恒為子」「商之子恒為商」「農之子恒為農」的說法。以上職業世襲、無法變更的面相，其後歷經秦漢至魏晉而弗改，諸如「罔有兼業」〔註2〕「各修其業」〔註3〕「各肆其業」〔註4〕之類的說法，其實就是現實生活中「四民分業」的實際狀況在時人觀念上的映像。

唐代初期依然實行「四民」各有其業、各業世襲的政策，武德七年（624）敕令：「士農工商，四人各業。食祿之家，不得與下人爭利。工商雜類，不得預於士伍。」〔註5〕貞觀年間（627～649），太宗曾對臣僚說：「朕設此官員，

學學報》（人文社會科學版）2016年第5期；《經商：宋代社會流動的重要渠道》，《社會科學論壇》2017年第9期。

〔註2〕〔漢〕班固：《漢書》卷100下《敘傳》，中華書局點校本1964年版，第4266頁。

〔註3〕〔宋〕司馬光：《資治通鑒》卷18，漢武帝元朔二年夏引「荀悅論曰」，中華書局點校本1956年版，第607頁。

〔註4〕〔梁〕沈約：《宋書》卷56《孔琳傳》，中華書局點校本1979年版，第1559頁。

〔註5〕〔後晉〕劉昫等：《舊唐書》卷48《食貨志上》，中華書局點校本1975年版，第2089頁。

以待賢士，工商雜色之流，假令術逾儔類，止可厚給財物，必不可超授官秩，與朝賢君子比肩而立，同坐而食。」〔註6〕其意旨在劃清士與工商之間的界限。開元七年（719）的法令也稱：「辨天下之四人，使各專其業：凡習學文武者為士，肆力耕桑者為農，功作貿易者為工，屠沽興販者為商。（工、商皆謂家專其業以求利者；其織紝、組紃之類，非也。）工、商之家不得預於士，食祿之人不得奪下人之利。」〔註7〕可見時至中唐，仍在實施「四民」各自職業相對固定、不可隨意改變的剛性原則。

細究其實，「四民分業」的政策指向，主要是防範士與工商之間的牽連與轉化。觀諸初唐所頒禁諭，如貞觀元年（627）十月敕：「五品以上，不得入市。」〔註8〕次年十二月重申：「禁五品以上過市。」〔註9〕開元二十九年（741）詔令：「或有衣冠之內，寡於廉隅，專以貨殖為心，商賈為利。須革其弊，以清品流。有犯者，委京都御史臺及諸道採訪使具以狀聞，當則處分。宣布中外，咸使知聞。」〔註10〕其目的莫不在於禁止官員從事工商業，以防官員與商人階層勾結為伍。不過，維繫千餘年的「四民分業」規定，卻與即便是唐初的現實情形也未盡一致。易言之，「各修其業」「各肆其業」「各專其業」的強制性規則，未必得到切實的貫徹和推行，甚至在某些方面業已出現鬆動的跡象。誠如論者所言：「在現實中，有關『四人分業』和標明工商卑賤身份的某些硬性的規定事實上在不斷地被打破。」〔註11〕而硬性規定被打破，主要指工商入仕禁令的解除和農業人口束縛的鬆綁。

（一）工商入仕禁令的解除

職業壁壘的撼動，最早來自於工商勢力的持續衝擊。中唐以前工商業階層的社會地位居於「四民」之末端，被禁止轉變職業身份，尤其是入仕。初唐律

〔註6〕《舊唐書》卷177《曹確傳》，第4607頁。

〔註7〕〔唐〕李林甫等：《唐六典》卷3《尚書戶部》，中華書局點校本1992年版，第74頁。

〔註8〕〔宋〕王溥：《唐會要》卷86《市》，上海古籍出版社點校本2006年版，第1873頁。

〔註9〕〔宋〕歐陽修、宋祁：《新唐書》卷2《太宗紀》，中華書局點校本1975年版，第29頁。

〔註10〕〔宋〕王欽若等：《冊府元龜》卷159《帝王部·革弊一》，鳳凰出版社點校本2006年版，第1776頁。

〔註11〕凍國棟：《唐宋歷史變遷中的「四民分業」問題》，氏著：《中國中古經濟與社會史論稿》，湖北教育出版社2005年版，第456頁。

令即規定：「官人身及同居大功以上親，自執工商，家專其業者，不得仕。其舊經職任，因此解黜，後能修改，必有事業者，三年以後聽仕。其三年外仍不修改者，追毀告身，即依庶人例。」〔註12〕另有史籍亦載：「凡官人身及同居大功以上親，自執工商，家專其業，及風疾、使酒，皆不得入仕。」〔註13〕

　　然而史料顯示，商人進入官場的現象，自初唐起就已陸續出現。〔註14〕如武德元年（618）十二月，「置公廨本錢，以諸州令史主之，號捉錢令史。每司九人，補於吏部，所主才五萬錢以下，市肆販易，月納息錢四千文，歲滿授官」。〔註15〕出任「捉錢令史」者大多係商人。其時商人還可納貲入仕，如貞觀年間（627～629），安州商人彭通獻布五千段「以資征人」，拜宣議郎；〔註16〕高宗在位期間，安州巨商彭志筠「以殖貨見稱」，「請以家絹布二萬段助軍」，「詔受其絹萬匹，特授奉議郎」〔註17〕等。在此前後，商人還通過出任「斜封官」、告密、交結權貴而躋身官僚隊伍。〔註18〕中宗景龍年間（707～710），亦有臣僚上疏說：「至於公府補授，罕存推擇，遂使富商豪賈，盡居纓冕之流。」〔註19〕中唐以降，工商業者以納貲而入仕者更是日見增多，文宗開成元年（836）十二月的詔令即稱：「仕雜工商，實因鬻爵。」〔註20〕

　　不過，入仕禁令在初唐的被打破，並不能表明工商業者入仕道路的暢通。因為包括納貲、出任「捉錢令史」「斜封官」、告密和交結權貴等方式，或為權宜之計，或為特權恩賜，均非制度化設置，本質上仍然屬違禁之舉。從入仕制度的角度考察，作為隋唐掄才大典的科舉制，才是選拔人才的制度化路徑。但科舉制在隋代推行之初便明確將工商業者排除在外，文帝開皇七年（587）規

〔註12〕〔唐〕長孫無忌等撰，岳純之點校：《唐律疏議》卷25《詐偽》，上海古籍出版社2013年版，第396頁。

〔註13〕《舊唐書》卷43《職官志二》，第1820頁。

〔註14〕關於唐代商人入仕的研究，參見傅璇琮：《唐代科舉與文學》，陝西人民出版社1986年版，第197～199頁；林立平：《唐宋時期商人社會地位的演變》，《歷史研究》1989年第1期；薛平栓：《論唐代商人階層政治意識的提高》，《人文雜誌》1991年第6期；宋軍風：《唐代入仕商人任職考析》，《唐都學刊》2010年第3期。

〔註15〕《唐會要》卷93《諸司諸色本錢上》，第1985頁。

〔註16〕〔宋〕李昉等：《太平御覽》卷820《布帛七·布》，河北教育出版社點校本1994年版，第629頁。

〔註17〕《舊唐書》卷84《郝處俊傳》，第2800頁。

〔註18〕宋軍風：《唐代商人入仕途徑考析》，《唐都學刊》2010年第3期。

〔註19〕《舊唐書》卷101《辛替否傳》，第3155頁。

〔註20〕《冊府元龜》卷160《帝王部·革弊二》，第1782頁。

定:「諸州歲貢三人,工商不得入仕。」〔註21〕開皇十六年(596)重申:「工商不得仕進。」〔註22〕揆諸歷史實際,遲至晚唐,科舉制方始逐漸放寬對工商業者赴試的限制。文宗太和元年(827),成都酒商之子陳會進士及第,〔註23〕這是目前所知關於唐代商人入仕的最早記錄。在此之後直至唐末,又有鹽商之子畢誠、〔註24〕常修、〔註25〕顧雲〔註26〕等三人及「當壚」之子陳詠登進士科。〔註27〕再結合乾符二年(875)唐廷針對入仕工商業者「不令任當處官」〔註28〕,即不得在本州任刺史、鎮將的規定來看,似可表明作為入仕正途的科舉考試,事實上唐末已經向工商業者有所放開。

晚唐工商業者之所以被允許參加科舉考試,顯然與其財富力量的增強和知識水平的提高有關,與之相應的是工商業者政治意識的漸趨濃厚和卑賤地位的改善,〔註29〕其主要表現為市籍制的廢除和匠籍制的鬆弛。在商品經濟浪潮的衝擊下,首先是市籍制遭到廢棄,宣宗大中七年(853)七月二十日「廢州縣市印」〔註30〕,即廢止負責估定物價的市署,是為市籍制弛廢的標誌。姜伯勤先生從市籍登錄與市人、市籍與名田、市籍與遠役、市籍與貢舉、市籍與服色等多方面,論述了市籍制終結的原因及其後果。〔註31〕至於匠籍制,由於和雇制和納資代役的施行,則在唐代中後期顯現出衰落和鬆懈的跡象。〔註32〕市籍制和匠籍制歷經的上述演變,說明工商業者的身份性色彩日漸淡化,其社

〔註21〕〔唐〕杜佑:《通典》卷14《選舉二·歷代制中》,中華書局點校本1988年版,第342頁。

〔註22〕《資治通鑑》卷178,隋文帝開皇十六年六月甲午,第5550頁。

〔註23〕〔宋〕孫光憲:《北夢瑣言》卷3《陳會螳螂賦》,中華書局點校本2002年版,第62頁。

〔註24〕《北夢瑣言》卷3《戲改畢誠相名》,第42頁。

〔註25〕〔宋〕李昉等:《太平廣記》卷271《關圖妹》,中華書局斷句本1961年版,第2134頁。

〔註26〕《太平廣記》卷184《韋貽範》,第1375頁。

〔註27〕《北夢瑣言》卷7《鄭準譏陳詠》,第158頁。

〔註28〕〔宋〕宋敏求編:《唐大詔令集》卷72《典禮·南郊六·乾符二年南郊赦》,商務印書館排印本1969年版,第405頁。

〔註29〕參見林立平:《唐宋時期商人社會地位的演變》,《歷史研究》1989年第1期;薛平栓:《試論唐代商人階層政治意識的提高》,《人文雜誌》1991年第6期。

〔註30〕《冊府元龜》卷504《邦計部·關市》,第5734頁。

〔註31〕姜伯勤:《從判文看唐代市籍制的終結》,《歷史研究》1990年第3期。

〔註32〕唐長孺:《魏、晉至唐官府作場及官府工程的工匠》,氏著:《魏晉南北朝史論叢續編》,生活·讀書·新知三聯書店1959年版,第60～92頁。

會地位較之唐代初期的「賤類」〔註33〕「異類」〔註34〕已有大幅提升，從而為工商業者參加科舉考試創造了條件。

趙宋開國之初，雖說也曾頒行「不許有大逆人緦麻以上親，及諸不孝、不悌、隱匿工商異類、僧道歸俗之徒」〔註35〕，「身是工商雜類」〔註36〕應試的規定，但不久即淪為具文，科舉也最終以法令的形式向工商業者開放。太宗淳化三年（992）三月詔曰：「國家開貢舉之門，廣搜羅之路……工商雜類人內有奇才異行，卓然不群者，亦許解送。」〔註37〕英宗治平元年（1064）六月的詔書又有「工商雜類有奇才異行者，亦聽取解」〔註38〕的說法。此類規定無疑為有「奇才異行，卓然不群」的工商子弟躋身仕途，提供了制度性保障，工商業者藉此即有機會完成向「士」的轉變。

科舉制對工商業者的開放，一定程度上標誌著禁止工商業者入仕為宦的制度約束已經解除，工商到仕宦的職業轉移由此成為可能。正是由於不再受到來自於制度層面的阻礙，宋代工商業者及其子弟得以參加科舉並邁入官場的事例，較之前代更為多見，「尤其到南宋時，商賈及其子弟可以參加各級科舉考試，如果省試或殿試及格，還能獲得官職」〔註39〕。這當然是科舉繼宋代中葉以後進一步向工商業者開放的結果，也是工商業者衝破入仕禁錮的客觀反映。其顯著意義則在於，因工商入仕瓶頸的突破，秦漢以來職業世襲的局面得以逐步破解，職業流動的長期封閉狀況開始有所鬆動。

（二）農業人口職業束縛的鬆綁

大致與工商業者取得科舉入仕資格而動搖職業禁令當中最為堅固的根基相同步，「四民」之中的「農」，也逐漸從職業轉移的禁錮中掙脫出來。在此轉變過程中，有兩點至為重要：其一是科舉制對作為寒族主要構成的業農者開放，使以「農」為業者有相當的機會進入仕途；其二是中唐以後賦役和戶籍制度的調整，有利於個體小農轉而從事工商等職業。

〔註33〕《舊唐書》卷92《韋安石傳》，第2956頁。

〔註34〕《新唐書》卷45《選舉志下》，第1171頁。

〔註35〕《宋史》卷155《選舉志一·科目上》，第3605頁。

〔註36〕〔清〕徐松輯：《宋會要輯稿》選舉三之二五「科舉條制」，中華書局影印本1957年版，第4274頁。

〔註37〕《宋會要輯稿》選舉一四之一五～一六，第4490頁。

〔註38〕〔宋〕李燾：《續資治通鑑長編》卷202，治平元年六月癸卯，中華書局點校本2004年版，第4890頁。

〔註39〕朱瑞熙：《論宋代商人社會地位及其歷史作用》，《歷史研究》1986年第2期。

　　首先來看科舉制對於農民職業的影響。早在上世紀 40 年代，就有學者指出：「科舉制度多少是以前社會流動的一條路，是當時所瞭解的人才所由覓取上升或『出頭』的一個階梯。」〔註40〕其間的原因則在於旨在選拔官僚的科舉制，其對象不再侷限於「九品官人法」時代的血緣貴族，而是面向更廣泛的社會群體，特別是對中小地主階級的開放，從而為寒門子弟躋身仕途製造了機會。〔註41〕唐宋之際科舉制度不斷完善的進程，實際上就是「貴冑與寒人之一轉換過程，亦階級消融之一過程」，具體表現為「唐代以名族貴冑為政治、社會之中堅……北宋則以由科舉上進之寒人為中堅」〔註 42〕。而「取士不問家世」〔註43〕帶來的必然結果，則是士階層的成分遂由貴族為主蛻變為以「寒人為中堅」。寒人自然不乏業農者，當然主要是庶民地主。

　　客觀而論，科舉制的實施相當程度上清除了入仕為宦受限於家世普通、出身寒微的障礙，打開了原先封閉和堵塞的仕進通道，為業農者及其後裔進入官僚隊伍開放了制度空間，使由「農」至「士」的職業轉變成為可能。南宋時期，除冒貫匿服、觸犯刑律及殘疾之人外，皆可應舉，乃至以屠牛為業的屠夫，亦允許發解赴省試，〔註 44〕科舉實際已經向包括農民子弟在內的更大範圍和社會各階層全面開放，這就為農民子弟的向上流動提供了更為廣闊的渠道。這種由科舉制而導致的職業層面之變化所產生的實際影響，在於瓦解了自先秦至唐初「士之子恒為士」的僵化格局，取而代之的是「英雄不問出身」「學而優則仕」的新氣象。

　　其次再看中古田制經濟框架的垮塌與賦役制度的調整，對個體小農職業流動產生的影響。所謂中古田制經濟，是指北魏、北齊、北周和隋、唐五朝實行的均田制經濟體系，其實質內涵是國家通過計口授田的方式，將農民固著在指定的土地上，以提供維持各級政府運轉的賦役基礎。儘管各朝均田令在授田

〔註40〕潘光旦、費孝通：《科舉與社會流動》，《社會科學》第 4 卷第 1 期，1947 年 10 月，第 1～22 頁。

〔註41〕韓國磐：《唐朝的科舉制度與朋黨之爭》，氏著：《隋唐五代史論集》，生活·讀書·新知三聯書店 1979 年版，第 273～275 頁。

〔註42〕孫國棟：《唐宋之際社會門第之消融——唐宋之際社會轉變研究之一》，氏著：《唐宋史論叢》，上海古籍出版社 2010 年版，第 337 頁。

〔註43〕〔宋〕鄭樵：《通志二十略》《氏族略第一·氏族序》，中華書局點校本 1995 年版，第 1 頁。

〔註44〕〔宋〕幔亭曾孫：《名公書判清明集》卷 14《宰牛者斷罪拆屋》，中華書局點校本 1987 年版，第 535 頁。

數量、對象、土地買賣及繼承等規定方面存在若干差異,但有一點卻是共通的,此即均田小農「不得無故而移」〔註45〕。這種禁止小農地理空間流動的做法,實際上是傳統農業經濟時代長期行用的方式。在各種控制均田小農的措施中,尤以手實、戶籍、計帳的編制最能體現政府禁止農業人口流移的強硬態度,而其意圖在於確保賦役的徵收,顯然也寓含防止農民與土地脫離,轉而從事其他職業的可能。

然而,由於唐代中葉以後均田制的難以為繼,人丁稅性質的租庸調遂被資產稅性質的兩稅法所取代。兩稅法賦稅徵收遵循的「戶無主客,以見居為簿。人無丁中,以貧富為差」〔註46〕原則,已然顯現出流動體制的色彩。其時的「客戶」,已逐漸不再有和「土戶」相對應的含義,而是指浮遊各地、並無固定籍貫的民戶,通常稱為「浮客」。各地政府允許「浮客」就地落籍完稅,重新納入編戶齊民行列。於是,階級關係上的「土、客對稱」轉化為「主、客對稱」〔註47〕,政府不再拘守農民「不得移徙」的成規,而是默認小農地理空間流動的現狀。

中唐以兩稅法取代租庸調制,實際也意味著中古田制模式的消亡,歷史自此進入「田制不立」「不抑兼併」的時代,國家從法令上承認土地買賣的合法性,原屬兩稅戶的「客戶」大量淪為無地農民,「社會上的佃食客戶日趨增多,客戶不再是以往那種只注家籍的佃客賤民,這是世官世祿士族地主衰落和農民人身依附關係不斷削弱的必然結果」〔註48〕。在契約租經濟關係確立和不斷深化的過程中,農民的經濟地位和社會地位也處於變動狀態。雖說「地主大田產和農民小田產的並存,租佃關係愈占主導地位,地主以實物地租為主體」,的確在農業經濟關係方面有凝固的一面,但就「人戶的經濟地位和社會身份而言,卻是流動的」〔註49〕。這種經濟地位和身份地位的流動性,相當程度上與農民的職業變更存在密切關係。從根本上來說,農戶的職業流動,是政府對於人身關係干預力度減弱的必然產物。宋代除川黔、荊湖北路及淮南東路的個別

〔註45〕〔北齊〕魏收:《魏書》卷110《食貨志》,中華書局點校本1974年版,第2854頁。
〔註46〕《舊唐書》卷48《食貨志上》,第2093頁。
〔註47〕陳樂素:《主客戶對稱與北宋戶部的戶口統計》,《浙江學報》第1卷第2期,1947年10月;收入陳智超編:《陳樂素史學文存》,廣東人民出版社2012年版,第452頁。
〔註48〕張澤咸:《唐代階級結構研究》,中州古籍出版社1996年版,第387～388頁。
〔註49〕王曾瑜:《宋朝階級結構》(增訂版),中國人民大學出版社2010年版,第45頁。

地區，人身依附關係的枷鎖依舊頗為牢固之外，全國大部分地區總體上處於超經濟強制日趨鬆弛的狀況中，廣大客戶普遍取得了遷徙與退佃的權利，〔註50〕人身依附關係漸趨弱化。

從對職業結構影響的角度分析，由唐至宋農民人身依附關係的日漸鬆動，客觀上又為小農從事非農職業留下了餘地。在強經濟強制日漸鬆弛、人身依附關係減弱、貧富分化持續加劇的總體背景下，被拋置於土地之外的農民不得不另謀生計，而契約租佃關係中對農民自由遷徙權利的認可，則為他們轉向其他職業領域鋪平了道路。事實上，喪失土地的鄉村小農，往往流入市鎮或從事商業活動，或成為雇傭勞動者，尤以後者為多，李唐時期已是如此，入宋以後更是成為一種普遍現象。「因而從某種意義上來說，他們是城市中雇傭人口的後備軍，也是工商業、搬運、建築等行業的最大的後備軍。」〔註51〕

二、職業流動的加速：職業轉換的常態化現象

緣於中唐以後職業束縛的漸次鬆動，職業流動的壁壘基本垮塌，各種職業之間的轉移日見頻繁。而在唐宋職業流動中尤為值得注意者，當在於以入仕和經商為目標的職業轉變以及職業兼容現象的出現。前者（入仕和經商）預示的是前近代社會向近現代社會過渡發生在職業領域的總體演進方向，具有引領後續的路標性意義；後者（職業兼容）反映的則是職業界限模糊的事實，亦是職業流動逐步深化並為社會高度認可的本相，由此昭示出的是社會開放程度的日益加深。

（一）仕進目標刺激下的農、工、商至士的轉化

「四民」既是四種職業的概括，也是社會地位高下的次序排列。作為「四民」之首的「士」，在以嚴格的等級秩序為統治原則的中國傳統社會，其地位遠在其他三者之上，所謂「治民者士也」〔註52〕「士農工商，古有四民，惟儒最貴」〔註53〕，故而入仕為宦一直是傳統中國絕大數社會成員的普遍追求，唐

〔註50〕葛金芳師：《對宋代超經濟強制變動趨勢的經濟考察》，《江漢論壇》1983 年第 1 期。

〔註51〕凍國棟：《唐宋歷史變遷中的「四民分業」問題》，第 459～460 頁。

〔註52〕〔宋〕王禹偁：《上真宗論軍國大政五事》，〔宋〕趙汝愚編：《宋朝諸臣奏議》卷 145，上海古籍出版社點校本 1999 年版，第 1651 頁。

〔註53〕〔宋〕吳芾：《湖山集》卷 1《和淘勸農韻勉吾鄉之學者》，景印文淵閣四庫全書，第 1138 冊，臺灣商務印書館影印本 1986 年版，第 448 頁。

宋時代概莫能外。

　　中唐以降及兩宋時期，普通民眾躋身官場的絕佳方式，莫過於通過科舉考試，故而科舉對於無權無勢的農、工、商等從業者，產生了巨大的吸引力，所謂「科第之設，草澤望之起家，簪紱望之繼世。孤寒失之，其族餒矣；世祿失之，其族絕矣」〔註54〕。如前所述，科舉制繼創設之初即向業農者的中小地主階級開放後，至晚唐伊始又逐漸放寬對工商業者的身份限制，北宋中葉以後，工商入仕的制度約束完全解除，農、工、商子弟通過科舉進入官僚階層者已不乏其人。如中唐詩人王建詩云：「所念俱貧賤，安得相發揚。」〔註55〕「衰門海內幾多人，滿眼公卿總不親。」〔註56〕，足見其出身之貧寒；武宗會昌元年（841）進士及第的楊收「出自寒門，旁無勢援」〔註57〕；宣宗大中十四年（860）中進士的翁彥樞實為「鄉人」〔註58〕等等，都是具體例證。唐末皮日休也曾說：「文教如膏雨，儒風如扶搖，草茅之士得以達，市井之子可以進。」〔註59〕其中的「市井之子」，無疑就是工商業子弟。

　　由唐入宋，科舉錄取人數大幅增加。據統計與推算，唐朝290年間共取進士約2.32萬人，平均每年約為80人。宋朝320年間的貢舉登科人數，進士、諸科等正、特奏名總共約11萬人，平均每年約為360多人，為唐朝的4.5倍；如僅計算正奏名，平均每年取士也有188人以上，亦約為唐朝的2.4倍。〔註60〕而在兩宋科舉大規模增加錄取人數的條件下，進士及第者中出自平民家庭的更為多見。其中，如以農家子弟入仕者有，「世為農家」〔註61〕、係「磨家兒」〔註62〕的王禹偁，太平興國八年（983）進士及第。仁宗朝宰相王曾，

〔註54〕 〔五代〕王定保：《唐摭言》卷9《好及第惡登科》，上海古籍出版社編：《唐五代筆記小說大觀》（下），上海古籍出版社點校本2000年版，第1654頁。
〔註55〕 〔唐〕王建：《王司馬集》卷1《送張籍歸江東》，景印文淵閣四庫全書，第1078冊，臺灣商務印書館影印本1986年版，第582～583頁。
〔註56〕 《王司馬集》卷8《自傷》，第613頁。
〔註57〕 《舊唐書》卷177《楊收傳》，第4600頁。
〔註58〕 《太平廣記》卷182《翁彥樞》，第1359～1360頁。
〔註59〕 〔唐〕皮日休：《皮子文藪》卷8《內辨》，上海古籍出版社點校本1981年版，第83頁。
〔註60〕 張希清：《中國科舉制度通史》（宋代卷），上海人民出版社2017年版，第19頁。
〔註61〕 《宋史》卷293《王禹偁傳》，第9793頁。
〔註62〕 〔宋〕畢仲游：《西臺集》卷16《丞相文簡公行狀》，景印文淵閣四庫全書，第1122冊，臺灣商務印書館影印本1986年版，第198頁。

「少孤，鞠於仲父宗元，從學於里人張震，善為文辭。咸平中，由鄉貢試禮部、廷對皆第一」〔註63〕。孫抃，祖輩世代「以田為業」，至其本人「始讀書屬文」，天聖八年（1030）中進士。〔註64〕同年，蔡襄「以農家子舉進士，為開封第一，名動京師」〔註65〕，後累官至翰林學士、三司使。紹興二十七年（1157）進士第一人的王十朋，同樣出身於貧窮家庭，其詩自述：「與子十年同把酒，貧賤未能離隴畝。」〔註66〕高宗朝名臣吳芾自稱「我本農家世賤貧」〔註67〕「我是田家本業農」〔註68〕。而商人子弟入仕者也時有所見，太宗朝官員許驤之父本係商人，「嘗擁高貲於汴、洛間……因不復行賈，卜居睢陽，娶李氏女，生驤」，然後教子業儒應科舉。〔註69〕真宗時，茶商侯某「家產甚豐贍」，其子於大中祥符八年（1015）進士及第。〔註70〕仁宗朝連中三元的馮京，「其父商也」〔註71〕；曹州「市井人」于令儀之子伋、姪傑和傲皆進士及第。〔註72〕高宗紹興年間（1131～1162），「鬻曲於市而挾書隨之」的小商人黃瑀，棄商從儒，後中進士。〔註73〕廣州一大商，送子至京師國子監就讀，後「登上第而歸」〔註74〕。縉雲富商潘氏，其子「擢進士第，至郡守」〔註75〕。諸如此類，不勝枚舉。

〔註63〕《宋史》卷 310《王曾傳》，第 10182 頁。

〔註64〕《宋史》卷 292《孫抃傳》，第 9776 頁。

〔註65〕〔宋〕歐陽修：《歐陽修全集》卷 35《端明殿學士蔡公墓誌銘》，中華書局點校本 2011 年版，第 522 頁。

〔註66〕〔宋〕王十朋：《王十朋全集·詩集》卷 5《周仲翔和詩贈以前韻》，上海古籍出版社點校本 2012 年版，第 70 頁。

〔註67〕《湖山集》卷 10《種德堂》，第 578 頁。

〔註68〕《湖山集》卷 10《送侄赴廷試》，第 579 頁。

〔註69〕《宋史》卷 277《許驤傳》，第 9435 頁。

〔註70〕〔明〕解縉等：《永樂大典》卷 13139《夢·夢擒虎》引〔宋〕聶田《祖異記》，中華書局影印本 1986 年版，第 5690 頁。

〔註71〕〔宋〕羅大經：《鶴林玉露》乙編卷 4《馮三元》，中華書局點校本 1983 年版，第 192 頁。

〔註72〕〔宋〕王辟之：《澠水燕談錄》卷 3《奇節》，中華書局點校本 1981 年版，第 30 頁。

〔註73〕〔宋〕朱熹：《朱熹集》卷 93《朝散黃公墓誌銘》，四川教育出版社點校本 1996 年版，第 4729 頁。

〔註74〕〔宋〕李廌：《師友談記》之《客話胡翼之善教大商之子》，中華書局點校本 2002 年版，第 38 頁。

〔註75〕〔宋〕洪邁：《夷堅甲志》卷 11《潘君龍異》，中華書局點校本 1981 年版，第 98 頁。

　　與農民子弟入仕主要依賴科舉有所不同的是，商人還通過進納錢粟、接受官府招募為國家收稅、充當出使隨員以及戰場立功等途徑加官晉爵，〔註76〕這種情況極為常見，所謂「遍滿天下，一州一縣，無處無之」〔註77〕。此外，手工業者入仕之人亦復不少，如哲宗在位期間，「都下犀玉工董進」，被補為太醫助教；〔註78〕仁宗時，「主磁湖冶者」大姓程叔良「補班行」〔註79〕；神宗時，韶州岑水場坑爐戶湯潮，因「出私錢捕獲強盜」，錄為下班殿侍；〔註80〕徽宗時，虔州坑爐戶齊之才「自備才〔財〕力，不借官本，竇到淨利，依格補官」承信郎〔註81〕等等，都是富有的手工業者進入仕途的顯例。正因如此，故而時有「士雜出於工商異類」〔註82〕，「本朝尚科舉，顯人魁士，皆出寒畯」〔註83〕等說法。

（二）求富動機驅使下的由農至工商的流動

　　在「民之欲富貴也，共闔棺而後止」〔註84〕的觀念支配下，入則謀官，出則經商，是晚唐以降社會成員擇業時優先考慮的兩大目標，所謂「夫賈為厚利，儒為名高。夫人畢事儒而不效，則弛儒而張賈，既則身饗其利矣。及為子孫計，寧弛賈而張儒。一弛一張，迭相為用」〔註85〕。特別是在唐宋時期日趨繁榮的商品經濟浪潮的帶動下，社會上的經商風氣長熾不衰，從事工商業者的人口持續增長，於是由業農轉向經營工商業者有增無減。有學者指出，「隨著商品經濟的興旺發達以及身份性等級觀念的日趨淡漠，非商人身份的商業經營者越來越多，致使工商業經營者的出身成分呈覆雜化。中唐後商人之外的商業經營者，主要有農業人口、寺院僧侶及士大夫」〔註86〕。其中的農業人口，顯然佔

〔註76〕朱瑞熙：《宋代商人的社會地位及其歷史作用》，《歷史研究》1986年第2期。

〔註77〕《宋會要輯稿》職官五五之三九，第3618頁。

〔註78〕〔宋〕何薳：《春渚紀聞》卷2《雜記‧正透翔龍犀》，中華書局點校本1983年版，第26頁。

〔註79〕《宋史》卷302《吳及傳》，第10025頁。

〔註80〕《續資治通鑒長編》卷300，元豐二年九月庚午，第7298頁。

〔註81〕《永樂大典》卷7327《郎‧承信郎》，第3074頁。

〔註82〕〔宋〕歐陽守道：《巽齋文集》卷5《回包宏齋書》，景印文淵閣四庫全書，第1183冊，臺灣商務印書館影印本1986年版，第541頁。

〔註83〕〔宋〕趙彥衛：《雲麓漫鈔》卷7，中華書局點校本1996年版，第116頁。

〔註84〕〔戰國〕商鞅：《商君書‧賞刑第十七》，《叢書集成》，第5冊，上海書店出版社影印本1984年版，第30頁。

〔註85〕〔宋〕汪道昆：《太函集》卷52《海陽處士金仲翁配戴氏合葬墓誌銘》，明萬曆十九年金陵刻本。

〔註86〕林立平：《唐宋時期商人社會地位的演變》，《歷史研究》1989年第1期。

有較大比重。

就小農家庭而言，在耕織活動之外，因滿足生活必需品、生產資料的需求以及補貼家用的需要，還必須不同程度地參與商品交易。特別是鄉村破產農戶有更大可能被迫流亡外地，或為客戶，或轉向工商業。唐中葉前後就有逃戶淪為小商小販者，如玄宗天寶年間（742～756），寄住於相州王叟宅中的一位客戶，「唯賣雜粉香藥」，「有五千之本，逐日食利，但存其本，不望其餘，故衣食常得足」〔註87〕。再如張守一者，「滄景田里人也……乃負一柳篋，鬻粉黛以貿衣食，流轉江淮間」〔註88〕。唐中期兩稅法實施以後，伴隨人身依附關係的鬆弛，少地或無地的農民從事工商業的情形更為多見，乃至出現「客行野田間，比屋皆閉戶。借問屋中人，盡去作商賈」〔註89〕的情況。德宗在位期間，「（農民）鄉居地著者百不四五，如是者迨三十年」〔註90〕。穆宗長慶年間（821～824），京畿盩至縣城內，「三蜀移民，游手其間，市閭雜業者多於縣人十九，趨農桑業者十五」〔註91〕。文宗太和年間（827～835），「漢州什邡縣百姓王翰，常在市日逐小利」〔註92〕。從雇傭而轉向商業者亦有所見，如齊州富家翁劉十郎「壯年時，窮賤至極，以妻傭舂以自給」，後以「鬻醋油為業」，數年以來，「其息百倍，家累千金」〔註93〕。又有雇傭以謀生者，如汴州百姓趙懷正之妻阿賀，「（段）成式家雇其紉針」〔註94〕。並且，以經濟作物為主的商品性農業的發展，也為鄉村小農轉向工商業領域拓寬了道路，如南方產茶區即存在不少專業茶農。瀘州百姓「作業多仰於茗茶，務本不同於秀麥」〔註95〕；祁門縣「千里之內，業於茶者七八矣」〔註96〕；江淮人也

〔註87〕《太平廣記》卷165《王叟》引《原化記》，第1210頁。

〔註88〕《太平廣記》卷289《張守一》，第2303頁。

〔註89〕〔宋〕姚合：《姚少監詩集》卷6《莊居野行》，景印文淵閣四庫全書，第1081冊，臺灣商務印書館影印本1986年版，第724頁。

〔註90〕《唐會要》卷83《租稅上》，第1820頁。

〔註91〕〔唐〕沈亞之：《盩至縣丞廳壁記》，〔清〕董誥等：《全唐文》卷736，中華書局影印本1983年版，第7600頁。

〔註92〕《太平廣記》卷108《王翰》，第731頁。

〔註93〕《太平廣記》卷138《齊州民》，第997頁。

〔註94〕〔唐〕段成式：《酉陽雜俎續集》卷3《支諾皋下》，景印文淵閣四庫全書，第1047冊，臺灣商務印書館影印本1986年版，第785頁。

〔註95〕〔唐〕李商隱：《為京兆公乞留瀘州刺史洗宗禮狀》，《全唐文》卷772，第8048頁。

〔註96〕〔唐〕張途：《祁門縣新修閶門溪記》，《全唐文》卷802，第8430～8431頁。

是「什二三以茶為業」〔註97〕；江南「百姓營生，多以種茶為業」〔註98〕等等，都是例證。

此外，鄉村富室兼營商業的情形在唐代也頗為多見，唐人詩中即稱：「良田收百頃，兄弟猶工商。」〔註99〕如洪州胡氏起初家境貧困，其後「家稍充給，農桑營贍，力漸豐足」，乃以其子「主船載麥，泝流詣州市」〔註100〕。這是富有農戶兼營糧食販易的情況。德宗時有名為申蘭者，「若農若商，或畜貨於武昌」〔註101〕，其人在從事種植業的同時，又在武昌經商。此類事例難以遍舉，其詳情細節可參閱凍國棟先生的相關成果。〔註102〕

農民轉而從事工商業的情形，兩宋時期愈益常見。鄉村地主往往並不滿足於田租所得而兼營商業。鄜州洛川縣龍門鄉趙里人趙和，其家「世以服田力穡為業，冠鄉戶之甲」，但其志不在「勤勞稼穡」，遂將家產付於宗族，「寓跡汾水之上，樂其人物蕃庶，井邑駢密，貿易經營，得遂其志……自秦抵晉，謹身節用，不十數年，復豫豪籍之右」〔註103〕。廣安軍隱士陳某（字淳老），迫於家境貧困，於是「投筆而歸問田舍事」，經過「料理深藏，權時盈虛，其術在計然、邸夷之間，產加十倍」〔註104〕。操「計然之術」而「權時盈虛」，顯然是經商有方，獲利豐厚。至於鄉村百姓為彌補生計不足而從事工商業者更是不乏其人。真宗時，河東地區「地寒民貧」，百姓「仰石炭以生」〔註105〕。再如「歙之大姓汪氏，一夕山居，漲水暴至，遷寓莊戶之廬。莊戶，硯工也」〔註106〕，即由「莊戶」轉變為「硯工」。鄭四客，「台州仙居人，為林通判家佃戶。後稍有儲羨，或出入販貿紗帛海物」〔註107〕，其人大體已經從客戶轉化為從

〔註97〕《冊府元龜》卷510《邦記部·重斂》，第5800頁。

〔註98〕〔唐〕佚名：《禁園戶盜賣私茶奏》，《全唐文》卷967，第10042頁。

〔註99〕〔宋〕范攄：《雲溪友議》卷下《蜀僧喻》，景印文淵閣四庫全書，第1035冊，臺灣商務印書館影印本1986年版，第614頁。

〔註100〕《太平廣記》卷374《胡氏子》引《錄異記》，第2974頁。

〔註101〕《太平廣記》卷128《尼妙寂》，第908頁。

〔註102〕凍國棟：《唐代的小農經濟與經營方式管見》，第376~378頁。

〔註103〕〔宋〕裴公輔：《宋故趙公墓誌銘并序》，〔清〕胡聘之編：《山右石刻叢編》卷17，山西人民出版社影印本1988年版。

〔註104〕〔宋〕李新：《跨鼇集》卷29《陳隱士碣銘》，景印文淵閣四庫全書，第1124冊，臺灣商務印書館影印本1986年版，第646頁。

〔註105〕《宋史》卷284《陳堯佐傳》，第9582頁。

〔註106〕《春渚記聞》卷9《歙山斗星硯》，第132頁。

〔註107〕〔宋〕洪邁：《夷堅支景》卷5《鄭四客》，中華書局點校本1981年版，第919頁。

事海外貿易的商人。又有「常州無錫村民陳承信，本以販豕為業，後極富」〔註108〕，即由鄉村百姓改以販運業為衣食之源。此外，也有以雇傭謀生者，如四川「邛州村民日趨成都府小東郭橋上賣工，凡有錢者，皆可雇其充使令擔負也」〔註109〕；另有鄱陽鄉里小民，「樸純無它技，唯與人傭力受值。族祖家日以三十錢顧〔雇〕之舂穀，凡歲餘得錢十四千」〔註110〕。更為重要的是，在商品經濟不斷向農村滲透的形勢下，諸如茶戶、桑戶、藥戶、漆戶、鹽戶等專業種植戶的大量湧現，不僅使農村糧食生產的單一性局面被打破，而且孵化出新型的工商業群體。如「蜀之茶園，皆民兩稅地，不殖五穀，唯宜種茶……民賣茶資衣食，與農夫業田無異」〔註111〕；鄂州崇陽縣，「民不務耕織，唯以植茶為業」〔註112〕，上述以種茶製茶售茶作為生業的民戶，其所生產的產品主要以市場交換為目的。這是兩宋時期眾多農民轉營工商或兼營工商在產業結構變動上引發的積極效應，值得重視。

　　職此之故，仁宗時即已有「賈區夥於白社，力田鮮于駔儈」〔註113〕的說法。南宋人亦云：「耕織之民，以力不足，或入於工商、髡褐、卒夫，天下無數，皆農所為也。」〔註114〕「（農戶）秋成之時，百逋叢身，解償之餘，儲積無幾，往往負販傭工以謀朝夕之贏者，比比皆是也。」〔註115〕由此可見，兩宋時期由業農者而轉變為工商業者或從事雇傭勞動的現象的確頗為普遍。而在鄉村客戶大量向城市流動的過程中，不少人逐漸完成了向小商、小販、小工和雇工的職業轉化。〔註116〕至於兩宋官員大多經商的情形，學界此前已有專

〔註108〕《夷堅甲志》卷7《陳承信母》，第56頁。

〔註109〕〔宋〕佚名：《夷堅續志》前集卷2《幻術為盜》，《適園叢書》，民國五年烏程張氏刻本，第370頁。

〔註110〕〔宋〕洪邁：《夷堅丙志》卷11《錢為鼠鳴》，中華書局點校本1981年版，第462頁。

〔註111〕《宋史》卷184《食貨志下六‧茶下》，第4498頁。

〔註112〕〔宋〕沈括：《夢溪筆談‧補筆談》卷2《官政》，中華書局點校本2015年版，第293頁。

〔註113〕〔宋〕夏竦：《文莊集》卷13《進策‧賤商賈》，景印文淵閣四庫全書，第1087冊，臺灣商務印書館影印本1986年版，第168頁。

〔註114〕〔宋〕高弁：《望歲》，〔宋〕呂祖謙：《宋文鑒》卷125《雜著》，中華書局點校本1992年版，第1752頁。

〔註115〕〔宋〕王柏：《魯齋集》卷7《社倉利害書》，景印文淵閣四庫全書，第1186冊，臺灣商務印書館影印本1986年版，第113頁。

〔註116〕李華瑞：《論宋代鄉村客戶的流動》，鄧小南、榮新江主編：《唐研究》第11卷，北京大學出版社2005年版，第632頁。

文論及，此處不贅。〔註117〕

　　還應看到的是，「以末致財，以本守之」是中國傳統社會相沿積久的財富保值觀念，社會各階層在經營商業獲取一定的財富後，又通常性地將工商所獲之利投入農業生產。如唐代蘭陵人蕭靜之，「舉進士不第，性頗好道……結廬漳水之上，十餘年而顏貌枯悴……因遷居鄴下，逐市人求什一之利，數年而資用豐足，乃置地葺居」〔註118〕；長安大商人鄒鳳熾，「邸店園宅，遍滿海內」〔註119〕，也頗能說明商人將商業贏利投入農業經營的相關情況。宋代「私家變金銀為田產，乃是長久萬全之策」〔註120〕的觀念更加濃厚，商人「累千金之得以求田問舍」〔註121〕的活動更為多見。如被鄂州張翁救活的一名死囚，利用劫得的五千餘緡錢，「作賈客販賣」，後於晉絳間置買田宅，〔註122〕可謂商人與地主的一身二任。南宋初期的張勰，身無長物，「周旋四方，頻拾仰取，數航海，歷交阯、勃泥諸國，其貨日湊……於是買田鷟州郭外，教其子以學」〔註123〕。同樣將商業利潤轉向了田產。

（三）雙向需求激勵下士、農、工、商之間的兼業

　　在職業壁壘被打破和職業界限日漸模糊的制度環境中，唐宋時期多種職業的交叉兼容，也是職業領域出現的新變化。其主要表現是官僚兼營農業或商業以及農業與手工業、商業之間的兼容，其典型形態則是「官僚、地主、商人的三位一體化」和「小農、小工、小商的三位一體化」，這是職業流動頻繁所帶來的必然結果。

　　首先來看官僚兼營農業或商業的情況。漢唐以來，官僚多半是大地主，此乃常態，所謂「今凡稱衣冠，罔計頃畝」〔註124〕。而兩宋時期土地買賣的合法化又為官員佔有田地大開方便之門，其時官戶大多執守如下信條：「人生不可無田，有則仕宦出處自如，可以行志。不仕則仰事俯育，粗了伏臘，不致

〔註117〕朱瑞熙：《宋代商人的社會地位及其歷史作用》，《歷史研究》1986年第2期。
〔註118〕《太平廣記》卷24《蕭靜之》，第162頁。
〔註119〕《太平廣記》卷495《鄒鳳熾》，第4062頁。
〔註120〕〔宋〕蘇軾：《蘇軾文集》卷26《奏議·論給田募役狀》，中華書局點校本1986年版，第771頁。
〔註121〕《跨鼇集》卷20《上王提刑書》，第563頁。
〔註122〕《夷堅乙志》卷7《布張家》，第243頁。
〔註123〕〔宋〕呂祖謙：《東萊集》卷11《墓誌銘·大梁張君墓誌銘》，景印文淵閣四庫全書，第1150冊，臺灣商務印書館影印本1986年版，第96頁。
〔註124〕〔唐〕楊虞：《復宮闕後上執政書》，《全唐文》卷866，第9075頁。

喪失氣節。」〔註125〕因此「宦遊而歸，鮮不買田」〔註126〕的現象極為普遍。
儘管宋廷明令禁止現任官員利用職權經商牟利，但縱其子弟或親屬經營商業，
則在許可範圍之內，從而為官員以變相的方式經商留下了可乘之隙。加之占
官員總數絕大部分的低級官員之俸祿並不高，〔註127〕迫於生計亦多從事工商
業，所謂「自非朝廷侍從之列，食口稍眾，未有不兼農商之利而能充其養者
也」〔註128〕。所以，自宋代開國之際，即有不少官員冒法犯禁從事商業，在
政策允許範圍之內經營商業的官員更是比比皆是。其形式多種多樣，或長途
販運，賺取地區差價；或開設作坊，生產物品出賣；或開設邸店，從事服務
業；或開辦商店，以坐賈獲利；或插手海外貿易，牟取暴利。誠如論者所言：
「上至帝王將相，下至閒官士子，大至海外貿易，小至家內商店，所販物品
從針頭線腦到人口，無所不有，並出現了『吏商』一詞。」〔註129〕而宋代官
員經商的普遍化態勢，確如南宋人歐陽守道所說：「後世農、工、商皆非古，
所謂士雜於三人者之中，亦各隨其習焉。又有本非其素而習近之者，故未嘗
為農而近農，未嘗為工而近工，未嘗為商而近商。為國者知取士命官，而不
知布滿中外，乃彼三人者。」〔註130〕質言之，士與農、工、商相混，為官者
亦兼營農業、手工業或商業，從而形成官僚、地主和商人三位一體的情形。
對此，明人歸有光有如下認識：「古者四民異業，至於後世，而士與農、商常
相混。」〔註131〕清人沈垚也說：「宋太宗乃盡收天下之利權歸於官，於是士
大夫始必兼農商之業，方得贍家。」〔註132〕其間的士大夫兼營農商之論，當
為兩宋社會的實態。

〔註125〕〔宋〕周煇撰，劉永翔校注：《清波雜志校注》卷11《常產》，中華書局1994年版，第469頁。

〔註126〕〔宋〕袁燮：《絜齋集》卷16《叔父承議郎通判常德府行狀》，景印文淵閣四庫全書，第1157冊，臺灣商務印書館影印本1986年版，第224頁。

〔註127〕何忠禮：《宋代官吏的俸祿》，《歷史研究》1994年第3期。

〔註128〕〔宋〕王安石：《王安石文集》卷39《上仁宗皇帝言事書》，中華書局點校本2021年版，第649頁。

〔註129〕程民生、白蓮仲：《論宋代官員、士人經商——兼談宋代商業觀念的變化》，《中州學刊》1993年第2期。

〔註130〕《巽齋文集》卷25《說·四民說》，第717頁。

〔註131〕〔明〕歸有光：《震川先生集》卷13《白庵程翁八十壽序》，上海古籍出版社點校本2007年版，第319頁。

〔註132〕〔明〕沈垚：《落帆樓文集》卷24《費席山先生七十又壽序》，民國七年吳興劉氏嘉業堂刻吳興叢書本，第312～313頁。

再看農業、手工業、商業兼營的情形。關於唐代農、工、商兼業的記載並不多見，但亦不乏其例。如李清，「北海人也，代傳染業……家富於財，素為州里之豪甿。子孫及內外姻族，近百數家，皆能游手射利於益都」〔註133〕。可見李氏身兼作坊主、大地主和商人三種角色。進入宋代，兼營農、工、商業者更趨常見。如北宋思想家李覯，14歲時父親去世，「是時家破貧甚……水田裁二三畝，其餘高陸，故常不食者」，其母「剛正有計算」，「晝閱農事，夜治女功。斥賣所作，以佐財用。蠶月蓋未嘗寢，勤苦竭盡，以免凍餒」〔註134〕。在李母的操持下，其家是農、工、商兼作。再如新安人吳十郎者，「淳熙初，避荒，挈家渡江，居於舒州宿松縣。初以織草屨自給，漸至賣油，才數歲，資業頗起，殆且鉅萬……自後廣置田土」〔註135〕。同樣是農、工、商三者兼業。與之類似，「平江城北民周氏，本以貨麩麵為生業。因置買沮洳陂澤，圍裹成良田，遂致富贍。其子納貲售爵，得將仕郎」〔註136〕。兩宋時期小農、小工與小商相互之間兼容的實例，所在多有，實不勝枚舉。

實際上，單純就一般鄉村民戶的農業收入而言，通常無法滿足家庭日常生活的需要，必須通過在農閒季節外出從事商販、傭工、燒陶或燒炭等工作獲取收入，才能彌補維持生計所需開支的不足。〔註137〕這是農夫兼營副業、兼作工商的基礎性動因。兩宋三百年間的一個重要趨勢是，在農民家庭經濟收入中，「工」的收入比重越來越大，因而形成與農業相結合的匠戶，反映出由農向工方面的轉化。〔註138〕正因如此，「宋代農民在農業生產的同時，普遍以兼業的方式從事手工業小商品生產、小商業經營、小雇傭勞動……從而出現了小農、小工、小商的三位一體化趨勢」〔註139〕。

〔註133〕《太平廣記》卷36《李清》，第230頁。

〔註134〕〔宋〕李覯：《李覯集》卷31《先夫人墓誌》，中華書局點校本1981年版，第359頁。

〔註135〕〔宋〕洪邁：《夷堅支癸》卷3《獨腳五通》，中華書局點校本1981年版，第1238頁。

〔註136〕〔宋〕洪邁：《夷堅三志己》卷7《周麩麵》，中華書局點校本1981年版，第1357頁。

〔註137〕梁庚堯：《南宋的農村經濟》，新星出版社2006年版，第125～127頁。

〔註138〕漆俠：《宋代經濟史》（上冊），上海：上海人民出版社1987年版，第532頁。

〔註139〕李曉：《論宋代小農、小工、小商的三位一體化趨勢》，《中國經濟史研究》2004年第1期。

三、職業結構的重組：職業流動加劇背景下的社會變遷

發生於唐宋時期的職業流動，無論是廣度抑或是深度，都遠非此前的魏晉六朝所能比擬。而職業流動的方式、規模及頻次，勢必帶動社會結構及其構成方式的演進，進而呈現出與前此時代明顯不同的面相，彰顯出社會變遷的內在發展理路。擇其要者而言，有如下數端。

（一）社會縱向流動導致士階層成分的變化

科舉制在唐宋時期的持續推行，使得科舉出身的官僚所佔比重逐漸加大，門閥士族憑藉門第而躋身仕途的現象愈益減少，最終讓位於大量沒有家世背景的寒門子弟進入官場，士階層的成分遂由貴族為主蛻變為以「寒人為中堅」。這是官僚隊伍成分的結構性改變，意義重大。

就唐代情況而言，寒素在開國期間、安史之亂及唐末的比例分別為29%、28.4%和29.5%，而在武后當政、唐玄宗前期分別為25.5%與24.5%。〔註140〕兩《唐書》所載的830名唐代進士，士族子弟與小姓合計698人，占總數的84.1%，寒素子弟132人，僅及總數的15.9%。〔註141〕總體來看，唐代寒素任官的比重略大於魏晉南北朝時期，士族則在全體官員中的比例略有下降。儘管唐代科舉每年錄取人數有限，尚不足以造成全部官員中寒素比重的大幅度上揚，但其卻使最高層官員的主要來源發生了變化，並確立了一種穩固的傳統。〔註142〕而在遭受唐末動亂的打擊之後，世家大族的勢力更呈衰落之勢，五代各朝士族出身官員在文職官員中的比例持續下滑，由後梁的53.1%驟降至後唐的34.8%，後晉、後漢分別為33.3%和22.5%，至後周則僅有20.9%，「士族沒落的跡象甚為明顯，士族占統治階層二分之一的現象，至此全然改變，這是中古型社會架構的下坡面」〔註143〕。

自晚唐以至兩宋的士階層隊伍中，寒門子弟所佔比重有越來越大的趨勢。從唐肅宗至唐僖宗、唐昭宗至宋太宗、宋真宗至宋欽宗三個歷史時期的比較來看，寒族子弟逕以科舉上達者分別占本傳所載官宦人物總數的3.7%、3.7%和

〔註140〕毛漢光：《中國中古社會史論》，上海書店出版社2002年版，第44～45頁。
〔註141〕毛漢光：《唐代統治階層的社會變動》，「臺灣政治大學」研究所博士論文，1968年。轉引自馮爾康主編：《中國社會結構的演變》，河南人民出版社1994年版，第762頁。
〔註142〕何懷宏：《選舉社會──秦漢至晚清社會形態研究》，北京大學出版社2011年版，第99頁。
〔註143〕毛漢光：《中國中國政治史論》，上海書店出版社2002年版，第438～439頁。

40%。〔註 144〕可見北宋時期寒族由科舉躋身仕宦者的比例急劇增加，這是天水一朝逐步放寬工商之子入仕的限制，取士規模大幅增長之結果，其意義正如學者所言：「宋代的重視科舉，有鼓勵社會上寒士出頭的作用。」〔註 145〕再以《宋史》列傳所載 1000 多位北宋人物為例，布衣出身的比例明顯節節攀升，北宋初期約占 1/3，北宋中期超過 3/4，至北宋晚期更是超過 4/5。〔註 146〕這是以農、工、商為職業的平民階層向上流動至士階層的確鑿證據。至南宋，「朝為田舍郎，暮登天子堂」〔註 147〕的趨向更加明顯，平民進入仕途的道路更為暢達。南宋四十九榜進士第一人中，無一人為大臣之子，無一人為貴族之孫。〔註 148〕理宗寶祐四年（1256）《登科錄》載有 601 名進士履歷，其中寒微出身者的進士占比接近 76%，這與唐代科舉中士族佔據大多數的情況截然相反。〔註 149〕社會結構中士族長期壟斷政壇的局面被徹底扭轉，來自普通家庭的子弟逐漸成為官員中的主體，整個官僚隊伍一定程度上顯示出平民化和開放化的特點。

（二）社會橫向流動加速導致職業分工的擴大化

在從「四民分業」到「四民不分」的轉變過程中，唐宋時期還出現了新的職業類型，進而使傳統的職業格局發生了不小的改變。韓愈即道：「古之為民者四，今之為民者六。古之教者處其一，今教者處其三。農之家一，而食粟之家六；工之家一，而器用之家六；賈之家一，而資焉之家六；奈之何民不窮且盜也。」〔註 150〕在韓愈看來，傳統的士、農、工、商之外，還須加上僧、道二類，故而原先的「四民」演化成為「六民」。南宋史浩亦有類似說法：「古者四民今六民，為添釋老不耕耘。三農重困皆因此，況有張頤百萬軍。」〔註 151〕

〔註 144〕孫國棟：《唐宋之際社會門第之消融——唐宋之際社會變遷研究之一》，第 336 頁。

〔註 145〕梁庚堯：《宋代科舉社會》，東方出版社 2017 年版，第 5 頁。

〔註 146〕陳義彥：《以布衣入仕情形分析北宋布衣階層的社會流動》，《思與言》第 9 卷第 4 期，1971 年 11 月。

〔註 147〕〔明〕鄭文康：《平橋稿》卷 9《送郭廷輝訓導龍游序》，景印文淵閣四庫全書，第 1246 冊，臺灣商務印書館影印本 1986 年版，第 593 頁。

〔註 148〕何忠禮：《科舉制度與宋代文化》，《歷史研究》1990 年第 5 期。

〔註 149〕何忠禮：《南宋科舉制度史》，人民出版社 2009 年版，第 271 頁。

〔註 150〕〔唐〕韓愈撰，馬其昶校注：《韓昌黎文集校注》卷 1《原道》，上海古籍出版社 1986 年版，第 15 頁。

〔註 151〕〔宋〕史浩：《鄮峰真隱漫錄》卷 50《童丱須知·稻粱八篇》，景印文淵閣四庫全書，第 1141 冊，臺灣商務印書館影印本 1986 年版，第 918 頁。

同樣將僧、道分別視為不同的職業類型。不過,因僧道職業的相似性,大體可歸為同一職業類型,「六民」或許更應看做是「五民」。據研究,唐武宗滅佛前,僧尼及「良人枝附」者,加之奴婢,至少近 80 萬眾,再加上道觀人數,兩者相合有 110 萬之眾。〔註 152〕兩宋時期僧道人群的總數大約維持在 20 萬至 50 萬的規模。〔註 153〕當然這是僅指正式出家、在祠部有籍者而言,如果將未受戒者計算在內,應該遠遠不止此數。哲宗元祐(1086~1094)年間,又有臣僚稱:「祖宗時,天下道士常近二十萬,僧常近四十萬,其童奴倍焉。」〔註 154〕因此,受戒未受戒僧道合計起來應當不下百萬,大致與唐代相當。

除僧道之外,職業軍人的出現,也是中唐之後職業領域誕生的新現象。唐前期實行府兵制,寓兵於農,兵農合一。德宗建中元年(780)兩稅法的頒行,宣告了均田制的壽終正寢,被斬斷經濟基礎的府兵制終告弛廢,募兵制遂取而代之。歷經唐末五代期間的發展,募兵制日趨定型和完備,並為宋代所繼承。〔註 155〕募兵制時代的兵員,均以從軍為職業,負有養家糊口的任務,兵農自此別為兩途,義務兵役制於是轉變為職業雇傭兵制。

關於士兵職業化的看法,王禹偁嘗道:「夫古者惟有四民,兵不在其數。蓋古者井田之法,農即兵也。自秦以來,戰士不服農業,是四民之外,又生一民,故農益困。然執干戈衛社稷,理不可去。漢明之後,佛法傳入中國,度人修寺,歷代增加。不蠶而衣,不耕而食,是五民之外,又益一而為六矣。」〔註 156〕內中所言雖有疏漏,但士卒與僧道都已職業化卻是不爭之事實。南宋初期陳舜俞亦云:「古之民四,而農居其一;今之民,士、農、工、商、老、佛、兵、游手合為八,而農居其一。」〔註 157〕據此而言,現實生活中職業分工由「四民」擴大到「六民」的職業結構,已為時人所認可,並在觀念層面有所體現。

當然,與僧道相較,入伍為兵因與「四民」職業一樣,必須承擔維持一

〔註 152〕凍國棟:《中國人口史》(第二卷),復旦大學出版社 2002 年版,第 108 頁。

〔註 153〕程民生:《宋代僧道數量考察》,《世界宗教研究》2010 年第 3 期。

〔註 154〕〔宋〕岑象求:《上哲宗論佛老》,〔宋〕趙汝愚編:《宋朝諸臣奏議》卷 84,上海古籍出版社點校本 1999 年版,第 910 頁。

〔註 155〕曾育榮:《五代十國時期的募兵制》,范立舟、曹家齊主編:《張其凡教授榮開六秩紀念文集》,上海人民出版社 2009 年版,第 479~488 頁。

〔註 156〕《宋史》卷 293《王禹偁傳》,第 9797 頁。

〔註 157〕〔宋〕陳舜俞:《都官集》卷 7《說農》,景印文淵閣四庫全書,第 1096 冊,臺灣商務印書館影印本 1986 年版,第 484 頁。

家老小生計的重責，無疑更加具有職業類型的特徵。其實際影響則是，「在社會分化的基礎上使兵農分離，軍人職業化，社會組織結構在士農工商之外，又多了一個職業兵的龐大階層，這可以說是社會分工的擴大」〔註158〕。不僅如此，「軍人和僧道各自成為一項獨立的社會職業，使社會職業由『四民』變成『六民』，這不僅是職業結構本身的一項重大發展，還引起社會結構的一些變化」〔註159〕。

（三）社會分工擴大導致職業層級差別的淡化

秦漢以降士、農、工、商的排列方式，直接顯示出各種職業社會地位和等級的差別。而由職業差別造成的社會分層，其實質則是社會成員身份、權利差別造成的層級狀態，是制度化的社會不平等體系。誠如論者所言：「職業與社會分層有著複雜的關係，當某些職業被社會體系界定為特定人群的職業，難以自由改變，甚至被規定世襲的時候，職業就具有了社會身份含義，就成為社會分層的相關項。」「在前資本主義社會，社會成員的身份、權利愈固定，愈被視為不言而喻而難以改變的事情，則說明社會的基本結構愈固化、愈缺乏演變的活性。」〔註160〕此論極為切合先秦以迄漢魏六朝的歷史實態，其時的職業大多累代相承，傳之數世，與之相對應的社會分層各層級之間存在無法逾越的障礙，在此基礎上形成的社會結構相對僵化，社會前行的步伐幾近停滯。

根源於職業壁壘而造成的「四民分業」格局，最終在唐宋時期被「四民不分」所取代。而在職業流動不斷加速的進程中，職業間的界限漸趨淡化，職業差別顯現出日益縮小乃至消弭的跡象，職業層級關係的上下隔絕甚而懸殊的狀態，亦因此而有不小的改觀。姑且拋開社會身份和名望一直超絕於其他三者的士勿論，就農、工、商的排列順序而言，如果說農排在工、商之前，係農耕社會「農本」政策所致；那麼，在由唐入宋商品經濟從復蘇至不斷繁榮的驅動下，工商業對於國家財政的重要性日益凸顯，商稅和專賣稅在賦稅結構中的占比逐漸增加，至宋真宗天禧（1017～1021）末年已經超過兩稅，其後仍有進一步擴大的趨勢。〔註161〕隨之而來的是工商業者社會地位的相應提高，這兩個

〔註158〕程民生：《簡述宋代募兵制的根源及確立》，《史學月刊》1990年第4期。
〔註159〕馮爾康主編：《中國社會結構的演變》，第549頁。
〔註160〕趙軼峰：《身份與權利：明代社會層級性結構探析》，《求是學刊》2014年第5期。
〔註161〕賈大泉：《宋代賦稅結構初探》，《社會科學研究》1981年第3期。

職業群體與農業人群的層級差距漸趨縮小，甚至達到同是一等齊民的狀態，當然亦有可能超越於後者之上。

實際上，農、工、商三種職業差別界限的模糊及層級差距的淡化，自唐代初期即已略顯端倪。在中晚唐「納資代役」普遍化與「和雇制」逐漸推廣的背景下，工匠的身份較之六朝時代更有明顯改變。敦煌伯希和2518號《二十五等人圖》中「士、工、庶、農、商」的排列順序中，「工」已移於「農」「商」之前，而「商」列於「四民」之末，當是傳統意識使然。〔註162〕正因現實生活中已經出現上述苗頭，故而韓愈說：「農之家一，而食粟之家六；工之家一，而器用之家六；賈之家一，而資焉之家六。」〔註163〕可見他已認識到，農、工、商所提供的產品和服務都是生民所必不可少的，較之前代「毆〔驅〕民而歸之農，皆著於本」〔註164〕的主張更為合理。韓愈此論的實質性內涵，是農業與工商業並不存在「本末」之分，反映出的是工商業者的社會地位確有改善之事實。

入宋之後，儘管鄙視工商業的傳統看法仍然難以徹底扭轉，但由於工商業發展的勢頭日益走高，與「四民」生活間的聯繫愈益密切，在經濟生活中發揮的作用尤為顯著，故而宋人肯定工商業正當性的看法時有所見。如對於手工業者創造的價值，范仲淹有詩曰：「窈窕阿房宮，萬態橫青雲。」「四海競如此，金碧照萬里。」〔註165〕對工匠稱讚有加。陳舜俞同樣認識到手工業在創造物資財富方面的貢獻，並將其上升到「本末兼用」的高度予以闡述：「工者，天下之末作也。不為其末不可以養本，不制其末本亦從而害矣。」〔註166〕至於商業的作用，宋代士大夫也有不少精到的見解，如范仲淹即稱：「嘗聞商者云，轉貨賴斯民。」「上以利吾國，下以藩吾身。」〔註167〕又有人嘗道：「行商坐賈，通貨殖財，四民之益也。」〔註168〕而在農商之間關係的理解上，永康學派的代表人物陳亮嘗道：「古者官民一家也，農商一事也。上下相恤，有無相

〔註162〕凍國棟：《唐宋歷史變遷中的「四民分業」問題》，第462、466、469頁。

〔註163〕《韓昌黎文集校注》卷1《原道》，第15頁。

〔註164〕《漢書》卷24上《食貨志四上》，第1130頁。

〔註165〕〔宋〕范仲淹：《范仲淹全集》卷2《四民詩·工》，四川大學出版社點校本2007年版，第24頁。

〔註166〕《都官集》卷7《說工》，第485頁。

〔註167〕《范仲淹全集》卷2《四民詩·商》，第25頁。

〔註168〕〔宋〕王稱：《東都事略》卷98《鄧綰傳》，《二十五別史》，第19冊，齊魯書社點校本2000年版，第838頁。

通，民病則求之官，國病則資諸民。商藉農而立，農賴商而行，求以相補，而非求以相病。」〔註169〕質言之，農商之間的關係並非對立，而是雙方依存、相互補充和彼此促進。

應該正是因為認識到工商業對於經濟生活乃至治理國家、教化民眾的重要意義，葉適認為，「夫四民交致其用而後治化興，抑末厚本，非正論也」〔註170〕。葉氏此語明確否定了「本末」之間的差別，實際上是提出了士、農、工、商同樣有用於社會的原則。〔註171〕在此之後，陳耆卿對於「四民」關係的認識更加深刻：「古有四民，曰士、曰農、曰工、曰商，士勤於學業則可以取爵祿，農勤於田畝則可以聚稼穡，工勤於技巧則可以易衣食，商勤於貿易則可以積財貨。此四者，皆百姓之本業，自生民以來，未有能易之者也。」〔註172〕陳氏將「四民」均視為本業，認為士、農、工、商並無「本末」之分，每一種職業都是自古以來的本業，從而使工商業的地位提升到與農業相同的高度。陳氏關於「四業皆本」論點的表述，係明清以後「工商皆本」觀點之濫觴。〔註173〕「本末」觀念在宋代的重大轉變，進而導致人們產生了工商業者取得與業農者，甚至與士社會地位同等的印象，黃震即認為，「士、農、工、商，各有一業，元不相干」，但現實中卻「同是一等齊民」〔註174〕。

需要說明的是，雖然在商品經濟高速發展的兩宋時期，工商業者的地位較之此前確有提高，但其程度仍然有限，不宜給予過高的估計。尤其是在「官本位」意識長期居於絕對支配地位的中國傳統社會，官商之間的地位差別絕無消除的可能。因此，在唐宋職業流動加劇的過程中，一方面農工商之間的地位的確在不斷縮小甚至持平，而另一方面官民之間的地位差距則基本維持原狀，幾無任何改觀。此點無疑是分析唐宋時期職業層級淡化時，必須予以正視的事實。

〔註169〕〔宋〕陳亮：《陳亮集》卷11《策‧四弊》，中華書局點校本1974年版，第127頁。

〔註170〕〔宋〕葉適：《習學記言序目》卷19《史記一‧書》，中華書局點校本1977年版，第273頁。

〔註171〕陳煥章著，韓華譯：《孔門理財學》，中華書局2010年版，第260頁。

〔註172〕〔宋〕陳耆卿：《嘉定赤城志》卷37《風土門二‧重本業》，《宋元方志叢刊》，第7冊，中華書局影印本1990年版，第7578頁。

〔註173〕葉坦：《富國富民論》，北京出版社1991年版，第184、185頁。

〔註174〕〔宋〕黃震：《黃氏日抄》卷78《又曉諭假手代筆榜》，景印文淵閣四庫全書，第708冊，臺灣商務印書館影印本1986年版，第786頁。

四、結語

唐宋時期的職業問題，是考察其時社會結構不容忽視的重要課題，也與商品經濟從復蘇到漸趨繁榮的歷程密切相關。包括市籍制的取消、匠籍制的衰落和工商入仕禁令的逐步廢除，科舉制向工商業者的開放等等，其實都是商品經濟發展到一定程度的必然結果。正是在商品經濟浪潮的不斷驅動下，伴隨工商業者對職業壁壘的衝擊和撼動，「四民」之間的職業界限漸致鬆動，職業轉移的限制趨於消解，職業流動的速率明顯加快，職業轉換、兼容互通的現象日益常態化，自先秦以來的「四民分業」格局遂被「四民不分」所取代。這是唐宋職業領域所發生的變化中最為顯著之處，更是解讀唐宋社會結構變遷的基本視角。

如果從中古社會縱向的演進軌跡考察，唐宋職業流動顯然改變了漢魏六朝時期僵化、凝滯的職業結構，為略顯沉悶的社會氛圍注入了鮮活的氣息，使原先相對封閉的社會結構具有一定程度的開放性色彩，固化的職業層級狀況則相應有所改變，以先賦血緣因素建構而成的等級體系亦隨之鬆動，後致性因素在個人獲得社會地位上的作用不斷加強。舉凡上述數端，均在唐宋社會的歷史發展行程中有所印證。當然，以此為起點，倘若將視線下移，唐宋職業流動對其後中國社會發展產生的影響和意義，也許更具有掘發和深入闡述的價值。舉其大者而言，或可從下述三方面加以認識：

其一是推動社會結構向平民化方向演進。唐宋時期職業禁錮的解除，淡化了職業的身份標識，職業間原本固化的層級差距在不斷縮小甚至消弭，社會結構在向平民化、平等化方向緩慢演進。尤其是科舉制推行進程中對職業出身限制的取消，使更多平民子弟擁有在科場一展身手的機會，其中不少人藉此平步青雲，進入官場，官僚系統的成分也因此而由血緣貴族為主而讓位於平民子弟，後致性因素在入仕為宦中的作用日益加強。此外，工商業者擺脫身份制的羈絆，則在職業界限逐步消除的基礎上，使其社會地位被拉升到與業農者「同是一等齊民」的高度，這無疑有利於各業平等意識的逐漸形成。

其二是激發社會經濟發展的新活力。「官僚、地主、商人三位一體化」和「小農、小工、小商三位一體化」以及「四業皆本」的職業結構格局，使得職業的流轉和兼容漸致常態化，社會結構因此而增加了彈性和活力。由唐入宋，緣於職業流動的持續擴大化，各種職業間的轉移愈益頻繁和常見，社會的流動性大大增強，職業間的聯繫也更加緊密，從業人員的接觸界面隨之急劇擴大，

社會重現久違的生機。迄至明清，由於農村手工業和商業化的發展，江南農民常常是農、工、商多種職業兼營，工農之間並無明清晰的界線。〔註175〕其模式與宋代高度類似，分明是前後承襲的關係。

其三促使宋代江南地區率先邁入農商社會門檻。由唐至宋，工商業者社會地位的提高，相當程度上扭轉了秦漢以來相沿以久的賤商抑商觀念，工商業的正當性也得到不少士大夫的肯定，其經濟地位不亞於農業。直至「明清時代，更取消最嚴重的岐視工商的法令，這可以視為政府勢力對日益強大的工商遲來的認可」〔註176〕。而農、工、商並重局面的初步定型，實為建立在自給自足自然經濟之上的農業社會之進一步發展。以此為基礎，宋以降江南區域社會，則邁進至以商品經濟的再度盛行及其對自然經濟的瓦解為重要特徵的「農商社會」〔註177〕，而向現代工商社會靠近。

舉凡上述數端，都在相當程度上為明清社會職業結構的締造奠定了根基，形成中國傳統社會後期職業結構的基本樣式。不過，歷史的發展從來都不是直線式的，唐宋時期的職業流動固然更新了漢魏六朝以來的職業結構面貌，也對其後明清社會職業結構的形式產生了某些直接的影響，但不可否認的是，這種根植於中國傳統社會特定時段的職業流動，還遠遠不足以真正對相沿以久的等級式社會分層體系造成致命一擊，導致社會形態的根本性蛻變，甚至還時有回流和倒退。即使到明清時期，在皇權控制下的中國社會，儘管在經濟結構等方面出現了諸多新的元素，卻依舊無法完成對社會分層體系的徹底改造，這應該是中國傳統社會注定難以擺脫的宿命。

原刊於《思想戰線》2022 年第 1 期。

〔註175〕 李伯重：《江南的早期工業化（1550～1850 年）》，社會科學文獻出版社 2000 年版，第 406～407 頁。

〔註176〕 何炳棣著，徐泓譯：《明清社會史論》，中華書局 2019 年版，第 49 頁。

〔註177〕 葛金芳師：《「農商社會」的過去、現在和未來——宋以降（11～20 世紀）江南區域社會經濟變遷論略》，《安徽師範大學學報》（人文社會科學版）2009 年第 5 期。

五代宋初荊門軍考述

　　南宋紹興二十八年（1158），知荊門軍洪适嘗言：「荊門，領縣二。長林在唐嘗為基州，當陽亦為平州，又為玉州。……我宋開寶五年，始立軍壁，凡百有二年而廢，廢十五年而復，復七十一年矣。」〔註1〕依此而論，荊門軍始立於宋太祖開寶五年（972），北宋中葉一度廢而復置。而且，在此之後，迄南宋滅亡，荊門軍常置不廢，兩宋時期前後竟累計達294年之久，幾乎與天水一朝相首尾。因宋代類似於荊門軍性質的軍，多設置於要地，係與府、州、監同級之統縣政區，地位同於下州；又《宋史》所載知荊門軍有傳者，即有孫鏞、李壽朋、彭乘、洪适、葉棻、吳昉、范彥暉、王之和、王之望、王彥、陸九淵、孟琪、朱揚祖等人，其間不乏文學之士、理學大儒和捍禦武將，藉此不難窺知其地位之重要。為深入認識和客觀評價荊門軍的歷史地位，頗有必要對其建置沿革予以梳理。

　　然而，上述洪适所言，僅如實勾勒出北宋初期至南宋前期荊門軍的演變軌跡，至於荊門軍建置沿革的源流是否確始於開寶五年（972），史籍卻另有不同說法。南宋人王象之所撰《輿地紀勝》卷78《荊湖北路·荊門軍》對此已有覺察。降及清代，吳任臣《十國春秋》卷112《十國地理表下·荊南》又稱：「五代更荊門縣為軍，治當陽，尋省。」其下按語引《湖廣志》云：「高季昌以荊門縣為軍。」另引《文獻通考》作「宋開寶五年事」。故吳氏以為未詳孰是。儘管對此二說尚存疑竇，未予辨析，但吳氏仍依據方志所載，認為荊門軍創置於五代高季昌割據荊南時期。同書卷100《荊南一·武信王世家》更明言：天成二年（927）十月，置荊門軍於當陽縣。今有學者亦指出，「唐末、宋初，荊

---

*與2010級歷史文獻學專業碩士生伍松同學合撰。

〔註1〕〔宋〕洪适：《盤洲文集》卷32《荊門軍守廳壁記》，景印文淵閣四庫全書，第
　　　　1158冊，臺灣商務印書館影印本1986年版，第461頁。

門軍嘗兩置」〔註2〕。問題在於，吳氏之說可否取信，有無依據；與之相牽涉者尚有，荊門軍興廢情況如何，其轄區、治所有無變更等等，凡此種種，無一不需考索，庶幾方能有所明鑒。儘管自北宋中葉以降荊門軍久歷不廢，然囿於篇幅，故本篇僅以荊門軍前期的有關問題為探討中心，其他權且不論。所述或有缺憾、不周之處，敬請方家教正。

一、荊門軍的創置與始廢

　　荊門軍，由原荊門縣改置。荊門設縣，始於唐德宗貞元二十一年（805），乃係從江陵府（荊州）七縣之一的長林縣析出之新縣，仍隸江陵府（荊州）。〔註3〕《輿地廣記》卷28《荊湖北路》亦載：「貞元二十一年，析（長林）置荊門縣。」據此可知，荊門自貞元二十一年（805）後，即為唐荊州所領八縣之一。〔註4〕其後一度廢縣，唐順宗永貞元年（806），裴均為江陵尹，復請為縣。〔註5〕而在設縣之前，荊門或為長林下轄鎮，荊門縣省廢後，仍為鎮，入長林。其實，早在唐武德三年（620），荊門鎮即已存在。《資治通鑑》卷188「唐高祖武德三年十二月」載：「癸卯，峽州刺史許紹攻蕭銑荊門鎮，拔之。」是為明證。但其時的鎮，當是承襲十六國北魏時期的舊制而設，屬一種地方軍事機構，於地方而言僅有軍事上的作用，中晚唐所置鎮亦多類此。迄至五代，鎮是以小都市為中心，並包括與它鄰接的鄉村而構成的，地域大多不出一縣範圍。〔註6〕經過後梁太祖的改革，鎮將「官秩無高卑，位在邑令下」〔註7〕，

〔註2〕李昌憲：《中國行政區劃通史‧宋西夏卷》，復旦大學出版社2007年版，第404頁。

〔註3〕〔宋〕歐陽修、宋祁：《新唐書》卷40《地理志四‧山南道》，中華書局點校本1975年版，第1028頁。

〔註4〕按，〔宋〕潘自牧：《記纂淵海》卷14《荊湖北路‧荊門軍》載：「正〔貞〕元置荊門縣，後省之。」景印文淵閣四庫全書，第930冊，臺灣商務印書館影印本1986年版，第347頁。〔宋〕歐陽忞：《輿地廣記》卷28《荊湖北路》亦稱：「貞元二十一年析置荊門縣，後省。」四川大學出版社校注本2003年版，第816頁。至於何時所廢，現已難稽考，或在五代時期。俟考。

〔註5〕〔宋〕王象之：《輿地紀勝》卷78《荊湖北路‧荊門軍》，據劉夢得《記》稱：「張伯儀奏廢之，裴均為江陵尹，請復為縣。」其事在永正〔貞〕中。中華書局影印本1992年版，第2550頁。

〔註6〕〔日〕日野開三郎：《五代鎮將考》，劉俊文主編：《日本學者中國史研究論著選譯》（第5卷），中華書局1993年版。

〔註7〕〔宋〕薛居正等：《舊五代史》卷5《梁太祖紀五》，中華書局點校本1976年版，第83頁。

鎮大多為縣統轄。而軍的設置，在五代之前即軍壘，僅具軍事意義，並非行政區，與縣亦無統屬關係。置軍之處，縣制同時撤銷。〔註8〕如唐代嵐州嵐谷縣，「舊苛嵐軍也，在宜芳縣北界。長安三年（703），分宜芳於岢嵐舊軍置嵐谷縣。神龍二年（706），廢縣置軍。開元十二年（724），復置縣」〔註9〕。可知，唐代軍、縣不並置。五代初期，此類意義上的軍猶存。如後梁開平元年（907）十二月，「於輝州碭山縣置崇德軍」〔註10〕。荊門軍亦為其例。

但關於荊門軍的始置時間，誠如前引洪、吳兩段記述所示，有北宋開寶五年（972）和高氏割據期間兩說。實際上，自北宋伊始，二說即已出現，其後兩種不同記載均有流傳。不過，據現存史籍來看，創設荊門軍的最早記載源自成書於宋太宗太平興國年間（976～983）樂史所撰的《太平寰宇記》，是書卷146《山南東道五·荊州·荊門軍》載：「唐末，荊州高氏割據，建為軍，領荊州當陽縣。」該書撰成於宋初，去五代未遠，係「合輿圖所隸，考尋始末，條分件繫」而成。四庫館臣在《四庫全書總目提要》卷68《史部二十四·地理類一》中隨後又稱：「其書採摭繁富，惟取賅博。」「雖卷帙浩博，而考據特為精核，要不得以末流冗雜、追咎濫觴之源矣。」以此觀之，樂史所言確係淵源有自，當可憑信。惟其所依據之輿圖皆已不存，今人已無從查考。

或因緣於其說有徵，南宋史家亦多從此說。如潘自牧《記纂淵海》卷14《郡縣部·荊門軍》注引《地理沿革表》曰：「五代高季興置軍，治當陽。」祝穆《方輿勝覽》卷29《荊門軍》亦載：「五代朱梁割據為荊門軍」。宋代以降，踵沿此說者亦較多見。《輿地紀勝》卷78《荊湖北路·荊門軍》據《太平寰宇記》及《皇朝郡縣志》也說：「五代朱梁時，高氏割據，建為荊門軍。」宋代以降，秉承此說者亦較多見。如明末清初學者顧祖禹所撰《讀史方輿紀要》卷77《湖廣三·荊門州》即稱：「五代時，高氏置荊門軍（治當陽縣），尋廢。」明清時期的方志，大多亦持此論。如明代李賢纂修《明一統志》卷60《興都》載：荊門州，「五代時，高氏建為荊門軍」。清和坤等撰乾隆《大清一統志》卷265《安陸府》云：荊門州，「五代梁時，高氏建荊門軍」。乾隆年間舒成龍等編纂《荊門州志》卷1《建置沿革》亦言：石晉天福五年（940），荊門縣改軍。

〔註8〕 參見《中國行政區劃通史·宋西夏卷》，第101頁。
〔註9〕 〔後晉〕劉昫等：《舊唐書》卷39《地理志二·河東道》，中華書局點校本1975年版，第1485頁。
〔註10〕 〔宋〕王溥：《五代會要》卷24《軍》，上海古籍出版社點校本1978年版，第387頁。

前引吳任臣所下判斷，亦基於《湖廣志》之記載。此處所言《湖廣志》雖不詳，但因吳任臣係明末清初人，雖生卒無考，但主要生活於順治、康熙兩朝，其生平所見以《湖廣志》為名者，大抵不外乎明正德年間薛綱纂修、嘉靖年間吳廷舉續編的《湖廣圖經志書》（又名《湖廣通志》），萬曆年間徐學謨纂修的《湖廣總志》和清康熙年間徐國相等修纂的《湖廣通志》三部。儘管已無法考知吳氏所言《湖廣志》之確指，然鑒於方志修纂遞相沿襲之風甚濃，前後相因關係至為密切，且明清時期的《一統志》又是採摭各地通志而撰就，似可推測上述三部志書皆認為「高氏建荊門軍」。

但上舉各家記載間，又小有不同。如有泛言「高季興置軍」、「高氏建荊門軍」者，亦有稱「朱梁割據為荊門軍」、「石晉天福五年（940）改軍」者，吳任臣則確言荊門軍置於後唐明宗天成二年（927）十月。在五代史籍散佚嚴重，又無其他史料可徵的情形下，以上材料所揭示的具體時間概念，是否足資採信，仍未可遽言。

不過，由於軍多設置於衝要之地，與軍事形勢密切相關，荊門軍究竟置於何時，亦當與高氏荊南在五代時期面臨的外在軍事環境緊密相關。而荊門自古為兵家重地，介於荊、襄之間，「俯雲夢，連巫峽，據襄陽之阻，通沮、漳之利，由楚、漢迄唐季，為用武之國」〔註11〕，是漢水中游的軍事要衝。其戰略地理意義，誠如南宋著名學者陸九淵所言：「郡居江、漢之間，為四集之地，南捍江陵，北援襄陽，東護隨、郢之脅，西當光化、夷陵之衝。荊門固則四鄰有所恃，否則有背脅腹心之虞。」〔註12〕具體就五代十國時期而論，荊門介於中朝南境重鎮襄州與高氏荊南統治中心江陵之間，是荊南抵禦中原王朝兵鋒直逼其腹心地帶的屏障。高氏創設荊門軍之舉，應與該政權特定時期所承受的軍事壓力有關。而高氏荊南政權在其57年（907～963年）的歷程中，所直接面對的來自於中原王朝的軍事威脅，在不同時段有不同的表現形式，因絕大多數時期荊南臣屬中朝，故這種威脅基本上是隱性的，僅在極其特定的時段，即荊南公然蔑視王綱、不遵王命的情形下，中原王朝相應會採取討伐高氏荊南的軍事行動。一旦出現並不常見的後一種情況，高氏荊南為解除滅頂之災，在中

〔註11〕〔宋〕祝穆：《方輿勝覽》卷29《荊門軍》引朱震《圖經序》，中華書局點校本2003年版，第526頁。

〔註12〕〔元〕脫脫等：《宋史》卷434《陸九淵傳》，中華書局點校本1985年版，第12881頁。

朝軍隊由襄州南下江陵的途中設置障礙，部署重兵於荊門，增強此地軍事力量，當是延緩中朝勢力南下的必然應對。以下即結合高氏荊南與中朝關係發展的具體史實，重新考察「高氏建荊門軍」一說的根據，並針對上述荊門置軍的具體時間進行詳細剖析。

　　首先來看「朱梁割據為荊門軍」的說法有無依據。後梁開平元年（907）五月，即朱溫篡唐建梁的次月，高季昌（季興）被擢為荊南節度使，高氏正式據有荊南，其時的荊南名義上仍為後梁方鎮之一。後梁太祖在位前期，季昌尚能忠實於藩鎮本分，謹遵朝命；但其末年，政事日壞，季昌逐漸萌生割據之念，並於乾化二年（912）五月，開始築城修樓，欲為自全之計。當年六月，郢王朱友珪弒父襲位。同年十二月，高季昌聲言助梁伐晉，出兵進攻襄州，「自是朝貢路絕」〔註13〕。次年九月，高季昌又大造戰艦，招納亡命，反叛之狀更加明顯。高氏荊南也逐漸由方鎮演變為獨擅一方的地域性割據政權。一直到末帝貞明三年（917）四月，季昌主動與山南東道節度使孔勍修好，遂重新稱臣於後梁，並保持臣屬關係至後梁滅亡。但即使在荊南與後梁交惡的乾化二年（912）至貞明三年（917）間，除上述僅有的一次戰事外，雙方並未再次發生大規模軍事衝突，其他時期更是如此。照此來看，高氏似無必要於荊門立軍，故終後梁一朝，荊門仍當為荊州所屬八縣之一。

　　再來分析「後唐明宗天成二年（927）十月置荊門軍」的說法是否可信。是年二月，趁後唐滅前蜀之際，高季興遣兵突入後唐夔州而據之；復遣兵襲後唐涪州，不克而歸。針對高氏荊南的公然挑釁，後唐明宗下詔出師征討，同年三月，後唐山南東道節度使劉訓率軍直撲江陵城下，高季興堅壁不戰，後唐久攻不下；五月，又遣樞密使孔循至前線督師，亦不能下，且又苦於雨潦、疾疫，終無奈班師；六月，後唐夔州刺史西方鄴敗荊南水軍入峽中，復取夔、忠、萬三州。上述情況表明，高氏荊南與後唐關係已然破裂，兩者形成全面對抗的狀態。其後，直至天成四年（929）七月後唐罷荊南招討，雙方間仍然戰事不斷。而在後唐採取的一系列直接攻伐高氏荊南統治中心江陵的戰爭中，由於荊門居於江陵和襄陽之間，「南至荊南界一百五十五里，北至襄州界一百七十里」〔註14〕，是後唐襄州軍隊進攻江陵的必經要道，一旦後唐之師越過此道關隘，

〔註13〕〔宋〕司馬光：《資治通鑑》卷268，後梁太祖乾化二年十二月，中華書局點校本1956年版，第8764頁。

〔註14〕〔宋〕樂史：《太平寰宇記》卷146《山南東道五·荊門軍》，中華書局點校本2007年版，第1846頁。

江陵勢必直接暴露於兵鋒之下，故而雙方的軍事衝突首先即應在此展開。這在史籍中也有顯示，《舊五代史》卷90《陸思鐸傳》載：

> 天成中，為深州刺史，改雄捷右廂馬軍都指揮使。會南伐荊門，思鐸亦預其行。時高季興以舟兵拒王師，思鐸每發矢中敵，則洞胸達掖，由是賊鋒稍挫，不敢輕進，諸軍咸壯之。〔註15〕

《舊五代史》卷94《高漢筠傳》亦載：

> 明宗即位，除成德軍節度副使，俄以荊門用軍，促詔漢筠移倅襄州，權知軍州事。

上述材料所指，均應為當時雙方在荊門交戰的反映。由此似可推測，為避免江陵遭後唐軍隊直接奔襲，高氏荊南先於此處置軍，以緩衝敵勢，應是一種必然的應對。在史載不多、材料有限的情況下，上舉若干零星記載，顯然是高氏荊南於天成年間置軍於荊門的有力佐證。

最後，另有記載稱：石晉天福五年（940），荊門縣改軍，領長林、當陽二縣。〔註16〕聯繫高氏荊南與後晉間的關係來看，此說亦大有疑問。實際上，自後唐天成四年（929）七月，明宗同意高從誨的稱臣請求後，直至後晉滅亡，高氏荊南與後唐、後晉間的臣屬關係一直較為牢固，雙邊間再未發生軍事紛爭。直到後漢初年，高從誨才有主動興師之舉，但為時甚短，基本未影響臣屬關係的實質。既然如此，高氏荊南自無必要於後晉天福年間設置荊門軍，且即便置軍於此時，也未必領長林、當陽二縣（詳見後文），此說當不可取。

高氏荊南設置的荊門軍，不久即被廢罷，只是難以明瞭荊門軍究竟何時所廢。探明此點，仍應結合高氏荊南與中朝關係予以分析。由於後唐天成四年（907）七月之後，高從誨表求內附的舉動已獲明宗許可，並授予官爵，〔註17〕荊南重奉後唐正朔。鑒於來自中朝的軍事威脅已經解除，為示好後唐，大約在此前後，高氏荊南即應廢置荊門軍，荊門縣似亦因此而被省廢，荊門成為長林縣下轄之鎮，這種情形可能一直持續到高氏荊南政權滅亡。

二、荊門軍的再置與再廢

入宋以後，由於人口增加，經濟發展，尤其是軍事上的重要意義格外突出，

〔註15〕《舊五代史》卷90《陸思鐸傳》，第1189頁。
〔註16〕〔清〕舒成龍：乾隆《荊門州志》卷1《建置沿革》，中國文史出版社校注本2007年版，第19頁。
〔註17〕《舊五代史》卷40《唐明宗紀六》，第552頁。

因荆門係鉗制巴蜀、控扼湖湘和嶺南的要地，故荆門縣遂復建為軍。在宋代地方行政管理制度中，軍是與府、州、監平行的一級地方行政單位，大多設置於軍事戰略地位突出的地區，下轄若干縣。從宋初亦在原地設置荆門軍的舉措來看，兩者間顯然存在一脈相承的關係，清代著名歷史地理學者顧祖禹即曾言：「五代時高氏置荆門軍，宋因之。」〔註18〕不過，荆門軍在北宋時期又曾兩度興廢，其大致經過如下：

> 荆門軍，開寶五年，即江陵府長林縣建軍。以長林、當陽二縣來隸。熙寧五年，軍廢，二縣復隸江陵府。熙寧六年，廢為長林縣，隸江陵府。元祐三年，復為軍。〔註19〕

此段文字所述宋初荆門軍的置罷情形，在其他史籍文獻中亦有反映。《太平寰宇記》卷146《山南東道五·荆州·荆門軍》載：「皇朝開寶五年割荆州長林縣、襄州之故樂鄉縣合為一縣，置於郭下。」《元豐九域志》卷10《省廢州軍》荆湖路條言：「開寶五年即江陵府荆門鎮建國，以長林、當陽二縣隸軍。」《隆平集》卷1《郡縣》言：「開寶五年，以荆門鎮為荆門軍，割荆南長林縣隸焉。」《宋朝事實》卷19《升降州縣·荆湖北路》曰：荆門軍，開寶五年置，熙寧六年廢。《輿地紀勝·荆湖北路·荆門軍》引《皇朝郡縣志》曰：「皇朝以荆門軍鎮為軍。」其下又引咸平元年（998）知軍張式《鼓角樓記》稱：「太祖皇帝戡定天下，以荆州之高氏歸國，度其地而置軍戍，遂敕置荆門軍，復以荆州之當陽縣隸焉。」復引朱震《鼓角樓記》云：「開寶初，王師旋歸，洗兵江渚，詔即荆門縣墟為城。」《輿地廣記》卷28《荆湖北路》說：「皇朝開寶五年置荆門軍，熙寧六年廢，元祐元年復置。今縣二。」宋末元初學者馬端臨亦稱：「開寶五年，以長林、當陽二縣屬荆門軍。」「宋開寶五年，以江陵府荆門鎮建為軍，以長林、當陽二縣來屬，後廢，仍隸江陵。元祐間復置軍，屬荆湖北路，領縣二，治長林。長林、當陽」〔註20〕。

綜合上述記載來看，宋太祖於開寶五年（972）設置荆門軍一事，固屬可信。至於其具體時間，當如《續資治通鑒長編》卷13所載，「乙亥，以荆南荆

〔註18〕〔清〕顧祖禹：《讀史方輿紀要》卷7《歷代州域形勢七·宋上·荆門軍》，中華書局點校本2005年版，第307頁。

〔註19〕〔清〕徐松輯：《宋會要輯稿》方域六之三七，中華書局影印本1957年版，第7424頁。

〔註20〕〔元〕馬端臨：《文獻通考》卷319《輿地考五》「古荆州」，中華書局影印本1986年版，考2506。

門鎮為荊門軍」〔註21〕，其時為開寶五年二月。而荊門設立為軍之前，仍當為長林縣所轄之荊門鎮，前引《元豐九域志》《隆平集》《輿地紀勝》《文獻通考》之記載皆同於此。

宋初設立荊門軍後，相關記載亦見諸史籍。茲依時序先後，擇要列舉數條如下：

《小畜集》卷29《碑誌·殿中丞贈戶部員外郎孫府君墓誌銘》載：

> 太平興國五年，（孫鏞）徙官巴蜀。會朝廷表公之才，且稱其滯。
> 上亦記公之名，始授太子左贊善大夫，尋以本官知荊門軍事。

按，《宋詩紀事》卷5《孫何》載：「父鏞知荊門軍，遂家焉。」

《宋史》卷61《五行志一上·水上》載：

> （太平興國八年六月），荊門軍長林縣山水暴漲，壞民舍五十一區，溺死五六十人。

《宋史》卷63《五行志二上·火》載：

> （大中祥符四年十一月），南嶽奉冊使薛映、副使錢惟演過荊門軍神林石上，獲芝草以獻。

《續資治通鑒長編》卷88「大中祥符九年九月戊午」條載：

> 申禁諸路貢瑞物。時……荊門軍獻綠毛龜故也。

《宋史》卷298《彭乘傳》載：

> 天禧初，用寇準薦，為館閣校勘，改天平軍節度推官。……懇求便親，得知普州……（彭）乘父卒，既葬，有甘霖降於墓柏，人以為孝感。服除，知荊門軍，改太常博士。

《續資治通鑒長編》卷102「天聖二年七月」載：

> 初，真宗崩，內遣中使賜荊門軍玉泉山景德院白金三千兩，令市田，院僧不敢受。本路轉運使言：「舊制，寺觀不得市田以侵農。」
> 上謂宰相曰：「此為先帝殖福，其勿拘以法，仍不得為例。」既而寺觀稍益市田矣。

《宋史》卷330《李參傳》載：

> 通判定州，都部署夏守恩貪濫不法，轉運使使參按之，得其事，守恩謫死。知荊門軍，荊門歲以夏伐竹，並稅簿輸荊南造舟，積日

〔註21〕〔宋〕李燾：《續資治通鑒長編》卷13，開寶五年二月乙亥，中華書局點校本2004年版，第279頁。

久多蠹惡不可用，牙校破產不償責。參請冬伐竹，度其費以給，余
募商人與為市，遂除其害。

按，據《續資治通鑑長編》卷120載，李參按劾夏守恩之事，發生於仁宗景祐
四年（1052）閏四月己亥，不久之後李參即知荊門軍。〔註22〕

《續資治通鑑長編》卷187「嘉祐三年五月庚午」條載：

降知汝州李壽朋知荊門軍。

《王安石文集》卷53《外制·前荊門軍當陽縣令商瑗太子中舍致仕制》
載：

敕某：爾從仕久矣，而不失廉稱。方踐老境，乃能知止。東宮
之秩，歸服厥榮。

按，王安石遷知制誥，事在仁宗嘉祐六年（1061）六月，嘉祐八年（1063）八
月以母卒，丁憂，離任。〔註23〕此外制當書於其間。

總覽上述記載，權且不論各條史載的具體內容，單就宋太祖開寶五年
（972）設置荊門軍之後的情況而言，歷太宗、真宗、仁宗之世，荊門軍一直
存在。上引諸多史載，清晰地呈現出荊門軍在宋初至中葉存而不廢的實態。不
過，在關於宋初荊門軍的有關文字中，惟獨不見反映英宗時期荊門軍的材料。
但由於英宗在位時間前後不足五年，荊門軍的有關情況極有可能脫載，結合下
面有關史載來看，荊門軍在英宗時期仍未廢置。

荊門軍自宋初設立後，一度又曾廢罷。至於廢罷的時間，前引《宋會要輯
稿·方域》六之三七與《宋朝事實》卷19《升降州縣·荊湖北路》、《輿地廣
記》卷28《荊湖北路》說法稍有不同，前者稱廢軍乃是熙寧五年（1072）之
事，後者則稱荊門軍廢於熙寧六年（1073）。與後者相同的記載還有一些，如
《元豐九域志》卷10《省廢州軍》荊湖路條載：

熙寧六年廢軍。

再如《續資治通鑑長編》卷245「熙寧六年六月」載：

是月，廢荊門軍，以長林、當陽兩縣並隸江陵府，建寧縣為鎮。

又如《宋史》卷88《地理志四·荊湖北路》荊門軍條載：

〔註22〕《續資治通鑑長編》卷120，景祐四年閏四月己亥，第2830頁。
〔註23〕按，《宋史》卷12《仁宗紀四》載：嘉祐六年六月戊寅，「以王安石知制誥」。
第247頁。另清人蔡上翔《王荊公年譜考略》卷9亦云：王安石知制誥始於
嘉祐六年六月，迄於嘉祐八年八月，以母吳氏卒於京師，丁憂。上海人民出版
社點校本1973年新1版，第140～141頁。

熙寧六年，廢軍。

藉此而言，荊門軍於宋初開寶五年（972）設立後，迄至宋神宗在位前期均未罷置，直到熙寧六年（1073）六月，荊門軍才被罷廢，而其先後累計102年。至於《宋會要輯稿》所載，前後語意頗有費解之處，其既稱「熙寧五年，軍廢，二縣復隸江陵府」，當指荊門軍已廢於熙寧五年，原統之長林、當陽二縣重隸江陵府。但其下又言「熙寧六年，廢為長林縣，隸江陵府」，此處「廢為長林縣」，不知是意謂荊門軍廢為長林縣，抑或是指長林、當陽二縣廢為長林縣，殊為難解。按，《輿地紀勝》卷78《荊湖北路‧荊門軍》則稱《會要》及《皇朝郡縣志》並在熙寧六年。依此而論，《宋會要輯稿》上述文字或有抄寫之誤。又因此載惟見於《宋會要輯稿》，未見於其他著述，今不取，茲從《續資治通鑒長編》《宋史》等。

而在宋神宗熙寧六年（1073）荊門軍省廢不久，鑒於其地位之重要，熙寧十年（1077）正月，有人曾建議復置，權發遣荊湖南路轉運判官唐義問曾說：「北路近年廢荊門軍為長林縣，隸江陵府。此軍控制巴蜀，備防百越，今以為縣，城郭不完，屯兵減少，不足以控制要會。比者奉使訪察之臣，惟以興事塞責，減放役人，椿留役錢為利。聞自廢軍以來，鹽酒課息每歲虧數過於所存役錢。乞復建軍。」雖然宋廷詔湖北路監司相度以聞，但終不行。〔註24〕由此不難窺知，設置荊門軍意在「控制巴蜀，備防百越」，但廢軍以後，不僅使宋廷對巴蜀、百越的控制力度有所削弱，而且鹽酒等課利也大不如前，導致地方財政收入減少。出於鉗制巴蜀、防範百越，增加稅收以鞏固對本地統治的目的，故而唐義問有復置荊門軍的請求，宋廷雖將其建議下達湖北路監司商酌討論，但荊門軍終未因此而重置。此後，直到宋哲宗元祐三年（1088），宋廷方復置荊門軍。〔註25〕至於其詳情及其以後之沿革，已不在本題論述之列，無需贅語。《宋史》卷88《地理志四‧荊門軍》詳細載有荊門軍在兩宋時期的沿革情況，據此可一覽其梗概，茲將原文移錄如下：

〔註24〕《續資治通鑒長編》卷280，熙寧十年正月，第6850頁。
〔註25〕按，《宋會要輯稿》方域六之三七載：「元祐三年，復為軍。」第7424頁。此載所記「元祐三年（1088）復為軍」，與《宋史》卷88《地理志四‧荊湖北路‧荊門軍》同。第2198頁。《續資治通鑒長編》卷413「哲宗元祐三年八月辛巳」條載：「詔復荊南長林縣為荊州〔門〕軍。」第10037頁。《宋史》卷17《哲宗紀一》載：元祐三年八月辛巳，復置荊門軍。第327頁。另，《輿地廣記》卷28《荊湖北路下》則稱「元祐元年（1086）複置」。第816頁。茲從《宋會要輯稿》《宋史》《續資治通鑒長編》。

荊門軍，開寶五年，長林、當陽二縣自江陵來隸。熙寧六年，廢軍，縣復隸江陵府。元祐三年，復為軍。端平三年，移治當陽縣。縣二：長林（次畿）、當陽（次畿）。紹興十四年，廢入長林；十六年，復。

三、五代宋初荊門軍的轄地與治所

前已有述，荊門軍是五代宋初出現的一種新型統縣政區，而荊門軍又是同類政區中較早設置者，值得予以重視。但關於其轄縣範圍、治所移徙等具象，史載較為零碎、簡單，且頗有不一，是故仍有必要稍做梳理，俾明其實。

1. 高氏割據時荊門軍的轄地與治所。結合上文有關結論可知，高氏荊南割據期間已於後唐明宗天成二年（927）十月始更荊門縣為荊門軍，原荊門縣省入，治當陽。《太平寰宇記》卷146《山南東道五·荊州》荊門軍條即明言：「唐末荊州高氏割據，建為軍，領荊州當陽縣。」《記纂淵海》卷14《荊湖北路》引《地理沿革表》曰：「五代高季興置軍，治當陽。」《十國春秋》卷100《荊南一·武信王世家》亦稱：天成二年十月，「置荊門軍於當陽縣」。同書卷112《十國地理表下·荊南》又載：「五代更荊門縣為軍，治當陽。」照此來看，其所轄惟有當陽縣，並以當陽為治所。這與五代時所置軍的情形相吻合，《新五代史·職方考》有宋人徐無黨注云：「五代置軍六，皆寄治於縣，隸於州，故不別出。……皇朝軍監始自置屬縣，與州府並列矣。」則荊門軍仍隸於江陵府，並以當陽縣為治所。但荊門軍不久即被廢罷。從宋初再置荊門軍的情況而論，荊門似重隸江陵府長林縣，為其轄下一鎮。

2. 宋初荊門軍的轄地與治所。宋初再置的荊門軍，轄縣與治所較之高氏割據時頗有不同。宋初荊門軍的轄縣已由首次創置時的一縣增至二縣。《太平寰宇記》卷146《山南東道五·荊州》有如下記載：荊州元領縣八，今九。江陵，枝江，公安，石首，松滋，建寧、潛江、玉沙。（以上三縣新置）監利，復州割到。三縣割出。對照《新唐書》卷40《地理志四·山南道》所載：江陵府領縣八。江陵，枝江，當陽，長林，石首，松滋，公安，荊門。可知，宋初置荊門軍時，原唐代江陵府下轄的當陽、長林、荊門三縣已割隸。

不過，宋初立荊門軍時，唐代的荊門縣已廢，荊門實為隸於江陵府長林縣之一鎮。如《隆平集》卷1《郡縣》即載：「開寶五年，以荊門鎮為荊門軍，割荊南長林縣隸焉。」故《續資治通鑑長編》卷13「開寶五年二月乙亥」稱：

「以荊南荊門鎮為荊門軍。」《方輿勝覽》卷29《荊門軍》亦言：「皇朝以荊南之荊門鎮為軍。」

因此，宋初荊門軍實領二縣，即如《太平寰宇記》卷146《山南東道五·荊州》所載：荊門軍，「領縣二：長林、當陽」。《宋史》卷88《地理志四》亦載：「荊門軍，開寶五年，長林、當陽二縣自江陵來隸。」明清時期的方志亦從此說，如雍正《湖廣通志》卷3《沿革志》稱：荊門州，「宋為荊門軍，長林、當陽自江陵來隸」。可見，宋初的荊門軍已不再僅統當陽縣，長林縣亦於此時隸入。荊門軍於宋初設立的這一統縣格局，為其後宋廷的荊門軍所繼承，長期領有當陽、長林二縣。

並且，宋初的長林縣，較之於唐末五代，地域範圍有所擴大。《太平寰宇記》卷145《山南東道四·襄州》載：「廢樂鄉縣……皇朝開寶五年割隸荊門軍。」樂鄉縣，唐代係襄州所轄七縣之一，[註26] 後周顯德六年二月，併入宜城。[註27] 因宋初設立荊門軍，原樂鄉地自宜城縣割出，入長林縣，隸荊門軍。同上書卷145《山南東道四·襄州》即言：襄州原領縣七。今六……一縣割出：樂鄉。其下「宜城縣」又稱：若鄉（即樂鄉），「開寶五年割隸荊門軍」。是書卷146《山南東道五·荊州》荊門軍條對此更有清晰說明：「皇朝開寶五年割荊州之長林縣、襄州之故樂鄉合為一縣，置於郭下。」另《輿地紀勝》卷78《荊湖北路·荊門軍》引《皇朝郡縣志》稱：「又割襄陽之樂鄉地以益之。」故宋初荊門軍所統長林縣，係由原江陵府長林縣、襄州宜城縣樂鄉合併而致。

另外，《太平寰宇記》卷146《山南東道五·荊州》又有如下記載：荊門別為軍，當陽入荊門，武安併入荊門軍。此處所言「武安」，當係原屬襄州南漳之武安鄉，今地南漳縣東南三十八里武安鎮。據《太平寰宇記》卷145《山南東道四·襄州》載：南漳縣，舊五鄉，今四鄉。所少一鄉，應即指割入荊門軍之武安鄉。

就以上所述而論，宋初荊門軍不僅已突破高氏始立荊門軍時「寄縣為治」，惟統當陽一縣的狀況，於當陽之外，又割入長林一縣，其所統縣由一增為二；而且，其所管轄地域範圍較之此前亦有增加，原屬襄州宜城之廢樂鄉縣、南漳

[註26] 〔唐〕李吉甫：《元和郡縣圖志》卷21《山南道二·襄州》載：襄州「管縣七：襄陽，臨漢，南漳，義清，宜城，樂鄉，穀城」。中華書局點校本1983年版，第528頁。可知，唐代元和年間樂鄉縣即為襄州轄縣之一，且直至唐末沿而弗改。

[註27] 《舊五代史》卷150《郡縣志》，第2019頁。

之武安鄉，皆於宋初割隸荆門軍。

值得注意的是，宋初荆門軍除轄縣、地域範圍與高氏荆南時期有異外，其治所亦有移徙。《宋朝事實》卷19《升降州縣二·荆湖北路》載：荆門軍，「開寶五年置，熙寧六年廢⋯⋯初治當陽，後治長林縣」。《輿地廣記》卷28《荆湖北路》載：長林縣，「正〔貞〕元二十一年析置荆門縣，後省。皇朝置荆門軍，軍廢，屬江陵府，後復置，皆為軍治」。當陽縣，「皇朝置荆門軍，初治此，後徙治長林。軍廢，屬江陵府。後復置，來屬」。據上述來看，宋初荆門軍始治當陽，後徙至長林。但《輿地紀勝》卷78《荆湖北路·荆門軍》曰：「皇朝以荆南之荆門鎮為軍⋯⋯徙治長林。」下引元祐四年滿中行《新復荆門軍記》即曰：「五季之亂，高氏盜據荆南，始建軍，而治當陽。藝祖建隆之初，繼沖既挈版圖歸國。開寶五年，始詔徙軍治于長林。」同書同卷又引《太守壁記》云：「開寶五年即江陵府長林縣建軍，以長林、當陽二縣來隸。」故宋初置荆門軍時，即以長林為治所。

荆門軍自宋初一直延續至神宗統治前期，熙寧六年（1073）六月，「廢軍，以長林、當陽兩縣並隸江陵府建寧縣為鎮」〔註28〕。荆門軍原統長林、當陽二縣，隸入江陵府建寧縣，為其轄下之鎮。但時隔未久，長林即回復為縣治。《續資治通鑑長編》卷280「神宗熙寧十年正月庚申」即載：「權發遣荆湖南路轉運判官唐義問言：北路近年廢荆門軍為長林縣，隸江陵府。」可知，至遲在熙寧十年（1077）正月之前，長林已自鎮升置為縣。另，同上書卷413「哲宗元祐三年八月辛巳」載：「詔復荆南長林縣為荆門軍。」是書卷429「元祐四年六月丁卯」載：「湖北轉運司言：荆南長林縣今已復為荆門軍。」均為長林已重置縣之明證。當陽縣、鎮改置的情形，亦應與長林相類似，故《宋史》卷88《地理志四》曰：「荆門軍，開寶五年，長林、當陽二縣自江陵來隸。熙寧六年，廢軍，縣復隸江陵府。」

四、結語

總括前述，荆門軍當始置於高氏荆南割據期間的天成二年（927）十月，治當陽縣，其原因蓋在於為抵禦中朝兵鋒奔襲江陵之需，特於原隸江陵府荆門縣置軍，以阻遏兵勢。而一旦高氏荆南與中朝關係緩和，謹守藩臣本分，則荆門軍亦自廢罷。迄至宋初，為控遏巴蜀、防範百越，加強對江漢地區的統治，

〔註28〕《續資治通鑑長編》卷245，熙寧六年六月，第5974頁。

又有再度置軍於荊門之舉。不過，宋初的荊門軍，已突破高氏割據時寄治當陽縣的形式，以襄州宜城縣轄所樂鄉與原長林縣合成新長林縣隸入，領當陽、長林二縣，形成較為穩固的統縣格局，並為其後的荊門軍所承襲；並且，襄州南漳縣之武安鄉亦割入荊門軍，其所統地域範圍較之此前明顯有所擴大，治所亦從當陽徙至長林。因此，五代宋初荊門軍的有關情況，前後多有變化。為使荊門軍的相關研究能走向深入，上述荊門軍的建置沿革，不可不察。

原載《荊楚文化與長江文明》，湖北人民出版社 2012 年版。

五代兩宋時期農具稅探析
——兼論鐵禁的演變

在中國傳統社會自戰國以降的長期歷史發展行程中，無論是以自然經濟為特色的古代農業社會，還是以商品經濟與自然經濟並重的農商社會，鐵製農具的創新、製造和廣泛使用，對於農業生產的正常開展和農業生產技術的進步都曾產生積極影響。鐵農具與主要生產部類的農業可謂相輔相成，農戶從事農業生產必須具備一定數量和種類的鐵製農具。針對這種剛性需求，為補給財政不足，五代後唐至兩宋各朝竟相繼徵收農具稅。而農具稅作為五代初期產生的一種新型田稅附加稅，儘管宋真宗朝即已明令取消，但其實並未止絕，直到南宋高宗紹興初年（1131～1162）才真正廢除，存在時間不可謂不短，殊值留意；並且，此稅明顯有異於由田稅稅物派生和由強制交換的博徵，轉換而致的各種附加稅，實則是鐵專賣稅入的轉化，係禁権的變相形式，其背後折射出的則是鐵禁鬆弛的狀況及其程度；加以此前學界以附加稅作為討論對象的專篇文章難得一見，而對於農具稅的分析，雖則王曾瑜、張澤咸、鄭學檬、吳樹國與杜文玉等諸位先生的相關論著已有論及，[註1]所得結論於今人啟發良多，然諸家所論更多側重於五代時期農具稅的性質、稅額與徵發等問題的揭示，且囿於體例，在相較簡略的敘述中，並未涉及農具稅在宋代

〔註 1〕 參見王曾瑜：《宋朝的兩稅》，《文史》第 14 輯，中華書局 1982 年版，第 122 頁。張澤咸：《唐五代賦役史草》，中華書局 1986 年版，第 232 頁。鄭學檬：《五代十國史研究》，上海人民出版社 1991 年版，第 166 頁；鄭學檬主編：《中國賦役制度史》，上海人民出版社 2000 年版，第 321 頁。吳樹國：《唐宋之際田稅制度變遷研究》，黑龍江人民出版社 2007 年版，第 95 頁。杜文玉：《五代十國經濟史》，學苑出版社 2011 年版，第 252 頁。

施行與廢止的過程，而且對於農具稅與榷鐵之關係又少有剖析，所以該論題仍有重新梳理與探討之空間。藉此之考察，當能進一步明晰農具稅變遷的始末，勾勒五代兩宋時期榷鐵政策演變的軌跡，當然此舉多少還包含認識田稅附加稅單一稅種的嘗試與努力。

一、農具稅的淵源流變及其時代條件

自中唐兩稅法頒行伊始，伴隨田稅對戶稅的消解，附加於田賦上的各種非正式稅收，名目趨多，降至宋代，沿而不改，且呈愈演愈烈之勢，此即宋人所謂的「沿納」「沿徵」「雜變之賦」或「雜錢」，發端於後唐明宗初年的農具稅或農器錢，即為其中之一。作為五代時期產生的新稅種，農具稅最早以「農器錢」之名，出現於後唐明宗長興二年（931）十二月的敕文：「鄉村百姓，祇於係省夏秋苗畝上納農器錢一文五分足，隨夏秋稅二時送納。」〔註2〕至於為何開徵農具稅，明宗的詔書亦有說明：

> 富民之道，莫尚於務農；力田之資，必先於利器，器苟不利，民何以安？近聞諸道監冶所賣農器，或大小異同，或形狀輕怯，才當墾闢，旋致損傷。近百姓秋稼雖登，時物頗賤，既艱難於置買，遂抵犯於條章。苟利錐刀，擅興爐冶，稍聞彰露，須議誅夷。緩之則贍國不充，急之則殘民轉甚。加以巡檢、節級騷擾鄉間，但益煩苛，殊非通濟。〔註3〕

據上述內容可知，徵收農器錢的原因，表面看來不外乎如下三者：其一，各地監冶官場鑄造的農器，形制大小不一，質量低劣，難堪使用，極易破損，有礙農業生產的正常進行。其二，百姓購買不便，乃至出現冒禁「擅興爐冶」、私自鍛造以牟利者。實際上，天成年間（926～929）由於「官場農具去人戶遙遠，不便於民」，明宗已下令「逐縣置一場賣之」〔註4〕，但此舉似乎收效不大，百姓不便購置農具的情況依然如故。其三，巡檢、節級借監督買賣農具之名，染指其間，或強行推銷，或以劣充優，或擅自加價，從而加重了百姓負擔。

勿庸諱言，農器錢的開徵確有以上因素存在，但根本性問題，歸結為一點，

〔註2〕〔宋〕王溥：《五代會要》卷26《鐵》，上海古籍出版社點校本1978年版，第422頁。

〔註3〕〔宋〕王欽若等：《冊府元龜》卷70《帝王部・務農》，鳳凰出版社點校本2006年版，第749頁。

〔註4〕《冊府元龜》卷849《總錄部・謀畫》，第9892頁。

其實還是在於「贍國不充」，至於「殘民轉甚」的話頭，相較之下，顯然並未觸及要害。所謂「贍國不充」，即是國家財政困窘，補給不足，而這才是問題的關鍵。實際上，後唐自莊宗開國之際，由於養兵、賞兵費用驟增，中央財政早已陷入入不敷出的艱難局面。「五代為國，興亡以兵」[註5]，承李唐中後期募兵制之餘緒，其時的兵員，有別於府兵制時代的義務兵，係職業雇傭兵，主要依靠召募方式而籌集，所需兵械器仗、衣糧醬菜一概仰賴於政府提供。因而，供養常備之師，對於後唐羸弱的國家財政而言已經不堪重負；加以募兵制時代的兵員，除需以當兵方式解決個人溫飽之外，還要承擔養家糊口的義務，而為滿足家庭生計，尋求額外賞賜又是獲取生活資料的重要來源。然而，賞軍同樣需要財政支出作為後盾，如若賞賜不多或不及時，則極易導致士伍的離心或嘩變。兩者疊加，後唐財政壓力之大已然不難想見。史籍中亦不乏關於國庫儲蓄不足而難以賞軍、供軍的記載。如後唐莊宗同光（923～926）初年，「公府賞軍不足。（郭）崇韜奏請出內庫之財以助，莊宗沉吟有靳惜之意」[註6]。而「國力尚闕，天府未充」[註7]的局面，長期難以扭轉。及至同光末年，因為養軍的緣故，仍然還是「倉儲不足」，乃至租庸使「頗朘刻軍糧，軍士流言益甚」[註8]。凡此種種，無不表明贍軍養士實為後唐初期財政支出的大宗，以至財政支出經常性地陷入捉襟見肘的困難境地。

「軍須尚重，國力未充」[註9]的情形，在明宗即位之後亦無改觀。鑒於莊宗吝財而激起兵變，明宗為避免重蹈覆轍，賞賜軍士的力度又有所增強，從而致使府庫長期空竭，故其後乃至有「明宗棄代之際，是時府庫濫賞已竭」[註10]的說法。由於用度浩大，兩稅收入遠遠無法應付軍事財政需求，故而新闢稅源以彌補財政虧空，成為明宗擺脫財政窘境的必然選擇。加之此前提到的官場鐵冶利益受到民間「擅興鐵冶」的侵奪，鐵的專賣收入有所減少，從保障鐵利並使之成為中央財政穩定補充的角度出發，明宗遂一改此前的禁

〔註5〕〔宋〕歐陽修：《新五代史》卷27《康義誠傳》，中華書局點校本1974年版，第297頁。

〔註6〕〔宋〕薛居正等：《舊五代史》卷57《郭崇韜傳》，中華書局點校本1976年版，第766頁。

〔註7〕《冊府元龜》卷547《諫諍部·直諫十四》，第6263頁。

〔註8〕〔宋〕司馬光：《資治通鑒》卷274，後唐明宗天成元年三月，中華書局點校本1956年版，第8968頁。

〔註9〕《冊府元龜》卷92《帝王部·赦宥十一》，第1017頁。

〔註10〕《舊五代史》卷93《李專美傳》，第1230頁。

鐵方式，轉而以新設農器錢的名目向百姓徵稅，將鐵的專賣收入通過農具稅的方式強行攤派至地畝。就此而論，以鐵利填補財政缺口，無疑是徵收農具稅的根本出發點。

值得注意的是，軍事財政的突出特點所導致的國庫財用枯竭狀況，是五代兩宋時期的普遍情形。如後晉時期，高祖「詔修西京大內，（薛）融以鄴下用兵，國用不足，上疏復罷之」〔註11〕。末帝在位期間依然面臨「國用不足」〔註12〕的困擾，以至有「今國家不幸，府庫空竭，不得已取於民」〔註13〕的說法。後漢高祖登基之初，為改變「府庫空竭」的局面，甚至採取「括借都城士民錢帛」的措施。〔註14〕財政不足的形勢，在後周時期亦無起色，即便進入宋初，「承五代荒亂之餘，府庫空竭」〔註15〕，財政支出短缺的問題依舊嚴重。而對於統治者來說，紓解財政壓力最便捷而簡單易行的方式，莫過於想方設法巧立名目，新增稅源，加重賦斂，農具稅即是其時湧現出的名目眾多的雜稅中之一種，誠如宋人所言：「蓋自唐室解紐，五朝挺災，屢王僭侯，盜據方國，壞合徹之典，取一切之宜，掊尅無厭，禁令自出。於是有身丁、地頭之賦，農具、牛皮之徵。鬻酒則戶出麴錢，煮海則家增鹽價。」〔註16〕而農具錢之所以長期沿而不廢，即便短暫免除，時隔未久又重新開徵，其根源也就在於統治者希望藉此增加鐵利收入，緩釋財政的巨大壓力。

不過，儘管上引長興二年（931）十二月的詔書，明確提到徵取「農器錢」，但該稅的開徵，卻還要等到下一年度。原因在於，其時夏秋稅的繳納，大致遵循「夏稅無過六月，秋稅無過十一月」〔註17〕的時限規定，而當年十二月份，該年度的兩稅原則上已經收繳完畢，上述詔令並無可能在本年度得到執行。因此，農具稅的起徵始於長興三年（932）。

繼後唐而起的後晉、後漢、後周各朝，繼續徵收農具稅，所謂「後歷晉、

〔註11〕《舊五代史》卷93《薛融傳》，第1233頁。

〔註12〕《資治通鑒》卷283，後晉齊王天福八年七月，第9251頁。

〔註13〕《資治通鑒》卷284，後晉齊王開運元年四月，第9271頁。

〔註14〕《資治通鑒》卷286，後漢高祖天福十二年正月，第9335頁。

〔註15〕〔宋〕李燾：《續資治通鑒長編》卷196，嘉祐七年五月丁未，中華書局點校本2004年版，第4756頁。

〔註16〕〔宋〕宋庠：《論蠲除雜稅箚子》，《全宋文》卷428，上海辭書出版社、安徽教育出版社2006年版，第390頁。

〔註17〕〔後晉〕劉昫等：《舊唐書》卷48《食貨志上》，中華書局點校本1975年版，第2093頁。

漢、周皆不改其制」〔註18〕之語，即為其證。這種情形在史籍中也有不同程度的反映，如後周廣順二年（952），李元懿投匭獻六事，其中的第一件事就有「臣為北海令時，夏秋苗上每畝麻、農具等錢」〔註19〕的說法，可見，按照規定，鄉村百姓在繳納夏秋稅時，同樣需要提供農具錢。

入宋之後，農具稅照樣仍在延續。直到真宗在位期間，「河北水，（呂夷簡）選知濱州。代還奏：『農器有算，非所以勸力本也。』」〔註20〕「請免稅河北農器，上曰：『務穡勸耕，古之道也，豈獨河北哉？』」〔註21〕遂於大中祥符六年（1013）七月詔曰：「關市之徵，所以禁末業；田疇之利，所以勸力耕。豈於稼器之中，亦取衫門之稅。」〔註22〕宣布取消農具稅。據此而言，宋初仍然存在農具稅的名色，真宗的上述詔令，則意味著農具稅於此時正式廢止。然而，為時不久，農具稅又重新復活。

從現存記載來看，至遲自北宋仁宗朝起，農具稅又再度開徵。大約成書於皇祐五年（1053）的歐陽修《五代史記》記載：長興二年（931）十二月「除鐵禁，初稅農具錢」。宋人徐無黨注曰：「至今因之，故書。」〔註23〕胡三省注引此語時則說：「稅農具錢，至今因之。」〔註24〕由此表明，農具稅在短暫廢除後，於仁宗朝再次恢復徵收。而熙寧二年（1069），韓琦的上疏依然提到：「況今天下田稅已重，固非《周禮》什一之法，更有農具、牛皮、鹽麴、鞋錢之類，凡十餘目，謂之雜錢。」〔註25〕農具錢仍舊在列，這是神宗在位期間徵收雜錢十餘種名目者之一。直到南宋紹興八年（1138）三月，高宗下詔「蠲農器及牛稅」〔註26〕，農器稅的徵收，即於此時宣告終止。

順便需要提及的是，或許是受中原王朝的影響，長期與五代、北宋對峙的

〔註18〕 《冊府元龜》卷70《帝王部・務農》，第749頁。

〔註19〕 《冊府元龜》卷547《諫諍部・直諫第十四》，第6267頁。

〔註20〕 〔元〕脫脫等：《宋史》卷311《呂夷簡傳》，中華書局點校本1985年版，第10206頁。

〔註21〕 〔宋〕呂中：《類編皇朝大事記講義》卷7《真宗皇帝・恤民》，上海人民出版社點校本2014年版，第156頁。

〔註22〕 〔宋〕佚名：《宋大詔令集》卷183《政事三十六・財利上・免稅農器詔》，中華書局排印本1962年版，第665頁。

〔註23〕 《新五代史》卷6《唐明宗紀》，第63頁。

〔註24〕 《資治通鑒》卷277，後唐明宗長興二年十二月，胡三省引徐無黨注，第9063頁。

〔註25〕 《宋史》卷176《食貨志上四・常平、義倉》，第4284頁。

〔註26〕 《宋史》卷29《高宗紀六》，第536頁。

北方少數民族政權遼，亦曾一度徵收農器錢，史載：「以南京、平州歲不登」，時任大丞相的耶律隆運，「奏免百姓農器錢，及請平諸郡商賈價。並從之」〔註27〕。而據「農家辛苦感國恩，農具依前俱勿稅」〔註28〕的詩句來看，元代似乎也徵收過農具稅。至於遼代與元代農具稅徵收的詳情如何，因史籍脫載，今人已不得而知。

二、農具稅的徵收、性質與評價

肇始於後唐明宗時期的農具稅，至南宋初年廢除，前前後後延亙了兩百年有餘，在此特定歷史時期的名目眾多的各種賦斂之中，具有一定的代表性。職此之故，接下來還需對農具稅的稅額、繳納時限、徵收地域與性質等若干問題稍加鋪陳，以便形成對該稅的全面認識和判斷。

首先來看農具稅的稅額。明宗詔令徵取農器錢之初，即對稅額做出明確規定，所謂「於夏秋苗畝上，納農器錢一文五分足」〔註29〕。質言之，就是百姓在輸納夏秋二稅時，以每畝一文五分的稅額標準，上繳農器錢。另有史籍則稱：長興二年（931）十二月甲寅，「初聽百姓自鑄農器並雜鐵器。每田二畝，夏秋輸農具三錢」〔註30〕。兩畝田繳納三錢農器錢，稅額依然是每畝一文五分。對此，馬端臨的說法更為直白：「長興二年，人戶每田畝納農器錢一文五分。」〔註31〕這種徵收額度，其後一直相沿不改。

但制度性的設計與其在現實中的執行，往往未盡一致，農具稅在實際推行過程中，地方官吏不遵守規定稅額，而擅自超額徵取的現象，時有發生。如李元懿在廣順二年（952）就向朝廷反映：「臣為北海令時，夏秋苗上每畝麻、農具等錢，省司元定錢十六。及劉銖到任，每畝上加四十五，每頃配柴五圍、炭三秤。省條之外，別立使限徵促。臣竊聞諸道亦有如劉銖配處，望令禁止。」〔註32〕儘管此載將麻、農具等錢並提，徵取農具錢的準確額度難以明晰，但突

〔註27〕〔元〕脫脫等：《遼史》卷82《耶律隆運傳》，中華書局點校本1974年版，第1290頁。

〔註28〕〔元〕胡祇遹：《紫山大全集》卷4《農器歎寄呈左丞公》，景印文淵閣四庫全書，第1196冊，臺灣商務印書館影印本1986年版，第50頁。

〔註29〕〔元〕馬端臨：《文獻通考》卷18《征榷五·坑冶》，中華書局影印本1986年版，考178。

〔註30〕《資治通鑑》卷277，後唐明宗長興二年十二月，第9063頁。

〔註31〕《文獻通考》卷3《田賦三·歷代田賦之制》，考51。

〔註32〕《冊府元龜》卷547《諫諍部·直諫十四》，第6267頁。

破原定每畝一文五分的限額，當為不爭之事實。按照規定，麻、農具等錢每畝
應徵收 16 文，而劉鈺將其提高到 45 文，增幅竟然多達 29 文，另外每頃還要
配徵柴、炭若干，加徵之程度不可謂不嚴重。並且，「諸道亦有如劉鈺配處」，
可見任意提高農具稅錢額的情況，並非僅此一例，而是在各地多多少少都有出
現。當然，從制度層面而言，加徵、配徵均屬有違常制的行為，所以李元懿「望
令禁止」，其目的在於將農具稅的徵收納入制度化的軌道。

　　其次來看農具稅的徵收時間及地域範圍。農具稅的繳納，亦有時限規定。
前述引文對此已有說明，即農具稅隨夏秋稅二時送納官府。如果理解不誤的
話，大致可以認為，在正稅上繳的夏季或秋季立限之前，鄉村百姓均可向官府
輸納農具稅，而不必拘於一時。這種處理方式，較之於指定單獨的確切時間、
一刀切的硬性做法來說，相對靈活變通，一定程度上考慮到百姓上下半年度的
不同收入情況，便於百姓根據自身物力的實際水平，調整選擇納稅時間，此舉
當然更加有利於農具稅的徵收。

　　值得注意的是，農具稅起初推行之際，毫無疑問屬全國性稅種。換言之，
後唐王朝所轄地域範圍內的所有農戶，都必須按照田畝的實際面積，向官府繳
納一定數量的農具稅。不過，由於該稅種出臺時，天下亂離，瓜分豆剖，強藩
擅命而擁土自立者所在多有，其時與後唐並立的政權，在廣袤的南方即有後
蜀、南漢、楚、吳越、閩、荊南等，而這些小國都是王命不宣之處，中原王朝
的諸多政策並無實施之可能。與之相應，徵收農具稅的措施，也應當僅僅侷限
於後唐王朝所統治的以中原地區為核心的區域。而在現存文獻中，迄今也並未
發現南方割據政權徵收農具稅的記載。其後的五代各朝，大抵如此。即便是趙
宋王朝立國之後，農具稅的徵收地域，應該也並未擴展至宋廷相繼平定的荊
湖、川蜀、嶺表、江南和河東地區。所以，祥符六年（1013），真宗「詔天下
勿稅農器」〔註33〕，所指諸路仍然是以中原為中心的區域。

　　再次來看農具稅的性質。宋人將農具稅歸入與正稅相對的雜賦之列。雜賦
又稱沿納或沿徵，史載：「自唐以來，民計田輸賦外，增取他物，復折為賦，
所謂雜變之賦者也，亦謂之沿納。而名品煩細，其類不一，官司歲附帳籍，並
緣侵擾，民以為患。」〔註34〕另有史籍則說：「雜變之賦，牛、革、蠶鹽之類，

─────────────────

〔註33〕〔宋〕王稱：《東都事略》卷 4《真宗紀》，《二十五別史》，第 19 冊，齊魯書
　　　　社點校本 2000 年版，第 28 頁。
〔註34〕《續資治通鑒長編》卷 113，明道二年十月壬戌，第 2642 頁。

隨其所出,變而輸之是也。」〔註35〕歸根溯源,宋人所稱雜賦或雜錢,大多出自五代,誠如張方平所言:「自古田稅,穀帛而已。今二稅之外,諸色沿納,其目曰陪錢、地錢、食鹽錢、牛皮錢、蒿錢、鞋錢。如此雜科之類,大約出於五代之季,急徵橫斂,因而著籍,遂以為常。」〔註36〕史籍亦載:「自唐室藩鎮多便宜從事,擅其徵利,以及五季,諸國益務掊聚財貨以自贍,故徵算尤繁。」〔註37〕各種無名科斂、法外濫徵,比比皆是。後世史家對此亦有如下論述:

> 自唐漁陽之亂,藩鎮擅土自殖,迄於割據而天下裂。有數郡之土者,即自帝自王,建蟻封之國。養兵將,修械具,僭儀衛,侈宮室,立百官,益以驕奢,其用不貲。戶口農田之箕斂,史不詳其虐取者奚若,概可知其谿壑之難填矣。然而固不給也。於是而海國之鹽,山國之茶,皆官榷賣;又不足,則榷酒、稅農器之令,察及毫毛。迨宋之初,未能除也,皆仍僭偽之陋也。〔註38〕

此載同樣認為,宋初的各種「箕斂」名目,都是直接承襲自五代各朝,農器稅即為其中之一。

具體就農具稅而言,宋庠嘗道:「當今正稅之外,雜賦至繁,詭制異科,醜名暴斂。」而其所舉雜賦的諸多名目之中,即包含有農具錢。〔註39〕雜賦在熙寧變法之後徑被稱為雜錢,李復即說:「舊稅沿納錢內有鹽、鞋、麻、布、牛皮等錢十餘色,昨因方田,盡隱其名,並只稱雜錢。」〔註40〕韓琦即將農具錢視為雜錢之一。〔註41〕

農具錢或農具稅自產生之際,即隨正稅於夏秋二時交納。長興二年(931)十二月,後唐明宗「詔開鐵禁,許百姓自鑄農器、什器之屬,於夏秋田畝上,每畝輸農器錢一文五分」〔註42〕,明確規定百姓於夏秋上繳田稅時,輸納農器錢。這一做法在其後農具稅徵收的過程中,同樣得到執行。如後周李元懿擔任

〔註35〕《宋史》卷 174《食貨志上‧賦稅》,第 4202 頁。

〔註36〕〔宋〕張方平:《張方平集》卷 25《論事‧論免役錢箚子》,中州古籍出版社點校本 1992 年版,第 392 頁。

〔註37〕《宋史》卷 186《食貨志下八‧商稅》,第 4542 頁。

〔註38〕〔清〕王夫之:《宋論》卷 2《太宗》,中華書局點校本 1964 年版,第 47 頁。

〔註39〕〔宋〕宋庠:《論蠲除雜稅箚子》,《全宋文》卷 429,第 390 頁。

〔註40〕〔宋〕李復:《潏水集》卷 3《上戶部范侍郎書》,景印文淵閣四庫全書,第 1121 冊,臺灣商務印書館影印本 1986 年版,第 21 頁。

〔註41〕《宋史》卷 176《食貨志上四‧常平、義倉》,第 4284 頁。

〔註42〕《舊五代史》卷 42《唐明宗紀八》,第 583～584 頁。

北海令時，就曾依據田畝在夏秋徵收農具等錢，[註43]沿襲的還是後唐時期的徵收方式。宋代農具稅的徵收，與五代一脈相承。據此而論，農具稅因依附於兩稅，故其本質上屬田稅附加稅。

最後還需對農具稅的影響稍加討論。實際上，作為正稅補充的兩稅附加稅的不少名目，早在兩稅法頒行之後不久即已產生。兩稅法原則上禁止徵收其他雜稅，因此田稅附加稅的各種稅目，於法無據，於理難容，實係有違法理或非制度化的產物。而以各種形式出現的田稅附加稅，對政府而言固然有彌補財政不足的作用，但客觀上卻加重了百姓負擔。具有田稅附加稅性質的農具稅，亦概莫能外。也正是因為農具稅本係法外之徵，屬政府盤剝小民之舉，是五代兩宋各朝在農業再生產正常道路上強行設置的障礙，所以對於真宗下詔免除諸路農器稅的舉措，富弼等人即有如下評價：「關市之賦，所以徵商也。稅及農器，去古法遠矣。……真宗推農務之道，使天下免稅稼器，固聖人知博利也。」[註44]呂夷簡也由於建言廢止農具稅，而獲得士大夫的美譽。史載：

> （呂夷簡）嘗通判通、濠二州。往河北按行水災，還奏曰：「今農器有算，非所以重本也，請除之。」真宗納其言。自是，天下農器皆免算。時王曾為知制誥，一日至中書見宰相王旦，旦謂曾曰：「君識呂夷簡否？」曾曰：「不識也。」它日復問，曾曰：「嘗訪之士大夫，人多稱其才者。」旦曰：「此人器識遠大，君其善交之，異日，當與君對秉鈞軸。」曾曰：「公何以知之？」旦曰：「吾亦不識夷簡，但以其奏請得之。」曾曰：「奏請何事？」旦曰：「如不稅農器是已。」既而，擢提點兩浙刑獄。[註45]

由此不難看出，農器錢的徵取的確是擾民行為，官僚士大夫對此也是心知肚明，但在其延續多年之後，敢於向朝廷提議廢止者，呂夷簡當為第一人。其後宋人仍然對此舉讚賞有加：「昔議鼓鑄，呂申公獨建言，願不禁農具，識者謂有宰相器，後果如約。」[註46]意謂僅此一點，足可窺見呂夷簡具備擔任宰輔的才能，後來其果然榮登相位，躋身鈞軸。

[註43]《冊府元龜》卷547《諫諍部・直諫十四》，第6267頁。

[註44]〔元〕佚名：《宋史全文》卷6《宋真宗》，大中祥符六年七月，中華書局點校本2016年版，第263頁。

[註45]《東都事略》卷52《呂夷簡傳》，第409頁。

[註46]〔宋〕李新：《跨鼇集》卷21《上趙龍圖書》，景印文淵閣四庫全書，第1124冊，臺灣商務印書館影印本1986年版，第572頁。

上述對於農具稅的看法，不獨為宋人所專擅，明清之際的王夫之對此的批評尤為尖銳：

> 李嗣源天成三年，聽民造麴，而於秋稅畝收五錢，又三年，聽民鑄農器，於夏秋稅二畝收農具三錢，自謂寬政，而不知其賊民之益甚也。造麴者非必有田，有田者方待麴於人而不知造，無端而代鬻麴者以輸稅，其稅之也何名？至於鑄農器者，不耕而獲農人之粟，哀此貧農，輟餐裰衣以博一器，而又為冶人代稅。二者橫徵，而後農民之苦日積而月深矣。〔註47〕

在他看來，酒麴錢與農具錢性質無異，皆是官府「賊民」「橫徵」之舉。而在田稅附加稅的諸多稅種中，「唯農器之稅，為虐已甚」，其原因則在於，「稅興而價必湧貴，貧民不贍，則器不利而土荒，民之貧，日以酷矣」〔註48〕。而針對「二畝三錢耳，無大損於民，而合以成多」的說法，王夫之又有相當理性和客觀的分析，所謂「日益之，歲增之，不見多而積矣」。更重要的是，「至不仁者，自矜其得利之易，合併以責之田畝。此法一立，相仍者累積而不已，明主弗能察也，惠主弗能蠲也，延及數百年，而戶口鹽鈔桑絲錢息車船木竹之稅，一灑散之於田畝」〔註49〕。依附於田畝的各種雜稅名目，前後相繼，綿延數世，為害益烈，難以根除。正因持有上述見解，對於農具稅始作俑者的後唐明宗，王夫之的評價與傳統觀點迥然有異，如其所稱：「孰謂嗣源為有仁心而幾於小康乎？」〔註50〕這種說法亦不無理據。

實際上，農具稅的徵收以放開鐵禁為前提，後者在明宗長興二年（931）十二月的詔書中有明確揭示：「今後不計農器、燒器、動使諸物，並許百姓逐便自鑄造，諸道監冶，除當年定數鑄辦供軍熟鐵並器物外，祇管出生鐵，比以前價，各隨逐處見定高低，每斤一例減十文貨賣，雜使熟鐵，亦任百姓自煉。」〔註51〕也就是說，官府不再把持農器的鑄造和買賣，監冶官場在原有價格上每斤減10文，向百姓出賣生鐵，並允許民間自行鑄造農具、燒器等生產生活用品和冶煉熟鐵。這種將農器鑄造下放至民間的措施，看似可以克服「諸道監冶

〔註47〕〔清〕王夫之：《讀通鑑論》卷29《五代中》，中華書局點校本1975年版，第1052頁。
〔註48〕《宋論》卷2《太宗》，第47頁。
〔註49〕《讀通鑑論》卷29《五代中》，第1052～1053頁。
〔註50〕《讀通鑑論》卷29《五代中》，第1053頁。
〔註51〕《五代會要》卷26《鐵》，第422頁。

所賣農器，或大小異同，或形狀輕怯，才當開墾，旋致損傷」〔註52〕的弊病，但對於僅能維持生存的普通農戶家庭而言，自置爐冶鍛造農具，談何容易？是以，農器的鑄造往往淪入鄉間豪民富戶手中，而因逐利的需要，此類富民在鑄造農器時難免偷工減料，如此一來，農具的質量依然難以保證。如長興四年（933）三月，後唐明宗「巡幸近郊，見農民田具細弱」〔註53〕，反映的就是鐵禁放開之後，農具有欠精良的客觀情況。

然而，「鐵器者，農夫之死士也。死士用，則仇讎滅，仇讎滅，則田野闢，田野闢而五穀熟」〔註54〕。倘若鐵製農具難以滿足耕稼活動的基本要求，對農業收成的影響顯而易見。結合上文所述，這種情況與鐵禁是否放開似乎關係不大，但問題在於，政府每斤生鐵減價10出賣所讓渡的利益，必然遠遠小於徵收農具錢所獲的稅入。拋開其他方面的細緻比較不說，單從農戶購置農具的角度而言，不論其是否購買生鐵，每年都必須按時輸納農具稅，再者一般的大型鐵製農具，也根本無須每年購買，但是農具稅的繳納，卻是農戶家庭每一年度必須承擔的義務，該稅種強制性特徵極其明顯，百姓的生存壓力亦因此而有所加大。

三、從農具稅看榷鐵政策的演變

如前所述，後唐明宗長興年間（930～933）開徵的農具稅，是放開鐵禁的產物，其實質則是政府將鐵的專賣稅轉化為田稅附加稅，而硬性將鐵利攤派在百姓身上的結果。因此，農具稅自出現伊始，就與榷鐵政策的演變聯繫至密，而該稅在五代兩宋時期的興廢軌跡，也就能在相當程度上反映此一歷史時期鐵禁變遷的脈絡。

1. 五代時期的榷鐵

鐵是製造農具、武器等的重要材料，鐵器的發明、使用和推廣，對於人類生產生活具有重大意義。我國鐵的冶煉和鐵器的鑄造，可上溯至春秋、戰國之際。而自戰國中期伊始，鐵農器在農具中已取得主導地位，其品種日益增多。〔註55〕伴隨戰國、秦漢時期礦冶業的發達，獲利可觀的礦稅收入，漸致成為國家財政的重要支柱。漢武帝實行鹽鐵專賣政策，鐵利在各種礦稅收入中獨佔鰲

〔註52〕《冊府元龜》卷70《帝王部·務農》，第749頁。

〔註53〕《冊府元龜》卷70《帝王部·務農》，第749頁。

〔註54〕王利器校注：《鹽鐵論校注》卷1《禁耕》，中華書局1992年版，第73頁。

〔註55〕楊寬：《中國古代冶鐵技術發展史》，上海人民出版社2004年版，第313頁。

頭。受時代條件的影響，其後各朝鐵禁或弛或緊。李唐王朝中期前後，鐵禁依舊寬嚴不一。而自德宗興元年間（784）以後，直至唐末，官員擔任諸道鹽鐵使的記載頻繁見諸史載，足見礦稅繼續存在。〔註56〕

五代初期實行的榷鐵政策，大體上承唐末。其時戰無寧日，採礦業受到衝擊，礦稅收入勢必有所下降，但鐵專賣措施仍然行之不輟。如同光二年（924）的敕令提到：「歷代以後，除桑田正稅外，只有茶、鹽、銅、鐵出山澤之利，有商稅之名，其餘諸司，並無稅額。偽朝以來，通言雜稅，有形之類，無稅不加，為弊頗深，興怨無已。今則軍需尚重，國力未充，猶且權宜，未能全去。」〔註57〕可見，後梁沿襲了唐末的榷鐵政策，並且由於財政難以應付供軍需要，後唐莊宗朝也並未對此加以改變，甚至還出現紐配鐵稅等錢的情況。同光四年（926），駱鵬舉上疏，即請求每歲青苗鹽雜稅等錢不紐配條。〔註58〕明宗天成元年（926）四月的即位制書曾說：「諸道營田租庸司先專差務使，無益勸農，起今後並委州使管係，所納農具、斛斗據數申省。」〔註59〕內中所言「農具」，實際上是指官場監冶出售農具所獲課利，其原屬諸道營田租庸司所遣專門人員負責，因「無益勸農」，故而調整為由各州管理，將售賣農具所得直接送交中央財政部門。

明宗繼立之初，鐵的開採與包括鐵製農具在內的鐵器鑄造、營銷，同樣被官府完全操縱。天成年間（926～929），布衣李守圭詣匭進時務策七道，其中的第四條即稱：「以官場農具去人戶遙遠，不便於民，請逐縣置一場賣之。」〔註60〕可知農具由官場統一出售，鐵利盡歸政府所有。長興元年（930）二月，明宗下令：「天成二年終以前，諸道銅、銀、鐵冶，銀錫、水錫坑窟應欠課利，兼木炭、農具等場欠負，亦與放免。」〔註61〕在放免鐵冶等「應欠課利」、農具等「欠負」之外，其中反映的也有鐵冶、出賣農具等事務，一律由官場壟斷經營的實情。

以長興二年（931）十二月發布徵收農具稅的詔令為標誌，榷鐵禁令開始有所鬆動，即如史籍所稱「除鐵禁，初稅農具錢」〔註62〕，正式開放鐵禁，

〔註56〕張澤咸：《唐五代賦役史草》，中華書局1986年版，第214頁。
〔註57〕《冊府元龜》卷488《邦計部·賦稅二》，第5538頁。
〔註58〕《冊府元龜》卷547《諫諍部·直諫十四》，第6264頁。
〔註59〕《冊府元龜》卷92《帝王部·赦宥十一》，第1019頁。
〔註60〕《冊府元龜》卷849《總錄部·謀劃》，第9892頁。
〔註61〕《冊府元龜》卷93《帝王部·赦宥十二》，第1023頁。
〔註62〕《新五代史》卷6《唐明宗紀》，第63頁。

將長期由政府壟斷的鐵利，以改徵農具稅的方式而獲得。不過，此次鐵禁的鬆弛並不徹底，因為詔書明確指出：「諸道監冶，除依常年定數鑄辦供軍熟鐵並器物外，祇管出生鐵，比以前價，各隨逐處見定高低，每斤一例減十文貨賣。雜使熟鐵，亦任百姓自煉。巡檢、節級、勾當賣鐵場官並鋪戶一切並廢。」〔註63〕也就是說，除依舊承擔冶鑄供軍所需的常額熟鐵和器物外，諸道監冶的主要任務是冶煉生鐵，比照原來價格每斤減價 10 文向百姓出售，並且此前插手鐵農具經銷的各類官員、鋪戶亦一併廢除。據此而言，礦冶的開採和生鐵的冶煉，仍為諸道監冶控制，政府並未向民間開放，放開的僅僅是給予百姓購買官場生鐵和冶煉熟鐵、鑄造鐵農具的機會，其前提條件則是徵收農具稅。所以說，這次詔開鐵禁，究其實質，是鐵的專賣由完全禁榷轉向了不完全禁榷的形式：一方面，採礦權與冶煉生鐵的權利，依然牢牢掌握在政府手中，民間力量無法涉足其間；另一方面，百姓在向官場購買生鐵後，可自行鑄造熟鐵和農器等物品。

還應注意的是，明宗詔開鐵禁的規定，實際上並未完全解除官府對生鐵的控制。後晉天福六年（941）八月的敕書曾說：「諸道鐵冶三司先條流，百姓農具，破者須於官場中賣，鑄時卻於官場中買鐵。今後並許百姓取便鑄造、買賣，所在場院，不得禁止攪擾。」〔註64〕由此可知，在此則詔令頒布之前，生鐵的買賣全部由諸道鐵冶設置的官場統一經營，百姓購買生鐵和出賣破損農具，都必須在官場進行，這也就意味著鐵的生產和貿易，都處於政府壟斷的模式中，政府對原鐵的控制仍然極其嚴格。而後晉天福六年（941）敕書傳遞出的，則是鐵禁進一步放開的信息，開始允許百姓自由鑄造和買賣鐵器，這就為後來通商法的實行打開了口子。自此之後，直到後周，農具稅的徵收長期行而不廢，與之相應的即是鐵專賣的不完全禁榷方式的延續，其具體措施也應該與後晉時期的做法大致相同。

2. 兩宋時期的榷鐵

趙宋王朝開國之初，制度方面大多上承五代，農具稅的徵收也被直接照搬沿用。由於農具稅實乃榷鐵收入的改頭換面，與政府實施的鐵禁政策密切掛鉤，故而農具稅的興廢與否，相當範圍內昭示著鐵禁鬆弛嚴密的變動狀況，一定程度上反映了榷鐵政策的變遷進程。而有關兩宋榷鐵的討論，汪聖鐸、

〔註63〕《文獻通考》卷 18《征榷五‧坑冶》，考 178。
〔註64〕《五代會要》卷 26《鐵》，第 422 頁。

王菱菱、魏天安等先生在相關著作中，〔註65〕已經有所涉及，讀者自可參閱。下文則主要圍繞農具稅在兩宋時期的存廢而展開，囿於篇幅，亦僅能言其大概，而不太可能涉及更大範圍的討論，這是在進入此節正題之前不能不予以交代的。

遵照五代徵收農具稅的遺制，入宋之後鐵的專賣，採取的應當也是不完全禁榷的方式，即由官府壟斷鐵礦的開採、生鐵的冶煉與部分鐵器的鑄造，百姓於官場購買生鐵，並以之製造鐵農具等生產生活用品，這些鐵製品皆可自由買賣。至少北宋初期的情形即是如此，政府最初也僅僅在鐵的使用上有所限制。史載：宋太祖開寶五年（973）正月「丁酉，禁民鑄鐵為佛像、浮屠及人物之無用者。上慮愚民多毀農器以徼福，故禁之」〔註66〕。這是針對鐵器鑄造做出的規定，意即民間可自由購買生鐵，鑄造鐵器，但不得毀壞農器，將之作為製作佛像、浮屠及人物等的材料。由此也可看出，鐵器的鍛造和生產，其時並未全部集中於官場。

不可否認的是，官營場監依然是產鐵的主要來源，其產量的相當一部分，主要用於製造兵器和鑄錢。如太平興國四年（979）所置河東路大通監，所產之鐵即在製成鐵坯後運送京師用以製作武器。因鐵坯尚需烹煉，耗費不少人力和物力，故而太宗「諭本冶，令製成刀劍之樸，乃以上供」〔註67〕。另外，大通監出產的鐵，也用來製造鐵錢。咸平二年（1005），河東轉運使宋搏就說：「大通監冶鐵盈積，可供諸州軍數十年鼓鑄。」〔註68〕這類礦冶單純為政府生產，鐵產品全部歸政府所有。而宋廷對大通監等大型礦冶的控制，其目的當然在於掌握鐵產品的流向。

但有些官場坑冶所產生鐵的售賣，其後又有相當一部分，逐漸由政府統一經營，轉變為允許商人販易，這是榷鐵轉向通商的表徵。真宗咸平四年（1007）七月詔曰：「澤州大廣鐵冶，許商旅於澤、潞、威勝軍等入納錢、銀、匹帛、

〔註65〕汪聖鐸：《兩宋財政史》，中華書局 1995 年版，第 303～307 頁；《兩宋貨幣史》，社會科學文獻出版社 2003 年版，第 463～471 頁。王菱菱：《宋代礦冶業研究》，河北大學出版社 2005 年版，第 388～395 頁。魏天安：《宋代官營經濟史》，人民出版社 2011 年版，第 464～472 頁。
〔註66〕《續資治通鑑長編》卷 13，開寶五年正月丁酉，第 278 頁。
〔註67〕〔宋〕程俱：《北山集》卷 28《進故事》，景印文淵閣四庫全書，第 1130 冊，臺灣商務印書館影印本 1986 年版，第 278 頁。
〔註68〕《續資治通鑒長編》卷 44，咸平二年四月丙寅，第 940 頁。

糧草折博,及於在京榷貨務入中傳(博)買。」〔註69〕此處坑冶實行的是入中法,實際上也就是交引法。然而,入中法與交引法並未在北宋前期的所有地區實行,如福建路泉州、福州等地的生鐵,就無需經過入納糧草購買鐵引的環節,而是直接由商賈販易於江浙間,一直到慶曆三年(1043),才採取「許有物力客人興販,乃召保出給長引,只得詣浙路去處販賣」〔註70〕的措施,借鑒的是其他地區推行的交引榷鐵法。

不過,大約為防止生鐵出境而為敵國所有,並將之製成兵器,宋初邊境地區的鐵禁措施相對嚴密,可謂真正意義上的禁榷。如「上聞邊民乏農器,詔弛鐵禁」〔註71〕,可知宋廷沿邊地區確曾實行嚴格的榷鐵之舉,而出於重農的目的,真宗特此下詔予以解除。景德二年(1005)九月,又「詔許河中府民齎鐵器過河,於近郡貨鬻,其緣邊仍舊禁斷」〔註72〕。由此表明,宋廷在恢復邊疆地區的鐵禁之後,仍然禁止將鐵產品販易至邊境地區。但在黃河以北的「近郡貨鬻」則不在限制之列。而所謂的「近郡貨鬻」,反映的應該還是通商法施行的情況。

伴隨大中祥符六年(1013)農具稅的取消,鐵禁名義上正式放開,礦冶開採及鐵、鐵製品買賣,原則上均應向民間開放。但正如前文所述,農具稅在仁宗朝再度開徵,而此前實施的鐵禁方式,至此相應也發生了一些改變,存在於北宋前期銀礦場以差派衙前經營的方式,也被移植到鐵礦場。仁宗在位期間,梁適曾「出知兗州。萊蕪冶鐵為民病,當役者率破產以償,適募人為之,自是民不憂冶戶,而鐵歲溢。」〔註73〕。可見,萊蕪礦冶此前以差役的方式承買於主戶,致使當役者破產以償。梁適改以將其承買於商人,致使當地百姓免受礦冶之害,此舉有效調動了承買者的積極性,從而使礦產品的數量明顯增長。再如,「淄州東冶,舊以衙前主之。冶久廢,州請均其課於諸縣。仁宗曰:『利出於冶,冶既廢矣,他縣力田之民何預,而使之輸耶?』命罷之」〔註74〕。淄州

〔註69〕〔清〕徐松輯:《宋會要輯稿》食貨五五之二二,中華書局影印本1957年版,第5759頁。

〔註70〕〔宋〕梁克家:《淳熙三山志》卷41《物產·鐵》,《宋元方志叢刊》,第8冊,中華書局影印本1990年版,第8252頁。

〔註71〕《續資治通鑒長編》卷59,景德二年二月甲午,第1318頁。

〔註72〕《續資治通鑒長編》卷61,景德二年九月丙寅,第1367頁。

〔註73〕《宋史》卷285《梁適傳》,第9623～9624頁。

〔註74〕〔宋〕曾鞏撰,王瑞來校證:《隆平集校證》卷3《愛民》,中華書局2012年版,第115頁。

下轄四縣中，僅淄川縣的西山，「有鐵礦，古今鑄焉」〔註75〕，故「淄州東冶」當指此處鐵坑冶。這處記載也是鄉村主戶以差役的方式經營鐵冶的例證。

其實，私人承買鐵場這種礦冶經營方式，宋代前期即已產生，所謂「坑冶，國朝舊有之，官置場監，或民承買，以分數中賣於官」〔註76〕。仁宗朝以後，私人承買礦冶的現象漸致增多。上文所舉梁適出知兗州，改萊蕪鐵冶的差役為承買經營之事，即為一例。又如元豐元年（1078）十月，蘇軾奏稱：「（利國監）自古為鐵官，商賈所聚，其民富樂，凡三十六冶，冶戶皆大家，藏鏹巨萬……近者河北轉運使奏乞禁止利國監鐵不許入河北，朝廷從之。……東北二冶，皆為國興利，而奪彼與此，不已隘乎？自鐵不北行，冶戶皆有失業之憂，詣臣而訴者數矣。」〔註77〕有鑑於此，蘇軾建議取消利國監所產原鐵銷往河北的禁令，以解除冶戶的「失業之憂」。據此來看，該監冶戶此前應該是以承買的方式從事礦冶生產，在完成官府抽收的額度後，可以將自身擁有的產品份額投入市場，自由貿易。另有記載對此亦有顯示：元豐六年（1083）九月，京東都轉運使吳居厚奏：「本路徐、鄆、青三州都作院及諸州小作院，每歲製造諸般軍器及上供鑌鐵之類，數目浩瀚。今將徐州利國監、兗州萊蕪監年計課鐵充使外，所少極多。欲乞將兩監鐵冶就逐處監官依邢、磁二州例，並從官中興扇，計其所得，比舊可多數倍。」〔註78〕據此可知，利國和萊蕪兩監此前均由礦冶戶承買經營，課鐵之外的產品則准許私人自由貿易。

承買制下的礦產品必須「中賣於官」，但上文所舉數例，並未清晰反映官府和承買者分配礦產品的份額，下述記載則對此有明確體現：在福建路福州長溪縣，「師姑洋坑平溪里，政和三年，佃戶歲二分抽收鐵七百斤，八分拘買二千八百斤」〔註79〕。可見，福州鐵坑冶實行的是「二八抽分制」，即在礦產品的分配上，坑冶戶二分，餘八分全部官賣。然而，這是官府對於定額鐵的處理，在此額度之外多餘的鐵，私人承買者可以自行出賣。史載即稱：「崇寧用事者，仰地定為國計，檢踏開採，所致散漫。政和以來，鐵坑特多，至於今礦脈不絕，

〔註75〕 〔宋〕樂史：《太平寰宇記》卷19《河南道十九·淄州》，中華書局點校本2007年版，第377頁。
〔註76〕 《文獻通考》卷18《征榷五》，考180。
〔註77〕 〔宋〕蘇軾：《蘇軾文集》卷26《奏議·徐州上皇帝書》，中華書局點校本1986年版，第759頁。
〔註78〕 《續資治通鑒長編》卷339，元豐六年九月丁卯，第8172頁。
〔註79〕 《淳熙三山志》卷14《版籍五·爐戶》，第7903頁。

抽收購買立數之外，民得烹煉。」〔註80〕政和之後，鐵禁的尺度屢有變化，而坑冶開發之後，經常毀壞民田，加之承買的額度過高，有的坑冶原來有礦，數年開掘之後，如今已無礦可採，但承買額並未消除，所以，「欽宗即位，詔悉罷之」〔註81〕。

需要指出的是，以上所述是北宋中葉前後徵收農具稅時期鐵禁的大致情況，但在不同階段的不同地區，鐵禁的實施程度，其實又有不小差別。如前述元豐六年（1083）吳居厚的上奏被採納後，京東路曾實行約兩年的全面禁榷政策，由政府全面把持原鐵的生產和貿易，並於次年在徐州設置寶豐下監鑄造鐵錢。但利國監和萊蕪監兩處坑冶實行官營，壟斷鐵器的營銷，嚴重侵害了坑冶戶的利益，以致後者群情激憤，並計劃以極端方式對付吳居厚。即如史載：「元豐末，京東劇寇數千，欲取掊克吏吳居厚投之鐵冶中，賴居厚覺早，間道遁去。」〔註82〕因遭到朝野上下的一致反對，元豐八年（1085）四月，吳居厚被降知盧州，五月，罷寶豐下監。〔註83〕隨後不久，萊蕪、利國兩監即取消官營，大概又恢復到坑冶戶承買制的老路上。

哲宗紹聖（1094～1098）、元符年間（1098～1100），農具稅並未取消，而針對「息薄而煩官監」的小礦場，宋廷下令由官府立課額，「許民封狀承買」〔註84〕，可知鐵冶並未全部實行官營。徽宗在位期間，由於「御府之用日廣，東南錢額不敷」，作為國家財政支柱業之一的銅錢鑄造業，面臨原料不足的難題，為保證和擴大膽水浸銅的生產，對鐵的需求量驟然增大，榷鐵政策遂因此而在全國各地得到推行。大觀（1107～1110）初年，入內皇城使裴洵奏上渭州通判苗沖淑之言，謂「石河鐵冶既令民自採煉，中賣於官，請禁民私相貿易。農具、器用之類，悉官為鑄造，其冶坊已成之物，皆以輸官而償其直」，於是徽宗下令，「禁毋得私相貿易，農具、器用勿禁，官自賣鐵唯許鑄瀉戶市之」〔註85〕。政和八年（1118），「令諸路鐵仿茶鹽法榷鬻，置爐冶收鐵，給引召人通市。苗脈微者聽民出息承買，以所收中賣於官，私相貿易者禁之」〔註86〕。

〔註80〕 《淳熙三山志》卷14《版籍五·爐戶》，第7905頁。
〔註81〕 《宋史》卷185《食貨志下七·院冶》，第4531頁。
〔註82〕 《續資治通鑑長編》卷354，元豐八年四月甲午，第8470頁。
〔註83〕 《續資治通鑑長編》卷356，元豐八年五月庚申，第8525頁。
〔註84〕 《宋史》卷185《食貨志下七·院冶》，第4527頁。
〔註85〕 《宋史》卷185《食貨志下七·院冶》，第4529頁。
〔註86〕 《宋史》卷185《食貨志下七·院冶》，第4529頁。

這是全面榷鐵的信號，其目的在於攫取鐵利，其間涉及鐵礦經營和官府獲利的兩種方式：一是「官置爐冶」，即由官府經營鐵礦，出售鐵引，吸引商人購買官營鐵產品，並在指定區域出售；一是礦藏量不多的坑冶，以買撲的方式召人承買，礦冶戶將所有礦產品出賣給官府，嚴禁私自貿易。通過上述兩種方式，宋政府希望壟斷鐵產品，擴大鐵的專賣收入。

伴隨北宋末年鐵禁的全面鋪開，政府實現了對鐵的完全壟斷，獨佔其利。但問題是，在此大背景下，宋廷倘若依然徵收本來包含稅鐵性質的農具稅，實際上是政府重復佔有鐵利，而這顯然有違法理，屬稅上起稅。因此，在北宋末年全面啟動榷鐵的形勢下，農具稅已然喪失徵收的根據和基礎，被正式取消已是大勢所趨。進入南宋，高宗紹興八年（1138）明令蠲除農具稅，鐵禁措施則愈益趨緊。其原因在於南宋朝廷偏安一隅，礦冶數量較之北宋大幅銳減，對鐵的需求卻依然旺盛，故而終南宋之世，一直實施全面的鐵禁政策，政府嚴格控制礦冶生產和原鐵、鐵產品的買賣，但其實際效果正如馬端臨所言：

> 夫以天地之間，顯畀坑冶，而屬吏貪殘，積成蠹弊。諸處檢踏官吏大為民殃，有力之家悉務辭遜，遂至坑源廢絕，礦條湮閉。間有出備工本，為官開浚，元佃之家方施工用財，未享其利，而嘩徒誣脅，甚至黥配估籍，冤無所訴，此坑冶所以失陷也。〔註87〕

因農具稅至南宋初期確已戛然而止，圍繞此一中心而展開的有關榷鐵的討論，也有就此收束的必要，至於南宋中後期鐵禁的演變情況，顯然已不在本題範圍之內。

四、結語

綜上所述，起徵於後唐明宗時期的農具稅，實際上是一種田稅附加稅，其後以迄南宋初年，農具稅長期存而不廢。就其產生的直接根源而論，乃在於彌補供軍、養軍的財政不足，而在官營鐵冶無法保證鐵利收入的總體情況下，對鐵製農器徵收一定數量的稅錢，自然能給予長期虧空的財政以有力補充。正因如此，農具稅的興廢，相當程度上與此特定歷史階段鐵禁的前後變遷，存在密切關聯。從制度設計的層面而言，農具稅的徵收以放開鐵禁為前提，但無論是五代還是兩宋時期，鐵禁開放的尺度都相對有限，在絕大部分時段，鐵礦的開採、生鐵的冶煉與貿易以及鑄錢、兵器的製作，仍然完全由政府主持，而將民

〔註87〕《文獻通考》卷18《征榷五‧坑冶》，考181。

間力量排除在外；政府所讓渡的只是允許民間自行購買生鐵鑄造農具等生產生活用品和自由買賣的權利，但後者付出的代價，則是每年於夏秋二季按照每畝 10 文的標準，輸納農具稅，該稅種強制性加徵的特點盡顯無遺。儘管入宋之後，鐵冶的經營方式在官置場監之外，逐漸出現差役制和承買制的形式，但政府攫取鐵利的目的卻始終貫穿其間。而這種情況的長期存在，顯然又是古代農業社會的一大特色。直至商品經濟崛起，並取得與農業經濟並重的地位，步入農商社會之時，國家財政對商稅的依賴程度大大增強，對包括榷鐵在內的山澤之利的重視則明顯減弱，礦稅收入在國家財政中的占比大幅下降，以保證鐵利收入為基本目的農具稅，不復存在徵收的根據和生長的空間，故其在南宋初年消亡後，終於在天水一朝不復再現。

原載於曾育榮、劉廣豐主編：《張其凡先生紀念文集》，

長江出版社 2019 年版。

關於宋代人口政策的若干問題

　　宋代是我國傳統社會人口的急速發展期，北宋末年實際人口已超過一億。
〔註1〕關於宋代人口的研究自 20 世紀初以來就一直是學界研討的重大課題之
一，中外學者就所涉戶籍制度與人口論題進行了長久深入的探索，雖在某些問
題的認識上仍有較大分歧，但畢竟已形成若干極有影響的論述，〔註2〕有鑒來
者。然戶籍制度旨在登記、管理人口，尚未觸及人口的婚育、遷移、分布等具
體行為，故僅是以全面指導和規範人口行為為主旨的人口政策〔註3〕的重要構
成部分。人口政策直接牽涉到人口的自然結構、經濟結構和地區結構，故而是
社會經濟政策的主幹內容之一。剖析宋代人口政策，有助於理解其時人口升降
大勢、分布格局和經濟文化盛衰的變遷軌跡及其影響。茲僅扼要就宋代人口政
策方面的若干問題略陳管見如次，祈能受教於學界師長。

---

*與先師張其凡教授合撰。

〔註1〕參見何炳棣：《宋金時中國人口總數的估計》，原載《白樂日教授紀念宋史研究》
　　　叢書第1冊，巴黎1970年版；收入《明初以降人口及其相關問題1368～1953》
　　　附錄五，生活・讀書・新知三聯書店2000年版。范文瀾：《論中國封建社會長
　　　期延續的原因》，《范文瀾歷史論文選集》，中國社會科學出版社1979年版。漆
　　　俠：《宋代經濟史》（上），上海人民出版社1987年版，第46頁。王育民：《中
　　　國人口史》，江蘇人民出版社1995年版，第297頁。

〔註2〕已有學者對此予以梳理，參見何忠禮：《宋代戶部人口統計考察》，《歷史研究》
　　　1999年第4期；吳松弟：《中國人口史》（第三卷・遼宋金元時期），復旦大學
　　　出版社2000年版，第2～4頁；趙瑤丹：《宋代戶籍制度和人口數問題研究綜
　　　述》，《中國史研究動態》2001年第1期。

〔註3〕《中國人口政策的過去、現在與未來》一文認為，人口政策有廣義和狹義之分，
　　　廣義人口政策是指政府為實現對人口的自然結構、經濟結構和地區結構等的變
　　　動進行全面的指導和調整而採取的政策，主要包括婚姻家庭政策、生育政策、國
　　　內人口遷移、國際人口遷移、人口分布、勞動就業、民族人口政策等內容。狹義
　　　人口政策專指生育政策。《人口研究》2000年第4期。本文人口政策取廣義。

一、宋代人口政策概述

人口是綜合國力的主要構成，人口政策以維護國家和社會利益為根本目的。傳統社會中的人口歷來被各王朝視為賦役徵收的載體，人口數量的多寡往往與國家財政狀況的好壞息息相關。宋代制定人口政策的出發點在於充實稅源，廣開兵源，徵發徭役和差役。對於人口與賦役的關係，宋代最高統治者和士大夫階層有著清醒認識。建隆四年（963）十月，太祖下詔曰：「蕭何入關，先收圖籍；沈約為吏，手寫簿書，此官人所以周知其眾寡也。」故要求各地重視版籍的置造。〔註4〕大觀三年（1109）正月，戶部侍郎吳擇仁在談到以登載民戶戶口與財產為主要內容的版籍與賦稅力役間的關係時，認為「地官之職，掌戶口版籍，寔賦稅力役之所自出，民事之先務也」〔註5〕。紹興十三年（1143）九月，太府寺丞張子儀說：「親民之官，莫若守令。戶口登耗之責，守令之先務也。」〔註6〕強調地方官的首要職責是注意戶口的增減。真德秀曾就簿書與財賦的關係指出，「蓋簿書乃財賦之根柢，財賦之出於簿書，猶禾稼之出於田畝也」〔註7〕。葉適對民眾多寡與國家稅役關係的論述更為精闢，嘗言：「為國之要，在於得民。民多，則田墾而稅增，役眾而兵強。……然則因民之眾寡為國之強弱，自古而然矣。」〔註8〕

上述認識成為兩宋王朝制定人口政策的基本指導思想，而增殖人口無疑是人口政策力求促成的最終目的。在此政策導向之下，宋代人口政策舉其大者可歸納為四個方面。

（一）提倡早婚、鼓勵生育的婚育政策

1. **婚姻政策** 宋代法定婚齡沿襲唐開元律「凡男年十五、女年十三以上，聽婚嫁」〔註9〕的規定，要求「男年十五，女年十三以上，並聽婚嫁」〔註10〕。

〔註4〕〔清〕徐松輯：《宋會要輯稿》食貨一一之一〇、六九之一六，中華書局影印本1957年版，第4997、6337頁。

〔註5〕《宋會要輯稿》食貨一二之三、六九之七九，第5009、6369頁。

〔註6〕《宋會要輯稿》食貨一二之六、六九之八〇，第5010、6369頁。

〔註7〕〔宋〕慢亭曾孫：《名公書判清明集》卷3《賦役門‧財賦‧財賦造簿之法》，中華書局點校本1987年版，第62頁。

〔註8〕〔元〕馬端臨：《文獻通考》卷11《戶口二‧歷代戶口丁中賦役》，中華書局影印本1986年版，考118。

〔註9〕〔宋〕王溥：《唐會要》卷83《嫁娶》，上海古籍出版社點校本2006年版，第1811頁。

〔註10〕《名公書判清明集》卷7《戶婚門‧立繼‧立繼有據不為戶絕》，第217頁。

依此，將初婚男女的最低婚齡分別定於 15 歲和 13 歲，這也是宋代絕大部分時間裏對最低婚齡的法律限制。唐前，人們普遍認為「男子十六而精通，女子十四而化育」，故從人的生育能力考慮，禮制以為「男十六可以娶，女十四可以嫁」〔註11〕。雖然法令所定的最低婚齡在現實的初婚的人群中並不多見，〔註12〕但宋王朝不惜違背男子年 16、女子年 14 方可嫁娶的一定之規，將婚嫁年齡提前一歲，稍低於禮制理想婚齡，目的顯然在於促使生育行為的盡早實現。

適齡婚嫁男女超過一定年齡而未完婚，法律亦有干預。唐貞觀令即強調：「男年二十女年十五以上……並須申以婚媾，令其好合。」〔註13〕宋初法制本於唐律，規定：「其男女被逼，若男年十八以下，及在室之女，亦主婚獨坐。」議曰：「男女被逼，謂主婚以威若力，男女理不自曲，雖是長男及寡女，亦不合得罪。若男年十八以下，及在室之女，亦主婚獨坐，男女勿論。」〔註14〕兩相比照，可知唐宋時期對初婚男女的最高婚齡均有所限制，逾此而未能完婚，法令則賦予主婚者強迫男女婚嫁的權力。尤可注意的是，較之唐代，宋代對初婚者最高婚齡的限定又提前了兩歲，其用意當然是為了鼓勵生育行為的前移。

為保證婚姻的嚴肅性，北宋法律明令：「諸許嫁女已報婚書，及有私約，而輒悔者，杖六十。雖無許婚之書，但受娉財亦是。若更許他人者，杖一百，已成者，徒一年半，後娶者知情，減一等，女追歸前夫。前夫不娶，還娉財，後夫婚如法。」〔註15〕這就是說男女雙方訂婚、定婚後不得反悔，否則必受法律懲治。南宋沿而未改，《名公書判清明集》卷 9「女家已回定帖而翻悔」條載：「在法：許嫁女，已投婚書及有私約而輒悔者，杖六十，更許他人者，杖一百，已成者徒一年，女追歸前夫。」依宋律，訂婚、定婚男女雙方還必須在三年內完婚。〔註16〕另外，法律還給予婦女一定的離婚權和改嫁權，婦女改嫁

〔註11〕〔唐〕杜佑：《通典》卷 59《禮十九·沿革十九·嘉禮四·男女婚嫁年幾議》，中華書局點校本 1988 年版，第 1675 頁。

〔註12〕據方建新先生研究，宋代通常平均婚齡男為 24 歲，女為 18 歲。《宋代婚姻禮俗考述》，《文史》第 24 輯。

〔註13〕《通典》卷 59《禮十九·沿革十九·嘉禮四·男女婚嫁年幾議》，第 1676 頁。

〔註14〕〔宋〕竇儀：《宋刑統》卷 14《戶婚律·違律為婚》，法律出版社點校本 1999 年版，第 258 頁。

〔註15〕《宋刑統》卷 13《戶婚律·婚嫁妄冒》，第 239 頁。

〔註16〕《名公書判清明集》卷 9《諸定婚無故三年不成婚者聽離》，第 349 頁。

現象仍然較多。〔註17〕兩宋政府憑藉法律手段以促成婚姻的締結,其實質是為生育行為提供制度性保障。

2. **生育政策** 針對嬰兒夭亡率較高〔註18〕及生子不舉之風的盛行,宋政府對孕婦的生育行為及貧下之家無力贍養新生兒的窘況採取了一定措施。南宋時期的各項舉措尤具代表性,紹興八年(1138),政府下令,「州縣鄉村五等、坊郭七等以下貧乏之家,生男女而不能養贍者,每人支免役寬剩錢四千」〔註19〕。紹興十一年(1141),採納朝臣建議,又規定,「鄉村之人,無問貧富,凡孕婦五月,即經保申縣,專委縣丞注籍,其夫免雜色差役一年。候生子日,無問男女,第三等已下給義倉米一斛」〔註20〕。乾道五年(1169),下詔:「應福建路有貧乏之家生子者……每生一子,給常平米一碩、錢一貫,助其養育。餘路州軍依此施行。」〔註21〕政府又立養子法,准許沒有後嗣的民戶領養棄遺孤兒為嗣,淳熙八年(1181)明令:「遺棄小兒為人收養者,於法不在取認之限,聽養子之家申官附籍,依親子孫法。」〔註22〕慶元元年(1195),「置廣惠倉」,「詔諸路提舉司置,修胎養令」〔註23〕。其後,官府又在各地創設專門收養棄兒的慈幼局或嬰兒局等機構。〔註24〕此外,宋政府還設立舉子倉和置舉子田以資助貧困之家養子,在福建路的建、劍上四軍州等處均設有舉子倉。〔註25〕

〔註17〕張邦煒:《宋代婦女再嫁問題探討》,鄧廣銘、徐規等主編:《宋史研究論文集》,浙江人民出版社1987年版。

〔註18〕王曾瑜《宋代人口淺談》曾以宋代皇帝子女為例進行統計,指出:「自宋太祖始,各代皇帝共有子181人,不算度宗死於戰禍的二子,夭亡者計82人,占皇帝子女總數45%以上。醫療條件優越的皇室都如此,普通貧民下戶子女的夭亡率,便可想而知了。」《天津社會科學》1984年第6期。

〔註19〕〔宋〕李心傳:《建炎以來繫年要錄》卷119,紹興八年五月庚子,中華書局點校本2013年版,第2221頁。《文獻通考》卷11《戶口二·歷代戶口丁中賦役》,考116。

〔註20〕〔宋〕撰人不詳:《皇宋中興兩朝聖政》卷27,紹興十一年三月乙巳,臺灣文海出版社影印本1967年版。

〔註21〕《宋會要輯稿》食貨五九之四五,第5861頁。

〔註22〕《文獻通考》卷11《戶口二·歷代戶口丁中賦役》,考116。

〔註23〕〔宋〕撰人不詳:《兩朝綱目備要》卷4,慶元元年五月丙午,臺灣文海出版社影印本1967年版。

〔註24〕《永樂大典》卷19781「慈幼局」「嬰兒局」,中華書局影印本1986年版,第7376～7378頁。

〔註25〕《宋會要輯稿》食貨六二之五〇,第5973頁。

（二）招撫流移、懷柔遠人的救助政策

1. **招撫流移** 有宋一代，「始由貧困，或避私債，或逃公稅」〔註26〕，流移人口眾多。為穩定社會秩序，開墾荒田，擴大稅役來源，宋政府長期執行對流移人口的招徠與安撫政策，並以戶口登耗考論地方官政績。

宋承五代之亂，開國之初，曠土較多，太祖詔：「縣令、佐能招徠勸課，致戶口增羨，野無曠土者，議賞。」〔註27〕太平興國七年（982）二月，太宗詔：「開封府管內，近年以來，蝗旱相繼，流民既眾，曠土頗多，蓋為吏者失於撫綏，使至於是。」「宜令本府設法招誘，並令復業，只計每歲所墾田畝桑棗輸稅，至五年復舊。舊所逋欠，悉從除免。」〔註28〕即官府不按復業民戶原有面積而是根據耕種田畝的實際數額納稅，旨在減輕負擔，五年後始以舊額徵收。景德二年（1005）正月，真宗詔：「昨以邊防有警，河朔用師，金革未寧，流亡頗眾，離去故土，越在他邦。……宜令河北諸州軍官吏，設法招誘，俾其歸業，每縣令佐耆保，切加安恤，不得差擾。凡有招到戶數，即具聞奏，其知州軍通判幕職錄事令佐等，並書歷為課，候替日付所司。」〔註29〕大中祥符二年（1009），頒布《幕職州縣官招徠戶口旌賞條制》。〔註30〕天禧四年（1020）詔諸路設勸農使及副使，其職責之一即是「招集逃散」〔註31〕。天聖年間，政府規定：流民能自復者，三年後收賦，「既而又與流民限，百日復業，蠲賦役，五年減舊賦十之八；期盡不至，聽他人得耕。至是，每下赦令，輒以招輯流亡、募人耕墾為言。民被災而流者，又優其蠲復，緩其期招之」〔註32〕。

靖康之變，金軍鐵騎南下，中原百姓飽受戰亂之苦，人口大規模向南流移。史載：「高宗南渡，民從之者如歸市。」〔註33〕「建炎之後，江、浙、湖、湘、閩、廣，西北流寓之人遍滿。」〔註34〕「中原士民，扶攜南渡，不知其幾千萬

〔註26〕〔元〕脫脫等：《宋史》卷173《食貨志上一‧農田》，中華書局點校本1985年版，第4160頁。
〔註27〕《宋史》卷173《食貨志上一‧農田》，第4158頁。
〔註28〕〔宋〕佚名：《宋大詔令集》卷185《政事三十八‧賑恤‧招諭開封流民詔》，中華書局排印本1962年版，第675頁。
〔註29〕《宋大詔令集》卷217《政事七十‧招諭‧招流亡歸業詔》，第827頁。
〔註30〕《宋史》卷174《食貨志上二‧賦稅》，第4205頁。
〔註31〕《宋史》卷173《食貨志上一‧農田》，第4163頁。
〔註32〕《宋史》卷173《食貨志上一‧農田》，第4165頁。
〔註33〕《宋史》卷178《食貨志上六‧振恤》，第4340頁。
〔註34〕〔宋〕晁補之：《雞肋編》卷上，中華書局點校本1983年版，第36頁。

人。」〔註35〕紹興三年（1133）十月，臣僚上書言事，「乞以戶口增否別立守令考課之法，分為上中下三等，每等又分為三，置籍比較」〔註36〕。朝廷准奏。次年四月，戶部言：「依條，每年取會諸路轉運司供攢戶口升降管額文帳，今據淮南轉運司申緣本路州縣才方招誘，漸有歸業人戶，未敢便行抄劄戶口，切慮驚擾，復有逃移，本部相度欲自紹興五年為頭。」〔註37〕此建議亦為宋廷採納。淳熙七年（1180），江、浙州縣水旱相繼，「細民往往流徙江北諸郡」，朝廷「令監司守臣多方賑濟，許與諸寺院及空閒廨宇安存。如願種本處官田，即令借給口食，撥田耕種」〔註38〕，切實解決流民生存問題。宋政府尤其注重流民的遣返與復業安置，主要措施有給食、給屋、給田、還田、給貸農具和牛種、除積欠、減賦役等。〔註39〕

其時，歸附宋朝的北方民眾亦絡繹不絕。南宋初年，北方各路人民「近來往往復歸本朝」，朝廷要求各路加以存恤安置。〔註40〕對南遷的漢族歸附者，宋廷一般給予以下優待：赦免奴隸者身份、給田、商人免稅、從軍者免刺面、官員優待、士人入學等。〔註41〕以歸正人身份進入南宋境內的兵民亦不在少數，所謂「國家自南渡以來，兵勢單弱，賴陝西及東北之人不忘本朝，率眾歸附以數萬計」，「後之良將精兵，往往當時歸正人也」〔註42〕。紹興十一年（1141）十一月，宋金議和，因金約定南宋不得招收南遷北人，〔註43〕此後，宋政府對歸正人的態度及救恤辦法屢有分歧，優待歸正人的舉措時廢時興，未能如一。

2. **懷柔遠人** 兩宋時期，境內及周邊地區遍布數十種少數民族，宋政府堅持懷柔綏靖政策，在保持邊境安寧的基礎上，對少數民族歸附者推行招徠與穩妥安置的措施。一是對境內少數民族的招降與安置。太平興國二年（977）八月下詔：「若能知非效順，相率歸降，特與矜容，更不問罪。」〔註44〕重在招

〔註35〕《建炎以來繫年要錄》卷86，紹興五年閏二月壬戌，第1644頁。
〔註36〕《宋會要輯稿》食貨一二之四、六九之七九～八〇，第5009、6369頁。
〔註37〕《宋會要輯稿》食貨一一之一六、六九之二二，第5000、6340頁。
〔註38〕《宋會要輯稿》食貨六九之六五，第6362頁。
〔註39〕張文：《宋朝社會救濟研究》，西南師範大學出版社2001年版，第157～160頁。
〔註40〕《宋會要輯稿》兵一五之二，第7017頁。
〔註41〕黃寬重：《南宋史研究集》，臺北新文豐出版公司1985年版，第198～199頁。
〔註42〕〔宋〕張浚：《論歸正人利害疏》，〔明〕楊士奇等：《歷代名臣奏議》卷88，景印文淵閣四庫全書，第435冊，臺灣商務印書館影印本1986年版，第501頁。
〔註43〕《建炎以來繫年要錄》卷142，紹興十一年十一月庚申，第2686頁。
〔註44〕《宋大詔令集》卷217《政事七十·招諭·賜潭邵等界梅山洞左甲首領苞漢陽等招諭詔》，第826頁。

納示好。神宗年間又下詔：「荊湖溪洞中亡命之人，今日以前，罪無輕重皆釋之。如願居本處，或欲歸本鄉，各從其便；如能自效，顯有勞績，令章惇等保明等第酬獎。」〔註45〕意在敦促溪洞蠻中的亡命之徒歸降朝廷，並遵從其居留意願，如有立功表現，朝廷議賞。二是對緣邊少數民族的救助與招撫。咸平元年（998），「遣使諭陝西，縱綏、銀流民還鄉，家給米一斛」〔註46〕。天聖七年（1029），詔「契丹饑民，所過給米，分送鄧、唐等州，以閒田處之」〔註47〕。有學者指出，宋代對沿邊少數民族具體救濟辦法雖與內地有一定差距，但大體類似，主要包括無償賑濟、有償賑濟、蠲免、以工代賑等。〔註48〕

值得注意的是，宋代海外貿易勃興，政府鼓勵外商來華，「聽其往還，許其居止」〔註49〕，並切實保護外商在華利益，故而來華外商人數眾多。宋政府在外商居住的區域設立蕃坊，並「置蕃長一人，管勾蕃坊公事」〔註50〕。

（三）徙狹就寬、均衡發展的遷移政策

徙狹就寬是漢唐王朝人口遷移政策的基本原則。宋代人口增長迅猛，強烈衝擊著人口空間分布的舊有格局，極大改變了部分經濟區域內的人口密度，最終導致了南北人口重心地位的互換。鑒於人口分布的不均衡，宋代統治者堅持徙狹就寬的遷移政策，力求緩釋高密度地區的人口壓力，為地廣人稀地區輸入活勞動力。但從政策層面而言，兩宋人口遷移政策已淡化了秦漢時期「移民實關中」似的強制色彩，自願遷徙已經成為政策的主要導向。

《續資治通鑒長編》卷168「皇祐二年（1050）六月」載：

> （仁宗）因謂侍臣曰：「古有遷民於寬閒之地，今閩、蜀地狹，其民亦可遷乎？」丁度對曰：「……太祖嘗徙太原民千餘家於山東，太宗又徙雲、應、寰、朔之民於京西諸州。……民固安土重遷，若地利既盡，要無可戀之理。蜀民歲增，曠土盡闢，下戶才有田三五十畝，或五七畝而贍一家十數口，一不熟，即轉死溝壑，誠可矜惻。臣以謂不但蜀民，凡似此狹鄉，皆宜徙之寬鄉，計口給田，復其家

〔註45〕〔宋〕李燾：《續資治通鑒長編》卷241，熙寧五年十二月丙子，中華書局點校本2004年版，第5874頁。
〔註46〕《宋史》卷6《真宗紀一》，第107頁。
〔註47〕《宋史》卷9《仁宗紀一》，第186頁。
〔註48〕張文：《宋朝社會救濟研究》，第340～362頁。
〔註49〕《宋會要輯稿》職官四四之九，第3368頁。
〔註50〕〔宋〕朱彧：《萍州可談》卷2，中華書局點校本2007年版，第134頁。

如律令，實利農積穀之本也。」上納其言，乃詔京西轉運司曉告益、

梓、利、夔、福建路，民願徙者聽之。

當然，要實現人口合理分布的願望，在聽民自願遷徙的前提下，還必須要求遷入區能儘量做到使民眾有田可耕，維持基本生存條件。由於「宋初人口的分布與唐天寶時已顯著不同，其最大的特點為北方人口的減少和南方人口的增加」〔註51〕，故詔令所指主要是南方各路民眾。這是宋初的情況及政府主張。北宋中後期人口密度較高的地區出現在川峽區的成都平原以及鄰近地區和江南地區，蘇軾嘗道：「天下之民，常偏聚而不均。吳、蜀有可耕之人，而無其地。荊、襄有可耕之地，而無其人。」〔註52〕進入南宋，淮南、荊襄一帶成為宋金軍事衝突最為激烈的地區，地曠人稀。葉適就曾提出「分閩浙以實荊楚，去狹而就廣」〔註53〕的建議，希望能緩解閩浙地區的人口壓力。從南宋政府角度來看，紹興二十六年（1156）三月，「戶部言，蜀地狹人夥，而京西、淮南膏腴官田尚多，乞許人承佃，官貸牛、種，八年乃償。並邊免租十年，次邊半之，滿三年與其業。願往者給據津發」〔註54〕，朝廷從之。同年六月，因「荊湖北路見有荒閒田甚多，亦皆膏腴，佃耕者絕少」，「令四川制置司行下逐路轉運司曉諭，如願往湖北請佃開墾官田人戶，亦仰即時給據津發前去」，並予以免租課等優待。〔註55〕由上可知，在南方人口迅速增長，蜀及江南等地人口壓力持續攀升的情況下，為緩和狹鄉人多地少的矛盾，改變寬鄉人少地多的狀況，宋政府所堅持執行的徙狹就寬的人口遷移政策，是以民眾自願遷徙為前提的。

（四）別立戶籍、城鄉分治的二元體制

唐宋之際，中古田制經濟模式漸趨瓦解，地權流動速率明顯加快，階級關係上的「土、客對稱」轉化為「主、客對稱」〔註56〕，財產的有無成為區分主、客戶的主要標準，主戶又以財產的多寡區分為五等或九等。戶籍管理體制至是

〔註51〕 胡道修：《宋代人口的分布與變遷》，《宋遼金史論叢》第 2 輯，中華書局 1991 版。

〔註52〕 〔宋〕蘇軾：《蘇軾文集》卷 9《策·御試制科策一道》，中華書局點校本 1986 年版，第 293 頁。

〔註53〕 《文獻通考》卷 11《戶口二·歷代戶口丁中賦役》，考 118。

〔註54〕 《宋史》卷 173《食貨志上一·農田》，第 4173 頁。

〔註55〕 《宋會要輯稿》食貨六之一五～一六，第 4886～4887 頁。

〔註56〕 陳樂素：《主客戶對稱與北宋戶部的戶口統計》，《浙江學報》1947 年 10 月 1 卷 2 期；收入《求是集》（第二集），廣東人民出版社 1984 年版。

出現重大調整，即從傳統社會前期以地域原則為主過渡到了後期以經濟原則為主，封建國家對農民的超經濟強制日見鬆弛。

　　鄉村戶與坊郭戶的區分始見於唐憲宗之時。〔註57〕有宋一代更將此確定為一種最基本的戶口分類制度，即依據人戶居住地區的不同，將城鄉人口分為鄉村戶和坊郭戶，並納入不同的戶籍管理體制。鄉村主、客戶分野的依據是有無財產，是否繳納二稅。主戶因人丁和財產多寡的差別被分為五等，載入戶籍即成五等丁產簿。主戶須承擔向政府繳納賦稅的義務，故被視為國家根本，是以有「主戶苟眾，而邦本自固」〔註58〕的說法。重視主戶的入籍登記由是成為各級地方政府的首要職責，大中祥符年間的一道詔令極為清晰地表明了主戶與國家賦稅間的關係，及主戶入籍數的多少與州縣官政績間的聯繫。《宋會要輯稿》食貨六九之七九載：「諸州縣自今招來戶口及創居入中開墾荒田者，許依格式申入戶籍，無得以客戶增數。舊制：縣吏能招增戶口，縣即申等，乃加其俸緡，至有析客戶者，雖登於籍而賦稅無所增入，故條約之。」而鄉村客戶則以貧苦雇農為主體，無戶等之別，雖無納稅義務，但卻是丁賦與力役的承擔者，並由此而成為丁帳和甲簿的統計對象。宋代戶口統計系統中的丁帳以徵發力役和丁身錢為目的，保甲簿以治安和基層管理為主要功能，後者逐漸取代丁帳的功能，成為計算財產稅和勞役最可靠的依據。〔註59〕

　　坊郭戶即市民，主體構成是商賈和手工業者，亦包括官戶、吏戶、地主、幹人、房主、貸主、攬戶、小商販、工匠、人力等城市居民。〔註60〕又因城郭大小不同有州坊郭、縣坊郭和鎮（寨）坊郭之別。坊郭戶依據財產多少亦被區分為主、客戶，尤以有無房產為重要標誌，〔註61〕其中坊郭主戶須繳納資產稅和承擔各種徭役。坊郭戶共分十等，單獨造籍，坊郭戶等制在宋代已日趨完備和成熟。〔註62〕將坊郭戶籍單列出來，是我國城市發展史上的一件大事，具有里程碑性的意義。而這顯然是宋代商品經濟繁榮、城市人口增加的必然結果，也是宋代城市經濟取得突破性發展的顯著標誌和特徵。反過來看，城市居住人

〔註57〕《唐會要》卷58《戶部尚書》，第1186頁。

〔註58〕〔宋〕呂大鈞：《民議》，〔宋〕呂祖謙：《宋文鑒》卷106，中華書局點校本1992年版，第1477～1478頁。

〔註59〕〔澳〕蘇啟龍著，袁征譯：《宋代的戶口統計制度——對有關制度的綜合分析》，《中國社會經濟史研究》1985年第1期。

〔註60〕王曾瑜：《宋朝階級結構》第四編第一章，河北教育出版社1996年版。

〔註61〕漆俠：《宋代經濟史》（下），上海人民出版社1988年版，第966～967頁。

〔註62〕邢鐵：《戶等制度史綱》，雲南大學出版社2002年版，第94頁。

口的增多，造就了愈來愈龐大的從商大軍，這種前近代因子的出現又為商品經濟的進一步繁盛帶來了大量契機，商品經濟的規模和質量亦因此而遠邁漢唐，達到了傳統社會的新高度。

城鄉居民分隸於不同的戶籍管理系統，也在一定程度上改變著人口的空間分布結構。以汴梁城的發展為例，至道元年（995），即命新撰京城內外坊名80 餘個，建立廂坊制度，另又設置廂校負責巡檢。這種城廂體制隨後推廣於各地。城市廂坊亦因商品經濟的發達不斷擴大，城市空間亦日益向外延伸，從而導致城鄉人口比重發生變化。據漆俠研究，在商品經濟浪潮的裏挾下，各地草市鎮不斷湧現，城市商業活動突破坊市制的侷限，深刻影響著城郭格局的變動。城市人口也迅速增多，神宗元豐年間即已占總戶數的 12%以上。〔註63〕

與上述數項相涉，宋政府還為養老恤孤專門建立了福田院、居養院、養濟院等眾多機構，對無近親可以依倚者的孤寡老人給予養濟。災荒年份，優先接濟那些沒有近親照顧的貧窮平民老人。另還有發展醫藥、完善療治民瘼等制度，以及禁閹男童、釋放奴婢、出宮人、裁汰僧尼等若干措置。

二、宋代人口政策的特色

宋代戶數在崇寧大觀年間達二千餘萬，形成自西漢元始二年（2）後的又一人口峰值。這種結果除了生產力發展的刺激作用而外，亦是兩宋王朝執行上述人口政策的必然結果。歷史記載中不乏對其時人口增長情況的描述，如有「自景德以來，四方無事，百姓康樂，戶口蕃庶，田野日闢」〔註64〕之語。熙寧六年（1073）十月，王安石等奏：「戶口之盛，無如今日。……昨章惇定湖南，保甲究見戶口之眾數倍前日，蓋天下舉皆類此。」〔註65〕他認為，「中國受命至今百餘年，無大兵革，生齒之眾，蓋自秦漢以來莫及」〔註66〕。大觀三年（1109）正月，又有臣僚稱：「今承平日久，生齒繁庶。」〔註67〕宋末元初學者馬端臨在考證史傳的基礎上，得出了「古今戶口之盛無如崇寧大觀之間」的結論。〔註68〕宋代人口增長的情況由此可見。

〔註63〕漆俠：《宋代經濟史》（下），第 933 頁。
〔註64〕《宋史》卷 173《食貨志上一‧農田》，第 4163 頁。
〔註65〕《宋會要輯稿》食貨一二之三、六九之七九，第 5009、6369 頁。
〔註66〕〔宋〕王安石：《王安石文集》卷 62《看詳雜議》，中華書局點校本 2021 年版，第 1089 頁。
〔註67〕《宋會要輯稿》食貨一二之三，第 5009 頁。
〔註68〕《文獻通考》卷 11《戶口二‧歷代戶口丁中賦役》，考 116。

　　自 20 世紀上半葉以來，代有學人對宋代傳世戶口數據進行分析，其中袁震、梁方仲更是功不可沒，為後續研究留下了較為完備和詳實的材料。〔註 69〕據研究分析，自宋太祖開寶九年（976）到宋徽宗大觀四年（1110），「在這 134 年中，戶口每年是以千分之十一的年增長率增加著的，而這個增長率顯然是驚人的」〔註 70〕。依每戶平均 5.4 口計算，「自太平興國五年（980）至大觀三年（1109）的 129 年間，宋朝著籍戶數由 642 萬增加到 2088 萬戶，人口約 11275 萬，年平均增長率達千分之九點二」〔註 71〕。南宋時期因北方地區淪為女真貴族統治區而人口銳減，南宋轄區內的人口增長也趨緩慢。乾道七年（1171）王炎在談到興元府堰事不舉的情況時，曾有「紹興以來，戶口凋疏」〔註 72〕的話頭，此恰是其時人口下降狀況的反映。一直到寧宗嘉定之時方再出現戶口繁盛的景況，〔註 73〕故這才有葉適「戶口昌熾，生齒繁衍，幾及全盛之世」〔註 74〕的慨歎。

　　還應看到，由於「中唐以來經濟重心的南移，人口重心開始移到南方，至宋初，南方人口已超過北方」，「隨著宋政權的南遷，政治中心的南移，人口的進一步南徙，成為不可逆轉之勢」〔註 75〕。南北人口的空間分布格局至此已發生了顛覆性變化，這是宋代人口發展史中尤為值得關注的重大現象之一。

　　在對宋代人口領域的若干動向進行了必要的簡略梳理後，將其與上文所概括的以增殖人口為依歸的政策相聯繫，宋代人口政策呈現出鮮明的時代特徵。

（一）在人口流動頻率日益加快背景下，重視對流移人口的安撫與管理

　　由唐入宋，中古田制經濟模式下的地著體制漸次取代契約租佃經濟形式下「遷移別住」的流動體制。在戰爭、災荒、土地兼併和苛重賦役的影響下，終宋之世流移人口一浪高過一浪。宋政府較早著手於流移人口的管理和入籍，北宋咸平三年（1000），針對開封府界內因稅額不均、供輸所艱而致民戶逃移的現

〔註 69〕袁震：《宋代戶口》，《歷史研究》1957 年第 3 期。梁方仲：《中國歷代戶口、田地、田賦統計》，上海人民出版社 1980 年版。
〔註 70〕漆俠：《宋代經濟史》（上），上海人民出版社 1987 年版，第 46 頁。
〔註 71〕吳松弟：《中國人口史》（第三卷·遼宋金元時期），第 349 頁。
〔註 72〕《宋史》卷 173《食貨志上一·農田》，第 4186 頁。
〔註 73〕元人馬端臨稱：「而南渡後莫盛於寧宗嘉定之時。」《文獻通考》卷 11《戶口二·歷代戶口丁中賦役》，考 117。
〔註 74〕《文獻通考》卷 11《戶口二·歷代戶口丁中賦役》，考 118。
〔註 75〕胡道修：《宋代人口的分布與變遷》，《宋遼金史論叢》第二輯，中華書局 1991 版。

象，詔曰：「其逃戶田土……別立帳籍，令本府勸誘歸業。其桑柘更不均檢，告示民戶，廣令種植。」〔註76〕做出了對逃戶田土別籍登載和對復業者予以優待的規定。南宋亦有相關政策，紹興二十六年（1156），有大臣進言：「昨紹興二十年，錢塘、仁和兩縣在城民戶與西北人袞同推排等第，各已注籍。」〔註77〕說明各基層政府尤為注重對流移本處人口的注籍。乾道七年（1171），詔依知隆興府龔茂良所奏，「仍將已流移人與見在戶口通行置籍，務令得實，將來比較殿最。其餘旱傷去處，依此，仍先次開具已流移人並見在戶口，申三省樞密院」〔註78〕。已流移出走的人戶尚且如此對待，對遷入人戶的入籍當更慎重。

針對不同性質的流移人口，宋政府採取的措施亦不盡相同。在收編流民武裝時，一般將老弱病患婦女及不願充軍的人「就近分送州縣居住，將天荒戶絕拋棄轉徙逃亡係官田土，措置給予耕種」〔註79〕。而「東南盜賊則欲招撫，西北劇寇則命之以官，使流離北人各得其所」〔註80〕。紹興六年（1136）十月，「詔諸路州軍，將西北流移無歸人民，情願充軍，堪披帶少壯人，招填禁軍闕額」〔註81〕。宋政府還嚴禁臣民流移出境，尤其禁止「曾預貢解及州縣有學籍士人」過海。〔註82〕

（二）鄉村戶與坊郭戶的分別置籍，開創了城鄉分治的二元體制格局

晚唐以降，已有坊郭戶和鄉村戶的區分，至宋代，這種區別更為嚴格。因居住區域空間不同，宋代鄉村主、客戶與坊郭主、客戶分屬各自的戶籍體制，戶等劃分亦有差別。宋政府極為重視坊郭戶等第的劃分，並有相應規定。天禧三年（1019）十二月，朝廷命河南府官員「均定本府坊郭居民等」〔註83〕。熙寧元年（1068），神宗下詔：「坊郭三年，鄉村五年，農際集眾，稽其物產，考其貧富，察其詐偽，為之升降；若故為高下者，以違制論。」〔註84〕

〔註76〕《宋大詔令集》卷183《政事三十六‧賦斂‧均開封府界稅詔》，第662頁。
〔註77〕《宋會要輯稿》食貨三八之一九，第5476頁。
〔註78〕《宋會要輯稿》食貨一二之七、六九之八一一，第5011、6370頁。
〔註79〕〔宋〕李綱：《梁溪集》卷66《具荊湖南北路已見利害奏狀》，景印文淵閣四庫全書，第1126冊，臺灣商務印書館影印本1986年版，第17頁。
〔註80〕《建炎以來繫年要錄》卷42，紹興元年二月乙酉，第905頁。
〔註81〕《建炎以來繫年要錄》卷106，紹興六年十月丙申，第1981頁。
〔註82〕《宋會要輯稿》刑法二之五七～五八，第6524頁。
〔註83〕《宋會要輯稿》食貨一二之二～三、六九之七九，第5008～5009、6369頁。
〔註84〕《宋史》卷177《食貨志上五‧役法上》，第4300頁。

　　坊郭居民財富擁有量上的差異，造成社會地位高下的歧異。其內部不惟存在著主、客戶之分，主戶集團中亦有十等之別。草市鎮坊郭戶不同等第之間經濟實力的區別較為明顯，主、客戶之間更是相隔懸殊，以至富者積穀積錢數萬，生活奢靡，而「街市小民一日失業，則一日不食」〔註85〕。若就草市鎮坊郭居民的總體情況而論，由於其所居住區域行政地位高下不一，州坊郭戶、縣坊郭戶、鎮坊郭戶在財富實力上也有明顯的天然級差。史載：「諸坊郭品官之家，免科配，若營運與民爭利在鎮寨城市及第一等，縣第三等，州第四等者，並不免。」〔註86〕傅宗文認為，「這個級差不但標誌了不同城市市戶財富的尺度，而且也說明了宋代鎮戶自身發展的界限，就是說，在法權方面，它的居民尚未能夠在社會公認水平上，取得工商營運的重大突破，以與州縣坊郭十等戶並駕齊驅」〔註87〕。

　　儘管如此，宋代明確區分民戶為坊郭戶與鄉村戶，並將城市人口作為一個獨特的群體而記入政府單列的戶口登計體系，畢竟是我國城市發展史上的首次，它使得城市傳統意義上以政治職能為主的特點迅速讓位於經濟職能，並就此拉開城市化進程的大幕。坊郭戶成為城市人口的專有代名詞，催生出一個新興的市民階層隊伍。在其不斷成長壯大的過程中，城內商人、作坊主等社會群體的近代色彩愈益濃厚，市民文化的發育和成熟又為宋代文化的書寫增添了新篇章。在五光十色的城市生活薰染下，城市居民的習性與行為也表現出有異於鄉村戶的常態，面對這樣一批新興人類和城市發展中所湧現出的各種問題，政府的各種嘗試性管理舉措也紛紛出臺，城市的管理與治安分明處於從前期向後期轉軌的歷史階段。正是在這多元激蕩的宏闊歷史背景下，城市自身的發展日趨掙脫傳統農業社會母體的束縛，加快了向近代化城市演進的步伐，為一波又一波商業化浪潮的高漲注入了強大的活力，為繁榮的商業活動提供了充分的表演舞臺。

（三）鄉村民戶管理與地方治安管理有機融合，致使鄉村自治權漸趨萎縮

　　宋初，鄉村基層組織為縣下設鄉，鄉下為管或里、社、村。實行保甲法

〔註85〕《宋會要輯稿》食貨一二之六、六九之八〇，第5010、6369頁。
〔註86〕〔宋〕謝深甫等：《慶元條法事類》卷48《賦役門・科敷・賦役令》，黑龍江人民出版社點校本2002年版，第667頁。
〔註87〕傅宗文：《宋代草市鎮研究》，福建人民出版社1989年版，第189頁。

後，鄉下為都，都下為保，基層治安得以與保甲制相表裏。保甲制的實施依據是以登記男口為主要內容的保甲簿，戶口的管理與治安、鄉村基層管理交織為一體。

北宋前期，各地實行鬆散的「伍保」法，要求鄰聚相保以相檢察，勿做違法之事。宋神宗熙寧四年（1071），保甲法吸收伍保法維護治安的積極作用，最初在開封府界實行，後向其他各路推廣。保甲編制的基本組成為每10家組織成一保，50家為一大保，10大保（即500家）為一都保。以主戶中有才乾和心力者為保長和保正，保丁來自於同保中的主戶和客戶。保甲法是作為一種鄉土性的基層組織管理形式而產生的，旨在「以捕盜賊相保任」，其後逐步轉化為類似民兵的準軍事組織。

保甲法較之伍保法組織原則更趨嚴密，同保之戶所承擔的責任更大，保長、保正被賦予管理鄉村基層組織的權力，實際上已成為封建國家掌控鄉村力量的代言人，鄉村自治的權力由是進一步喪失。「皇權不下鄉」的背後掩蓋著的正是皇權向鄉村加緊深入滲透的實質，其必然結局只能是「鄉村無自治」。

（四）民間節育行為與政府人口增殖政策間的對抗、衝突

民間不舉子之風的盛行與避孕、墮胎等節育行為的出現，與宋政府所倡導的人口增殖政策格格不入。宋代的荊湖北路與福建路不舉子之風盛行，「而建、劍、汀、邵四州為尤甚」〔註88〕。在社會經濟發達的兩浙地區，殺嬰棄嬰之風並不遜於福建路。史載：「浙東衢、嚴之間，田野之民，每憂口眾為累，及生其子，率多不舉。」〔註89〕其中又以嚴州地區為最盛，嚴州之民「生子往往不舉，規脫丁口，一歲之間，嬰孺夭閼，不知其幾」〔註90〕。這種風氣並非僅見於貧困之家，衣冠富戶和封建士人家庭亦多染習。對於造成這種風俗盛行的原因，時人以為「姦臣虐用其民，誅求過數，丁鹽、綢絹最為疾苦」，故「愚民寧殺子而不願輸，生女者又多不舉」〔註91〕。其實，除此之外還有人口壓力增大，以及避免因地權轉移頻繁而致經濟地位下降的擔憂等。而在生子不育之風中，由於厚嫁費用的昂貴，貧困之家大多無力置辦嫁資，故溺殺女嬰的情況亦

〔註88〕〔宋〕鄭興裔：《鄭忠肅奏議遺集》卷上《請禁民不舉子狀》，景印文淵閣四庫全書，第1140冊，臺灣商務印書館影印本1986年版，第205頁。

〔註89〕《宋會要輯稿》刑法二之一四七，第6569頁。

〔註90〕〔宋〕呂祖謙：《東萊集》卷3《奏狀箚子‧為張嚴州作乞免丁錢奏狀》，景印文淵閣四庫全書，第1150冊，臺灣商務印書館影印本1986年版，第26頁。

〔註91〕《文獻通考》卷11《戶口二‧歷代戶口丁中賦役》，考116。

頗為嚴重。〔註92〕

除生子不育對人口的增長帶來衝擊外，宋代民間社會開始出現以墮胎、避孕、絕育等控制生育的做法。〔註93〕張杲在《醫說》卷2中沿襲《千金方》的記載，「凡婦人懷孕，不論月數，及生產後未滿百日，不宜灸之。若絕子，灸臍下二寸三分間動脈中三壯」。陳自明《婦人大全良方》卷11「孕婦藥忌歌第十一」收錄了前人流傳下來的能致墮胎的藥物60餘種。宋代民間甚至有以經營下胎藥為業者。〔註94〕故以藥物和手術為手段控制生育的做法已為宋代醫家留意，這也是現實需要在醫術上的反映。

上述控制人口的做法顯然與政府增殖人口的政策導向背道而馳。淳熙八年（1181），政府「詔申嚴建、劍、汀、邵四州不舉子之禁」〔註95〕，明確禁止溺嬰行為。前文已在生育政策部分提到宋政府對貧下之家不能養育子女而採取若干救助措施等事實，用意當然是希望能杜絕溺嬰之風的蔓延。而從醫學的發展與運用來看，有關墮胎、避孕、絕育的記載在宋代史籍中尚不多見，對人口的控制作用應不如不舉子之風。

三、結語

宋代人口的高速增長以及人口分布「南重北輕」格局的最終形成，無疑是中國人口發展史上的重要內容，其時所推行的種種人口政策自是促成宋代人口高峰至為關鍵性的力量之一。有宋一代，在鼓勵人口增殖、人口管理等方面所體現出的時代特徵，也應成為我們理解宋代經濟文化高度發展的又一視角。

在唐宋社會轉型問題的研究視野下，考察宋代人口政策，對比於此前的漢唐，其後的明清，中國傳統社會人口政策的分水嶺似亦可劃定在唐宋之際。總覽中國傳統社會人口發展的行程，可以看到，歷代統治者主觀上均以人口增殖作為人口政策的實現目標，為此而制定的法令和措施則主要有：「鼓勵早婚，限制及懲處晚婚」，「賦稅方面給予一定優待，物質上給予一定的補助」，「安置

〔註92〕陳廣勝：《宋代生子不育風俗的盛行及其原因》，《中國史研究》1989年第1期。

〔註93〕李伯重先生有較詳細的論述，見《墮胎、避孕與絕育：宋元明清時期江浙地區的節育方法及其運用與傳播》，《中國學術》2001年第3期；收入氏著：《多視角看江南經濟史（1250～1850）》，生活・讀書・新知三聯書店2003年版。

〔註94〕〔宋〕張杲：《醫說》卷10《下胎果報》，景印文淵閣四庫全書，第742冊，臺灣商務印書館影印本1986年版，第225頁。

〔註95〕《文獻通考》卷11《戶口二・歷代戶口丁中賦役》，考116。

流亡」,「優待老人」,「禁止殺嬰」等。〔註96〕此數項亦是傳統社會人口政策的共通之處,即無論漢唐社會,還是宋元明清社會,莫不以此為人口政策的基本內容。具體到特定歷史時期,則又因時而異,各具特色。兩漢政府增長人口的措施主要包括實行早婚、獎勵生育、及時安排軍隊復員、召集流民還鄉、釋放奴隸等。〔註97〕唐代人口政策的重心集中於增加人口、允許異族通婚和禁止近親結婚、合理遷徙人口三方面。〔註98〕而從本質上看,隋唐時期的人口政策與官府的析戶、合貫(戶)措施相聯繫,並與家族法多有交叉〔註99〕(元代世運短促,不論)。明代人口政策的突出之處表現在國家制度的變遷——衛所制度與里甲制度的確立,和商品經濟發展條件下城市各階層社會結構的變化兩個方面。〔註100〕清代人口政策的特點是保甲制的戶口管理形式,以及伴隨「攤丁入畝」的推行所導致的人口統計數據的日益接近實際。〔註101〕前後對比,處於傳統社會後期的明清人口政策與前期的漢唐人口政策已有明顯不同,擇其要者約略言之:其一,對基層民眾的控制愈益嚴密,表現為保甲制、里甲制對伍保制度的取代,此乃基於土地與人口結合的需要;其二,民眾居住的地著原則轉變為流動體制,表現為人身依附關係的日見鬆弛和自由遷移現象的普遍化,此乃基於賦役徵收制度的調整;其三,人口分類管理的細化,表現為城鄉人口的分籍和城市人口社會結構的變動,此乃基於商品經濟的發展與城鄉人口結構比重的升降。而此三者的表徵無一不出現於兩宋社會,由此,我們似有理由做出如下判斷:宋代人口政策是鏈接中國傳統社會前、後期人口政策的重要環節。

收入《宋史研究論文集》,巴蜀書社 2006 年版。原刊於《江漢論壇》2008 年第 2 期,《新華文摘》2008 年第 10 期論點摘編。

〔註96〕葛劍雄:《中國人口發展史》,福建人民出版社 1991 年版,第 289~291 頁。

〔註97〕路遇、滕澤之:《中國人口通史》,山東人民出版社 2000 年版,第 80~82 頁,第 128~130 頁;第 770~780 頁。

〔註98〕李虎:《唐代人口政策種種》,《西北人口》1997 年第 1 期。

〔註99〕凍國棟:《隋唐時期的人口政策與家族法》,《唐研究》第四卷,北京大學出版社 1998 年版,第 319~335 頁。

〔註100〕曹樹基:《中國人口史》(第四卷·明時期),復旦大學出版社 2000 年版,第 466~471 頁。

〔註101〕路遇、滕澤之:《中國人口通史》,山東人民出版社 2000 年版,第 80~82 頁,第 128~130 頁;第 770~780 頁。

民間信仰與國家意識的耦合：武當真武崇拜在宋代的定型與獨尊

　　道教是以崇奉多神為特徵的神教，作為最有影響的道觀名山之一的武當山，其道教門派則以崇拜玄天上帝神團為主要標誌，山上宮觀中軸線的主殿皆為玄帝大殿和聖父母殿，而非通常宮觀的三清殿或玉皇殿。武當道教的這種以玄天上帝崇拜為核心的形式，並非自道教進入武當山時就已形成，而是經過較長時間的演進才最終得以確立的。實際上，玄武信仰起初流行於民間，只是一種普通的民間信仰，玄武也僅為道教的一般神祇。隨著玄武崇拜的日趨廣泛，特別是宋初統治者因重建國家意識的需要，掀起尊崇道教的熱潮，遂將流行於民間的玄武信仰納入國家意識的軌道，玄武才得以進入道教主神的譜系，並日益被抬高。在此過程中，應運而生的各種道教典籍，為迎合國家意識的需要，又將玄武的來歷附會於武當山。端賴於上述民間信仰與國家意識的雙重作用，最終耦合出武當真武崇拜的獨佔鰲頭，真武也就此奠定了在武當道教諸神中的獨尊地位，迄今弗改。

　　正由於宋代是真武信仰與武當真武崇拜演進軌跡中極具轉折意義的時代，故圍繞上述問題而展開的討論，自 20 世紀 80 年代以降，愈益吸引學人關注，並湧現出眾多成果，梅莉、肖海明所撰關於真武信仰研究綜述的專文對此已有詳細梳理，茲不一一贅述。〔註1〕不過，與本論題直接相關的下述學者的論述，如王光德、莊宏誼、唐代劍、肖海明、楊立志等，因其具有特別價值，

<hr>

*與劉真武教授合撰。

〔註 1〕梅莉：《真武信仰研究綜述》，《宗教學研究》2005 年第 3 期；肖海明：《真武信仰研究綜述》，《民俗研究》2006 年第 3 期。

仍當予以格外的尊重。〔註2〕本文即借鑒上述論著所提供的若干極富啟發意義的見地,將視域集中於宋代真武信仰前後的變化,擬通過考察宋代諸帝的崇道熱情,尤其是真宗朝前後的政治生態,勾勒真武崇拜在宋代的演變歷程,從民間信仰與國家意識的角度,闡明武當真武崇拜的定型化歷程,解析其獨尊地位的取得。

一、宋初國家意識中的無為之治、崇道之風與真武崇拜的盛行

真武,向稱玄武,因避宋諱而改,道經謂為北極真武玄天上帝,民間則有玄天上帝、真武大帝、玄帝、北帝、黑帝、報恩祖師、披髮祖師、祖師(始)爺、上帝公、蕩魔天尊等不同稱呼。作為民間信仰的玄武崇拜,濫觴於先秦或更早,其後迭經從原始星辰崇拜與動物崇拜至道教神將的曲折演變。但直至隋唐五代時期,玄武依然並非道教神系中的主神,其信仰在民間流傳的範圍相對有限。進入宋代,因受初期政治導向的影響與崇道熱情的左右,玄武崇拜日益受到最高統治者的重視,玄武信仰的範圍隨之大幅擴張。

宋初政治思想領域占主導地位的仍舊是儒家思想,但國家意識層面流行的黃老思想卻分外惹人注目。尤其是太宗、真宗兩朝,以清靜無為為特徵的黃老思想極為突出。宋太宗曾反覆閱讀老子《道德經》,並說:「伯陽五千言,讀之甚有益,治身治國並在其內。至云『善者,吾亦善之;不善者,吾則不善之』,此言善惡無不包容,治身治國者,其術如是。若每事不能容納,則何以治天下哉!」〔註3〕反映出以黃老之道治理國家的意向。宋太宗甚而公開提倡黃老思想,淳化四年(993)閏十月,語曰:「清靜致治,黃、老之深旨也。夫萬務自有為以至於無為,無為之道,朕當力行之。至如汲黯臥治淮陽,宓子賤彈琴治單父,此皆行黃、老之道也。」〔註4〕其後的宋真宗,在即位初期很長的一段時間,也注重安靜、不擾民。其嘗云:「今四方無虞,賴卿等慎守經制。若一

〔註2〕王光德、楊立志:《武當道教史略》,華文出版社1993年版;莊宏誼:《十至十三世紀的宋代玄武神信仰》,輔仁大學宗教學系博士論文,1994年;唐代劍:《論真武神在宋代的塑造與流傳》,《中國文化研究》2000年秋之卷;肖海明:《走向神聖——真武圖像的綜合研究》,中山大學人類學系博士論文,2005年;楊立志:《武當文化概論》,社會科學文獻出版社2008年版。

〔註3〕〔宋〕李攸:《宋朝事實》卷3《詔書》,臺北文海出版社影印本1978年版,第101~102頁。

〔註4〕〔宋〕李燾:《續資治通鑒長編》卷34,淳化四年閏十月丙午,中華書局點校本2004年版,第758頁。

事遽行，則攀援舊臣，詞說競起，處置頗難。是知今所施行，不可不慎。至若言事利病，輕為釐革。初則皆以為甚當，後則翻成有害，及復正其事，乃是朝令夕改，此事允當執守。」〔註5〕可見，真宗也主張採取黃老之治。而宋初統治策略上呈現出的黃老特色，又與國家意識領域中的崇道取向高度一致。

　　北宋初期伊始，崇道之風即已顯露端倪，太祖、太宗開其端緒。太祖趙匡胤未登基之前，便與道士有所交往。為奪取後周政權，又曾以符命大造輿論，且與陳摶有接觸。稱帝後，又相繼召見道士蘇澄隱、王昭素等，請教治世養生之術，賜贈其封號、財物；並對京師道士予以考核，斥退品學不良者，嚴禁私度道士。太宗光義對道教更為尊崇，頻繁召見道士，大量興建宮觀，崇奉道教諸神，大搞齋醮祭活動。宋白上議中即道：「釋、老之教，崇奉為先。名山大川，靈蹤聖境，仁祠仙宇，經之營之，致恭之誠廣也。」〔註6〕如實反映出太宗對道教的虔誠與崇敬。而真宗一朝狂熱的隆道行為與政策，在玄武崇拜急速升溫，玄武從道教侍神上升為道教主神的過程中，更是起著決定性的作用。

　　真宗於至道三年（997）三月即位，其時統治日益穩固，經濟快速發展。澶淵之盟後，隨著外患的解除，宋朝舉國上下，更覺天下太平，歌功頌德，遊宴享樂成風。宋真宗為扮演太平盛世的角色，與參知政事王欽若等一夥姦佞之臣，炮製出「天書封祀」的鬧劇，所謂一時「天書薦降，祥瑞杳臻」〔註7〕，「中外臣民，協謀同欲」〔註8〕。鬧劇之一為天書下降。宋真宗自稱，景德四年（1007）十一月，夢天神下降，囑其設道場迎接天書。次年正月三日，果然有2丈多長的黃帛天書自天而降，遂改元大中祥符。此後，又出現3次天書下降，乃專門修建玉清昭應宮以供奉天書。鬧劇之二為泰山封禪。大中祥符元年（1008）三月，詔商議封禪，臣民凡上表5次，請真宗封禪。當年十月初四，真宗在泰山舉行隆重的封禪儀典。鬧劇之三為西祀汾陰。大中祥符四年（1011），意猶未盡的真宗又率大批人馬赴河中府（今山西永濟縣蒲州鎮），從事專門祭祀土地神的活動。此外，真宗還朝亳州（今安徽亳縣）太清宮，冊封老子為「太上老君混元上德皇帝」。正是由於真宗本人對道教的極端崇信，採取了上述諸

〔註5〕《宋朝事實》卷3《詔書》，第107～108頁。
〔註6〕〔宋〕佚名：《宋太宗實錄》卷80，至道三年三月丁酉，中華書局點校本2012年版，第804頁。
〔註7〕〔宋〕吳處厚：《青箱雜記》卷1，中華書局點校本1985年版，第3頁。
〔註8〕《青箱雜記》卷6，第62頁。

多扶持道教的政策,因此,朝野上下滿天神佛,崇道熱情無以復加。如史所稱:「澶淵既盟,封禪事作,祥瑞沓臻,天書屢降,導迎奠安,一國君臣如病狂然。」〔註9〕雖然上述種種行為,削弱了宋朝國力,後患無窮,但客觀上卻對道教的發展有著積極的促進作用。真武崇拜就是在這股崇道的熱潮中,在國家意識的牽引下,日益完善與道教化的。

大中祥符五年(1012),出於極端尊崇道教以強化國家意識的目的,真宗又新造出一位稱為「聖祖」的道教大神,號曰「聖祖上靈高道九天司命保生天尊大帝」〔註10〕。真宗君臣製造出的這位「聖祖」,既為道教諸神的大帝,其地位在凡世間自然至高無上,理當接受世人的頂禮膜拜,與塵世間的帝王並無二致,故真宗下詔:上曰「元」(玄),下曰「朗」,不得斥犯。由於聖祖是道神大帝,而玄武為小神,是以為避其名諱,改稱真武將軍。宋人即言:「祥符間避聖祖諱,始改玄武為真武。」〔註11〕《明史・禮志四》亦稱:「宋真宗避諱,改為真武。」至是,「玄武」改稱「真武」。在真宗造神運動的拉動下,真武備受矚目。天禧二年(1018)閏四月,皇城內開始營建專門供奉真武的祥源觀。史載:

> 先是,皇城司言拱聖營之西南,自去年營卒有見龜蛇者,因就建真武祠,今泉湧祠側,汲之不竭,疫癘者飲之多愈。甲寅,詔即其地建道宮,以「祥源」為名,士女徒跣奔走瞻拜。〔註12〕

可見,真武崇拜在行伍士卒中頗為流行。祥源觀建立後,真武崇拜的吸引力顯著增大,以至「士女徒跣奔走瞻拜」,民間奉祀真武的熱潮隨即大幅擴散,真武崇拜流傳的範圍大大拓展,信仰的程度也更見深入,真宗、仁宗時期尤為典型。在《玄天上帝啟聖錄》所載真武神靈應顯化的95條故事中,明確係時於真宗朝的即有「聖像先鋒」、「寶運重新」、「聖箭垂粉」、「神將教法」、「洞真認厭」、「寇船退散」、「附語祈晴」、「孫隱遣蝗」、「消禳火德」等9條。仁宗朝有「參定避忌」、「進到儀式」、「宮殿金裙」、「馬前戲躍」、「地面迎幡」、「靈閣真瑞」、「天罡帶箭」、「藩鎮通和」、「瓢傾三萬」、「風浪救崑」、「毒蜂靄雲」、「符吏借兵」、「聖幀化婦」、「守禦禳蟲」、「祈應計都」、「田生蔿茨」、「鄭箭滅龜」、

〔註9〕〔元〕脫脫等:《宋史》卷8《真宗紀三》,中華書局點校本1985年版,第172頁。

〔註10〕《宋史》卷104《禮志七・吉禮七・天書九鼎》,第2542頁。

〔註11〕〔宋〕趙彥衛:《雲麓漫鈔》卷9,中華書局點校本1996年版,第148頁。

〔註12〕《續資治通鑒長編》卷91,天禧二年閏四月甲寅,第2111~2112頁。

「裴劍驅虎」、「奏錄延壽」、「施經救災」、「鄒宿契靈」、「小童應夢」、「高聖降凡」、「翻鈔四千」、「仲和辭吏」、「元晏悟化」、「朱氏舍利」等27條。其地域遍及大江南北、城鎮市野，信眾則包括上起帝王將相、下至平民百姓的眾多階層。而據該書卷2「參定避忌」條所載，其時所能根討的真武事蹟遠不止於此：

（仁宗朝）中書門下、三司、禮部同奉聖旨，遍行根討真武前後於國於民或因供養、或自然得遇靈驗事實，共成奏章，總為一百四件事，各有門例……中門分管啟聖護國求謝感應章三十一件；東門分管啟聖行軍祈感助戰奏章一十三件；西門分管啟聖祈請晴雨顯化奏章一十六件；南門分管啟聖行慈救民疾病應驗奏章二十七件；北門分管啟聖救報水火災疫應時奏章一十七件，及有龜蛇顯現事蹟並附五門科目子後。

同卷「進到儀式」條載：

欲報恩德，已於內庭建寶應閣及括摘到前後感應事蹟，共計一百四件，合隨勳贈入閣，次第關送史館，編修刪定傳錄。

據此不難看出，真武崇拜影響力之大，範圍之廣，元人趙孟頫即言：「玄武之神，始降於宋真宗時，為祠遍天下。」〔註13〕

二、民間信仰與宋帝崇敬雙重合力下真武人格神塑造的定型

玄武，本係二十八宿中的北方斗、牛、女、虛、危、室、壁七宿，東漢末年道教創立後，被納入神系，有「水神之名」〔註14〕，又是北方之神，如《重修緯書集成·河圖帝覽嬉》載：「北方玄武之所生……鎮北方，主風雨。」其形則為龜蛇相纏，兩者同時出現即玄武顯靈。史載：北魏太和八年（484），一朱姓老道嘗遊廬山，「憩於澗石，忽見蟠蛇如堆繒錦，俄變為巨龜。訪之山叟，云是玄武」〔註15〕。《說郛》卷117下引唐傅亮《靈應錄·沈仲霄子》載：「沈仲霄之子於竹林中，見蛇纏一龜，將鋤擊殺之。其家數十口，旬日相次而卒。有識者曰：『玄武神也。』」至唐代，祠典中已載入玄武的祭祀，玄武性質上仍

〔註13〕〔元〕趙孟頫：《松雪齋文集》卷6《玄武啟聖記序》，四部叢刊初編本，第229冊，上海書店影印本1989年版。

〔註14〕〔劉宋〕范曄：《後漢書》卷22《王梁傳》，中華書局點校本1965年版，第774頁。

〔註15〕〔唐〕段成式：《酉陽雜俎續集》卷3《支諾皋下》，上海古籍出版社社編：《唐五代筆記小說大觀》（上），上海古籍出版社2000年版，第734頁。

屬星辰神,隸於四象系統,並兼具動物神龜蛇合體的特徵。不過,值得注意的是,隋唐五代時期玄武已開始萌現人形化的跡象,顯示出向人格神轉化的苗頭。如《玄天上帝啟聖錄》卷2「歸天降日」條明確提到「有北方神將,名曰真武」,其時係於武周則天朝。同書卷3「河魁擎鞘」條言:「南康軍廬山太清觀,有隋朝張祐之奏請真武並神父聖母降真殿。」直到南唐烈祖李昇時其殿仍存,並依此建造真武神父聖母三真寶殿。同書卷5「當殿試法」條亦記其事在武周則天時。同書卷6「何詮遇會」則記:隋朝虔州軍士何詮隨張祐之「往南康,遊廬山太清觀谷岩洞,遇真武生辰會父母於瑤玉天」。可見,玄武已被賦予人格神的特徵。其神格地位相應有所提高,所謂「北極中天之尊,左右前後,有奕有靈,尚矣。故四聖之奉,著於隋唐,蓋招搖在上,天帝之居,四德所領,威德為鎮。在天成象,在地成形,而興運立極,著見之跡,昭在人世」〔註16〕。據此可知,民間信仰中長期視作北方星神的天蓬、天猷、黑煞、玄武等四象,其時已被信眾納入到北極紫微大帝神系之中,成為執掌天地經緯、日月星辰和四時氣候的紫微大帝的四大神將。儘管「將軍」僅係小神,此時的玄武只不過是天帝侍從而已,神格尚不算太高,遠非道教神祇的主要成員,然而畢竟已經呈現出脫離四象系統的趨向,而其所被賦予的人形化,明顯有別於獸形星辰神的特徵,並為其在宋初進一步上升為道教大神直接奠基。

有宋一代,玄武的供奉,據《真武啟聖記》載,始於太祖定都開封不久,皇宮內的報恩護聖閣即為崇祀四聖而建,〔註17〕玄武即為其一。另又置「紫極殿於汴,奉四聖也」〔註18〕。太宗朝玄武的尊崇,卻因緣於黑煞地位的驟升。太宗本以不正當手段篡奪皇位,為力證其繼位的合法性,除以其他種種方式掩蓋外,也曾借助道士之言,通過與玄武齊名的黑煞降言,宣揚其承繼大統乃受命於天。史載:「有神降於終南山,道士劉守真以為天之宗神,號『黑煞將軍』。……開寶九年,太祖不豫,驛召守真,令問焉。曰:『上天宮闕成,玉鎖開矣。晉王有人心。』言訖,不復降。」〔註19〕故太平興國六年(981),太宗

〔註16〕〔元〕任士林:《四聖延祥觀碑銘》,陳垣編,陳智超、曾慶瑛校補:《道家金石略》,文物出版社1988年版,第887頁。

〔註17〕〔宋〕潛說友:《咸淳臨安志》卷13《宮觀·四聖延祥觀》,《宋元方志叢刊》,第8冊,中華書局影印本1990年版,第3486頁。

〔註18〕〔元〕任士林:《四聖延祥觀碑銘》,第887頁。

〔註19〕〔宋〕曾鞏撰,王瑞來校證:《隆平集校證》卷3《祠祭》,中華書局點校本2012年版,第105頁。

封黑煞為神，名曰「翊聖將軍」。後又賜以「真君」封號，稱為「翊聖保德真君」。黑煞自稱：「吾乃高天大聖玉帝輔臣，蓋遵符命降衛宋朝社稷。」太宗朝建造的上清太平宮，「中正之位列四大殿，前則玉皇通明殿，次紫微殿，次七元殿，次則真君所御殿。東廡之外，有天蓬、九曜、東斗、天地水三官四殿。西廡之外，有真武、十二元辰、西斗、天曹四殿」〔註20〕。在黑煞神被奉為社稷之神的過程中，與其地位並列的紫微四神之一的玄武，也開始進入統治者的視野，並在御建的太平宮內享有專祀。據《靈應啟聖記》載，太宗在京城中還另建有北極四聖觀。〔註21〕對於玄武在宋初奉祠的情形，清人阮元嘗道：「元武，本於天象，見於禮經，漢唐以來無專祀，宋初有佐命應見之事，遂專崇祀，遍寰宇焉。」〔註22〕既然玄武等四聖進入皇室的供奉機構，表明其時各自已分別形成獨立的神像形象，玄武等的地位較之以往也有明顯提升。而太宗朝玄武的專祀，又是促使真武形象進一步走向範型化的前奏。誠如宋人魏了翁所言：「逮太宗肇興觀宇，累聖相承，隆名邃闕，像設有嚴，四方翕翕駿奔。」〔註23〕

伴隨真宗朝愈演愈烈的崇道之風和真武崇拜的急速傳播，真武的神格地位節節攀升，一路扶搖直上，真武人格神的塑造終臻完備。史載：天禧元年（1017）十二月庚午，內出芝草如真武像。〔註24〕皇宮內出現祥瑞之物芝草，且形如真武，這種明顯的牽強附會之事，顯係人為加工所致。但若從真武神像演化的角度言之，此載的真實意蘊則在於，真武神像抵真宗朝中期已然固定化，真武形象在信眾心目中可謂根深蒂固，故而芝草看似如真武像。當然，還應看到，正是由於真宗較為關注真武，才會導致有臣屬為迎合其心理「製造」出如同真武像的芝草。這既是真宗朝崇道政策導致的必然結果，也是民間信仰中真武崇拜大肆流行的體現。

因真武顯靈於拱聖營西南，並依地立真武祠，故天禧二年（1018）四月，真宗詔建祥源觀以專祀真武。六月，真宗又下詔：「洪惟真武，定位陰方，幽贊上穹，宣彰妙用。京室之奧，見象斯殊，毖湧神泉，迥為地寶。克禳民疾，丕顯靈

〔註20〕〔宋〕王欽若：《翊聖保德傳》，《道藏》，第32冊，文物出版社影印本1988年版，第652頁。

〔註21〕《咸淳臨安志》卷13《宮觀·四聖延祥觀》，第3486頁。

〔註22〕〔清〕阮元：《兩浙金石志》，臺灣新文豐出版公司編輯部編：《石刻史料新編》第一輯，第14冊，臺灣新文豐出版公司影印本1982年版，第10545頁。

〔註23〕〔宋〕魏了翁：《鶴山先生大全集》卷38《成都府靈應觀賜額記》，四部叢刊初編本，第205冊，上海書店影印本1989年版。

〔註24〕《宋史》卷63《五行志二上·火》，第1392頁。

休，茂建真祠，式申嚴報。爰講求於盛典，特崇麗於徽名，永耀真階，益延民祉。真武將軍宜加號曰真武靈應真君。」〔註25〕同年十月，在真武祠基礎上改建的祥源觀落成。天禧四年（1020），真宗詔令增修，其規模愈見宏偉，「總殿廡、神廚、鐘經樓、齋堂、道院、廨舍凡六百一十三區。其正殿曰靈真，以奉真武像，加號靈慈〔應〕真君。東聖藻殿，以安御製贊；西靈淵殿，湧泉之所」〔註26〕。真武「自後奉祀益嚴」〔註27〕。自此以降，兩宋京城，甚至皇宮內長期設有供奉真武的宮觀，如仁宗時的醴泉觀，係因祥源觀毀於火災而重修。如南宋高宗時的四聖延祥觀，舊名四聖堂，「在孤山，紹興十六年（1146）建，二十年賜今額」〔註28〕。如理宗時的佑聖觀，原係「孝宗皇帝舊邸，紹興十六年（1146）以普安就外第時建……乾道四年（1168），寧宗皇帝又開甲觀之祥（時為恭邸）。淳熙三年（1176），詔改為道宮以奉真武。紹定間（1228～1233），重建門，曰佑聖之觀，殿曰佑聖之殿」。理宗御製真武贊稱：「於赫真武，啟聖均陽，克相炎宋，寵綏四方，累朝欽奉，顯號徽章，其佑我宗社，萬億無疆。」〔註29〕

除以宮觀供奉表達崇敬之情外，極端尊崇道教並沉迷於真武崇拜的宋室帝君，還屢屢加封號於真武。《啟聖記》云：仁宗授真武「玄初鼎運、上清三元都部署、九天遊奕大將軍、左天罡、北極右垣鎮天真武靈應真君，奉先正化，寂照圓明、莊嚴寶淨，齊天護國，安民長生，感應福神，智德孝睿，文武定亂聖功慈惠天侯」〔註30〕。因極端崇道而自稱「道君「的徽宗，所上尊號為「佑聖真武靈應真君」〔註31〕。欽宗「靖康元年（1126），詔佑聖真武靈應真君加號『佑聖助順真武靈應真君』」〔註32〕，旨在以此請真武神庇護大宋王朝，抵

〔註25〕〔宋〕佚名：《宋大詔令集》卷136《典禮二十一‧天神下‧卦真武靈應真君詔》，中華書局排印本1962年版，第480～481頁。

〔註26〕〔宋〕李濂：《汴京遺跡志》卷10《寺觀‧祥源觀》，景印文淵閣四庫全書，第587冊，臺灣商務印書館影印本1986年版，第622頁。

〔註27〕《雲麓漫鈔》卷9，第148頁。

〔註28〕〔宋〕周淙：《乾道臨安志》卷1《宮觀》，《宋元方志叢刊》，第4冊，中華書局影印本1990年版，第3217頁。

〔註29〕《咸淳臨安志》卷13《佑聖觀》，第3483頁。

〔註30〕〔宋〕陳伀：《太上說玄天大聖真武本傳神咒妙經》，《道藏》，第17冊，文物出版社影印本1988年版，第118頁。

〔註31〕〔宋〕趙佶：《真武靈應真君增上佑聖尊號冊文》，《道藏》，第18冊，文物出版社影印本1988年版，第42頁。

〔註32〕〔元〕馬端臨：《文獻通考》卷90《郊社二十二‧雜祠淫祠》，中華書局影印本1986年版，考824。

禦滾滾南下的金兵鐵騎。南宋理宗時期，亦加封號於真武，稱为「北極佑聖助順真武福德衍慶仁濟正烈真君」〔註33〕。

就在上述真武信仰甚囂塵上的進程中，其時所產生的道經，開始以專門文字描摹真武的造形。大致成書於真宗朝前後，哲宗元符二年（1099）刻石的《元始天尊說北方真武經》，是保存至今最早涉及真武形象刻畫的文獻。該經稱：真武神「披髮跣足，踏騰蛇、八卦、神龜，部領三十萬神將，六丁六甲，五雷神兵，巨虯師子，毒龍猛獸」〔註34〕。宋人筆記亦有類似描述，所謂「後興醴泉觀，得龜蛇，道士以為真武現，繪其像為北方之神，被發黑衣，仗劍蹈龜蛇，從者執黑旗」〔註35〕。受此渲染，真武造形進一步得以鞏固，並為信眾所認同。仁宗朝一代名將狄青，出身行伍，以勇敢善戰著稱，每次「臨敵被發，帶銅面具，出入賊中，皆披靡莫敢當」〔註36〕。狄青本人亦是真武的忠實信徒，且被時人視為真武神，宋人嘗載：「向在建康，於鄰人狄似處見其五世祖武襄公收儂智高時所帶銅面具及所佩牌，上刻真武像。世言武襄乃真武神也。」〔註37〕「世言青真武神也」〔註38〕。而且，由於真武已擢升為道教大神，原真武顯靈時的龜蛇相應亦被賦予神性，成為真武的侍從之神。仁宗嘉祐二年（1057）二月，詔封真武右足下赤蛇為「同德佐理至誠重感慈明普濟陽辯武聖右正侍雲騎護國保靜輔肅守玄太一大將軍」，左足下玄龜為「同德佐理至應大道顯明武濟陰盛翊聖左正侍雲騎護國保寧輔肅玄初太一大將軍」〔註39〕。一直到元代，真武造形仍舊是「黑衣被發，仗劍而踐龜蛇，人往往見之，至今常然」〔註40〕。真武造形既已定格，其塑造自當遵守約定俗成的規範，而不得擅自改動。

不過，關於真武面容細節的描述，兩宋時期似未形成定本，故而真武造像

〔註33〕 〔宋〕劉道明：《武當福地總真集》，《道藏》，第 19 冊，文物出版社影印本 1988 年版，第 663 頁。

〔註34〕 〔元〕葉封：《嵩陽石刻集記》，臺灣新文豐出版公司編輯部編：《石刻史料新編》第二編，第 14 冊，臺灣新文豐出版公司影印本 1979 年版，第 10219 頁。

〔註35〕 《雲麓漫鈔》卷 9，第 148 頁。

〔註36〕 《宋史》卷 290《狄青傳》，第 9718 頁。

〔註37〕 〔宋〕周輝撰，劉永翔校注：《清波雜志校注》卷 2《狄武襄像》，中華書局 1994 年版，第 65 頁。

〔註38〕 〔宋〕劉延世：《孫公談圃》卷上，景印文淵閣四庫全書，第 1037 冊，臺灣商務印書館影印本 1986 年版，第 102 頁。

〔註39〕 〔宋〕劉道明：《武當福地總真集》，第 663 頁。

〔註40〕 《松雪齋文集》卷 6《玄武啟聖記序》。

未盡一致。雖然各地宮觀往往以醴泉觀真武像為藍本，如「撫州紫府觀真武殿像，設有六丁六甲神，而六丁皆為女子像。黃次山書殿榜曰：『感通之殿。』感通乃醴泉觀舊名（至和二年十二月賜名），而像設亦醴泉舊制也」〔註41〕。仿造的即是醴泉觀中供奉的真武神像。但率性而繪真武像的情形也比比皆是。如徽宗政和年間（1111〜1117），所奉真武「像如道君皇帝」〔註42〕。欽宗時「翟公巽參政守會稽日，命工塑真武像。既成，熟視曰：『不似，不似。』即日毀之別塑，今告成觀西廡小殿立像是也。道士賀仲清在旁觀見之，而不敢問」〔註43〕。孝宗臨安佑聖觀中的「真武像，蓋肖上御容也」〔註44〕是以理宗淳祐年間（1174〜1189），仍有道士摹真武像以進。〔註45〕

三、道經渲染與政治隱喻契合誘致的武當真武崇拜的獨尊

自先秦以來即廣泛流傳於民間的玄武崇拜，在武當山地區也有合適的土壤。春秋時期，武當山地區一度屬楚，並為楚文化所薰漬，而楚人「信巫鬼，重淫祀」〔註46〕。信奉鬼神是中華大地上古各民族共同的文化現象，而楚地的鬼神信奉具有兼採華夷、有容乃大的開放精神，以至自上古時期起形成為一個龐雜的涵納楚地、北方諸夏和南方夷越的鬼神體系。東漢劉向《列仙傳》共載仙人71人，生於楚地者即有穀城平常生、楚狂接輿陸通、江女妃二女、子主、陶安公、呼子先等。直至宋代，楚文化的影響仍在武當山所在的均州地區有所遺留，所謂「信巫鬼，重淫祀，尤好楚歌」〔註47〕，「俗好楚歌」〔註48〕，即為明證。唯因如此，鬼神信仰進入武當山地區亦應較早。具體到道教的傳入而言，東漢以前，進入武當山修道者已大有人在。如《武當福地總真集》即錄有

〔註41〕〔宋〕陸游：《老學庵筆記》卷9，中華書局點校本1979年版，第117頁。
〔註42〕〔宋〕劉辰翁：《須溪集》卷4《玉真觀記》，景印文淵閣四庫全書，第1186冊，臺灣商務印書館影印本1986年版，第482頁。
〔註43〕《老學庵筆記》卷8，第108頁。
〔註44〕〔宋〕李心傳：《建炎以來朝野雜記》卷2《佑聖觀》，中華書局點校本2000年版，第80頁。
〔註45〕《咸淳臨安志》卷75《寺觀·真聖觀》，第4030頁。
〔註46〕〔漢〕班固：《漢書》卷28下《地理志下》，中華書局點校本1962年版，第1666頁。
〔註47〕〔宋〕樂史：《太平寰宇記》卷143《山南東道二·均州》，中華書局點校本2007年版，第2779頁。
〔註48〕〔宋〕祝穆：《方輿勝覽》卷33《均州》，中華書局點校本2003年版，第593頁。

君喜等6人。宋人著述引《陰君內傳》《南雍州記》云：「君，字長生。入武當升仙。」「武當山有石門、石室，相承雲尹喜所棲之地。」〔註49〕尹喜，即關尹，西周康王之大夫。

由此表明，自魏晉時期開始，武當山道士已將尹喜崇奉為本山神仙。該書所引《南雍州記》又稱：「武當山廣圓三四百里，山高壟峻，若博山香爐，苕亭峻極，干霄出霧。學道者常百數，相繼不絕，若有於此山學者，心有隆替，輒為百獸所逐。」下再引陶宏景《玉匱》云：「太和山形南北長，高大有神靈，棲憑之者甚多。」〔註50〕可見，迄至魏晉，在武當山潛心修道者仍不乏其人，且有道教神靈充溢於其間，道教福地的雛形已然有所呈現。僅據《輿地紀勝》載，先秦抵魏晉在武當修道者即有謝允、劉虬、尹真人、山世遠、陰真人、戴將軍等。〔註51〕而在唐太宗貞觀年間（627～629），由於均州刺史姚簡奉旨到武當山禱雨有應，武當山開始建造由皇帝敕建的第一座祠廟——五龍祠。唐昭宗乾寧三年（896），又建「武當神武威公新廟」。唐末杜光庭《洞天福地嶽瀆名山記》「中國五嶽」條載：「中嶽嵩高，岳神中天王……東京武當山為佐命；太和山、陸渾山同佐理。」武當山已被列為七十二福地中的第九福地，道教名山的位置開始凸顯。而據《太真道典錄》載：「上帝司真佐命武當山真君；武當乃中嶽上帝司真洞天佐命，位號真君。」是則其時的武當道教已有稱為真君的主神。五代後唐長興年間（930～933），著名道士陳摶入武當山隱居，服氣辟穀，以憩然自處，凡二十餘年。其間研讀《周易》，撰有《指玄篇》《釣潭集》《九室還丹詩》等，後移居華山，並曾受到周世宗的召見，名動一時。凡此種種，都為真武崇拜在武當山的傳播、扎根，乃至真武在宋代上升為武當道教諸神中的主神奠定了基礎。

如前所述，天水一朝自其開創之日起，受初期重樹國家權威的影響，加之帝王崇道之風的盛行不輟，真武信仰一路狂飆，長熾不衰。而與真武崇拜的大肆流傳相一致的是，道經中關於真武來歷、出生、飛昇情況的記載也愈益豐富和充實。據考證，《正統道藏·洞真部·譜圖類》所載《太上說玄天大聖真武本傳神咒妙經》，簡稱《太上說真武妙經》或《太上真武經》，北宋初期已經有

〔註49〕《太平寰宇記》卷143《山南東道三·均州·武當縣》，第2780頁。

〔註50〕《太平寰宇記》卷143《山南東道三·均州·武當縣》，第2780頁。

〔註51〕〔宋〕王象之：《輿地紀勝》卷85《京西南路·均州·仙釋》，中華書局影印本1992年版，第2766頁。

所傳播。〔註52〕北宋人李昭玘即稱：

> 按《太上真武經》：元始天尊於上元天宮說無上至真妙法。時
> 魔鬼流行，橫毒人命，幽冤之氣，上蒙天關，有北方大神將號曰真
> 武，能以正法袪攝邪屬，即以符召之，付之戮滅，生人既安，乃復
> 其位，大無量心，不斷仁濟，晦朔之間，一降真馭，蕩除不祥，扶
> 翼廉善。〔註53〕

在此基礎上，真武的誕生亦被神化。《正統道藏·洞真部·本文類》中的
《元始天尊說北方真武妙經》，北宋中期以前已在社會上流行，現存河南登封
市的宋代《元始天尊說北方真武經》石碑，其所錄經文內容基本與前者相同。
〔註54〕經文稱，真武於開皇元年誕於靜樂國王室，入武當山修道四十二年，功
成飛昇。玉帝聞其勇猛，敕鎮北方。並稱龍漢元年，真武將軍奉元始天尊之命，
收斷人間東北方妖魔。後列真武所做神咒、「奉禮咒」、「又咒」及天尊告真武
下降人間的時日、神職等。謂供奉此經則「魔精消伏、斷滅不祥」，可致「天
下太平」。明顯顯露出消災解厄、致治天下的功能與作用，真武崇拜的民間信
仰與國家意識中治國取向已完全契合。惟因如此，仁宗、英宗朝，武當真武崇
拜的地位更加顯赫。如《均州志》卷15《藝文上》所錄清鍾嶽靈《太和山記》
即云：「自宋仁宗、英宗時特加祭告，如古崇祀方岳禮。於峰之最高者，名曰
極風，曰顯定，迄今有銅殿存焉。」至此，真武最終確立了在武當道觀諸神譜
系中的主神地位。

大約在此時，受《太上真武經》《元始天尊說真武妙經》等道教經籍的
影響，真武降生武當的說法逐漸深入人心。南宋中期方志即載：真武，「開
皇元年三月三日生，生而神靈，誓除妖孽，救護群品，捨家入道，居武當山
四十二年，功成飛昇，遂鎮北方。及召而至，語以其故，妖氣遂息。因謂曰：
『爾後每遇庚申、甲子及三、七日，當下人間斷滅不祥。』今飛昇臺即飛昇
之地，五龍觀即其隱處」〔註55〕。稍晚成書的《方輿勝覽》卷33《京西路·
均州》引《圖經》《道書》的記載與此完全相同。可見，道經所載真武事蹟已
大致成為定說。南宋人張端義即稱：「均州武當山，真武上升之地。其靈應如

〔註52〕楊立志：《武當文化概論》，社會科學文獻出版社2008年版，第134頁。
〔註53〕〔宋〕李昭玘：《樂靜集》卷6《濟州真武殿記》，景印文淵閣四庫全書，第1122
　　　　冊，臺灣商務印書館影印本1986年版，第278頁。
〔註54〕《武當文化概論》，第135頁。
〔註55〕《輿地紀勝》卷85《京西南路·均州·仙釋》，第2766～2767頁。

響。」〔註56〕凡此種種皆可表明，信眾已一致認同武當山為真武功成飛昇之處。

武當真武崇拜在宋代取得的獨尊地位，一直為後世沿襲。《湖廣通志》卷83《藝文志·賦》載王世貞《玄嶽太和山賦·序》曰：「至宋而謂玄武神，實主之。又避其諱，改玄武曰真武。而宮室緣創。元始加帝號。至明太宗文皇帝，尊之曰太嶽。世宗朝復尊之曰玄嶽。而五嶽左次矣。」反映的就是真武在宋代上升為武當道教主神後，元明兩代承其餘緒而又有所推進的事實。光緒《均州志》卷15《藝文上》引王世貞《緣玉虛宿紫宵宮記》則稱：「規均州城，而半之皆真武宮也。宮曰淨樂，謂真武嘗為淨樂國太子也。延衺不下，帝者居矣。真武者，元神也。自文皇帝尊寵之，而道家神其說，以為修道於武當之山而宮。其顛山之勝，既甲天下，而神亦遂赫奕，為世所慕趨。」

不過，還應看到的是，雖然宋代真武崇拜的熱浪持續居高不下，真武也在武當道教中取得了獨尊諸神的地位，但置身於信仰大潮之外者亦不乏其人，甚至有些人還對真武神人格化的做法提出異議。宋人陳淳曾說：「世俗事真武，呼為『真聖』，只是北方玄武神。真宗尚道教，避聖祖諱，改玄為真。北方玄武乃龜蛇之屬，後人不曉其義，畫真武作一人散髮握劍，足踏龜蛇，競傳道教中某代某人修行如此。」〔註57〕理學大儒朱熹亦稱：「真武，本玄武，避聖祖諱，故曰『真武』。玄，龜也；武，蛇也；此本虛、危星形以之，故因而名。北方為玄、武七星……今乃以玄武為真聖，而作真龜蛇於下，已無義理。」〔註58〕並不認同將真武神人格化的做法。並且，宋代還曾出現較陳淳、朱熹更為激進的措施。史載：

> 乙巳，太常博士曹修為監察御史，孔延魯、劉隨並為左正言。先是，龍圖閣直學士兼侍講、戶部員外郎馮元主判諫院，於是以印送隨等。延魯，勖子，初為寧州軍事推官，數與州將爭事。有蛇出天慶觀真武殿中，一郡以為神，州將帥官屬往奠拜之，欲上其事。延魯徑前以笏擊蛇，碎其首。觀者初大驚，已而莫不歎服。〔註59〕

另有記載曰：

〔註56〕〔宋〕張端義：《貴耳集》卷下，景印文淵閣四庫全書，第865冊，臺灣商務印書館影印本1986年版，第461頁。
〔註57〕〔宋〕陳淳：《北溪字義》卷下，中華書局點校本1983年版，第64頁。
〔註58〕〔宋〕黎靖德編：《朱子語類》卷125《老氏·莊子書·論道教》，中華書局點校本1986年版，第3006頁。
〔註59〕《續資治通鑑長編》卷101，天聖元年八月乙巳，第2331頁。

　　　　劉宰字平國，金壇人。既冠，入鄉校，卓然不苟於去就取捨。
　　紹熙元年舉進士，調江寧尉。……有持妖術號「真武法」、「穿雲子」、
　　「寶華主」者，皆禁絕之。〔註60〕

　　上述種種事例均表明，作為一種民間信仰，即令已與國家意識高度耦合，
依然難以令所有民眾信服，這也正是民間信仰自身所固有的特點之一，真武崇
拜在宋代的情形即清晰地反映出此點。

四、結語

　　綜括前文，作為民間信仰的真武崇拜在前代流傳的基礎上，入宋之後，
因宋初帝君奉行黃老之治，崇奉道教，特別是在真宗朝狂熱的扶持道教的總
體氛圍之下，憑藉國家意志，極大地抬高了真武地位，並將之定型為道教主
神之一，從而有力地推動了真武崇拜在更大地域範圍內的傳播，也使此種民
間信仰更大程度地迎合了下層民眾消災祈福的種種需求，武當真武崇拜的範
型亦因此而得以固定。而其之所以如此，乃在於真武崇拜的民間信仰與宋代
國家意識的耦合，正是在國家意識的強力驅使下，真武崇拜被有機地納入到
其體系之中，真武崇拜也在道教信仰領域呈現出一路上升的態勢，並最終在
武當山達至頂點。

　　　　　　　　原刊於《武漢科技大學學報》2011 年第 3 期。

〔註60〕《宋史》卷 401《劉宰傳》，第 12167～12168 頁。

「以蠻夷治蠻夷」：宋代西南少數民族政策再認識

　　兩宋時期是中國民族關係走向深度融合的重要歷史時段，華夏邊緣向西南蠻夷地區的拓展，即為其突出表徵之一。在蠻區範圍向內收縮與蠻漢族群互動頻繁的總體趨勢下，西南諸族在兩宋三百年間卻並未大規模納入「王化之新地」，蠻漢隔閡與衝突依然始終是中央王朝制訂民族政策必須予以正視的問題。由於上述內容牽涉歷史時期民族地區治理方式的漸進式發展，是土流分治向土流結合轉變的關鍵階段，故而構成中國民族關係史的重點研究對象。歷年來學術界主要圍繞邊疆政策、羈縻制度等內容對此展開了集中探討，〔註1〕相

---

*與黃柏權教授合撰。

〔註1〕史繼忠：《論論西南邊疆的羈縻州》，《思想戰線》1989年第5期。翁獨健主編：
　　　　《中國民族關係史綱要》，中國社會科學出版社1990年版。侯紹莊、史繼忠、
　　　　翁家烈：《貴州古代民族關係史》，貴州民族出版社1991年版。吳永章主編：
　　　　《中南民族關係史》，民族出版社1992年版。安國樓：《論宋王朝的「輕南」
　　　　政策及其影響》，《學術論壇》1997年第3期；《宋朝周邊民族政策研究》，臺
　　　　北文津出版社1997年版；《試論宋代對羈縻州的官封》，《宋史研究論叢》（第
　　　　5輯），河北大學出版社2003年版；《論宋朝邊區的「省地」劃分問題》，《浙
　　　　江大學學報》2017年第5期。王革：《北宋對西南地區的經制》，《社科縱橫》
　　　　1999年第3期。郭聲波：《試論宋朝的羈縻州管理》，《中國歷史地理論叢》2000
　　　　年第1期。〔日〕岡田宏二：《中國華南民族社會史研究》，民族出版社2002年
　　　　版。伍新福：《湖南民族關係史》，民族出版社2006年版。劉復生：《宋代羈縻
　　　　州的「虛像」及其制度問題》，《中國邊疆史地研究》2007年第4期。魯西奇：
　　　　《釋蠻》，《文史》2008年第3輯，中華書局2008年版。林文勳：《宋王朝邊
　　　　疆民族政策的創新及其歷史地位》，《中國邊疆史地研究》2008年第4期。陳
　　　　曦：《虛實之間：北宋對南江諸「蠻」的治理與文獻記載》，《宋史研究論叢》
　　　　（第17輯），河北大學出版社2015年版。安國樓、史彬彬：《宋朝「省地」範
　　　　圍的拓展及其政策》，《中國邊疆史地研究》2017年第1期，等等。

關論述極大豐富了今人對其時蠻漢關係的理解，也為中古民族關係史的書寫與構建，積澱了豐厚的智識資源。不過，稍有缺憾的是，作為宋代西南民族政策核心的「以蠻夷治蠻夷」策略，此前成果大多以羈縻制度的具體內容為分析重點，而對諸如其確立背景與歷史條件、發展與變化、特色與成效，以及與此前政策異同的比較和宋代特殊制度設計的影響等方面，涉及不多，亦鮮有從總體上進行全面考察與審視的論述，故而該論題似乎仍有專門梳理和澄清的必要。本文即針對上述問題略抒己見，以期有助於全面把握和認識兩宋「以蠻夷治蠻夷」政策的內核、特徵及其歷史地位。

一、宋廷確立「以蠻夷制蠻夷」政策的歷史背景與時代條件

宋代的西南蠻夷，主要活動於荊湖路、廣南西路、成都府路、潼川府路和夔州路，包括溪峒諸蠻、梅山峒、誠徽州、南丹州、撫水州、廣源州、黎峒、環州、西南諸夷、黎州諸蠻、敘州三路蠻、威茂渝州蠻、黔涪施高徼外諸蠻、瀘州蠻等眾多南方民族，大體為先秦南蠻部落的後裔，自漢代漢民族形成後即被賦予族群的意義。而漢代中國人以「蠻」泛稱武陵蠻、巴郡南蠻以及板楯蠻，原因在於他們沒有如匈奴、朝鮮等人群的集中化政治組織。〔註2〕漢魏六朝時期長江中游的諸「蠻」，主要是華夏士人對該地區因各種原因未納入國家版籍系統的土著居民的稱謂，是一種「文化創造」，當這些土著族群逐漸成為編戶齊民，便不再是「蠻」，只有「偏僻山谷者」仍為「蠻」。〔註3〕是否著籍、是否輸納賦役以及「城居」（聚居）還是「村居」（散居），是中古時期區別華夏與群蠻的根本標誌。〔註4〕延及天水一朝，宋人也常常以溪峒概稱「蠻夷」和其居住地。〔註5〕

地處西南溪峒及其周邊地區的諸蠻，「重山複嶺，雜廁荊、楚、巴、黔、巫中，四面皆王土」〔註6〕，其所在區域係宋王朝疆域內的「化外之地」，蠻漢

〔註2〕王明珂：《華夏邊緣：歷史記憶與族群認同》，社會科學文獻出版社2006年版，第193頁。

〔註3〕魯西奇：《釋「蠻」》，《文史》2008年第3輯，中華書局2008年版，第55～75頁。

〔註4〕魯西奇：《釋「蠻」》，《文史》2008年第3輯，第67頁。

〔註5〕李榮村：《溪峒溯源》，《「國立編譯館」館刊》第1卷第1期，1971年，第20頁。

〔註6〕〔元〕脫脫等：《宋史》卷493《蠻夷傳一·西南溪峒諸蠻上》，中華書局點校本1985年版，第14171頁。

關係錯綜複雜。而西南蠻夷在生態環境、生活方式、經濟結構、社會組織乃至文化習俗等方面，與內地漢人存在顯著差別。誠如史籍所載：

> 諸蠻族類不一，大抵依阻山谷，並林木為居，椎髻跣足，走險如
> 履平地。言語侏離，衣服褊襴。畏鬼神，喜淫祀。刻木為契，不能相
> 君長，以財力雄強。每忿怒則推刃同氣，加兵父子間，復讎怨不顧死。
> 出入腰弓矢，匿草中射人，得牛酒則釋然矣。親戚比鄰，指授相賣。
> 父子別業，父貧則質身於子，去禽獸無幾。其族鑄銅為大鼓，初成，
> 懸庭中，置酒以召同類，爭以金銀為大釵叩鼓，去則以釵遺主人。相
> 攻擊，鳴鼓以集眾。號有鼓者為「都老」，眾推服之。〔註7〕

諸蠻大都以種植、狩獵為生，而為免遭飢寒之苦，獲取食鹽等生活必需品，往往在中央王朝權威削弱，疏於防範邊疆之時，乘勢崛起，深入漢地，寇掠財物，虐殺吏民，嚴重影響區域社會的穩定。

　　針對諸蠻叛服不常的特點，為維護西南邊疆地區的安寧，以免禍起蕭牆，發生肘腋之變，切實保證後方無虞，唐太宗在位期間即開始在歸附內屬的蠻獠雜居地區與北部、西部沿邊地區，普遍設置和推行羈縻府、州、縣制度。其原因在於，「夷狄之國，猶石田也，得之無益，失之何傷，必務求虛名，以勞有用。但當文德以來之，被聲教以服之，擇信臣以撫之，謹邊備以防之，使重譯來庭，航海入貢，茲庶得其道也」〔註8〕。唯因如此，羈縻府、州、縣有別於內地州縣，而是保留了諸蠻原有的政治經濟結構，依其舊俗而治；被冊封的酋帥，即羈縻府、州、縣的都督、刺史、縣令，享有世襲權，政治上歸屬於中央王朝，轄地納入統一版圖；須遵守朝廷法令；貢賦版籍不必上報戶部，定期向朝廷納貢。〔註9〕所謂「即其部落列置州縣。其大者為都督府，以其首領為都督、刺史，皆得世襲。雖貢賦版籍，多不上戶部，然聲教所暨，皆邊州都督、都護所領，著於令式」〔註10〕。

　　因羈縻制度下的行政長官均為地方酋帥，本係蠻獠，習知蠻情，諳熟山川地形，在當地具有一定威望，故此便於統轄蠻眾，不致越界生事。而唐王

〔註7〕《宋史》卷495《蠻夷傳三‧撫水州》，第14209頁。

〔註8〕〔後晉〕劉昫等：《舊唐書》卷199下《北狄傳》「史臣曰」，中華書局點校本1975年版，第5364頁。

〔註9〕劉美崧：《也談唐代民族政策的幾個問題》，《西北史地》1990年第2期。

〔註10〕〔宋〕歐陽修、宋祁：《新唐書》卷43下《地理志七下‧羈縻州》，中華書局點校本1975年版，第1119頁。

朝從四裔少數民族中，選拔和招撫其首領，任命為將帥，使其統帥和招募蠻夷兵卒，亦包括從當地夷僚中招募土軍（土團軍）以代替戍兵的策略，其實質就是「以夷治夷」。〔註11〕羈縻制度則是「以夷治夷」民族政策的外在表現形式之一。就此而論，「羈縻州」可視為「以蠻夷治蠻夷」政策和「邊郡」「左郡」的進一步發展，使體現「以蠻夷治蠻夷」精神的羈縻政策演化成一種正式的行政體制。〔註12〕另外，與羈縻制度相呼應，唐王朝採取的「以夷治夷」政策，還包含在少數民族地區推行郡縣制、地方兵制和軍事戍防的結合以及賦稅和入貢制的區別實施等方面的內容。〔註13〕應該說，以羈縻府州制度為基礎的「以夷治夷」政策，相當程度緩和了長期存在的民族矛盾，對於維護邊疆安定發揮了積極作用，也在民族雜居地區開創了「土流分治」的新型治理模式，是歷史時期民族政策和措施的一大進步，並對其後王朝的民族政策提供了借鑒。

然而，安史之亂的爆發及其後愈演愈烈的藩鎮割據局面，逐步削弱了大唐王朝控制地方的實力，為西南蠻夷的乘亂而起提供了可乘之機。因此，自唐末伊始，溪峒諸蠻麇集的辰、溪、錦、獎、敘五州，因酉、辰、巫、武、沅五溪流經而得名的五溪之地，「蠻酋分據其地，自署為刺史」〔註14〕，已屬常態。南、北江諸蠻的頻繁入侵，則直接導致荊湖地區的長期動盪不安。乾符六年（879），「朗州賊周岳陷衡州，逐其刺史徐顥。……石門蠻向瓌陷澧州，權知州事呂自牧死之」〔註15〕。溪峒諸蠻宋鄴昌、師益等酋首，亦皆起兵剽掠湖外。〔註16〕武陵峒蠻雷滿，更是「沿江恣殘暴，始為荊人大患矣。率一歲中三四移，兵入其郛，焚蕩驅掠而去」〔註17〕。雷滿之子彥威「狡獪殘忍，有父風，常泛舟焚掠鄰境，荊、鄂之間，殆至無人」〔註18〕，兩湖上下飽受其禍。

〔註11〕吳永章主編：《中南民族關係史》，民族出版社1992年版，第133頁。

〔註12〕伍新福：《湖南民族關係史》，民族出版社2006年版，第140～141頁。

〔註13〕伍新福：《湖南民族關係史》，第138～147頁。

〔註14〕《宋史》卷493《蠻夷傳一·西南溪峒諸蠻上》，第14172頁。

〔註15〕《新唐書》卷9《僖宗紀》，第269頁。

〔註16〕〔宋〕歐陽修：《新五代史》卷41《雷滿傳》，中華書局點校本1974年版，第445頁。

〔註17〕〔宋〕薛居正等：《舊五代史》卷17《雷滿傳》，中華書局點校本1976年版，第237頁。

〔註18〕〔宋〕司馬光：《資治通鑒》卷264，唐昭宗天復三年五月，中華書局點校本1956年版，第8609頁。

　　五代更迭之際，五州先後歸附於湖南馬氏政權，唯溪州仍以溪峒酋長彭士愁為刺史，依舊羈縻之。但溪峒諸蠻勢力益見猖獗，即如史載：「晉天福中，馬希範承襲父業，據有湖南，時蠻猺保聚，依山阻江，殆十餘萬。至周行逢時，數出寇邊，逼辰、永二州，殺掠民畜無寧歲。」〔註19〕因諸蠻挑起的無休止兵燹，極大地干擾了區域社會秩序的平穩運轉，地方治理面臨嚴峻挑戰。

　　入宋之後，宋太祖採取「先南後北」的統一戰略，先行相繼平定高氏荊南、周氏湖南政權，將荊湖地區劃入趙宋版圖。乾德元年（963）四月，迫於新朝收復荊南、湖南的軍威，後周初年回復到羈縻狀態的「辰、錦、溪、敘等州各納牌印請命」〔註20〕，辰州再度成為經制州。為切實鞏固宋王朝在荊湖地區的統治，保證統一戰爭的順利推進，緩解和消釋溪峒諸蠻對西南邊境的壓力，在將主要兵力致力於平定南方諸國而無暇逞兵於西南諸蠻的條件下，宋太祖採取了行之有效的民族政策。史載：

> 太祖既下荊、湖，思得通蠻情、習險阨、勇智可任者以鎮撫之。有辰州猺人秦再雄者，長七尺，武健多謀，在行逢時，屢以戰鬥立功，蠻黨伏之。太祖召至闕下，察其可用，擢辰州刺史，官其子為殿直，賜予甚厚，仍使自辟吏屬，予一州租賦。再雄感恩，誓死報效。至州日訓練士兵，得三千人，皆能被甲渡水，歷山飛塹，捷如猿猱。又選親校二十人分使諸蠻，以傳朝廷懷來之意，莫不從風而靡，各得降表以聞。太祖大喜，復召至闕，面加獎激，改辰州團練使，又以其門客王允成為辰州推官。再雄盡瘁邊圉，五州連衰數千里，不增一兵，不費帑庾，終太祖世，邊境無患。〔註21〕

結合上述文字分析，宋太祖治理荊湖溪峒諸蠻的措施，沿襲的仍然是唐代「以夷治夷」的思路，將「通蠻情、習險阨、勇智可任」「武健多謀」「蠻黨伏之」的秦再雄拔擢為辰州刺史，使之統帥一方，鎮撫諸蠻。其後的結果，則是終太祖之世，諸蠻相對馴服，西南邊鄙絕無紛爭。

　　上述以辰州為首的五溪各州的內附，表明溪峒酋豪臣服於中央王朝，羈縻州制再度在蠻夷地區復活，蠻漢長期緊張的局面得以緩和，中央政府的權威直

〔註19〕《宋史》卷493《蠻夷傳一・西南溪峒諸蠻上》，第14172頁。
〔註20〕〔宋〕李燾：《續資治通鑑長編》卷4，乾德元年四月癸卯，中華書局點校本2004年版，第90頁。
〔註21〕《宋史》卷493《蠻夷傳一・西南溪峒諸蠻上》，第14172頁。

接影響及於溪峒諸蠻。如乾德二年（964）四月，「溪、敘、獎等州民相攻劫，遣殿直牛允齎詔諭之，乃定」。〔註22〕對於徘徊觀望、瞻前顧後等酋首，則徙置內地，以絕後患。乾德五年（967）冬，「以溪州團練使彭允足為濮州牢城都指揮使，溪州義軍都指揮使彭允賢為衛州牢城都指揮使，珍州錄事參軍田思曉為博州牢城都指揮使」，其原因正在於「允足等溪峒酋豪據山險，持兩端，故因其入朝而置之內地」〔註23〕。而溪峒諸蠻的歸順，也使得自唐末五代以來，荊湖地區因諸蠻侵襲而致的兵連禍結、戰無寧日的局面終於不復再現，這為有志削平南方諸國的新生的趙宋王朝創造了穩定的後方環境。

更為重要的是，宋太祖承繼於唐代的「以夷治夷」策略，實則開啟了宋廷西南少數民族政策的先河，為其後繼者治理蠻夷之地提供了示範，成為宋代處理西南蠻夷民族關係的模板，影響極為深遠。直至南宋嘉泰三年（1203），前知潭州、湖南安撫趙彥勵上言時仍道：「湖南九郡皆接溪峒，蠻夷叛服不常，深為邊患。制馭之方，豈無其說？臣以為宜擇素有知勇為傜人所信服者，立為酋長，借補小官以鎮撫之。況其習俗嗜欲悉同傜人，利害情偽莫不習知，故可坐而制服之也。五年之間能立勞効，即與補正。彼既榮顯其身，取重鄉曲，豈不自愛，盡忠公家哉？所謂捐虛名而收實利，安邊之上策也。」寧宗命群臣對此予以討論。既而諸司復上言：「往時溪峒設首領、峒主、頭角官及防遏、指揮等使，皆其長也。比年往往行賄得之，為害滋甚。今宜一新蠻夷耳目，如趙彥勵之請，所謂以蠻夷治蠻夷，策之上也。」此議為宋廷採納。〔註24〕由此可見，「以蠻夷治蠻夷」的策略是兩宋西南少數民族政策的主流，雖然北宋中期和後期曾兩度中輟，但總體上仍是宋廷處理蠻夷關係的指導思想。就此而論，儘管太祖一朝前後不過十六七年，但趙匡胤本人對西南少數民族關係的理解及其在民族政策上所採取的正確的應對之道，對於客觀解讀和認識兩宋時期的西南蠻夷政策的內容及其演變，自有其獨特的價值和意義。這也是理解宋代「以蠻夷治蠻夷」政策的出發點。

二、蠻夷之治政策在宋代的發展與變化

「以蠻夷治蠻夷」的民族政策，發軔於西漢時期，而「羈縻」之策的使用，

〔註22〕《宋史》卷493《蠻夷傳一‧西南溪峒諸蠻上》，第14173頁。
〔註23〕《宋史》卷493《蠻夷傳一‧西南溪峒諸蠻上》，第14173頁。
〔註24〕《宋史》卷494《蠻夷傳二‧西南溪峒諸蠻下》，第14194～14195頁。

尤能體現其本質，所謂「蓋聞天子之於夷狄也，其義羈縻勿絕而已」〔註25〕。中原王朝所施行的「羈縻」之制，大抵意指由各族酋長世襲其位，世領其地，世長其民。如「漢連兵三歲，誅羌，滅南越，番禺以西至蜀南者置初郡十七，且以其故俗而治，毋賦稅」〔註26〕，即已顯示出按照蠻夷原來的方式施治的特點。其後，中原王朝對西南邊疆少數民族地區因俗而治的原則，自魏晉以迄隋唐大體相沿不改，所謂「蠻夷羈縻以屬，不宜與中國同法」〔註27〕，表達的仍然是「以蠻夷治蠻夷」的觀念。

宋朝羈縻制度直接上承唐代，即通過少數民族的酋領實現民族地區的治理，延續了唐代的某些做法，〔註28〕其意圖亦在於「樹其酋長，使自鎮撫」〔註29〕。趙宋開國之初，首先即在西南溪峒諸蠻的治理上，同樣秉承唐代羈縻理念，即以「禽獸畜之，務在羈縻」〔註30〕，並以此為端緒，確立了兩宋王朝西南邊疆民族政策的基本原則。但物無恒常，代有變遷，兩宋時期「以蠻夷治蠻夷」的西南少數民族政策，與前代相較，方式更加多樣和靈活，羈縻制度的設計更趨細緻和成熟，賦予了更多的時代色彩，在向土流結合、改土歸流的總體演進趨勢上邁出了一大步。總其大者，宋代羈縻制度有異於此前的諸多變化，大致表現為下述數端：

其一是羈縻州形式上的變化。宋代羈縻州與中央王朝的關係，大致分為「威州所屬」和「茂州所屬」兩種模式，前者所屬州刺史為朝廷認可，並賜予「牌印」，可以傳承，且須向宋政府承擔相應的義務；後者則既無官封，又無進貢，權利、義務均不太明確，官府與羈縻州僅僅依靠「和誓」關係約束，不屬嚴格意義上的羈縻州。〔註31〕

其二是羈縻州管理機制的釐革。如羈縻州首長除以土豪世襲刺史、知州外，亦允許「公推」親黨及以「牙職典州事」，突破了唐代不得推選異姓和以牙職領郡事的限制；有些羈縻長官如北江蠻都誓主、黎州蠻都鬼主之類，使用的是各族對首領的習慣性稱呼，不在朝廷封授的官稱系統之內；宋王朝對

〔註25〕〔漢〕司馬遷：《史記》卷117《司馬相如傳》，中華書局點校本1959年版，第3049頁。

〔註26〕《史記》卷30《平準書》，第1440頁。

〔註27〕《新唐書》卷199《徐堅傳》，第5662～5663頁。

〔註28〕龔蔭：《中國土司制度》，雲南民族出版社1992年版，第18頁。

〔註29〕《宋史》卷493《蠻夷傳一·西南溪峒諸蠻上》，第14171頁。

〔註30〕《宋史》卷495《蠻夷傳三·撫水州》，第14209頁。

〔註31〕劉復生：《岷江上游宋代的羌族羈縻州》，《中國邊疆史地研究》1997年第1期。

於西南各族之間的糾紛與衝突，採取的基本方針是「和斷」，不介入雙方矛盾，以免擴大事端，「勞弊中國」；宋朝的互市、歲犒、請受等經濟聯繫明顯多於唐朝。〔註32〕

其三，官封羈縻州長官制度的完善。〔註33〕唐代羈縻府州的範圍，包括北方和西北、西南諸地，宋代羈縻州則只存在於南方主要是西南地區。宋初在西南的川蜀、荊湖南北路和廣西路邊區，設立多達三百餘處羈縻州。北宋中葉開邊以後，羈縻州中的相當一部分轉變為省地，總體數量有所減少。羈縻州縣首領的官封職名大多稱為知州、知縣。受封羈縻知州的大族酋豪，名義上附屬於宋朝統治，但在本地區享有相對自治的權力，具有較大的獨立性，與內地「知軍州事」知州的性質有所不同。在廣西邊區的邕州左、右江溪峒首領官除稱知州外，另有權州、監州、知縣、知峒等不同稱呼，但與宋代一般官職的除授制度並不一致。而廣西南丹州的羈縻州，僅補其首領為刺史，這些羈縻州刺史，並非宋朝的武官階等級，而是實職官封，相當於知州，不同於川蜀邊區和荊湖路邊區羈縻州的刺史。

與實職官封相結合，在宋代西南邊區部族的羈縻官封中，虛銜職名的封贈佔有相當比例，其授予對象是部族首領、有功績或部分「歸明」人。除授虛銜的職名，有武官階、武散階、文散階、檢校官、兼官、勳官等，故而宋政府的封官制誥中，常常冠以「銀酒監武」字樣。以上職銜，徒有虛名，與品級、待遇毫無關聯，實則是對西南民族實行羈縻統治的一種手段而已。

其四是針對不同蠻區的制度化約束愈益規範，形成了各種「專條」「體例」，充分顯示出因地制宜、因俗施治的政策特點。此點尤其值得注意，也更能體現宋代「以蠻夷治蠻夷」政策的精細化與規範化色彩。宋代西南地區少數民族雖以「蠻」或「僚」為泛稱，但實際上存在苗、徭、仡佬、壯、黎、佘等族稱的差別，「蠻」「僚」統稱下的各族，即使道里相近，生存環境相似，在風土人情、社會習俗、生活方式上卻不盡相同。正因如此，宋代在對西南邊地各族的治理上，並未採取整齊劃一的辦法，而是針對各族的具體情況，區別對待。

嘉定七年（1214），有臣僚在總結北宋綏邊之策時即指出：「辰、沅、靖三州……創郡之初，區處詳密，堤防曲盡，故立法有溪峒之專條，行事有溪峒之

〔註32〕郭聲波：《試論宋朝的羈縻州管理》，《中國歷史地理論叢》2000 年第 1 期。
〔註33〕詳參安國樓：《試論宋代對羈縻州的官封》，《宋史研究論叢》（第 5 輯），河北大學出版社 2003 年版。

體例，無非為綏邊之策。……溪峒之專條，山徭、洞〔峒〕丁田地並不許與省民交易，蓋慮其窮困而無所顧藉，不為我用。」〔註34〕其間明確提到有「溪峒之體例」「溪峒之專條」，其約束範圍為辰、沅、靖三州的溪峒諸蠻，並且以上記載還涉及「專條」的具體內容，即「山徭、峒丁田地並不許與省民交易」，其用意在於「慮其窮困而無所顧藉，不為我用」。

當然，旨在制約西南蠻僚的「體例」「專條」並非僅有上述一例。北宋在處理與南江溪峒的關係時，就還曾出現過歸明溪峒例、南江溪峒例、湖北沅州例、沅州城寨例、富州例、楊晟同例等各種具體規定。〔註35〕如熙寧十年（1077）六月，「允州蠻舒光勇為三班奉職、安州監當。以知沅州謝麟言光勇先納土而逃，今詣州自陳，乞依南江溪峒例補授故也」〔註36〕。此處言及的是對於納土而逃之後重新歸附的允州蠻舒光勇的處理方式，照搬的是南江溪峒例，補授其為三班奉職，令其掌管安州稅收、冶鑄等事務。元豐元年（1078），「荊湖北路提點刑獄司乞辰州會溪城、黔安寨依沅州城寨例，置牢屋區斷公事」〔註37〕。反映的是依沅州城寨例，在辰州會溪城、黔安寨設置「牢屋」為辦公場所以處理刑獄的事實。

通過考察楊晟同例的相關情況，則可進一步窺知宋廷省地政府對於溪峒相互仇殺時所秉持的立場和態度：「若在溪峒自相仇殺，但令城寨密為隄備，毋輕出兵應援。若攻犯歸明籬落，不侵省地，祇令沅州依楊晟同例，量事大小，支牛、酒、鹽、彩，令自犒召鄰近團峒救助殺逐。」〔註38〕上述記載透露的信息是，北宋政府對於未歸明溪峒的內部糾紛，一概置之不理，沿邊城寨只需嚴密防備即可，不得出兵介入事端；如果生界諸蠻進攻歸明溪峒，而未侵犯省地，則依照「沅州楊晟同例」，省地根據事態嚴重程度的不同，指令歸明溪峒酋首利用官府調撥的牛、酒、鹽、彩等牲畜和物資，自行犒勞和召集鄰近團峒蠻眾救援支持，抵禦和驅逐生蠻的入侵。由此可見，宋政府在對待未歸明溪峒間的自相仇殺，與未歸明溪峒進犯歸明溪峒間的紛爭上，處置方法有明顯的差異，前者聽之任之，以防範為主；後者則給予歸明溪峒一定

〔註34〕〔清〕徐松輯：《宋會要輯稿》蕃夷五之七一，中華書局影印本1957年版，第7802頁。

〔註35〕陳曦：《虛實之間：北宋對南江諸「蠻」的治理與文獻記載》，《宋史研究論叢》（第17輯），河北大學出版社2015年版，第367頁。

〔註36〕《續資治通鑒長編》卷283，熙寧十年六月甲午，第6925頁。

〔註37〕《續資治通鑒長編》卷287，元豐元年閏正月戊寅，第7024頁。

〔註38〕《續資治通鑒長編》卷479，元祐七年十二月丙子，第11410頁。

的支持，使其自行召募力量抵抗。但如果進一步深入探究的話，不難發現，兩者又有共同之處，即省地在溪峒間的爭端上，都恪守嚴禁出兵溪峒地區的準則，以免邊界不寧。

還應看到的是，在楊晟同例中，北宋政府實際上已經明確了內外之間嚴格的界限劃分，省地即中央王朝設立的經制州縣直接統治的區域為第一圈層，羈縻州縣即歸明的少數民族地區為第二圈層，〔註 39〕未歸明的生界地區則為第三圈層。而三個圈層的設置，折射出的其實是宋廷在邊疆及少數民族地區治理政策上的歧異。作為版圖省地的沿邊地區，宋政府廣設城、寨、堡，派遣軍隊駐守，防禦蠻僚襲擾。如施州清江縣、荊湖北路的辰州、廣南西路的融州等地的邊徼要塞，皆是如此。而在省地為諸蠻進犯之際，宋廷一律麾兵討伐，如太平興國二年（977），梅山峒蠻「左甲首領苞漢陽、右甲首領頓漢凌寇掠邊界……命客省使翟守素調潭州兵討平之」〔註 40〕；天禧元年（1017），「溪州蠻寇邊，遣兵討之」〔註 41〕；乾興元年（1022），「順州蠻田彥晏率其黨田承恩寇施州暗利砦，縱火而去，夔州發兵擊之，俘獲甚眾」〔註 42〕；慶曆三年（1043），「桂陽監蠻猺內寇，詔發兵捕擊之」〔註 43〕；嘉祐二年（1057），「羅城峒蠻寇澧州，發兵擊走之」〔註 44〕；崇寧二年（1103），撫水州蠻酋「蒙光有者復嘯聚為寇，經略司遣將官黃忱等擊卻之」〔註 45〕；紹興九年（1139），「宜章峒民駱科作亂，寇郴、道、連、桂陽諸州縣，詔發大兵往討之，獲駱科。餘黨歐幼四等復叛，據藍山，寇平陽縣，遣江西兵馬都監程師回討平之」〔註 46〕；乾道六年（1170），「盧陽西據獠楊添朝寇邊，知沅州孫叔傑調兵數千討之」〔註 47〕，等等。以上數例，顯現出的都是宋廷派兵保衛省地的強硬姿態。羈縻州縣雖說係中央王朝管轄之地，但具有濃厚的地方自治色彩，宋廷也並不派軍駐防，而是通過物資援助的方式，支持該地官封酋首召集蠻眾抵禦生界部落的進攻，前述楊晟同例對此即有反映。

〔註 39〕 史繼忠：《論論西南邊疆的羈縻州》，《思想戰線》1989 年第 5 期。
〔註 40〕 《宋史》卷 494《蠻夷傳二‧梅山峒》，第 14196 頁。
〔註 41〕 《宋史》卷 493《蠻夷傳一‧西南溪峒諸蠻上》，第 14177 頁。
〔註 42〕 《宋史》卷 493《蠻夷傳一‧西南溪峒諸蠻上》，第 14182 頁。
〔註 43〕 《宋史》卷 493《蠻夷傳一‧西南溪峒諸蠻上》，第 14183 頁。
〔註 44〕 《宋史》卷 493《蠻夷傳一‧西南溪峒諸蠻上》，第 14185 頁。
〔註 45〕 《宋史》卷 495《蠻夷傳三‧撫水州》，第 14208 頁。
〔註 46〕 《宋史》卷 494《蠻夷傳二‧西南溪峒諸蠻下》，第 14189 頁。
〔註 47〕 《宋史》卷 494《蠻夷傳二‧西南溪峒諸蠻下》，第 14191 頁。

　　與對省地、歸明溪峒態度明顯有異的是，由於未歸明溪峒是「化外之地」，其安定與否，並不在宋廷考慮範圍之內，也絕不出兵干預。如大中祥符元年（1008），「五溪團蠻嘯聚，謀劫高州，欲令暗利砦援之。上以蠻夷自相攻，不許發兵」〔註48〕。又如大中祥符五年（1012），「黎峒夷人互相殺害，巡檢使發兵掩捕」，真宗聽聞後，切責之曰：「蠻夷相攻，許邊吏和斷，安可擅發兵甲，或致擾動？」〔註49〕對於其內部糾紛，至多允許「邊吏和斷」，或命令鄰近有歸明意向的都誓主加以約束，如元祐三年（1088），「羅家蠻寇抄，詔召（彭）仕誠及都頭覃文懿等至辰州約敕之」〔註50〕。並且，宋廷往往不接受生蠻的歸明。如元豐八年（1085），「辰州江外生蠻覃仕穩等願內附，詔不許招納」〔註51〕，以免「致生邊事」〔註52〕。根據與中央王朝關係遠近區分而做出的上述軍事選擇，其實也正是宋政府禦邊政策的直接反映，根本則在於「恐輕舉生事」〔註53〕，「防範」實為其主要指導思想，「務在撫綏」〔註54〕為其宗旨。

三、宋代以「以蠻夷治蠻夷」政策的「防範」特色

　　客觀而論，宋代仿照漢唐而在西南少數民族的治理上所執行的「以蠻夷治蠻夷」政策，的確起到了緩和蠻漢矛盾，大體維持西南邊境安定的作用，未至於給趙宋統治造成嚴重的腹心之患；並且，在基本保持各族群獨立發展的基礎上，也有利於促進蠻漢地區的物質文化交流，增強民族交往和融合，帶動蠻僚部落向更高水平的社會層次演進。但通過前述揭示的兩宋時期的「以蠻夷治蠻夷」政策發展變化的諸多表象來看，其中一以貫之的以「防範」為基本原則所呈現的「蠻漢分治」的處理方式，卻深層次地反映出宋代民族政策的核心理念，此即「蠻漢有別」。質而言之，宋代在民族政策上仍然堅持將「華夏夷狄」之分，視為「天下之大防」之第一要務。〔註55〕

　　「華夷之辨」早在先秦時期即已發端，旨在以文化禮儀作為主要標準，

〔註48〕《宋史》卷493《蠻夷傳一・西南溪峒諸蠻上》，第14176頁。
〔註49〕《宋史》卷496《蠻夷傳四・西南諸夷》，第14226頁。
〔註50〕《宋史》卷493《蠻夷傳一・西南溪峒諸蠻上》，第14180頁。
〔註51〕《宋史》卷493《蠻夷傳一・西南溪峒諸蠻上》，第14180頁。
〔註52〕《宋會要輯稿》蕃夷五之九〇，第7811頁。
〔註53〕《宋史》卷494《蠻夷傳二・西南溪峒諸蠻下》，第14189頁。
〔註54〕《宋史》卷494《蠻夷傳二・西南溪峒諸蠻下》，第14190頁。
〔註55〕〔清〕王夫之：《讀通鑒論》卷14《哀帝》，中華書局點校本1975年版，第431頁。

嚴格劃分諸夏與周邊部族之間的界限，鞏固和突出諸夏文化的優勢領先地位。秦漢以降各朝雖然歷經民族融合的多次浪潮，使華夏與周邊四夷的結合更為緊密，但在「華夏夷狄」相分的基本取向上，並未發生實質性的改變。如持相較開明民族政策的唐太宗嘗道：「自古皆貴中華，賤夷、狄，朕獨愛之如一，故其種落皆依朕如父母。」〔註 56〕即便話語之中確有將中華、夷狄同等對待的意味，似乎並無民族偏見，但其前提條件卻是「四夷降伏，海內乂安」〔註 57〕；太宗時期推行的羈縻州制，實施的也是「以夷治夷」策略。藉此不難窺知，「華夷之辨」思想的根深蒂固。宋代開國之初仍然在西南少數民族地區推行羈縻制，其核心精神同樣是「以蠻夷治蠻夷」，謹守的依舊是「華夷之辨」的理念。

不過，在「華夷之辨」的抽象原則下，各朝在執行「以蠻夷治蠻夷」政策時所採取的措施也不盡相同。秦漢時期，以開邊拓土、積極進取為民族政策的時代特徵，更多強調武力征服的因素，如秦掠取南越，漢屢討武陵蠻、長沙蠻，北征匈奴，南伐交趾，無不一以強大的武力為後盾，以軍事進攻為手段。但至中唐迄宋時期，中原王朝逞兵四夷、炫耀武力的情形明顯減少，其根源應該在於王朝面臨的邊疆形勢有所不同，時代條件有所變化，以及由此而產生的國策的歧異。上述情況，在宋代體現得尤為明顯。

從立國基調來看，宋承五代之後，弊端叢脞，為嚴懲各種弊政，刻意以「事為之防，曲為之制」為開國之初的政治原則，創法立制的根本指向是將「防範」作為制度化建設的精髓。誠如論者所言：「在宋代，無論是君主措意的核心精神還是士大夫認同的基本方略，都是以『無亂』『無患』亦即防範弊端為鵠的。」〔註 58〕凡事委曲防閑的基本態度，是宋代治國之法的首要原則。與之相應，在對待西南少數民族的處理上，「防範」也被奉為圭臬，絕大多數時期都能被奉行不渝，宋人對此亦有認識：「本朝隄防外夷之意，可為密矣。」〔註 59〕

在宋代文獻中，「防範」「隄防」常以「防閑」為表達方式。而西南邊區以「防閑」為要務的言論，也屢屢見諸詔書和臣僚章疏。如乾道四年（1168）二

〔註 56〕《資治通鑒》卷 198，唐太宗貞觀二十一年五月庚辰，第 6247 頁。

〔註 57〕〔唐〕吳兢：《貞觀政要》卷 10《災祥》，嶽麓書社 1996 年版，第 342 頁。

〔註 58〕鄧小南：《祖宗之法——北宋前期政治述略》，生活·讀書·新知三聯書店 2006 年版，第 257 頁。

〔註 59〕〔宋〕周去非撰，楊武泉校注：《嶺外代答校注》卷 5《財計門·宜州買馬》，中華書局 1999 年版，第 190 頁。

月，「詔湖南北、四川、二廣州軍應有溪峒處，務先恩信綏懷，毋馳防閑，毋
襲科擾，毋貪功而啟釁。委各路帥臣、監司常加覺察。是月，詔禁沿邊奸人毋
越逸溪峒，誘致蠻獠侵內地，違者論如律，其不能防閑致越逸者亦罪之。」〔註
60〕可知「防閑」是西南邊臣守衛邊疆首當其衝所應遵行的準則。乾道十年
（1174）四月，全州上言中也提到：「本州密邇溪峒，邊民本非奸惡。其始，
朝廷禁法非不嚴密，監司、州郡非不奉行，特以平居失於防閑，故馴致其亂。」
〔註61〕「防閑」有所疏失，竟被視為導致蠻眾之亂的根本原因，足見宋政府對
於邊地「防閑」之策的重視程度。而作為宋廷治理邊地的「防閑」策略，具體
包括下述四個方面的內容。

其一，設置堡砦，把守戍邊。宋代「防範」外夷至為重要的舉措，是在省
地沿邊地區設置堡砦，派兵戍守。築城立堡設寨的現象，在宋代西南邊疆地區
極為普遍。以宋代中葉前後與西南蠻夷接壤的荊湖路為例，南路永州東安縣有
東安寨；邵州新化縣有惜溪、柘溪、暮溪、深溪、雲溪五寨，武岡縣有山塘、
關硤、武陽、城步四寨，蔣竹縣有上里寨、波風、香平三堡；全州清鄉縣有香
煙、祿塘、長烏、羊狀、硤石、磨石、獲源七寨。〔註62〕北路澧州石門縣有臺
宜寨，慈利縣有索口、安福、西牛、武口、澧川五寨；峽州夷陵縣有漢流、巴
山、麻溪、魚羊、長樂、梅子六寨；岳州巴陵縣有安流寨，華容縣有古樓寨；
歸州秭歸縣有撥禮寨，巴東縣有折疊寨；辰州敘浦縣有龍潭堡；沅州有鎮江寨
（後廢為鋪）、託口寨、貫保寨（熙寧六年隸誠州）；誠州渠陽縣有狼江木、貫
保、收溪三寨。〔註63〕其他如成都府路、梓州路、利州路、夔州路、廣南路的
邊徼要塞，也遍布大量堡砦。而上述各堡砦，無一例外均有軍隊把守，包括禁
軍、弓弩手、士丁和壯丁等武裝力量。其目的是阻止蠻夷擅自進入省界，乃至
騷擾生事。如咸平六年（1003）四月，宋廷為防範施、黔、高、溪蠻豪子弟，
「置尖木砦施州界，以控扼之」〔註64〕，即為其例。

其二，禁山封堠，隔絕往來。與構築堡砦駐軍防守以抵禦侵擾或威懾蠻夷
相配合，宋代還在鄰近蠻夷的西南邊郡實行「禁山封堠」的措施，防止少數民

〔註60〕《宋史》卷494《蠻夷傳二・西南溪峒諸蠻下》，第14191頁。

〔註61〕《宋史》卷494《蠻夷傳二・西南溪峒諸蠻下》，第14193頁。

〔註62〕〔宋〕王存：《元豐九域志》卷6《荊湖路・南路》，中華書局點校本1984年
版，第261～265頁。

〔註63〕《元豐九域志》卷6《荊湖路・北路》，第271～277頁。

〔註64〕《宋史》卷493《蠻夷傳一・西南溪峒諸蠻上》，第14175頁。

族聯合反叛。〔註65〕如「蜀之邊郡文、龍、威、茂、嘉、敘、恭、涪、施、黔，連接蕃夷，各於其界建立封堠，謂之禁山」〔註66〕，嚴禁各地蕃夷越界來往。再如川峽地區，崇山峻嶺，「夷種相錯，廣袤綿延，動數千里，築城戍兵，豈能盡防。獨有養其林木，使之增長蕃茂，幽晦杳冥，隔離天日，毒蛇猛獸窟宅其間，彼雖非人，詎敢抵冒送死」〔註67〕。宋政府還特別強調：禁山林木嚴禁「民間請佃、砍伐、販賣，仍專委縣尉躬親以時巡歷，待其考滿，遞取鄰封保明實跡，方許交替」〔註68〕。而由將封山地的林木保護，作為該地縣尉任期內重要考核內容的史實，即可窺知宋廷對於禁山封堠措施的格外在意，其防範蠻夷的目的自不待言。

其三，綏撫約束，無啟邊釁。宋廷對於西南少數民族實施的「防範」之策，其真實意圖在於「無啟邊禍，以害遠人」〔註69〕。紹興二十四年（1154），南丹州蠻酋洪公晟率眾來歸，宋高宗諭輔臣曰：「得南丹非為廣地也，但徭人不叛，百姓安業，為可喜耳。」〔註70〕而為促成蠻徭「不叛」「百姓安業」目的的實現，保證「防範」的效果，在多數情況下，宋廷往往採用「綏撫」蠻酋的方式作為平服蠻夷反叛的手段。景德四年（1007），「宜州軍亂，朝廷恐宜、融溪峒因緣侵擾，因降詔約勒首領，皆奉詔，部分種族，無敢輒動」〔註71〕。這是通過降詔曉諭的方式約束蠻酋的例子。大中祥符六年（1013），撫水州蠻數寇宜、融州界，侵掠不已，宋廷雖派兵進討，但真宗「猶以蠻夷異類，攻剽常理，不足以剿絕。又意其道險難進師，第令（曹）克明、（俞）獻可設方略攝其酋首，索所抄生口，因而撫之」〔註72〕。其後，宋軍大獲全勝，追斬殆盡。酋帥蒙承貴等面縛詣軍自首，「上以夷性無厭，習知朝廷多釋其罪，故急則來歸，緩則叛去，切詔克明等諭以悉還所掠漢口、資畜，即許要盟。承貴等感悅奉詔，乃歃貓血立誓，自言奴山摧倒，龍江西流，不敢復叛」〔註73〕。可見，宋廷平定撫水州蠻，軍事進攻固然重要，但最終使蒙承貴「不敢復叛」的至為

〔註65〕 吳永章主編：《中南民族關係史》，第 176～177 頁。
〔註66〕 《宋會要輯稿》兵二九之四一，第 7313 頁。
〔註67〕 《宋會要輯稿》方域一二之八，第 7523 頁。
〔註68〕 《宋會要輯稿》兵二九之四一，第 7313 頁。
〔註69〕 《宋史》卷 495《蠻夷傳三·撫水州》，第 14210 頁。
〔註70〕 《宋史》卷 494《蠻夷傳二·南丹州》，第 14201 頁。
〔註71〕 《宋史》卷 493《蠻夷傳一·西南溪峒諸蠻上》，第 14176 頁。
〔註72〕 《宋史》卷 495《蠻夷傳三·撫水州》，第 14206 頁。
〔註73〕 《宋史》卷 495《蠻夷傳三·撫水州》，第 14207 頁。

關鍵的因素，顯然在於「撫之」「即許要盟」等手段的實施與承諾。紹興二年（1132）九月，高宗敕曰：「四川沿邊溪峒蠻徭，慮恐非時差使，致有失所，仰帥臣嚴切約束守臣及主管官司常加存撫，務在周恤遠人。如非時輒有科率搔擾，並按劾以聞。」〔註74〕慶元四年（1198），「宜州蠻蒙峒、袁康等寇內地，奪官鹽為亂，廣西帥司調官兵招降之」〔註75〕。嘉定七年（1214），有臣僚仍然重申「邊境綏靖而遠人獲安」〔註76〕的主張。凡此種種，無不表明宋廷的「綏撫」之策實為達成「防範」目的倚重的又一手段。

其四，嚴諭守臣，勿妄生事。為保證「綏撫」之策的落實，宋廷嚴禁邊臣自矜功伐，深入蠻境。咸平五年（1002）十月，丁謂議及治蠻之策時說：「若所委之官不邀功伐，不妄生事，常以安靜為勝，一依前後詔條撫理制置，即蠻人不敢久遠為非。」真宗對此深表贊同：「邊境不寧，多因首〔守〕臣生事。國家條制甚明，苟奉而行之，必無事矣。」〔註77〕大中祥符四年（1011），真宗也曾道：「蠻夷不識教義，向之為亂，亦守臣失於綏撫。」〔註78〕紹興十五年（1145）知全州高楫言：「徭人今皆微弱，砦官每縱人深入，略其財物，遂致乘間竊發。宜詔與溪峒接壤州郡毋侵徭人。」〔註79〕隆興七年（1169），宰臣虞允文奏曰：「守臣貪功生事，致蠻峒作過。」〔註80〕強調的依舊是守臣妄自興兵實係蠻僚叛亂主因的觀點。

對於邀功生事、擅自舉兵進入蠻境的邊臣，宋廷往往加以處罰。仁宗至和年間（1054～1055），北江溪蠻勢力最大的彭氏家族發生內訌，知辰州宋守信與通判賈師熊、轉運使李肅之率兵數千，深入討伐，俘獲彭仕羲家屬及銅柱，但官軍戰死者十六七。守信等皆以此坐貶。〔註81〕

不過，應該注意到的是，「防範」雖在宋一代被奉為防禦西南少數民族的基本指導思想，但神宗、徽宗在位期間，曾兩度放棄「放範」之策而致力於開邊拓士，其結果儘管短期內甚為可觀，然而最終均不免草草收場，前功盡瘁。熙寧年間（1068～1077），「天子方用兵以威四夷」，「以章惇察訪湖北，經制蠻

〔註74〕《宋會要輯稿》蕃夷五之九四，第7813頁。
〔註75〕《宋史》卷495《蠻夷傳三・撫水州》，第14213頁。
〔註76〕《宋史》卷494《蠻夷傳二・西南溪峒諸蠻下》，第14196頁。
〔註77〕《宋會要輯稿》蕃夷五之七五，第7804頁。
〔註78〕《宋史》卷496《蠻夷傳四・西南諸夷》，第14226頁。
〔註79〕《宋會要輯稿》蕃夷五之九五，第7814頁。
〔註80〕《宋會要輯稿》蕃夷五之九七，第7815頁。
〔註81〕《宋史》卷493《蠻夷傳一・西南溪峒諸蠻上》，第14178～14179頁。

事」,「而南江之舒氏、北江之彭氏、梅山之蘇氏、誠州之楊氏相繼納土,創立城砦,使之比內地為王民」〔註82〕。熙寧六年（1073）,「南江州峒悉平,遂置沅州⋯⋯尋又置誠州」〔註83〕。但元祐（1086～1094）初年,即有臣僚言:「沅、誠州創建以來,設官屯兵,布列砦縣,募役人,調戍兵,費鉅萬,公私騷然,荊湖兩路為之空竭。又自廣西融州創開道路達誠州,增置潯江等堡,其地無所有,湖、廣移賦以給一方,民不安業,願斟酌廢置。」〔註84〕有鑑於此,哲宗詔諭湖南、北及廣西路曰:「國家疆理四海,務在柔遠。頃湖、廣諸蠻近漢者無所統壹,因其請吏,量置城邑以撫治之。邊臣邀功獻議,創通融州道路,侵逼峒穴,致生疑懼。朝廷知其無用,旋即廢罷;邊吏失於撫遏,遂爾扇搖。其叛酋楊晟臺等並免追討,諸路所開道路、創置堡砦並廢。」自後,五溪郡縣棄而不問。〔註85〕

儘管熙寧開邊殷鑒不遠,但「崇寧以來,開邊拓土之議覆熾,於是安化上三州及思廣洞蒙光明、樂安峒程大法、都丹團黃光明、靖州西道楊再立、辰州覃都管罵等各願納土輸貢賦。又令廣西招納左、右江四百五十餘峒。」但宣和年間,有臣僚認為,西南地區的開邊不僅徒費財力,而且「不毛之地,既不可耕;狼子野心,頑冥莫革。建築之後,西南夷獠交寇,而溪峒子蠻亦復跳樑。士卒死於干戈,官吏沒於王事,肝腦塗地,往往有之」,故而建議「可省者省,可併者併,減戍兵漕運,而夷狄可撫,邊鄙可亡患矣」!於是「詔悉廢所置初郡」〔註86〕。

上述兩次開邊均以失敗告終,宋廷將省地大幅擴展至西南蠻夷地區的圖謀未能付諸實現,其慘痛教訓也使宋代君臣深刻認識到,以武力征服為後盾強行拓地開邊,不僅勞民傷財,加劇了財政緊張的局面,而且損耗兵員,削弱了軍事力量;加之開邊所置州縣皆為不毛之地,賦稅收入有限,治理成本過高;更重要的是夷獠、溪蠻交相作亂,反而打破了邊境地區原有的平衡,使西南地區的局勢愈益複雜,與初衷相悖。故而,在邊疆少數民族地區的治理上,宋廷不得不回復到以「防範」為主的老路上,仍舊實施「以蠻夷治蠻夷」的政策。

〔註82〕 《宋史》卷493《蠻夷傳一・西南溪峒諸蠻上》,第14180頁。
〔註83〕 《宋史》卷493《蠻夷傳一・西南溪峒諸蠻上》,第14181頁。
〔註84〕 《宋史》卷493《蠻夷傳一・西南溪峒諸蠻上》,第14181頁。
〔註85〕 《宋史》卷493《蠻夷傳一・西南溪峒諸蠻上》,第14181頁。
〔註86〕 《宋史》卷493《蠻夷傳一・西南溪峒諸蠻下》,第14182頁。

四、餘論：「守內虛外」「重北輕南」與「以蠻夷治蠻夷」

上世紀 40 年代，在分析唐代國運與周邊民族勢力盛衰轉換之間的關係時，陳寅恪先生曾敏銳指出：「吐蕃之盛強使唐無餘力顧及東北，要為最大原因。此東北消極政策不獨有關李唐一代之大局，即五代、趙宋數朝之國亦因以構成。」〔註87〕具體言之，李唐一代，則「為國與外族接觸繁多，而甚有光榮之時期」〔註88〕，所謂「唐興，蠻夷更盛衰，嘗與中國亢衡者有四：突厥、吐蕃、回鶻、雲南是也。……凡突厥、吐蕃、回鶻以盛衰先後為次；東夷、西域又次之，跡用兵之輕重也；終之以南蠻」〔註89〕。此論雖主要就唐代與周邊關係而論，但亦涉及五代與趙宋。

按照上述理解，唐宋兩朝所面臨的民族關係大致相同，民族政策亦多有相近之處。李唐前期奉行「關中本位政策」，強調實現關中地區或關中團體利益，「自武曌破壞傳統之『關中本位政策』……『關中本位政策』最主要之府兵制，即於此時開始崩潰」，李氏恢復唐室之後，「關中本位政策」改變之趨勢仍在繼續，安史之亂後，中央政府與一部分之地方藩鎮，已截然劃為二不同之區域。〔註90〕但北部、西部、南部相繼盛衰的突厥、吐蕃、回鶻、雲南，卻一直威脅唐廷的邊境，是牽扯唐廷軍事力量的主要因素。與之相似，整個兩宋時期，民族矛盾也相對尖銳，特別是北方游牧民族南下爭奪生存空間的壓力，始終是困擾趙宋統治者的難題。契丹、党項、女真相繼建立的遼、西夏與金，與宋直接對峙，北部邊境形勢長期處於高危狀態。而南方的吐蕃與南詔，也在一定程度上令趙宋統治者心存顧忌。故而從總體上看，在北部邊疆持續遭受游牧民族高壓的態勢下，唐代集結重兵於關中，嚴守「關中本位政策」；北宋則將禁軍主要力量部署於汴梁（南宋時為川陝、荊襄和長江沿線），確保根本之地免受兵鋒，兩者確有前後一致之處。正因如此，唐宋兩代均實施「東北消極政策」，意即對東北游牧民族政權採取防禦為主的策略。

如果放寬歷史的視界，則李唐、趙宋王朝不獨實施消極政策於東北，西南少數民族地區亦然，其表現即是「以蠻夷治蠻夷」之策的前後相貫，核心依然是消極防禦政策。當然，如前所述，宋代的「以蠻夷治蠻夷」政策較之前代有

〔註87〕陳寅恪：《唐代政治史述論稿》，生活·讀書·新知三聯書店 2001 年版，第 327 頁。

〔註88〕《唐代政治史述論稿》，第 321 頁。

〔註89〕《新唐書》卷 215 上《突厥傳上》，第 6023、6027～6028 頁。

〔註90〕《唐代政治史述論稿》，第 202～203 頁。

所發展變化，且「防範」之特色更為顯著。而其之所以如此，除歷史條件與立國基調等因素使然外，相當程度上又與趙宋王朝「守內虛外」「重北輕南」的政策有一定的關聯。

宋代「守內虛外」的國策，立國之初即漸趨成型。唐末五代亂世更迭、君弱臣強的根本原因在於藩鎮坐大，武人權力過於集中。有鑑於此，宋太祖在取得政權後，立即著手削藩和收奪禁軍指揮權的工作，將軍權收歸中央，並部署「天子之衛兵，以守京師，備征戍」〔註91〕。此即所謂「太祖鑒前代之失，萃精銳於京師，雖曰增損舊制，而規模宏遠矣」〔註92〕。「太祖起戎行有天下，收四方勁兵，列營京畿，以備宿衛，分番屯戍，以捍邊圉。」〔註93〕初步奠定了軍隊部署內重外輕的局面。誠如宋人所說：「藝祖養兵止二十萬，京師十萬餘，諸道十萬餘。使京師之兵足以制諸道，則無外亂；合諸道之兵足以當京師，則無內變。內外相制，無偏重之患。天下承平百餘年，蓋本於此。」〔註94〕

宋太宗即位後，經過太平興國四年（979）、雍熙三年（986）的兩次伐遼失敗，內外政策再度得以調整，並最終確立「守內虛外」的指導思想。淳化二年（991），太宗即道：「國家若無外憂，必有內患。外憂不過邊事，皆可預防。惟姦邪無狀，若為內患，深可懼也。帝王用心，常須謹此。」〔註95〕這種將「內患」置於「外憂」之上的做法，被其後繼子孫奉為「祖宗之法」奉行不渝而加以繼承。其所導致的必然性對策，就是始終將內部的安定視為頭等大事，至於「外憂」之邊事均以「預防」應對即可。

基於上述思想的指導，宋廷的對外方略在太祖朝的基礎上至此確立，其最為重要的措施，就是將大部分禁軍駐紮於都城開封府及其周圍地區，廣大的南方地區則少有禁軍分布。北宋仁宗時，屯駐北方的禁軍達一千七百三十二指揮，南方駐兵僅一百九十五指揮，甚至有些州無禁軍屯駐。儘管「慶曆三年，因王倫、張海等狂賊數十人，更於江、湖、淮、浙、福建諸路又添宣毅一百二十四指揮」〔註96〕，但內外軍隊力量對比懸殊的狀況依然如故，開封

〔註91〕《宋史》卷187《兵志一・禁軍上》，第4569頁。
〔註92〕《宋史》卷187《兵志一・禁軍上》，第4571頁。
〔註93〕《宋史》卷187《兵志一・禁軍上》，第4569～4570頁。
〔註94〕〔宋〕朱弁：《曲洧舊聞》卷9《藝祖養兵二十萬》，中華書局點校本2002年版，第213頁。
〔註95〕《續資治通鑒長編》卷32，淳化二年八月丁亥，第719頁。
〔註96〕〔宋〕張方平：《張方平集》卷18《對詔策・對手詔一道》，中州古籍出版社點校本1992年版，第222～223頁。

兵力在總數上長期超過北方任何一路。〔註97〕「內外相制」的政策延續到宋神宗初年。

北宋的「守內虛外」政策，重在「守內」，而淡化「禦外」，故而邊境地區駐戍的精銳部隊極為有限。以兩湖地區為例，北宋天聖年間（1023～1032），荊湖南路有歸遠軍五營，其中潭、澧州各二營，鼎州一營。皇祐五年（1053），荊湖等路增設教閱忠節軍，每州一營，大州500人，小州300人。其時的湖南則置雄略軍十三指揮，分布於潭、鼎、澧、辰、桂陽、邵等地；潭州置果威軍三指揮。熙寧三年（1070）荊湖路的禁軍數額，南路為8300人，北路為2000人。〔註98〕

問題在於，兩湖地區與西南蠻夷交相錯雜，宋廷部署於沿邊地區的駐防禁軍，根本不可能承擔起守土禦邊和鎮撫叛亂的職責。雖然宋政府也曾長期採取召募弓弩手、土丁、壯丁、峒丁以維護地方治安的措施，但總體上收效甚微。尤其是在蠻僚地區暴發大規模叛亂時，官軍力量的不足暴露得更為突出。其間的道理至為明顯，兩宋最高統治者對此自然心知肚明。而宋廷之所以在西南少數民族地區作出上述安排，其要害並不在於軍事力量不足以鎮服西南蠻夷，而關鍵仍在「守內虛外」，即對西南少數民族以實施「蠻夷治蠻夷」政策為主，軍事手段只是輔助性形式而已。

如仁宗慶曆年間（1041～1048），桂陽監蠻猺聚眾擾邊，「蠻所至殺掠居民，縱火劫財物，被害者甚眾」，在「發兵臨之，以敕書從事」的雙重手段下，蠻情稍安。但慶曆五年（1045）二月，「餘黨唐和復內寇」，仁宗乃詔湖南安撫、轉運、提點刑獄便宜從事。此次宋軍八路入討，深入蠻猺巢穴，斬首甚眾，但並未剿平唐和部眾。其後，蠻復入寇，宋統軍將領全部亡歿，軍事鬥爭以失敗告終。在這種形勢下，新任湖南安撫使劉夔進言：「唐和等既敗官兵，殺將吏，聚眾益自疑，恐浸為邊患，願以詔書招安，就捕溪峒首領。」詔可。〔註99〕是時，湖南騷動，兵不得息。知桂陽監宋守信奏：「唐和嘯聚千餘眾為盜，五六年卒未能克者，朝廷不許窮討故也。」其後，宋廷「大發兵討之。其眾果懼，遁入郴州黃莽山，由趙峒轉寇英、韶州，依山自保」。是冬，帝閔士卒暴露，復諭執政密戒主帥安恤。〔註100〕慶曆七年（1047）冬，其眾悉降。此例表明，

〔註97〕王曾瑜：《宋朝兵制初探》，中華書局1983年版，第32頁。

〔註98〕參閱伍新福：《湖南民族關係史》，第144頁。

〔註99〕《宋史》卷493《蠻夷傳一‧西南溪峒諸蠻上》，第14183～14184頁。

〔註100〕《宋史》卷493《蠻夷傳一‧西南溪峒諸蠻上》，第14184～14185頁。

桂陽監蠻猺叛亂持續多年的原因，實則在於「朝廷不許窮討」，一旦「大發兵討之」，「其眾悉降」。換言之，宋廷根本無意在西南邊陲之地屯集重兵，而是另有考慮。

結合兩宋周邊民族關係進一步分析，來自北部和西北部邊境的壓力，遠在西南少數民族地區之上，故而守禦北部邊疆的重要性遠在南方邊境之上。值此形勢，北宋在京城之外，將主要精銳部隊部署於北部和西北沿邊地區，乃至南宋在川陝、荊襄和長江中游沿線，都是情非得已的選擇。所以，「重北輕南」亦為有宋一代禦邊的基本取向。當然，所謂重、輕，自是相對而言，北南相較，宋朝統治者更為重視對北部、西北部邊區的防守和經營，而輕視、消極對待西南邊區的防守與經營。重北的特點，整個宋代，表現都十分明顯。〔註101〕既然南北輕重不一，北方禦邊的重要性遠在南方之上，宋廷無暇多顧於西南少數民族地區，沿襲前代「以蠻治蠻夷」之策，已是勢所必然，難以易轍。至於因時代不同、周邊民族關係的差異，而導致的立國基調及「守內虛外」「重北輕南」政策，所引發的其間之發展與變化、特色與成效，又在相當程度上促進了西南少數民族經濟文化的發展，為其后土流結合乃至改土歸流的實施奠定了必要的基礎。

〔註101〕安國樓：《宋朝周邊民族政策研究》，臺北文津出版社1997年版，第14頁。

南宋晚期的壽昌軍學

　　在慶曆興學、熙（寧）（元）豐興學與崇寧興學三次浪潮的直接助推下，最遲至北宋末年，伴隨中央官學的完善與州縣立學的蔚然成風，官學體系漸致定型。受此風氣裏挾，宋代荊楚（今湖北）地方官學的發展，歷經從無到有，並逐步趨向成熟的過程，直至南宋晚期，荊楚地域內的絕大多數州縣已普遍設立官學。而據現存文獻資料考察，最能代表其時其地官學變遷及其成就者，莫過於南宋晚期的壽昌軍學。壽昌軍學的前身，係設置於北宋中葉前後的鄂州（治今湖北武漢）武昌縣學（今湖北鄂州），南宋寧宗嘉定十五年（1222）正月，以鄂州武昌縣為壽昌軍，〔註1〕原縣學遂升格為軍學。壽昌軍學在宋代荊楚官學中的典型意義，誠如論者所言：「《壽昌乘》所載鄂州武昌縣官學的發展及其影響可以視為宋代荊楚官學的一個縮影。」〔註2〕但學界關於壽昌軍學具體而微的探討，尤其是軍學的演變、經費來源、軍學與貢舉等的解讀，尚付闕如。實際上，上述數項在宋代荊楚唯一存世方志《壽昌乘·文事考》〔註3〕中，皆有清晰反映，惜長期為學人疏忽，故壽昌軍學的整體情況罕有人知。本篇即

〔註1〕〔元〕佚名：《宋史全文》卷30，嘉定十五年正月甲戌，中華書局點校本2016年版，第2588頁。

〔註2〕雷家宏：《宋元荊楚地區的官學》，《湖北大學學報》（哲學社會科學版）2011年第3期。

〔註3〕按，輯本《壽昌乘》原無「文事考」，《宋元方志叢刊》，第8冊，中華書局影印本1990年版，第8394頁。但「學校」之下文字有「作文事考」之語，再以原書體例考察，前有「城社考」，後有「武事考」及「古蹟考」，故當有「文事考」之綱。李勇先校點《壽昌乘》，即將「文事考」標出，《宋元珍稀地方志叢刊》（甲編），第7冊，四川大學出版社2008年版，第5頁。

主要依據《壽昌乘》所載，圍繞以上三點，稍加剖析，力圖還原壽昌軍學之全貌，並藉此窺測宋代荊楚官學之一斑，為目前尚顯薄弱的宋代荊楚文化研究提供實實在在的例證。

一、壽昌軍學的演變

有宋一代，州縣立學始於乾興元年（1022）的兗州建學。而自明道（1032～1033）、景祐（1034～1038）年間，因「累詔州郡立學，賜田給書，學校相繼而興」〔註4〕。「慶曆新政」時期，在范仲淹等人的大力倡導下，仁宗「詔諸路州、府、軍、監各令立學，學者二百人以上，許更置縣學，於是州郡不置學者鮮矣」〔註5〕。熙寧年間（1068～1077），神宗「始命諸州置學官，率給田十頃贍士」〔註6〕，地方官學走向正規化。大約在此前後，隸於鄂州的武昌縣開始設立縣學，而武昌縣學即為南宋晚期壽昌軍學的前身，所謂「壽昌學，則縣而郡者也」〔註7〕。

關於武昌縣學演變為軍學的經過，以及壽昌軍學確立後的情形，《壽昌乘》有如下記載：

> 未升郡時，邑庠也，初在市心。崇寧五年，以市西宣聖廟為之。淳熙間，令周復遷於市東一百八十步，直南湖，占山水之勝。嘉定升軍，即以為侯頖，亡所增益。寶慶三年，守陳允迪撤而新之，為屋五十間，視舊頗宏敞。嘉熙丁酉，再復軍額，校官王禹圭更加營葺，益以完備。南臨湖，為戟門。跨池為橋，至殿門。內列兩廡，從祀先賢。隆其中，為大成殿，像祀先聖、先師、十哲。殿後為講堂，曰明倫。前東西序位置職事員及四齋。堂後直舍，規制如廬亭，曰遵道堂。東屋六楹，為會食之所，曰觀養，庖湢、倉廩皆居東偏。後有射圃，周遭宮牆，可三百丈。淳祐十一年，校官李峻於南堤大街所從入之途築臺，揭扁曰學宮。寶祐元年春，守段震午始至，首整葺講堂。既又以泮橋地勢窪下，比歲湖水泛濫，朽壞不可支奠謁，

〔註4〕〔宋〕徐松輯：《宋會要輯稿》崇儒二之三，中華書局影印本 1957 年版，第2188 頁。

〔註5〕《宋會要輯稿》崇儒二之三，第 2188 頁。

〔註6〕〔元〕脫脫等：《宋史》卷 157《選舉志三·學校試》，中華書局點校本 1985 年，第 3660 頁。

〔註7〕〔宋〕佚名：《壽昌乘》，《宋元方志叢刊》，第 8 冊，中華書局影印本 1990 年版，第 8395 頁。以下《壽昌乘》引文，均據此版本。

出入率由射圃便門，殊不足以稱觀瞻。明年，復捐郡帑，鳩工伐石，為興梁培兩岸，加壯翼而隆之，以捍沖齒之患，由是半〔泮〕水遊歌之地益尊嚴矣。

據上可知，壽昌軍學的建設，自北宋中葉至南宋晚期，前後延亙兩百餘年，其間又呈現出縣學→軍學→縣學→軍學的變遷軌跡。但軍學回復為縣學的時間並不算長，也就是從端平元年（1234）至嘉熙丁酉（1237），總計未逾 4 年。相比較而言，縣學歷時更久，軍學為時短暫。但在前後超過 150 餘年的縣學發展史上，除校址先後從市中心移徙至市西宣聖廟、市東外，學校規模則長期維持原狀，幾無任何改觀。而以壽昌軍的設立為契機，在縣學轉變為軍學後，儘管起初五、六年軍學的整體狀況與此前的縣學無異，校舍等建築並無增加，但在此之後，因知軍和校官的重視，軍學面貌相繼發生一系列改變。其過程包括四個階段，即寶慶三年（1227），知軍陳允迪的除舊布新；嘉熙丁酉（1237），校官王禹圭的更加營葺；淳祐十一年（1251），校官李峻的築臺揭扁；寶祐元年（1253），知軍段震午的整葺講堂與修繕泮橋。

端賴於以上袞袞諸公的大力經營，截至寶祐元年（1253），壽昌軍學已臻完備，其布局、規模與氣象，均非昔日可比。具體從軍學建築的整體構造以觀之，軍學座北朝南，面臨南湖。從南湖南堤大街進入軍學之途，所築臺上有篇曰「學宮」。軍學之前，建有戟門。跨池為橋，直抵殿門。殿門之內的兩廡，繪有從祀的先賢；當中即是大成殿，供奉先聖、先師、十哲繪像。殿後是稱為「明倫」的講堂。堂前東西兩邊，分別是依序排列的職事員及四齋。堂後是名曰「遵道堂」的直舍，規制如同爐亭。東屋為稱作「觀養」的會食之所。東側則是廚房、浴室和倉庫的所在地。其後有射圃。軍學四周宮牆長約 300 丈，校舍總計 50 間，佔地面積應頗為可觀。而從軍學總體布局考察，其時的壽昌官學，由祭祀區、教學區、生活區三部分組成。祭祀區即大成殿，教學區有講堂、四齋堂、直舍，生活區包括齋舍、會食之所、庖湢、倉廩、射圃等。其齋舍分別以率性、服膺、誠身、明善、輔文等為名，大致與臨安太學所設齋名相仿。可見，南宋晚期的壽昌軍學，校舍齊全，規模齊整，布局合理。

就在軍學建築的規範化接近尾聲的同時，壽昌軍學的學職制度亦漸趨完善。即如史載：「先是，職員泛冗，正、錄皆雙員，又增置講學，非令也。淳祐庚戌，漕使蕭逢辰始建臺，校官李峻申白，盡汰冗員，今立為定額云。」〔註8〕

〔註 8〕《壽昌乘》，第 8395 頁。

經過此次調整，壽昌軍學學職得以固定，設有學正、學錄各一員，直學二員，另有司計、學諭、教諭、經諭、司書、司器、齋長、齋諭等。

二、壽昌軍學的經費來源

官學的維持與運轉，經費的支持必不可少，州縣學尤其如此。早在熙寧四年（1071），神宗明令由朝廷選差學官的州學、軍學，地方官府應劃撥學田十頃以充學糧。徽宗政和二年（1112）十月，又「詔諸贍學田業免納二稅」〔註9〕。南宋建炎三年（1129）十月，高宗下詔：「今後贍學錢糧，並從戶部置籍拘催，諸路提刑司收樁，敢有隱漏不實，並依供報無額錢物隱漏法斷罪。」〔註10〕紹興十三年（1143）十一月，下令：「諸州軍，將舊贍學錢糧撥還養士，令監司常切覺察，不得輒將他用。仍令逐州軍各開其養士、并見標撥錢糧數目申尚書省。」〔註11〕次年十月，又特別強調：「昨降指揮，令諸州軍將舊贍學錢糧撥還養士，委監司常切覺察，不得輒將它用。可令諸州守臣，限一月標撥定，委提舉官檢察，開具奉行加意並弛慢去處職位姓名，申尚書省取旨賞罰。」〔註12〕據此不難看出，宋廷對於地方官學經費來源的重視程度。

壽昌軍學的經費支持，主要來自於學田、貢士莊和貢士庫的收入。從寶祐三年（1255）前後的情況來看，壽昌軍學田，主要由學戶與佃戶耕種，學田實行定額租的分成方式，「學戶歲納米一百九十八石八斗八升五合，佃戶歲納穀六百五十四石九斗六升；學戶歲納麥三十八石五斗一合六勺，佃戶歲納麥一十一石五斗」。「桑絲錢六十三貫二百文（內見錢一貫八百文足，餘係十八陌，並用京交準）〔註13〕」。貢士莊每年田種「五十一碩六斗，課穀三年總計可收三百六十六碩九斗」。貢士庫養士錢二十七貫四百文，其本錢為十七界官會二萬五千貫。此項本金來源有二：一為軍學設立之初，經過 27 個月的積累，節約各項開支所得羨錢一萬五千貫；二為曾任安撫使而寓居壽昌的孟璟，捐助的一萬貫。貢士庫本錢以借貸方式贏利，「月息二分，每年合解息錢六千貫。合三年，所收共一萬八千貫」〔註14〕。除上述主要進項外，壽昌軍學每年所收經

〔註 9〕《宋會要輯稿》崇儒二之一八，第 2196 頁。

〔註10〕《宋會要輯稿》崇儒二之三二，第 2203 頁。

〔註11〕《宋會要輯稿》崇儒二之三六，第 2205 頁。

〔註12〕《宋會要輯稿》崇儒二之三六～三七，第 2205 頁。

〔註13〕《壽昌乘》，第 8396 頁。

〔註14〕《壽昌乘》，第 8397 頁。

費，還包括「蓮荷錢二貫文足，荻租錢一貫五百文足」〔註15〕。

壽昌軍學的若干固定物業，包括二十三間房屋、二所魚湖、一所桂華館以及白地等，通過出租的方式，每年都多少能獲得一些收益，如白地歲收租錢即有一十七貫六百文足。房屋、桂華館的租賃與魚湖的出租，同樣也能獲利。如紹興十二年（1142）九月的詔書曾提到：「江州城南甘棠湖一所，每年菱魚之利，及郡庠前地上岳飛造到房廊三十八間，每日收賃屋錢一貫四百三十文，撥充本州養士，久遠支用。」〔註16〕可見，以魚湖、房屋出租所得，補充地方官學經費，南宋初期即有成例，這種模式在南宋晚期的壽昌軍學中也有體現。即如史載：「貢士莊房屋園地錢三年可收錢一百四十貫足，除減放及貢士莊支遣，三年只以八十貫為率。」〔註17〕

以上常規性經費，僅能維繫壽昌軍學的日常運轉及資助本地士子赴京應試，一旦遇到學校需要維修、建設，單憑壽昌軍學自身財力，顯然於事無補，此時就格外需要仰仗地方財力的援助。寶祐元年（1253）春，段震午知壽昌軍，在整葺講堂後，有感於泮橋地勢窪下，湖水泛濫之歲，泮橋往往朽壞，無法由此出入軍學，遂於次年，「復捐郡帑，鳩工伐石」〔註18〕，大力營繕，終使泮橋免於水患之累。這是借助「郡帑」修繕郡學的典型例證，應該可以說，前述四個階段壽昌軍學的大規模營建，不可能缺少壽昌軍府庫財力的支持。

三、壽昌軍學與貢舉

宋廷孜孜致力於發展地方官學的初衷，在於移風易俗，培養人才，但因貢舉的巨大吸引力，州縣學教學內容的確定與培養目的的制訂，無不以貢舉為中心，而與宋廷本意未盡一致。壽昌軍學的發展與壯大，同樣遵循上述規律，與貢舉聯繫至為密切。兩者之間的關係，主要表現為下述數端。

首先是軍學教學、研習的經義化取向。北宋後期伊始直至南宋，經義在貢舉中的比重明顯加大，故而各級官學授課「皆以經義為主，而兼習論策」〔註19〕，詩賦的重要性則有所降低。其實，即便是經義進士與詩賦進士第二、三

〔註15〕《壽昌乘》，第8396頁。
〔註16〕《宋會要輯稿》崇儒二之三四，第2204頁。
〔註17〕《壽昌乘》，第8398頁。
〔註18〕《壽昌乘》，第8395頁。
〔註19〕〔宋〕李心傳：《建炎以來繫年要錄》卷148，紹興十三年二月己卯，中華書局點校本2013年版，第2797頁。

場同試的論、策，強調的依然是對經義的領悟和應用。〔註20〕由此可知，經義
對於貢舉確有舉足輕重的影響。而在壽昌軍學庋藏的書籍中，經部類計有大字
注《九經》、巾箱《九經》、《論語》、《春秋》、《周禮》、《禮記》、《左傳本末》、
《孝經本旨》、《爾雅》、《晦庵語類》等 10 種，〔註21〕占所藏 36 種書籍的 1/4
略強。這些經部書籍的收藏，應該是貢舉偏重經義傾向所致，其用意在於滿足
教職人員與生徒教學、研習所需。值得注意的是，淳祐元年（1241）正月，理
宗下詔，正式肯定從二程到朱熹為孔孟道統的嫡傳，從而確立程朱理學為官方
學術，並從此佔據學術思想的正統地位。自此伊始，科舉考試中的經義、論、
策，均以朱熹及二程說教為範圍。學術思潮在南宋晚期的時代轉軌，勢必對各
級各類學校產生影響，壽昌軍學亦概莫能外。壽昌軍教學內容上的程朱理學化
色彩，在上述列舉的經部類書籍中也有所反映，如時人纂集的《晦庵語類》及
朱子門人黃榦所著《孝經本旨》，從書名、學術傳承角度而言，都應是宣揚程
朱理學的著作。另外，講堂的「明倫」，齋舍的「率性」、「服膺」、「誠身」、「明
善」等稱號，無一不是來自於儒家典籍，甚或直接出自朱子本人著作。如朱熹
《四書章句集注·中庸集注》謂「服膺」為：「服，猶著也；膺，胸也。奉持
而著之心胸之間，言能守也。」這些也是壽昌軍學深受程朱理學薰染的表徵。
《壽昌乘·貢士規約記》更是明言：「道學不明，人心陷溺。」「義利界限，豈
可一日不嚴。」

其次是貢額的增加。《壽昌乘·貢舉》載：「方武昌之隸鄂，士以科名發身
何寥寥爾。嘉定升郡，偶丁詔，歲應試僅百餘人，薦額分鄂之一，而增其一，
拔二於百，視他郡為憂。」據此來看，武昌縣學時期，本地解額僅為 1 名，但
登第者寥寥可數；升軍之後，解額增加 1 名，而應舉者僅百人左右，士人赴省
試的機會相較於鄰郡更大。解額的增多，反過來又對士子的求學應舉產生了激
勵效應，即如史載：「自嘉熙丁酉再復郡建，淳祐壬子再六舉，貢士僅十有二，
擢第者已五人。而兩榜皆渾化，至是終場已四百餘人矣。」〔註22〕因端平元年
（1234）復縣，隸於鄂州，是舉不計入軍學解試，則自嘉定十五年（1222）至
淳祐十二年（1252），壽昌軍先後舉行 10 次解試，而在獲得赴省試資格的 12
人中，登第或奏名者共有 5 人。

〔註20〕何忠禮：《南宋科舉制度史》，人民出版社 2009 年版，第 198 頁。
〔註21〕《壽昌乘》，第 8399 頁。
〔註22〕《壽昌乘》，第 8396 頁。

　　鑒於本地赴舉人數眾多，經常維持在三四百人的數量，而且擢第比例頗高，所謂「兼連科以來，兩榜相繼渾化」〔註23〕，為邊郡所僅見，經地方官員奏請朝廷，於寶祐三年（1255），解額又獲增 1 名，總數達到 3 名。〔註24〕「是科終場，詩、書共九十一人，賦三百一十二人」〔註25〕。並開始採用輪流取放辦法，當年解試，取書經 2 名，賦 1 名，下次解試則取經 1 名，賦 2 名。

　　應該看到，壽昌軍解額的增加，表面上是本地參加解試人數增多、經壽昌軍官員極力奏請的結果，究其實質，則是地方教育蓬勃發展的必然。而壽昌軍教育事業的繁榮，與軍學的示範性作用不可分割。壽昌軍設立之後，在短短的三十餘年當中，應解試者即中從縣學時期的百餘人激增至三四百人，最多時後者為前者的三倍；登第人數也從寥寥無幾，發展至後來的「兩榜皆渾化」〔註26〕。應試、登第人數的多寡，是前後兩個不同時本地教育發展水平高低的直接反映。而壽昌軍時期所取得的如此不俗的教育成就，相當程度上得益於壽昌軍學對於本地教育的拉動與刺激。所以，儘管參加壽昌軍解試者中不可避免地包括遊學之士，但官學生徒應為其中的中堅，其對軍學以外的士子，無疑也有示範效應。

　　最後是以軍學財物資助本地士子應舉。士子參加貢舉，必須有充足的經費支持，否則無異於癡人說夢。解試因在本地舉行，士子花費不是太多，但若是赴省試、殿試，包括路費、食宿費、試卷費，再加上錄取後的種種人情世故開銷，沒有數百貫錢恐怕難以應付。故而獲得朝廷、地方政府或州縣學的經費資助，特別是對於下層平民而言，是參加省試、殿試的保障。自北宋時期起，官府就以「往來給券」的方式資助赴京應舉的士子，南宋沿襲不改。為鼓勵本地士子投身貢舉，南宋時期的地方政府與州縣學，也往往給予赴京應試者經濟支持。壽昌軍距離都城臨安（今浙江杭州），「航浮陸走千七百里而遠」，倘若「有

〔註23〕《壽昌乘》，第 8398 頁。
〔註24〕按，現藏日本京都東福寺塔頭粟棘庵藏本刻《輿地圖》，刻有「諸路州府解額」，據日本學者中島敏《南宋的解額——粟棘庵藏〈輿地圖〉諸路州府解額》一文認為，原圖刻於光宗朝，翻刻於咸淳元年至宋末的十五年間，《東洋史學論集》，汲古書院 1988 年版，第 281～291 頁。何忠禮先生認為，該表所載解額的執行時間，大部分是在光宗朝以前，少部分在光宗朝以後甚至在南宋末年，見氏著：《南宋科舉制度史》，第 72 頁。不過，該表荊湖北路解額中，壽昌軍原係鄂州武昌一欄，「縣數」與「解額」均為空白，明顯脫載。至於其間原因，仍難確知。
〔註25〕《壽昌乘》，第 8398 頁。
〔註26〕《壽昌乘》，第 8396 頁。

司續食亡具，使為士者退怵於啼饑號寒，進窘於爨桂炊玉」〔註27〕，勢必對本地教育事業產生消極影響。幸運的是，壽昌軍前後歷任知軍與軍學校官，不乏有識之士，注重籌措經費，以貢士庫和貢士莊所得，資助本郡士人進京應試。

壽昌軍貢士庫、貢士莊三年的總收入，通常被劃分成十份，依據赴京應試者的不同情況而給予力度不同的資助。《壽昌乘·貢士規約記》對此有詳細記載：

> 鄉舉發解人三分，太學、國子、漕試士人發解人一分，鄉舉免解人（漕、監免者並同）一分，赴太學補試人（鄉、漕、國子及舊舉人赴補並同）三分，（先以一分就本軍分送赴補人，為發路之費。冒請不去者，追索二分。就京，於試前三日會實到人於一所均送。牒到身不到，不預。假名冒請，就索本郡人在朝者或在學者主之，或從知會貽書朝士主之，或於本郡承受之家均送。）新請舉人赴補不預，過省人（新舊舉同）一分半。上舍赴殿者同參學人半分。升補內舍、補上舍。（與解、省補試三年一次者，先後不齊，難以預定分數。榜到日，升內舍人送十七界京交五百貫，升上舍人送京交一千貫。釋褐同特恩。未出官人請舉照上舍人例分送。文學已上者非。）

據此可知，凡鄉舉發解人、免解人，太學、國子、漕試發解人赴京應試，赴太學補試者，包括過省人、上舍赴殿試者，以及升補內舍、補上舍者，皆能獲得壽昌軍學額度不同的經費資助。這種措施，無疑能激發本地士子參加貢舉的熱情，並進而促成本地官學教育的興盛。

四、結語

以上對於南宋晚期的壽昌軍學的演變、經費來源及其與貢舉的關係，稍稍有所鋪陳。總體來看，壽昌軍學雖為「湖右最小壘」〔註28〕之地方官學，但因有充足的辦學經費的支持，士子赴京應試亦無續食之憂，故對本地教育文化產生了積極的促進作用，應舉人數的大幅攀升與登第者的驟然增多，即其明證。而壽昌軍學之所以能取得如此影響，關鍵其實在於其以貢舉為中心的辦學宗旨。因受南宋貢舉中經義取向的左右，與程朱理學正統地位的主導，壽昌軍學的諸多方面透射出明顯的理學化色彩。由於南宋晚期史料本身不多，而在有限

〔註27〕《壽昌乘》，第 8396 頁。
〔註28〕《壽昌乘》，第 8395 頁。

的記載中關於宋代荊楚官學的敘述更為稀少，壽昌軍學的相關情況幸有《壽昌乘》的保存而能為今人認識。通過壽昌軍學的解剖，或許多少有裨於學界瞭解其時荊楚官學的一般情形，也有助於客觀評判壽昌軍學的作用及其地位。

其實，早在上個世紀九十年代初，即有學者對兩宋時期的教育進行過系統深入的梳理，並且相當程度上關注到此前為學界所忽略的南宋教育的若干情形，諸如課程與教材、考試和升級、教職員的選任、教育家與教育法等，皆被攬入考察視野。其所得出的關於南宋教育的總體結論，可簡要概括為：南宋時期的學校制度較之北宋更加完善，達到宋代的最高水平；而在南宋後期又出現了一次大規模的辦學高潮，繼孝宗朝學校教育展現出繁榮景象後，至寧宗朝南宋後期的辦學高潮逐漸形成，理宗朝發展迅猛，且一直延續到度宗朝，使宋代教育進入鼎盛時期。〔註29〕結合南宋教育的上述總體演進趨勢，不難看出，壽昌軍學的發展進程，與之高度一致，頗能說明南宋後期官學教育之一斑。此外，壽昌軍學教學內容的程朱理學化與教職的政府任命，又是南宋後期在「理論上和制度上完成了中國古代教育從中期進入後期的歷史性轉折」〔註30〕的絕佳注腳。因此，壽昌軍學又是南宋後期官學教育的典型縮影，對於瞭解其時軍學教育的演進軌跡及面貌，意義尤其重大。

原載拙編：《葛金芳教授七十壽慶文集》，
中山大學出版社於 2016 年版。

〔註29〕袁征：《宋代教育》，廣東高等教育出版社 1991 年版，第 308～310 頁。
〔註30〕袁征：《宋代教育》，第 311 頁。

王禹偁史學發微

　　王禹偁（954～1001）係宋初政治改革思潮的先驅與復興古文的旗手，歷來是研究北宋太祖、太宗、真宗三朝政事與文學相關問題無法繞開的人物，亦由此形成眾多成果，詳情參見田宏瑞、祝令甫的兩篇綜述。〔註1〕潘守皎、李善奎的《王禹偁評傳》，則以人物生平為主線，系統反映了傳主在仕宦、文學、思想諸方面的成就與特徵。〔註2〕事實上，在此之外，其在史學方面亦有精深造詣，曾撰寫出為數不少的史著與史論。因而20世紀70年代末，徐規先生即已指出，王禹偁是一名「據實直書、不畏時忌的史家」〔註3〕，可謂其時直道著史的代表。不過，在宋初複雜、敏感的政治氛圍之下，史學以循默因襲、諱言時忌為主流，而王禹偁直筆著史的史學風格，明顯與之有所不同。兩者的不相對應本身就足以引人深思，對此的解讀又無疑有益於今人進一步理解宋初政治與史學的密切關聯，並為考察北宋中葉之後史學風氣的丕變提供比照與新的思考。

　　勿庸諱言，學界前賢曾從不同角度涉及該論題的某些方面。如顧宏義先生考證《建隆遺事》係王禹偁所撰，其內容具有較高史料價值；〔註4〕謝貴安先生詳細梳理了王禹偁修纂《太祖實錄》、《建隆遺事》的事實。〔註5〕此

〔註1〕參見田宏瑞：《王禹偁研究綜述》，《河北工程大學學報》2007年第1期；祝令甫：《20世紀80年代後王禹偁研究綜述》，《青年文學家》2010年第1期。

〔註2〕參見潘守皎：《王禹偁評傳》，齊魯書社2009年版；李善奎：《王禹偁評傳》，中國社會出版社2014年版。

〔註3〕徐規：《王禹偁事蹟著作編年》，商務印書館2003年版，第1、9頁。

〔註4〕顧宏義：《建隆遺事考——兼論宋初「金匱之盟」之真偽》，《中華文史論叢》2009年第3期。

〔註5〕謝貴安：《宋實錄研究》，上海古籍出版社2013年版，第26、123頁。

類成果對於今人認識王禹偁的史著和史學活動，大有裨益，惜乎有欠全面，尚不足以揭示王禹偁史學活動的總體面貌及特徵，似仍有補充的必要。職此之故，在該項研究迄今仍然缺乏專題論著予以集中闡發的情形下，本文擬圍繞王禹偁史學實踐與著述、直書實錄精神為特色的史學思想等問題稍加剖析，冀望形成對王禹偁之史學成就的客觀認識，以期有助於宋初史學的系統深入研究。

一、豐富的史學實踐與多樣的歷史撰述

太平興國八年（983），王禹偁進士及第，自此踏入仕途。由於文采出眾，深得太宗賞識，端拱元年（988）正月即拜右拾遺、直史館。當年春天，王禹偁與夏侯嘉正、羅處約、杜鎬表請同校「三史書」，多所釐正。〔註6〕稍後，王禹偁還奉命與散騎常侍徐鉉、太常少卿孔承恭校正《道藏經》寫本。〔註7〕王禹偁任直史館至次年三月即告結束，雖然為時甚短，但卻因此獲得接觸前代史籍與近代人物記載的難得機會，並深受前賢事蹟感染。如其自述：「僕直東觀時，閱《五代史》，見近朝名賢立功立事者聳慕不已。」〔註8〕這段經歷為嗣後其在宦海沉浮中，廣泛參與史學實踐活動積累了寶貴的經驗，也為從事歷史撰述奠定了較為堅實的史料基礎。扼要而論，王禹偁代表性的史學活動表現為下述四個方面。

1. 修撰日曆

端拱元年（988）冬，王禹偁以直史館上書宰相、監修國史呂蒙正，其中提到，「某累日前以久不修（日曆），謁求見相府。相公以某館中諸生，召坐與語。某竊不自料，遂以書《日曆》為請」〔註9〕。結果王禹偁完成了當年《日曆》的春季部分，所謂「端拱元年春季日曆，是臣編修」〔註10〕。由於宋代日曆是憑據時政記、起居注及諸司文字、臣僚墓銘行狀等材料，會集修撰而成的、反映一代史事的數據彙編，為實錄諸書的撰寫提供直接的材料來源，在整個官

〔註6〕〔元〕脫脫等：《宋史》卷293《王禹偁傳》，中華書局1985年版，第9794頁。

〔註7〕〔宋〕李燾：《續資治通鑒長編》卷86，大中祥符九年三月己酉，中華書局點校本2004年版，第1975頁。

〔註8〕〔宋〕王禹偁：《王黃州小畜集》卷4《懷賢詩》，四部叢刊初編本，第133冊，上海書店影印本1989年版。

〔註9〕《王黃州小畜集》卷18《上史館呂相公書》。

〔註10〕《王黃州小畜集》卷22《請撰大行皇帝實錄表》。

方修史活動中佔據重要地位。因此，王禹偁修撰日曆的切身體驗，客觀上有助於其從事實錄的編修。

2. 預修《太祖實錄》

至道三年（997）三月，太宗崩，真宗即位。當年十月，王禹偁建議撰寫《太宗實錄》，上表云：「宜撰大行皇帝實錄，垂之不朽。……今陵寢有日，論撰是資。倘得措一辭於帝典之中，署一名於國史之後，臣雖死之日，如生之時。」〔註11〕希望有幸成為編修《太宗實錄》的成員之一。次月，真宗詔修《太宗實錄》，禹偁不在其列，參與編修《太宗實錄》的願望落空。

儘管未能修撰《太宗實錄》，但次年王禹偁即接受「預修《太祖實錄》」的任務〔註12〕，並小有所成。鑒於沈倫所修《太祖實錄》事多漏略，咸平元年（998）九月，真宗下詔重修，王禹偁與李宗諤、梁顥、趙安仁等人奉旨同修。而在修纂過程中，因「禹偁直書其事，執政以禹偁為輕重其間，出知黃州」〔註13〕。其後，王禹偁追述此事云：「自後忝預史臣，同修《實錄》。晝夜不捨，寢食殆忘。已盡建隆四年，見成一十七卷。雖然未經進御，自謂小有可觀。」〔註14〕次年六月，《重修太祖實錄》五十卷成書。因王禹偁曾預修，特授朝請大夫。其謝表有云：「爰詔近臣再編茂實，臣叨膺是選，尤愧非才。……臣則討論遺事，潤色舊文，始則合秦趙世家，得國姓之根本。考唐杜氏族，見太后之源流。凡所改更，皆有按據。庶彰帝業，以副天心。」〔註15〕可見，王禹偁在這次重修《太祖實錄》的活動中的確有所貢獻。

3. 編撰《建隆遺事》

《建隆遺事》又稱《篋中記》，宋人邵伯溫嘗道：「（王禹偁）所著《建隆遺事》，一曰《篋中記》，自敘甚秘，蓋曰：『吾太祖皇帝諸生也，一代之事皆目所見者，考於國史或有不同。」〔註16〕南宋晁公武亦謂：「淳化中，王禹偁作《篋中記》，敘云：『太祖神聖文武，曠世無倫，自受命之後，功德日新，皆禹偁所聞見。今為史臣，多有諱忌而不書，又上（引者注：指太宗）近取實錄

〔註11〕《王黃州小畜集》卷22《請撰大行皇帝實錄表》。

〔註12〕《宋史》卷293《王禹偁傳》，第9798頁。

〔註13〕〔宋〕王稱：《東都事略》卷39《王禹偁傳》，《二十五別史》，第19冊，齊魯書社點校本2000年版，第313頁。

〔註14〕《王黃州小畜集》卷22《黃州謝上表》。

〔註15〕《王黃州小畜集》卷22《謝加朝請大夫表》。

〔註16〕〔宋〕邵伯溫：《邵氏聞見錄》卷7，中華書局點校本1983年版，第64頁。

入禁中，親筆削之。禹偁恐歲月浸久，遺落不傳，因編次十餘事。』」〔註17〕

這部史著共記有關太祖的十三條遺事，由於內容涉及宋初政治忌諱之處頗多，與國史、實錄等官方記載迥然有異，故自孝宗朝始，李燾《建隆遺事辨》與王明清《揮麈錄·前錄》即從史實、文辭等方面考辨，明確指出其書系託名王禹偁所撰。今有學者在對該書內容、著者及史料價值逐一予以分析後，認為該書確係王禹偁所撰，並非他人偽託之作，而且具有極其重要的史料價值。〔註18〕此說近實，當可信從。

4. 私撰《五代史闕文》

咸平二年（999）三月，王禹偁出知黃州，任職期間撰有《五代史闕文》。〔註19〕該書自序稱：「臣讀《五代史》總三百六十卷，記五十三年行事，其書固亦多矣。然自梁至周君臣事蹟，傳於人口而不載史筆者，往往有之，或史氏避諱，或簡牘漏略，不有紀述，漸成泯滅……因補一十七篇，集為一卷，皆聞於耆舊者也。」此書僅一卷，凡十七事，包括梁史三事，後唐史七事，晉史一事，漢史二事，周史四事。關於該書的史料價值，清人王士禎《香祖筆記》嘗道：

> 王元之《五代史闕文》，僅一卷，而辯證精嚴，足正史官之謬。如辨司空圖「清直大節」一段，尤萬古公論所繫，非眇小也。如敘莊宗「三矢告廟」一段，文字淋漓盡致，足為武皇父子寫生。歐陽《五代史·伶官傳》全用之，遂成絕調。惟以張全義為亂世賊臣，深合《春秋》之義，而歐陽不取，於《全義傳》略無貶詞，蓋即舊史以成文耳，終當以元之為定論也。〔註20〕

四庫館臣亦有如下評價：

> 今考《五代史》，於朱全昱、張承業、王淑妃、許王從益、周世宗、符皇后諸條，亦多採此書。而《新唐書·司空圖傳》即全據禹

〔註17〕〔宋〕晁公武撰，孫猛校證：《郡齋讀書志校證》卷6《太祖實錄五十卷》，上海古籍出版社1990年版，第226頁。

〔註18〕顧宏義：《王禹偁〈建隆遺事〉考——兼論宋初「金匱之盟」之真偽》，《中華文史論叢》2009年第3期。

〔註19〕曾育榮：《五代史闕文管窺》，拙編：《張其凡教授榮休紀念文集》，華中師範大學出版社2014年版。

〔註20〕〔清〕王士禎：《香祖筆記》卷4，上海古籍出版社點校本1982年版，第81～82頁。

俑之說，則雖篇帙寥寥，當時固以信史視之矣。〔註21〕

緣於所載史實客觀真實，是以該書有「信史」之稱。〔註22〕以上史學活動形成的各種歷史撰著，僅《五代史闕文》傳承至今，其餘皆已散佚不存。除此之外，王禹偁還曾撰寫過許多誌狀碑銘。此類封賞哀悼之類的文字，實質上又是事主的小傳，主要反映人物的生平事蹟。王禹偁撰寫碑文的對象較為廣泛，既包括朝廷要員及其親屬，又有位在下僚的一般官吏，其內容能在較大範圍內反映宋初社會的現實情形。初步統計，僅《小畜集》中此類文字就有 14 篇之多。並且，王禹偁也曾撰寫過一些史論，《小畜集》卷十五、《小畜外集》卷十九載有 14 篇史論，主要涉及的是歷史人物、事件與制度的探討。而禹偁為僧贊寧文集所寫序，〔註23〕則為清代史家吳任臣《十國春秋》卷八十九《僧贊寧傳》取材，這也從側面反映出禹偁的歷史撰著，在保存史料方面的確有可取之處。

通常來說，史家之史學，包括史學實踐與史學思想兩個層面。前者的廣度與深度，往往決定後者的高度與力度；後者又是前者的產物，是對前者的理性總結與抽象反思。史學實踐的直接結果，表現為各種形式的歷史撰著。以上豐富的史學實踐活動，為王禹偁史學思想的形成提供了活水源頭，而其史學思想又在題材多樣、形式各異、性質有別的歷史撰著，乃至詩文、奏疏中都有不自覺的流露。

二、秉筆直書，不避強禦的著史主張

王禹偁的史學思想較為龐雜，舉凡天人關係、古今關係、民族關係、鑒戒意識以及直筆、褒貶等中國傳統史學發展進程中的重要命題，幾乎都曾為其論及。儘管在此基礎上構築的體系，尚欠完整嚴密，且不可避免地烙有傳統社會時期的明顯印記，甚至屢有自相矛盾之處，但其間仍不乏真知灼見。而尤能彰顯王禹偁史學活動所蘊含的個性色彩，當屬根植於躬行直道的思想內核，而生發出的直書實錄精神。不過，王禹偁所高揚的秉筆直書的史學風格，卻與宋初史壇因循緘默的主流風尚大異其趣，這在其時波瀾不驚的史學領域內，多少顯得有些另類和突兀。

〔註21〕〔清〕永瑢等：《四庫全書總目》卷 51《史部七‧雜史類》，中華書局影印本 1965 年版，第 464 頁。
〔註22〕參見拙文：《〈五代史闕文〉管窺》，拙編：《張其凡教授榮休紀念文集》，華中師範大學出版社 2014 年版。
〔註23〕《王黃州小畜集》卷 20《左街僧錄通惠大師文集序》。

　　王禹偁「賦性剛直，不能容物」〔註24〕，如其自謂：「某褊狷剛直，為眾所知，雖強損之，未能盡去。」〔註25〕其一生仕途多舛，屢遭貶謫，即與此不無關係。即如時人所言：「三坐左官，皆以直道。」〔註26〕王禹偁自身對此有清醒認識：「又謂吾之去職，由高亢剛直者。夫剛直之名，吾誠有之，蓋嫉惡過當而賢不肖太分，亦天性然也。而又齒少氣銳，勇於立事。」〔註27〕然而即便政治上鬱鬱不得志，他仍不改初衷，所謂「屈於身兮不屈其道，任百謫而何虧！吾當守正直兮佩仁義，期終身以行之」〔註28〕。其孜孜以求，至死捍衛的「道」，實質上就是儒家的內聖外王之道，其詩有云：「吾生非不辰，吾志復不卑。致君望堯舜，學業根孔姬。」〔註29〕「報國惟直道，謀身昧周防」〔註30〕。「人生唯問道何如，得喪升沉總是虛」〔註31〕。又曾說：「古君子之為學也，不在乎祿位而在乎道義而已。用之則從政而惠民，捨之則修身而垂教，死而後已，弗知其他」〔註32〕。「位非其人，誘之以利而不往。事匪合道，逼之以死而不隨。」〔註33〕可見，受根深蒂固的儒家理想的主導，王禹偁終生的志向是踐行歷代聖賢倡導的「道」或曰「道義」。

　　應當看到的是，儒家學說的「道」或曰「道義」的弘揚與踐履，服從於「禮治」、「德治」和「人治」的基本原則，恪守君君、臣臣、父父、子子的等級秩序，強調忠君的絕對正確和主導地位，並將之視為傳統社會所有倫理關係的起點。「忠」的實現以正直為前提，《呂氏春秋‧孝行》即稱：「忠，正也。」《鹽鐵論‧刺議》也有「以正輔人謂之忠」的說法。質言之，「忠」、「正」二位一體，兩者實際不可分割。而在王禹偁二十年的宦海生涯中，其一貫奉行「用直道以事君」〔註34〕的理念，對於宋太宗、真宗的感戴之情刻

〔註24〕　《續資治通鑒長編》卷34，淳化四年八月己卯，第752頁。
〔註25〕　《王黃州小畜集》卷18《答晁禮丞書》。
〔註26〕　〔宋〕蘇頌：《蘇魏公文集》卷66《序‧小畜集序》，中華書局點校本1988年版，第1009頁。
〔註27〕　《王黃州小畜集》卷18《答丁謂書》。
〔註28〕　《王黃州小畜集》卷1《三黜賦》。
〔註29〕　《王黃州小畜集》卷3《吾志》。
〔註30〕　《王黃州小畜集》卷5《聞鴞》。
〔註31〕　〔宋〕王禹偁：《小畜外集》卷7《放言詩》，四部叢刊初編本，第133冊，上海書店影印本1989年版。
〔註32〕　《王黃州小畜集》卷19《送譚堯叟序》。
〔註33〕　《王黃州小畜集》卷21《滁州謝上表》。
〔註34〕　《王黃州小畜集》卷25《謝除翰林學士啟》。

骨銘心。〔註35〕即便「直道逆君耳，斥逐投天涯」〔註36〕，仍然矢志不渝地忠於君王。正因如此，蘇軾對其有「雄文直道，獨立當世」〔註37〕的讚譽，史臣有「以直躬行道為己任」〔註38〕的評價。

王禹偁政治上的「直道」，表現為「遇事敢言，喜臧否人物」〔註39〕。這種政治秉性也明顯影響及於他的撰史態度，此即崇尚直筆精神。其實，中唐史家劉知幾所說「抗詞正筆，務存直道」〔註40〕，「雖直道不足，而名教存焉」〔註41〕中的「直道」，被賦予的就是「直書」之義，儘管前者偏重於史家品質的正直，後者強調的史家著述態度的客觀，但兩者並無本質不同。藉此而論，禹偁政治上的「直道」與史學上的「直書」，似可等量齊觀。

早在先秦時期即為優秀史家信守的直書原則，代有傳承，嗣響不絕。王禹偁深受這種古老優良傳統的影響，並奉之為圭臬。端拱元年（998）正月，其以大理評事除右拾遺、直史館之後，即明確表達撰述史著的直筆主張：「彰善惡於史書，宜歸直筆。」並且務求「編修出綍之言，垂於信史」〔註42〕。王禹偁的直書實錄精神，在私撰《建隆遺事》與預修《太祖實錄》這兩部當代史中，體現得尤為典型。

先看《建隆遺事》的相關情況。此書已佚，但從現存宋人著作引述其中文字來看，該書共記有太祖的十三條遺事、軼聞，今日尚可知其中十一條之內容，分別為太祖酷好看書；太祖陳橋驛誡約諸將；杜太后度量恢廓、有才智；太祖節儉、放宮人；太祖議遷都於洛；太祖不受內臣所媚；太祖仁信待錢俶；太祖命曹彬、潘美、曹翰收江南；寢殿梁摧；金匱之盟；太祖駕崩前夕召見宰相。其間涉及宋初陳橋兵變與金匱之盟兩大政治疑案，時人對二者莫不三緘其口。正是鑒於史臣多有諱忌，王禹偁擔心相關事實失傳，故而編次此書。然而，由於該書所載兩大政治疑案的內容，與宋代官修史書多有異同，且與宋代其他記

〔註35〕潘守皎：《王禹偁與宋太宗、真宗的舊知新怨》，《齊魯學刊》2011年第5期。

〔註36〕《王黃州小畜集》卷6《橄欖》。

〔註37〕〔宋〕蘇軾：《蘇軾文集》卷21《王元之畫像并敘》，中華書局點校本1986年版，第603頁。

〔註38〕《宋史》卷293《王禹偁傳》，第9799頁。

〔註39〕《宋史》卷293《王禹偁傳》，第9799頁。

〔註40〕〔唐〕劉知幾撰，〔清〕浦起龍通釋：《史通通釋》卷6《內篇·言語第二十》，上海古籍出版社2009年版，第141頁。

〔註41〕《史通通釋》卷7《內篇·曲筆第二十五》，第183頁。

〔註42〕《王黃州小畜集》卷25《謝除右拾遺直史館啟》。

載也互有出入，故自南宋以來，世人關於此書內容的真偽、撰者等長期說法不一，或逕稱其為後人託名王禹偁之偽書。

實際上，此書所載太祖一朝政治、宮禁權力之爭諸事，可與宋代其他記載相互印證，大多真實可靠。今有學者逐一對上述十一則記事有所考證，其結論是：「太祖酷好看書」條，與《續資治通鑒長編》（以下簡稱《長編》）卷七「乾德四年五月乙亥」記事相合，僅個別文字稍異；「太祖陳橋驛誡約諸將」條，與《涑水記聞》卷一、張舜民《畫墁錄》、《丁晉公談錄》以及《太祖舊錄》記述一致；「杜太后杜量恢廓、有才智」條，前者見於《長編》卷七「乾德四年五月乙亥」，後者見於《涑水記聞》卷一；「太祖議遷都於洛」條，為《長編》卷十七「開寶九年四月癸卯」直接引錄；「太祖不受內臣所媚」條，《東都事略·宦者傳序》據以刪改，南宋光宗時劉光祖所獻《聖範》十引錄之；「太祖仁信待錢俶」條，與《長編》卷十七「開寶九年三月庚午」大致相同，《宋史·太祖紀》亦有記述；「太祖命曹彬、潘美、曹翰收江南」條，所載與史實稍有出入，但此說在宋代流傳甚廣，不獨《建隆遺事》有誤；「寢殿梁損」條，據《齊東野語》卷一《梓人掄材》所載嘉祐、元豐間敕書仍重申太祖此意，可知所記不虛。至於「金匱之盟」與「太祖駕崩前夕召見宰相」條，則分見於《長編》卷二、卷十七、卷二十二之注文和卷十七，由於此兩條記事存在謬誤、顛錯，乃至被後人作為《建隆遺事》係偽書的主要依據。客觀而論，因此二事直接牽涉宋初政治疑案，情況頗為複雜，故即使其間內容頗有「顛錯」，但參以宋代其他記載，可知並非無稽之談，也絕非空穴來風的誣謗之詞。〔註43〕據以上例證可知，該書所載內容大多真實可靠，是研究宋初政治的重要史料。而該書的失傳，應當是其有違皇家意志的必然結果，不過卻也從中透露出王禹偁實錄當代史事的客觀態度。

再看王禹偁預修《太祖實錄》的情況。《太祖實錄》在宋初凡四修。該書首次撰成於太平興國五年（980）九月，但太宗甚為不滿，並語宰相曰：「太祖朝事，耳目相接，今《實錄》中頗有漏略，可集史官重撰。」又言：「太祖受命之際，固非謀慮所及。……太祖盡力周室，中外所知，及登大寶，非有意也。當時本末，史官所記殊闕然，宜令（李）至等別加綴輯。」〔註44〕細加揣測，可知太宗之所以下令重修《太祖實錄》，無非是由於事涉太祖趁後周「主少國

〔註43〕顧宏義：《王禹偁〈建隆遺事〉考——兼論宋初「金匱之盟」之真偽》，《中華文史論叢》2009 年第 3 期。
〔註44〕《續資治通鑒長編》卷 35，淳化五年四月癸未，第 777 頁。

弱」，以預謀已久的陳橋兵變方式篡奪政權，初次預修的史臣畏於時忌，有意闕載相關內容，故而「所記闕然」。出於維護政權合法性的目的，太宗希望《實錄》能反映「太祖盡力周室」，「及登大寶，非有意」的「事實」。但二修並未成書。禹偁參與的是第三次修撰。其時正值宰相張齊賢、李沆之間關係不睦，以為禹偁「輕重其間」，遂至「忽坐流言，不容絕筆」〔註45〕。有史籍即稱：「修《太祖實錄》，與宰相論不合，又以謗訕知黃州。」〔註46〕另有史籍亦載：「王元之謫黃州，實由宰相不悅。」〔註47〕但更為真實的原因，恐怕在於「修《太祖實錄》，禹偁直書其事」，故而「執政以禹偁為輕重其間，出知黃州」〔註48〕。聯繫其所修《實錄》部分係太祖開國至建隆四年（963）之間的內容來看，其時史臣諱莫如深的宋初疑案，有分別發生於建隆元年的陳橋兵變，和建隆二年的「金匱之盟」。所謂「禹偁直書其事」，「丹筆方肆直，皇情已見疑」〔註49〕，或許多少與此有關，〔註50〕否則斷不至於引起真宗震怒，以致咸平元年（998）十二月二十九日（歲除日）罷免王禹偁知制誥一職，並出知黃州。而這恰恰又是王禹偁直書當朝史實的又一有力例證。

三、記功司過，揚善抑惡的經世理念

史家的直筆必然導致史書內容上的褒貶。直書實錄的可貴之處在於，「不掩其暇」，能使「賊臣逆子，淫君亂主」之「穢跡彰於一朝，惡名被於千載」〔註51〕，因而其本身就已具有明顯的善惡取向。而史家以道德教化為目的的對歷史人物的懲惡勸善，又是傳統時期中國史學發揮社會功用的突出表現，即如《尚書·畢命》所言：「彰善癉惡，樹之風聲。」王禹偁同樣重視歷史人物和事件的評價，並以良史自期，將抑惡揚善作為基本價值尺度，所謂「步驟依班馬」，「史才愧班固」〔註52〕，「褒貶無一詞，豈得為良史」〔註53〕。關於史學

〔註45〕《王黃州小畜集》卷22《黃州謝上表》。

〔註46〕〔宋〕邵伯溫：《邵氏聞見錄》卷7，中華書局點校本1983年版，第64頁。

〔註47〕〔宋〕王闢之：《澠水燕談錄》卷7《歌詠》，中華書局點校本1981年版，第84頁。

〔註48〕《東都事略》卷39《王禹偁傳》，第313頁。

〔註49〕《王黃州小畜集》卷3《吾志》。

〔註50〕蔣復璁：《宋太祖實錄纂修考》，氏著：《宋史新探》，臺灣正中書局1966年版，第68～69頁。

〔註51〕《史通通釋》卷6《內篇·直書第二十四》，第179頁。

〔註52〕《王黃州小畜集》卷8《謫居感事》。

〔註53〕《王黃州小畜集》卷4《對雪》。

發揮社會作用的途徑，王禹偁曾有詩云：「西山薇蕨蜀山銅，可見夷齊與鄧通。佞倖聖賢俱餓死，若無史筆等頭空。」〔註54〕依靠史家之著述，聖賢伯夷、叔齊與佞倖鄧通之或善或惡，方能給予後人以啟迪與借鑒，此處涉及的其實就是史學如何體現其價值的方式。具體來看，禹偁經世史學的理念有如下表現。

首先是對於近代事件的評價，明顯有異陳說。雍熙二年（985），王禹偁知長州期間，結合自身所瞭解的情況，對舊史溢美吳越錢氏的記載提出質疑，指出錢氏在享國近百年的過程中，實則「以琛贐為名而肆煩苛之政，邀勤王之譽而殘民自奉者久矣」〔註55〕。而從《新五代史》的有關記載來看，吳越重斂虐民的現象的確存在，歐陽修即曾指出：

> 錢氏兼有兩浙幾百年，其人比諸國號為怯弱，而俗喜淫侈，偷生工巧，自（錢）鏐世常重斂其民以事奢僭，下至雞魚卵鷇，必家至而日取。每笞一人以責其負，則諸案史各持其簿列於廷，凡一簿所負，唱其多少，量為笞數，以次唱而笞之，少者猶積數十，多者至笞百餘，人尤不勝其苦。〔註56〕

可見，王禹偁之說不為無據，也更加切合歷史的真相。而這種對於客觀事實的考訂，無疑有利於時人如實評價吳越的統治，正確認識該政權的善惡與否。

其次是關於近代人物的評價，不落前人窠臼。如歷仕唐、後梁、後唐的張全義，在前代史家看來，其「樸厚大度，敦本務實，起戰士而忘功名，尊儒業而樂善道。家非士族，而獎愛衣冠，開幕府辟士，必求望實。屬邑補奏，不任吏人。位極王公，不衣羅綺。心奉釋、老，而不溺左道。如是數者，人以為難」，至於「凡百姓有詞訟，以先訴者為得理，以是人多枉濫，為時所非。又嘗怒河南縣令羅貫，因憑劉后譖於莊宗，俾貫非罪而死，露屍於府門，冤枉之聲，聞於遠近」，則是「良玉之微瑕」〔註57〕。對於以上說法，王禹偁並不認同，如其所稱：全義「託跡朱梁，斫喪唐室，惟勤勸課，其實斂民附賊，以固恩寵。梁時，月進鎧馬，以補軍實。及梁祖為友珪所弒，首進錢一百萬，以助山陵。莊宗平中原，全義合與敬翔、李振等族誅，又通賂與劉皇后，仍請莊宗幸洛，

〔註54〕《王黃州小畜集》卷8《讀史記列傳》。

〔註55〕《王黃州小畜集》卷18《上許殿丞論榷酒書》。

〔註56〕〔宋〕歐陽修：《新五代史》卷67《吳越世家》，中華書局點校本1974年版，第843頁。

〔註57〕〔宋〕薛居正：《舊五代史》卷63《張全義傳》，中華書局點校本1976年版，第842~843頁。

言臣已有郊天費用。夫全義匹夫也，豈能自殖財賦，其剝下奉上也又如此。……其附勢作威也又如此。斯蓋亂世之賊臣耳。……臣讀《莊宗實錄》，見史官敘《全義傳》，虛美尤甚，至今負俗無識之士，尚以全義為名臣，故因補闕文，粗論事蹟云」〔註58〕。從上述所列史實來看，張全義實乃「亂世之賊臣」。這種看法與此前史官的「虛美尤甚」大相徑庭，卻如實地揭示出張全義之善行不足以掩蓋其為惡的本質。

最後是關於當代人物的評判，敢於直抒己見。淳化三年（992）五月，左千牛衛上將軍曹翰卒。國史雖然記載其攻陷金陵時，「屠城無噍類，殺兵八百」，「在郡歲久，征斂苛酷」，但史臣仍稱其「好謀善戰，輕財好施，所至立功」〔註59〕。史臣所論與曹翰事蹟明顯有所出入。而王禹偁在詩作中，對於曹翰平生所作所為卻有更為細緻的描繪：「所在肆貪殘，乘時恃勳伐。皇家平金陵，九江聚遺孽。彌年城乃陷，不使雞犬活，老小數千人，一怒盡流血。」〔註60〕然而正是這位貪殘暴虐，視人命如草芥的魯莽武夫，由於屠城之功而屢受賞賜，竟以富貴壽考終，「晚年得執金，富貴居朝闕。娛樂有清商，康強無白髮。享年六十九，固不為夭折。……子孫十數人，解佩就衰絰。贈典頗優崇，視朝為之輟」〔註61〕。兩相比照，人們對於曹翰的瞭解無疑會更為全面，評價自然趨於公允。而王禹偁不避事主子孫尋仇、報復的風險，直陳其事的做法，在其時的史家中更是難得一見。不過，對當世人物的善惡評價，無形之中會在政壇上樹敵，從而導致仕途上的打擊、排斥，亦如史載：「禹偁辭章敏贍，喜談世事，臧否人物以正自持，故屢擯斥。」〔註62〕

四、倡言時政，心繫社稷的憂患情懷

史家史學風格的形成，相當程度上取決於其對現實問題的理性思索。史家史學思想的特質，亦因此往往取決於史家個體的現實情懷。與史學著述的直筆原則相一致，王禹偁一向不計個人榮辱，敢於指陳時政得失，是以在宋初政壇與田錫並享「直臣」之譽，所謂「錫、禹偁，真天下正直之士哉」〔註63〕。而

〔註58〕〔宋〕王禹偁：《五代史闕文》，五代史書彙編本，第4冊，杭州出版社點校本2004年版，第2454頁。
〔註59〕《宋史》卷260《曹翰傳》，第9014、9015、9028頁。
〔註60〕《王黃州小畜集》卷4《金吾》。
〔註61〕《王黃州小畜集》卷4《金吾》。
〔註62〕《東都事略》卷39《王禹偁傳》，第313頁。
〔註63〕《東都事略》卷39《王禹偁傳》，第314頁。

王禹偁倡言時事的耿直作風，實則淵源於其對家國命運和社稷前途的深沉憂慮。這種憂患意識進一步激發出的以天下為己任的宏大抱負，又愈加堅定了王禹偁以「匪躬之士奮命而言」〔註64〕的信念，從而與直筆著史的主張若合符契。

實際上，宋代自太宗時期伊始，積貧積弱之勢已萌。有鑑於此，禹偁為宦期間，「黽勉在公，憂虞度歲」〔註65〕，「雖在燕閒，或罹憂患」〔註66〕，時時關注社稷安危，並多次上書言事，分析時政利弊，提出解決措施，以達到清明政治、繁榮經濟、穩定社會的目的。

端拱元年（988）三月，太宗下詔求直言，王禹偁上奏提到：「臣曾為縣吏，每督民租，為尺布斗粟之逋，行滅耳鞭刑之法，因知府庫，皆出生靈。」〔註67〕因此，向統治者呼籲：「無侈乘輿，無奢宮宇，當念貧民，室無環堵。無崇臺榭，無廣陂池，當念流民，地無立錐。……勿謂豐財，經費不節，須知府庫，聚民膏血。勿謂強兵，征伐不息，須知干戈，害民稼穡。」〔註68〕其重點在於節約財政開支，重視農業生產，抑制豪強兼併，減少軍事征伐，極具現實針對性。當年，禹偁又向太宗上書，矛頭直指「縉紳浮競，風俗澆漓」、「象教彌興，蘭若過多」、「選舉因循，官常瀆冘」〔註69〕三方面的問題，期望能端正士風，沙汰僧尼，減省官吏。

端拱二年（989）正月，王禹偁應詔上陳備邊禦戎之策，〔註70〕包括外任其人、內修其德各五策。外任其人五策分別是：一曰兵勢患在不合，將臣患在無權；二曰偵邏邊事，罷用小臣；三曰行間諜以離之，因釁隙以取之；四曰以夷狄攻夷狄，中國之利也；五曰下哀痛之詔以感激邊民。這是站在歷史的高度，在總結漢、唐以來民族政策經驗教訓的基礎上，得出的符合客觀實際的安定邊疆的主張。與之相應，內修其德五策分別為：一曰並省官吏，惜經費也；二曰艱難選舉，抑儒臣而激武臣也；三曰信用大臣，參決機務；四曰不貴虛名，戒無益也；五曰禁止遊惰，厚民力也。這是針對內政方面的弊端而提出的具體改

〔註64〕《王黃州小畜集》卷15《既往不咎論》。
〔註65〕《王黃州小畜集》卷22《揚州謝上表》。
〔註66〕《蘇魏公文集》卷66《小畜外集序》，第1010頁。
〔註67〕《王黃州小畜集》卷21《進端拱箴表》。
〔註68〕《小畜外集》卷10《端拱箴》。
〔註69〕《王黃州小畜集》卷19《三諫書序》。
〔註70〕《續資治通鑑長編》卷30，端拱二年正月乙未，第671～675頁。

進意見。上述見解切中時弊，故而太宗覽奏，深加歎賞，宰相趙普尤其器重王禹偁。

至道三年（997）五月，真宗下詔求直言，王禹偁上疏言事，有感於「邊鄙未盡寧，人民未甚泰，求利不已，設官太多」的現實情形，提出如下五條建議：其一曰謹邊防，通盟好，使輦運之民有所休息；其二曰減冗兵，並冗吏，使山澤之饒稍流於下；其三曰艱難選舉，使入官不濫；其四曰沙汰僧尼，使疲民無耗；其五曰親大臣，遠小人。〔註71〕其中涉及邊防、冗費、選舉、僧尼與用人五方面的問題，觸及現實問題的要害。范仲淹在仁宗天聖（1023～1031）、慶曆（1141～1148）年間提出的改革主張，實乃王禹偁上述內容之繼承與發展，〔註72〕就此而言，此篇政論或可視為北宋政治改革先河的開山之作。

咸平三年（1000）十二月，在獲悉濮州知州王守信、監軍王昭度家遭盜賊趁夜搶劫之事後，知黃州王禹偁上書言事，提出「漸葺城壘、繕完甲冑」，使「郡國張禦侮之備，長吏免剿略之虞」〔註73〕的建議，真宗准奏。在這次上奏中，禹偁再次表達了革新政治的願望，認為「改轍更張，因時立法，固無所執」，「救弊之道，在乎從宜」〔註74〕，希望統治者立足實際採取革新時弊的有效措施。

上述言論，集中體現了王禹偁對於現實社會的思考，且大多一針見血地直指問題的癥結，對於趙宋王朝確有補弊糾偏的意義。而從深層次考察，以上見解又是王禹偁憂患意識的外在反映，與其躬行直道的政治理想、直書實錄的著史主張，呈現出一以貫之的內在聯繫，同為解讀其史學思想不容忽視的內容之一。

五、餘論

史學是學術思想領域的重要構成部分，通常與學術思潮的主流步調相一致。宋初士人總體上「因陋守舊，論卑氣弱」〔註75〕，學風與五代並無二致，這種情形直至慶曆之際，始有改觀。正如南宋時人陳傅良所言；「宋興，士大

〔註71〕〔宋〕王禹偁：《上真宗論軍國大政五事》，〔宋〕趙汝愚編：《宋朝諸臣奏議》卷145《總議一》，上海古籍出版社點校本1999年版，第1649～1652頁。
〔註72〕《王禹偁事蹟著作編年》，第168頁。
〔註73〕《續資治通鑑長編》卷47，咸平三年十二月壬申，第1038頁。
〔註74〕《續資治通鑑長編》卷47，咸平三年十二月壬申，第1037～1038頁。
〔註75〕《蘇軾文集》卷10《六一居士集敘》，第316頁。

夫之學，亡慮三變：起建隆至天聖、明道間，一洗五季之陋，知鄉方矣，而守故蹈常之習未化。」〔註76〕宋初史學同樣呈現出「守故蹈常」的特點。而在北宋初年史學仍然處於恢復階段的背景下，王禹偁立足於躬行直道的內在要求，所形成的以直書、褒貶與憂患為主要思想內容的直道著史風格，明顯游離於北宋政府「為尊者諱」的史學政策之外，在宋初史壇獨樹一幟，特立獨行。儘管其所高揚的治史理念，最終未能力矯頹俗，滌蕩舊風，甚至屢遭斥棄，為主流政治所不容，但現實的種種挫折，並不足以掩蓋王禹偁直道著史的獨特價值。原因在於：其一，在直道著史思想支配下撰寫的歷史著述，保留了有關歷史事件和人物，尤其是宋初某些政治疑案的重要記錄，為後人暸解有關事實真相提供了珍貴史料；其二，直道著史思想是對中國史學直筆優良傳統的執守，一定程度上突破了史學壁壘的禁錮，從而在宋初史學格局的單調畫板上增添了難得的異樣色彩，彌足珍貴。其三，作為直道著史思想主要構件之一的憂患意識，所激發的對於時政的思考，為北宋中葉政治改革大潮的湧動作了無形的助推，為士風、學風的轉變積澱了必要的智識資源。當然，從直道著史風格的被壓制來看，今人亦可洞察皇權干預史學力度增強的深層次原因。所以說，王禹偁直道著史的史學風格，在宋代初期的史學發展進程中自有其一席之地，應當為史學研究者所注意。

原刊於《湖北大學學報》（哲學社會科學版）2018 年第 5 期。

〔註76〕〔宋〕陳傅良：《止齋集》卷 39《溫州淹補學田記》，景印文淵閣四庫全書，第 1150 冊，臺灣商務印書館影印本 1986 年版，第 809 頁。

出處之間：王禹偁的仕、隱取向及其抉擇

　　王禹偁（954～1001）是北宋政治改革與古文運動的先驅，也是宋初直道著史的代表，歷來備受學界矚目，相關研究成果甚夥，詳情可參考田宏瑞、[註1] 祝令甫[註2] 的兩篇綜述。不過，在王禹偁研究目前看似題無剩義的表象下，迄今仍然存在論者少有涉足的論題，如王禹偁仕宦與歸隱的二元人生取向，及其由此引發的兩者間長期的糾葛、博弈，並最終在理想與現實的雙重夾擊下，艱難走向自我價值回歸的心路歷程等問題的考察，即為其中之一。儘管有學者曾對王禹偁仕隱觀的演變及其吏隱詩有所梳理和闡發，[註3] 但其主旨在於勾勒王禹偁仕隱觀念的嬗變軌跡，闡發吏隱詩的寫作風格和意蘊，所論或稍欠詳盡。本篇則擬從儒道觀念、政治生態、君臣關係與家計維持等方面，結合其人特定的人生際遇，並置之於當時特定的社會心理及政治背景之下，分析王禹偁思想的波動、情感的張力以及人生價值的取捨，以探究其在仕隱取向上艱難抉擇的過程，揭示其背後的深層次原因，冀望有裨於學界對此問題認識的深化。

一、仕宦之動因：「致君望堯舜，學業根孔姬」

　　王禹偁「家本寒素」，「梁季亂離，舉族分散」，其父母遂舉家從澶淵（今河南濮陽）遷徙至濟州（今山東巨野），「當時（禹偁）未名，以乞丐自給，無

---

*與湖北省宜昌一中歷史教師余志清先生合撰。

〔註1〕田宏瑞：《王禹偁研究綜述》，《河北工程大學學報》（社會科學版）2007 年第 1 期。

〔註2〕祝令甫：《20 世紀八十年代後王禹偁研究綜述》，《青年文學家》2010 年第 1 期。

〔註3〕林曉娜：《論王禹偁仕隱觀的演變及其吏隱詩》，《江淮論壇》2015 年第 2 期。

立錐之地以息幼累」〔註4〕，全家依靠磨麥製麵維持生計。幼小之時，其即已閱覽白居易、元稹等人的文集〔註5〕，「總角之歲，就學於鄉先生」〔註6〕，「十餘歲，能屬文」〔註7〕。太平興國八年（983），進士及第，自此踏入仕途，開啟首尾二十年的宦海生涯。

通過科舉考試躋身官僚階層，是唐宋以來絕大多數讀書人夢寐以求的人生理想，而最終穿越科舉的狹窄孔道，真正實現自下而上流動者，可謂鳳毛麟角，其中的寒門子弟更是少之又少。就此而言，王禹偁無疑足夠幸運。然而，其仕宦之旅並不平坦，既有三任制誥，一入翰林的顯赫經歷，又有八年之中三遭貶黜的慘痛遭遇，因此在看似無限榮光的背後，實際上又充滿難以言說的苦悶和怨懟。咸平四年（1001）五月十七日，王禹偁卒於蘄州（今湖北蘄春）任上，享年四十八歲。值得追問的是，在宦海沉浮的大起大落中，支撐其仕宦人生的原因何在？下述思想、情感與現實三方面的因素，頗值留意。

首先是儒家思想的長久浸潤。王禹偁自小即接受儒家學說的正統教育，所謂「總角之歲……授經之外，日諷律詩一章」〔註8〕。其亦嘗道：「予自幼服儒教，味經術，嘗不喜法家流，少恩而深刻。」〔註9〕儒教與經術自幼年時期起，即已深深植入其腦海。淳化三年（992）春，其詩曰：「吾生非不辰，吾志復不卑。致君望堯舜，學業根孔姬。」〔註10〕又說：「步驟依班馬，根源法孔姬。」〔註11〕直抒仰慕周文王、孔子治國思想的胸臆，表達致君堯舜的遠大抱負。「我愛三代時，法度有深根。」〔註12〕更是鮮明地表露出作者對三代社會的嚮往。其深受儒家思想影響，由此可見一斑。

儒家思想以「禮治」、「德治」和「人治」為內核，追求修身正己，忠君衛民，強調君君、臣臣、父子的等級秩序，忠君是為第一要義。而忠君與忠於社稷、忠於朝廷，實則一體兩面，也就是一而二、二而一的關係，內涵並無差別。

〔註4〕〔宋〕王禹偁：《王黃州小畜集》卷19《送鞠仲謀序》，四部叢刊初編本，第133冊，上海書店影印本1989年版。
〔註5〕《王黃州小畜集》卷3《不見陽城驛序》。
〔註6〕《王黃州小畜集》卷20《孟水部詩集序》。
〔註7〕〔宋〕司馬光：《涑水記聞》卷3「王禹偁」，中華書局點校本1989年版，第42頁。
〔註8〕《王黃州小畜集》卷20《孟水部詩集序》。
〔註9〕《王黃州小畜集》卷15《用刑論》。
〔註10〕《王黃州小畜集》卷3《吾志》。
〔註11〕《王黃州小畜集》卷8《謫居感事》。
〔註12〕《王黃州小畜集》卷6《一品孫鄭昱》。

王禹偁對此篤信不疑，即便「慍于群小，誠有謗詞」，被貶至黃州（今湖北黃州），不免心有未甘，但忠赤依舊，誠如所言：「霜摧風敗，芝蘭之性終香。日遠天高，葵藿之心未死。」〔註13〕其竭誠報答朝廷的理想，更有直白表述：「臣業文之外，蔑有器能。知命之年，別無嗜好。才思未減，筆力尚雄，馳於文翰之場，猶能識路。責以循良之政，恐誤分憂。倘用所長，期不辱命。」〔註14〕顯示出渴望重入內廷擔任兩制、三館之官，充分發揮個人特長，以報效君王和國家的願望。其詩亦道：「君恩無路報，民瘼無術瘳。唯慚戀祿俸，未去耕田疇。」〔註15〕忠於君王、社稷之情，日月可鑒。

儒家思想的忠君意識，體現於現實層面，即是恪盡職守，替君王分憂。因此，作為臨事治民的各級官吏，當以朝廷、社稷利益為重，盡職盡責，解除民眾疾苦，使地方治理井然有序，所謂「男兒得志升青雲，須教利澤施於民」〔註16〕。正是在上述思想的指導下，禹偁為宦地方期間，莫不以蒼生為念，關心民瘼，並力所能及地採取有效措施以減輕百姓負擔，故而治績斐然。

由於出身貧苦家庭，王禹偁深知下層民眾疾苦，而多次任職州縣的經歷，又使其對此感同身受。如其自述：「（臣）少苦寒賤，又嘗為州縣官，人間利病亦粗知之。」〔註17〕實際上，百姓生活的好壞，又與親民官吏的治理是否得當直接相關。有感於底層民眾生活的苦難，王禹偁主政地方之時，謹守「字人叨屬邑，畏德每循牆」〔註18〕的儒家德治理念，以勤勉自勵，力求為官一任，造福一方。雍熙二年（985）至雍熙四年（987），王禹偁知長洲縣，鑒於「無名之租息，比諸江北，其弊猶多」，「今若又以榷酒之數，益編戶之賦，何異負重致遠者未有息肩之地而更加石焉」〔註19〕，請求上級長官減免當地民戶的酒稅負擔。另據《吳都文粹續集補遺》著錄《為長洲令自敘》記載：王禹偁所在的長洲縣，「土甚瘠而民不懈，吏好欺而賦愈重」，以致「廉其身而濁者忌之，真其所而曲者惡之」，吏治堪憂。而在稻禾歉收的年份，官府催徵賦稅者「日不下數百輩」，民眾「菜色在面而血流於膚」，王禹偁「因出吏部考課歷，納質於巨商，

〔註13〕《王黃州小畜集》卷22《黃州謝上表》。
〔註14〕《王黃州小畜集》卷22《謝加朝請大夫表》。
〔註15〕《王黃州小畜集》卷6《月波樓詠懷》。
〔註16〕《王黃州小畜集》卷13《對酒吟》。
〔註17〕《王黃州小畜集》卷18《上太保侍中書》。
〔註18〕《王黃州小畜集》卷7《投柴殿院》。
〔註19〕《王黃州小畜集》卷18《上許殿丞論榷酒書》。

得錢一萬七千緡，市白粲而代輸之」，以實際舉動解決當地百姓的生存問題。

至道元年（995）五月至至道二年（996）十一月，王禹偁知滁州，當年夏天，轄境之內旱情嚴重，「厥田本塗泥，坐見生埃氛」〔註20〕，稻秧無法種植。王禹偁循察民情，到處求雨，甚至不惜在一向反感的寺廟供奉香花紅燭，以安慰憂心如焚的滁州百姓，所謂「誠知非典故，且慰旱熯人」〔註21〕。在此任期內，他還察覺，滁州百姓輸炭於饒州，供鑄錢之用，而「自滁抵饒，溯回江濤，人頗詬怨」〔註22〕。於是，他根據唐代鑄錢爐冶之分布情形，飛奏朝廷，請求分監冶鑄。時值其他臣僚也上疏反映此事，朝廷遂於池州設分監鑄錢，此舉達到了減輕當地百姓泛舟數千里奔波之苦的目的。

咸平二年（999）三月，王禹偁出守黃州。上任不久，即向朝廷鄭重表達治理地方的決心：「謹當勤求人瘼，遵奉詔條，窒塞囂訟之民，束縛憸猾之吏。敢言課最，庶免曠遺，況當求理之朝，必為無害之政。」〔註23〕而施政一方，務須熟悉該地情形，下車伊始，其上表稱：「黃州地連雲夢，城倚大江。唐時版籍二萬家，稅錢三萬貫。今人戶不滿一萬，稅錢止及六千。雖久樂升平，尚未臻富庶。」〔註24〕當時的黃州較之於唐代，人戶雖為 1/2，稅錢卻僅及 1/5，經濟實力明顯下降。因此，本地普通平民百姓的基本願望，就是獲取免於凍餒的基本生存保障。有感於此，王禹偁始終留意民生疾苦，正如其詩所云：「年年更願再熟稻，倉箱免使吾民饑。」〔註25〕關心民瘼的執著信念，清晰可見。禹偁體恤民情，以甘苦為念。咸平三年（1000）十月二十日，黃州至寒，竟然罕見結冰。王禹偁有詩嘗道：「凌旦騎馬出，溪溪薄溇溇。路旁饑凍者，顏色頗悲辛。飽暖我不覺，羞見黃州民。」〔註26〕通過詩作表達對忍饑挨凍的黃州州民的深切關懷，並反躬自省。在出守黃州前後一年間，孰料災異接二連三，王禹偁誠惶誠恐將之稟報朝廷，期望引起最高統治者的警覺，並採取妥當措施以規避各種風險。

知黃州任上的勤政與努力，最終換來「政化孚洽」〔註27〕的局面，王禹偁

〔註20〕《王黃州小畜集》卷 5《和楊遂賀雨》。
〔註21〕《王黃州小畜集》卷 5《和楊遂賀雨》。
〔註22〕《王黃州小畜集》卷 17《江州廣寧監記》。
〔註23〕《王黃州小畜集》卷 22《黃州謝上表》。
〔註24〕《王黃州小畜集》卷 22《黃州謝上表》。
〔註25〕《王黃州小畜集》卷 13《瑞蓮歌》。
〔註26〕《王黃州小畜集》卷 6《十月二十日作》。
〔註27〕〔宋〕沈虞卿：《小畜集後序》，見《小畜集》附錄。

本人亦因此而深受郡民擁戴。後來，黃州州學內設有「三賢堂」，祀奉者包括知州王禹偁、留寓韓琦和同為謫宦的蘇軾，真實地反映出王禹偁等人在黃州民眾心目中的崇高地位。至於稱其為「王黃州」，則又是當地百姓寄託哀思、追念風采、推譽善政的真實寫照。當然，這也是王禹偁精心治理地方的典型例證和必然結果。

凡此種種，莫不是儒家思想內聖外王之道的絕佳體現，而這種致君澤民、效忠朝廷的理念深深植入王禹偁靈魂深處，並貫穿其一生，影響持久而深遠，即便仕途受挫，也無法從根本上予以撼動。

其次是知遇之恩的竭誠感戴。自開寶六年（973）宋太祖在科舉考試中將殿試制度化以降，原先締結於考官與及第士子間的「座主門生」關係不復存在，取而代之的是皇帝與及第士子間的「天子門生」關係。這種「恩門」關係轉變的實質意義在於，主持殿試的天子通過直接「鬻恩」於士子，而使及第士人感受到帝王知遇之恩的極度榮寵，並終身為之感恩戴德，竭力效忠君王，服務社稷。就此而論，及第於太宗朝的王禹偁，對太宗的拔擢之情始終念念不忘，實在無比正常。

仍應看到的是，王禹偁二十年的仕宦經歷，太宗一朝即長達十五年。其間曾兩任制誥，一入翰林，又曾兩起兩黜，備嘗屈辱。儘管貶黜之時，王禹偁不乏怨言，但對君恩的感激明顯佔據上風。之所以如此，其實與太宗的賞識和眷顧密不可分。〔註28〕

王禹偁任大理評事、知長洲縣期間，與同年生羅處約，「日相與賦詠，人多傳誦」，太宗聞知後，於端拱元年（988）正月，「召試，擢右拾遺、直史館，賜緋」〔註29〕。王禹偁在知縣任上僅有四年光景，便進入清貴之地的三館任職，擢升之速不為多見。王禹偁對此分外感激，太宗下詔求直言，即獻《端拱箴》一篇，以寓規諷。次年正月，又上《禦戎十策》，提出穩定北部邊境的十條建議；同年三月，太宗親試貢士，召王禹偁使作歌，他援筆立就。太宗謂侍臣曰：「此歌不逾月遍天下矣。」〔註30〕即拜左司諫、知制誥。入京一年，王禹偁便遂兩制之願，這自然是太宗特別嘉賞的結果。當年冬天，京畿

〔註28〕潘守皎：《王禹偁與宋太宗、真宗的舊知新怨》，《齊魯學刊》2011 年第 5 期。
〔註29〕〔元〕脫脫等：《宋史》卷 293《王禹偁傳》，中華書局點校本 1985 年版，第 9793 頁。
〔註30〕〔宋〕王稱：《東都事略》卷 39《王禹偁傳》，《二十五別史》，第 19 冊，齊魯書社點校本 2000 年版，第 311 頁。

大旱，其又上書請求節減財政開支，並直言「君臣之間，政教有闕」，「上答天譴，下厭人心」〔註31〕。太宗不以為忤，並未治其罪。淳化元年（990）正月，太宗御朝元殿受冊尊號，王禹偁攝中書侍郎，捧玉冊玉寶，不久被封為柱國。謝恩日，太宗面賜金紫。此時的王禹偁深受太宗器重，可謂春風得意，榮寵至極。

然而，太宗的眷顧並非一成不變，而一旦寵信不再，王禹偁的仕途亦隨之發生波折。淳化二年（991）八月，王禹偁抗疏為徐鉉雪誣，惹怒太宗，被貶為商州團練副使。但太宗的賞識依然令其刻骨銘心，如其詩云：「遷客乍離群，秋砧不忍聞。回頭戀紅藥，失腳下青雲。尚假金貂冕，猶殘柱國勳。此身未敢死，會擬報明君。」〔註32〕僅僅歲餘，王禹偁即被量移解州。因上疏言父親老邁，請求遷徙東土。頗具惜才之心的太宗，乃召之還朝。淳化四年（993）八月，即授左正言、直史館；同年十一月，上表寄望太宗任命其為知制誥或東魯（今山東）一知州，「以養高堂垂白之親」〔註33〕。次年正月，王禹偁赴曹州決獄；三月，奉敕知單州，並賜錢三百貫。對此，王禹偁感念不已，上表稱：「居二千石之權，已為望外。受三十萬之賜，實自宸衷。」以至於「感深而淚濕詔書，戀極而魂飛帝闕」〔註34〕。同年四月，王禹偁被召還京師為禮部員外郎，再知制誥。至此可見，太宗實際上一一滿足了王禹偁的要求，君臣相知遠非尋常可比。次年正月，王禹偁召拜翰林學士，兼知審官院及通進、銀臺、封駁司，由是達到仕途的巔峰。

不過，時隔未久，變故再生。至道元年（995）四月，開寶皇后（太祖皇后宋氏）之喪，群臣不成服，禹偁認為：「后嘗母儀天下，當遵用舊禮。」〔註35〕太宗不悅。五月，以坐輕肆，罷王禹偁為工部郎中、知滁州軍州事。即便二次被貶，王禹偁依然難以忘懷太宗的不次拔擢之情，如其自述：「伏念臣早將賤跡，誤受聖知。進身不自於他人，立節惟遵於直道。」〔註36〕至道二年（996）十一月，王禹偁便移知揚州。次年三月，太宗駕崩。噩耗傳來，尚在

〔註31〕〔宋〕李燾：《續資治通鑑長編》卷30，端拱二年十月壬申，中華書局點校本2004年版，第688頁。
〔註32〕《王黃州小畜集》卷8《旅次新安》。
〔註33〕《王黃州小畜集》卷21《陳情表》。
〔註34〕《王黃州小畜集》卷21《單州謝上表》。
〔註35〕《宋史》卷293《王禹偁傳》，第9795頁。
〔註36〕《王黃州小畜集》卷21《滁州謝上表》。

揚州任上的王禹偁為之涕泗縱橫，在官舍設奠祭拜，並賦詩以志哀痛之情：「鼎湖髯斷去難攀，九五飛龍已御乾。兩制舊臣生白髮，一番新貴上青天。老為郎吏承繰絰，假作諸侯哭几筵。疏賤無由撰哀冊，夢中空負筆如椽。」〔註37〕其後，又作《太宗皇帝輓歌》三首，抒發「金鑾舊學士，頭白涕漣洏」的哀傷。並在詩作中，盡情表達對太宗的忠心與感念：「謬提文筆侍先皇，謫臣歸來遇國喪。……昨日梓宮陪哭臨，淚多唯有老馮唐。」〔註38〕

繼太宗嗣位的真宗，同樣格外賞識王禹偁。即位不久，真宗下詔求直言，王禹偁上疏言事，針對邊防、冗費、選舉、僧尼與用人五方面的問題，〔註39〕直陳己見，觸及現實問題的要害。至道三年（997）九月初，王禹偁歸闕；十二月，以刑部郎中守本官，復知制誥。真宗並親與之論文，《國老談苑》卷1備載其事：

> 禹偁奏曰：「夫進賢黜不肖，辟諫諍之路，彰為誥命，施之四方，延利萬世，此王者之文也。至於雕纖之言，豈足軫慮思，較輕重於瑣瑣之儒哉！願棄末務大以成宗社之計。」真宗顧曰：「卿愛朕之深矣。」

君臣相知相得，藉此可知。不過，王禹偁因修《太祖實錄》直書其事，再度被貶謫至黃州。而感戴君王之情仍舊存於心間，其詩即道：「盡待食人祿，將何報君恩。」〔註40〕在任期間，因屢現災異，心不自安，遂上疏自劾。「上遣內使乘馹勞問，醮禳之，詢日官，云：『守土者當其咎。』上惜禹偁才，是日，命徙蘄州。」〔註41〕真宗並未因災異之事而問責於王禹偁，反而為使其躲避災難，下令移知他州，惜才愛才之心盡顯無遺。咸平四年（1001）四月到任之後，王禹偁病重之際上謝表，其中兩聯曰：「宣室鬼神之問，不望生還；茂陵封禪之書，正期身後。」〔註42〕借用漢代賈誼和司馬相如的典故，表達個人邂逅明主，以期報國的強烈願望。次月，王禹偁辭世。可見，他「許國丹誠皎日懸」〔註43〕的感恩戴德之情至死不渝。

最後是內憂外患的現實刺激。太宗在位期間，北宋王朝已然呈現內外交困

〔註37〕 《王黃州小畜集》卷11《先帝登遐，聖君嗣位，追惟恩顧，涕泣成章》。

〔註38〕 《王黃州小畜集》卷11《闕下言懷上執政三首》。

〔註39〕 〔宋〕王禹偁：《上真宗論軍國大政五事》，〔宋〕趙汝愚編：《宋朝諸臣奏議》卷145《總議一》，上海古籍出版社點校本1999年版，第1649～1652頁。

〔註40〕 《王黃州小畜集》卷6《一品孫鄭昱》。

〔註41〕 《宋史》卷293《王禹偁傳》，第9799頁。

〔註42〕 《東都事略》卷39《王禹偁傳》，第313頁。

〔註43〕 《王黃州小畜集》卷11《和屯田楊郎中同年留別之什》。

的嚴峻形勢，統治階級內部的一些有識之士，寄望朝廷切實採取有效措施擺脫上述困境，實現大治，王禹偁即為其中的重要一員。端拱元年（988）三月，太宗下詔求直言，他在上奏中提到：「臣曾為縣吏，每督民租，為尺布斗粟之逋，行滅耳鞭刑之法，因知府庫，皆出生靈。」〔註44〕故而大聲疾呼：「無侈乘輿，無奢宮宇，當念貧民，室無環堵。無崇臺榭，無廣陂池，當念流民，地無立錐。……勿謂豐財，經費不節，須知府庫，聚民膏血。勿謂強兵，征伐不息，須知干戈，害民稼穡。」〔註45〕要求政府節約財政開支，重視農業生產，抑制豪強兼併，減少軍事征伐。當年，王禹偁又向太宗上《三諫書序》，矛頭直指「縉紳浮競，風俗澆漓」、「象教彌興，蘭若過多」、「選舉因循，官常斁紊」〔註46〕等問題，期望能端正士風，沙汰僧尼，減省官吏。端拱二年（989）正月，時任右正言、直史館的王禹偁，又上書陳述備邊禦戎之策，並藉此提出匡扶時政的初步設想，力倡改革，直言「寇不在外而在乎內也」〔註47〕，顯示出對於時局的敏銳洞察力，以及居廟堂之高、心繫社稷的憂患意識。

至道三年（997）五月，真宗下詔求直言。鑒於「邊鄙未盡寧，人民未甚泰，求利不已，設官太多」的現實情形，王禹偁提出如下五條建議：其一曰謹邊防，通盟好，使輦運之民有所休息；其二曰減冗兵，並冗吏，使山澤之饒稍流於下；其三曰艱難選舉，使入官不濫；其四曰沙汰僧尼，使疲民無耗；其五曰親大臣，遠小人。〔註48〕並呼籲：「治之惟新，救之在速。」而不能拘守腐儒「三年無改於父之道，可謂孝矣」的迂闊之論，陷入「不知古今異制，家國殊途」的誤區。〔註49〕

王禹偁公忠體國，宋人黃庭堅即有「往時王黃州，謀國極匪躬」〔註50〕之語，而「以直躬行道為己任，遇事敢言，雖履危困，封奏無輟」〔註51〕，實乃其一生縮影。知黃州期間，王禹偁仍然力主革新時政，其上疏指出：「改轍更

〔註44〕《王黃州小畜集》卷21《進端拱箴表》。

〔註45〕〔宋〕王禹偁：《小畜外集》卷10《端拱箴》，四部叢刊初編本，第133冊，上海書店影印本1989年版。

〔註46〕《王黃州小畜集》卷19《三諫書序》。

〔註47〕《續資治通鑒長編》卷30，端拱二年正月乙未，第675頁。

〔註48〕〔宋〕王禹偁：《上真宗論軍國大政五事》，第1649~1652頁。

〔註49〕〔宋〕王禹偁：《上真宗論軍國大政五事》，第1649頁。

〔註50〕〔宋〕祝穆：《方輿勝覽》卷50《淮西路·黃州》，中華書局點校本2003年版，第892頁。

〔註51〕《續資治通鑒長編》卷49，咸平四年六月戊午，第1064頁。

張，因時立法，固無拘執。太祖削諸侯跋扈之權，不得不爾。太宗平偽國，夷妖巢，本以杜覬覦之術。其如救世設法，久則弊生，救弊之道，在乎從宜……見機而作，為社稷遠圖，疾若轉規，不可膠柱。」〔註52〕主張朝廷因時而變，順應時勢建章立制，所謂「在乎從宜」，「因時立法」，而不可執守陳法，不知變通，乃至貽誤時機。

與關注時局，心懷天下的理念相呼應，王禹偁在黃州期間也曾提出具體的改良措施。因獲悉濮州知州王守信、監軍王昭度家，深夜遭盜賊洗劫，咸平三年（1000）十二月，王禹偁上書朝廷指出，由於種種原因，「今江、淮諸郡，大患者三：城池隳圮，一也；兵仗不完，二也；兵不服習，三也。今濮賊之興，慢防可見。」為消除隱患，鞏固根基，確保地方太平，禹偁建議：「凡江、浙、荊湖、淮南、福建等郡，約民戶眾寡，城池大小，並許置本城守捉軍士，不過三五百人，勿令差出，止城中閱習弓劍，然後漸葺城壘，繕完甲冑。郡國張禦侮之備，長吏免剽略之虞。」〔註53〕以上言論是維護一方安寧，增強地方自衛實力的針對性策略，可防患於未然，符合鞏固王朝統治的需要，故深得真宗賞識。

王禹偁曾將目光投向獄中病囚，並提出改變現狀的策略。咸平四年（1001）二月，鑒於各地「病囚院每有患時疾者，互相浸染，或致死亡」，王禹偁遂上言：「請自今［今］持伏［仗］卻（衍字，當刪）劫賊，徒、流以上，有疾即於病牢將治；其鬥訟、戶婚，杖以下得情款者，許在外責保看醫，俟瘥日區分。」〔註54〕即根據病囚所犯罪行輕重的不同，刑事懲罰的差異，分為在病牢治療和在外就醫兩種。此種處理更加人性化，可一定程度減少病囚因相互傳染而致死亡的情形。當月，真宗採納其奏，「令諸路置病囚院，持仗劫賊徒，流以上有疾者處之，餘悉責保於外」〔註55〕。

《孟子‧離婁下》有「是故君子有終身之憂，而無一朝之患」的說法，王禹偁倡言時事的耿直作風，實則淵源於其在關注現實問題的基礎上，引發的對家國命運和社稷前途的深層憂慮。這種憂患意識又進一步確立了其以天下為

〔註52〕〔宋〕王禹偁：《上真宗乞江湖諸郡置本城守捉兵士》，《宋朝諸臣奏議》卷122《兵門‧州郡兵》，第1342頁。

〔註53〕《續資治通鑒長編》卷47，咸平三年十二月，第1038頁。

〔註54〕〔清〕徐松輯：《宋會要輯稿》刑法六之五二，中華書局影印本1957年版，第6719頁。

〔註55〕《續資治通鑒長編》卷48，咸平四年二月，第1052頁。

己任的宏大抱負，並愈加堅定了他以「匪躬之士奮命而言」〔註56〕的信念，兩者互為激蕩，從而構成其仕宦意識中的重要元素，此點亦是考察其人仕途之旅又一應予關注的方面。

二、歸隱之念想：「為郎身漸老，自笑不歸山」

仕與隱，何去何從，往往是傳統士人必須直面的選擇。《論語・衛靈公》曰：「邦有道，則仕；邦無道，則可卷而懷之。」《論語・泰伯》又曰：「天下有道則見，無道則隱。」照此理解，「有道」與「無道」是士人選擇仕與隱的基本判定標準。然而，姑且不論「有道」與「無道」是否有涉抽象，單就現實社會的複雜性而言，即令身處同一社會的現實個體，基於個人體驗，在「有道」與「無道」的判斷上，通常未盡一致，甚而截然相反。因此，仕與隱存在於中國傳統社會的任一歷史時期，其間的因緣實在很難以「有道」與「無道」一言以蔽之。結合王禹偁所處社會條件來看，同樣無法採取「有道」與「無道」的判別尺度，簡單地對結束五代十國分裂割據局面的趙宋王朝定性。客觀而論，其時士人選擇仕與隱的理由，固然不乏對現實政治環境的感觸，更多則是源於個人心靈的體悟。

在王禹偁的仕宦生涯中，歸隱的念想屢有萌現，其詩作對此多有反映，如「會當辭祿東陵去，數畝農田一柄鋤」〔註57〕；「五十擬歸耕，何必懸車期。……自無經濟術，烏用碌碌為」〔註58〕；「惟當共心約，收拾早歸田」〔註59〕；「道孤自合先歸隱，俸薄無由便買山。出坐兩衙皆勉強，此心長在水雲間」〔註60〕；「惟當早休去，幽處卜吾廬」〔註61〕；「林泉何處好，終卜持吾纓」〔註62〕；「他日歸田去，相扶入蓽門」〔註63〕。再如「白頭郎署成何事，見擬休官自種田」〔註64〕；「何當解印綬，歸田謝膏粱。教兒勤稼穡，與妻甘糟糠」〔註65〕；

〔註56〕《王黃州小畜集》卷15《既往不咎論》。
〔註57〕《王黃州小畜集》卷7《閣下詠懷》。
〔註58〕《王黃州小畜集》卷5《北樓感事》。
〔註59〕《王黃州小畜集》卷5《老態》。
〔註60〕《王黃州小畜集》卷10《為郡》。
〔註61〕《王黃州小畜集》卷10《迂儒》。
〔註62〕《王黃州小畜集》卷10《滁上謫居》（之四）。
〔註63〕《王黃州小畜集》卷11《壽孫三日》。
〔註64〕《王黃州小畜集》卷10《朝簪》。
〔註65〕《王黃州小畜集》卷5《聞鴉》。

「為郡殊無味，歸田素有心」〔註66〕；「重入玉堂非所望，汝陽田好欲歸耕」〔註67〕；「已覺文章無用處，不歸田里待何時」〔註68〕；「猶期少報君恩了，歸臥山村作老農」〔註69〕；「空媿先師輕學圃，未如平子便歸田。此身久蓄耕山計，不敢拋官為左遷」〔註70〕；「會解綸闈求郡印，早收餘俸卜歸田」〔註71〕。上述詩句中「歸耕」、「歸田」與「歸隱」的反覆出現，明顯流露出作者遁跡林泉的願望。而其之所以「未行此志吾戚戚，對酒不飲抑有由」〔註72〕，希望隱逸山林，無意躋身仕途，亦有其特定原因。

其一是屢遭貶謫的仕途失意。從太宗淳化二年（991）至真宗咸平元年（998）的短短八年間，王禹偁竟三遭貶黜，故有「吾生苦遷謫」〔註73〕、「薄宦苦流離，壯年心已衰」〔註74〕的慨歎。而每一次貶謫，無啻於心靈的一次重創，進而或多或少地使其對居官從政的理念產生懷疑，以致萌生離開仕途的想法，所謂「宦途多齟齬，身計頗悲涼。行將解簪笏，歸去事農桑」〔註75〕。而這種心跡在其每次貶謫後的詩文創作中，都有不同程度的顯示。

第一次貶謫，緣於為徐鉉辯誣。淳化二年（991）八月，盧州尼道安誣陷左散騎常侍徐鉉與妻甥姜氏通姦，而姜氏係道安之嫂。時任左司諫、知制誥的王禹偁執法為徐鉉雪誣，抗疏論道安告姦不實之罪。為此觸怒有意庇護僧尼的太宗，次月，王禹偁被解除知制誥職務，貶為商州團練副使。這次貶謫對王禹偁打擊較大，內心多少有些不滿，其詩嘗道：「盛事誰能及，非才自不遑。殊恩難負荷，薄命果讒張。得罪麋山郡，攜家出帝鄉。何時重到此，駐馬淚浪浪。」〔註76〕並發出「逐臣自可死，何必在遠惡」〔註77〕，「六里山川多逐客，貳車官職是籠禽」〔註78〕的怨言。淳化四年（993）正月的南郊大禮，身為謫臣的

〔註66〕《王黃州小畜集》卷10《荒亭晚座》。
〔註67〕《王黃州小畜集》卷11《酬太常趙丞見寄》。
〔註68〕《王黃州小畜集》卷11《公退言懷》。
〔註69〕《王黃州小畜集》卷11《闕下言懷上執政》（之二）。
〔註70〕《王黃州小畜集》卷9《偶置小圃因題二首》。
〔註71〕《王黃州小畜集》卷11《伏日偶作》。
〔註72〕《王黃州小畜集》卷12《對雪示嘉祐》。
〔註73〕《王黃州小畜集》卷5《八絕詩八首·白龍泉》。
〔註74〕《王黃州小畜集》卷7《春日官舍偶題》。
〔註75〕《王黃州小畜集》卷5《東門送郎吏行寄承旨宋侍郎》。
〔註76〕《王黃州小畜集》卷8《初出京，過瓊林苑》。
〔註77〕《王黃州小畜集》卷3《酬種放徵君》。
〔註78〕《王黃州小畜集》卷8《春日登樓》。

王禹偁詩中提到：「鳳閣舊臣期赦宥，免教長似觸藩羝。收盡洛南遷客淚，舊朝衣上淚潺潺。」〔註79〕當年四月，在量移解州後，又有「便似人家養鸚鵡，舊籠騰倒入新籠」〔註80〕的自嘲；八月，王禹偁被召還朝，授左正言、直史館，品級與被貶前相同，故心有不甘，其詩即道：「便休祿仕飢寒累，強逐班行面目慚。安得去如種處士，板輿榮侍臥終南。」〔註81〕

第二次貶謫，坐輕肆貶為工部郎中、知滁州軍州事。其謫官之制詞云：「（王禹偁）頃以文詞，薦升科級，而徊徉臺閣，頗歷歲時。朕祇荷丕圖，思皇多士，擢自綸閣，置於禁林。所宜體大雅以修身，蹈中庸而率性；而操履無取，行實有違，頗彰輕肆之名，殊異甄升之意。宜遷郎署，俾領方州。勉務省躬，聿圖改節。」〔註82〕「操履無取，行實有違」的嚴厲措辭，令王禹偁羞愧難當，痛徹心腑，兩年之後仍然對此銘心刻骨，難以釋懷，其詩即道：「誥辭黜責子孫羞，欲雪前冤事已休。」〔註83〕但其內心終究無法接受「輕肆」的罪名，故有「靜思熟慮，未免一訴。然前事是非，不敢較辨」〔註84〕的說法。

第三次貶謫，則係因修《太祖實錄》直書其事。其追述此事曰：「以微臣之行己，遇陛下之至公。久當辯明，未敢伸理。今則上國千里，長淮一隅。雖叨守土之榮，未免謫居之歎。」〔註85〕不久，在寄呈宰相李沆的詩中道：「未甘便葬江魚腹，敢向臺階請罪名。」〔註86〕史籍又載：「王元之自翰林學士〔知制誥〕以本官刑部郎中知黃州，遣其子嘉祐獻書於中書門下，以為『朝廷設官，進退必以禮，一失錯置，咎在廊廟。某一任翰林學士，三任制誥舍人，以國朝舊事言之，或得給事中，或得侍郎，或為諫議大夫。某獨異於斯，斥去不轉一級，與錢穀俗吏，混然無別，執政不言，人將安仰！」〔註87〕字裏行間，明顯可見王禹偁對於朝廷處置自己結果的憤懣。

〔註79〕 《王黃州小畜集》卷9《南郊大禮詩之七》。

〔註80〕 《王黃州小畜集》卷9《量移後自嘲》。

〔註81〕 《王黃州小畜集》卷10《再授小諫，偶書所懷》。

〔註82〕 〔宋〕佚名編：《宋大詔令集》卷203《政事五十六·貶責一·黜翰林學士尚書禮部員外郎知制誥王禹偁制》，中華書局排印本1962年版，第757頁。

〔註83〕 《王黃州小畜集》卷11《闕下言懷上執政之三》。

〔註84〕 《王黃州小畜集》卷18《與李宗諤書》。

〔註85〕 《王黃州小畜集》卷22《黃州謝上表》。

〔註86〕 《小畜外集》卷7《出守黃州上史館相公》。

〔註87〕 〔宋〕洪邁：《容齋隨筆》卷5《國初人至誠》，中華書局點校本2005年版，第71頁。

其二是世俗道教的耳濡目染。宋初政治思想領域佔據主導地位的是儒家思想，但國家意識層面流行的黃老思想卻分外惹人注目。尤其是太宗、真宗兩朝，以清靜無為為特徵的黃老思想極為突出，即如王禹偁所言：「我國家尚黃老之虛無，削申商之法令。坐黃屋以無事，降玄纁而外聘。有以見萬國之風，咸歸乎清靜。」〔註88〕而宋初統治策略上呈現出的黃老特色，又與國家意識領域中的崇道取向高度一致。北宋初期伊始，崇道之風即已顯露端倪。

在上述風氣的薰染下，入仕之前，王禹偁即已接受世俗道教的洗禮，此點在其與友人詩歌中時有顯現，如「乍似碧落長拖萬丈虹，飲竭四海波瀾空」；「他年卻入蓬萊宮，休使麻姑更爬背」〔註89〕；「上玄應恐天地閉，安仙又謫來人寰」；「玉皇殿前受恩渥，一時命入芙蓉幕」〔註90〕等等。詩中所涉天上二十八宿，地上三十六洞天，皆為道教修真或飛昇之處。初任京官時，王禹偁假日常常身披羽衣道服，其詩有云：「鮑照貽我羽人衣，下直何妨盡日披。老來自堪將野鶴，客來休更佩金龜。」〔註91〕貶謫商州後，更是經年如此，長著而不離身，所謂「褚冠布褐皂紗巾，曾忝西垣寓直人。此際暫披因假日，如今長著見閒身」〔註92〕。淳化三年（992）元宵節，夜不成寐，其讀《莊子·逍遙遊》，賦詩曰：「爐灰畫盡不成寐，賴有《逍遙》一帙書。」〔註93〕又曰：「子美集開詩世界，伯陽書見道根源。」〔註94〕。凡此種種，似可表明，進入仕途前後，道教的相關書籍及其著裝，一直長期陪伴王禹偁左右，由此反映出其對道教的推崇。

道教講求順乎自然，法天節地，寓含歸隱宗旨。晚年知黃州期間，公務處理完畢之餘，禹偁常至黃州城西北的小竹樓，身披鶴氅，頭戴華陽巾，手執《周易》，焚香默坐，夏天聽雨，冬天聽雪，攬月品茗，悠然自得，忘情物外。而其在有關詩文中所極力渲染的恬淡自適與居陋自持的心境，又何嘗不是回歸自然、優游林泉、放情山水的歸隱念想呢？咸平三年（1000）初冬，其詩直抒胸臆：「昔賢終祿養，往往歸隱淪。」〔註95〕同年，王禹偁於黃州公署西偏建

〔註88〕 《王黃州小畜集》卷 26《崆峒山問道賦》。
〔註89〕 《王黃州小畜集》卷 13《酬安秘臣歌詩集》。
〔註90〕 《王黃州小畜集》卷 13《酬安秘丞見贈長歌》。
〔註91〕 《王黃州小畜集》卷 7《謝同年黃法曹送道服》。
〔註92〕 《王黃州小畜集》卷 8《道服》。
〔註93〕 《王黃州小畜集》卷 8《上元夜作》。
〔註94〕 《王黃州小畜集》卷 9《日長簡仲咸》。
〔註95〕 《王黃州小畜集》卷 6《十月二十日作》。

成書齋一所，取《論語》「人不知而不慍，不亦君子乎」之義，名曰「無慍齋」〔註96〕。不久，又建成寢室一所，名曰「睡足軒」〔註97〕，取杜牧《憶齊安》「平生睡足處，雲夢澤南州」〔註98〕之義。其歸隱的想法愈益直白，這也是其深受道教思想左右的結果。

其三是隱逸之風的潛移默化。隱逸現象，源於先秦，自此之後，無代不有，而尤以亂世為多。唐末五代，兵戈不息，寰宇板蕩，為苟全性命於亂世，在以名節相高的讀書人中，沉潛不仕者大有人在，或為避世，或為善道，不一而足。「宋興，岩穴弓旌之召，迭見於史。」〔註99〕宋初屢屢見諸史載的搜求隱士的詔令，正是其時隱逸之風仍然盛行的明證。而隱士陳摶等人獨具的「不羈之行」、「獨善之心」〔註100〕的人生追求，也令王禹偁嚮往不已。與宋初知名隱士種放之間非同一般的情誼，則極為典型地反映出隱逸之風，對其精神世界的影響。

種放（956～1016），字明逸。七歲能屬文，與其母偕隱終南山豹林谷中，結草茅為廬，以進習為業，學者多從之，得束脩以養母。淳化三年（992），王禹偁有詩三首贈種放，即《小畜集》卷9《恭聞種山人（放）表謝急徵，不違榮侍，因成拙句，仰紀高風》與《再賦二章，一以頌高人之風，一以伸俗吏之意》。種放亦以詩報之。其後，酬答種放之詩又曰：「況茲山野性，謨畫昧方略。搔首謝朝簪，行將返耕鑿。」〔註101〕較為直接地顯露出個人棄官歸隱的心跡。這種意願在《贈種放處士》中亦有表述：「他年解郡職，願許我為鄰。」而在仕途多蹇之際，種放隱淪之舉彰顯的「山林養素，孝友修身」的高潔情操，似乎對王禹偁的吸引力更加強烈，其詩即道：「宦途滋味飽更諳，命薄於人分亦甘。兩鬢雪霜為小諫，六街泥雨趨常參。便休祿仕飢寒累，強逐班行面目慚。安得去如種處士？板輿榮侍臥終南。」〔註102〕

咸平元年（998），種放母親去世，貧不克葬，遂遣僮奴告知翰林學士宋湜等。宋湜與錢若水、王禹偁同上表言：「今聞放執親之喪，貧不能葬。……雖

〔註96〕《王黃州小畜集》卷17《無慍齋記》。
〔註97〕沈虞卿：《小畜集後序》，見《小畜集》附錄。
〔註98〕《方輿勝覽》卷50《淮西路‧黃州》，第893頁。
〔註99〕《宋史》卷457《隱逸傳上‧序》，第13417頁。
〔註100〕《王黃州小畜集》卷26《批答處士陳摶乞還舊山表》。
〔註101〕《王黃州小畜集》卷3《酬種放徵君》。
〔註102〕《王黃州小畜集》卷10《再授小諫，偶書所懷》。

共謀分俸，而未若推恩。況襃岩穴之賢，敢掠朝廷之美。」當年九月，真宗優詔賜放粟帛、緡錢。〔註103〕這種道義相扶的方式，顯然與兩人之間的深厚友誼不無關係，而締結友誼的紐帶，更多應該緣於王禹偁對種放隱逸情結的認可與傾心。

歸隱與仕宦實則是兩種不同的人生路向，其各自的精神旨趣亦有顯著差別，《論語‧季氏》即曰：「隱居以求其志，行義以達其道。」是知「隱居」偏重於個體意識的解放，自我心靈的固守，而「行義」則立足於道德教化的弘揚，治國理民的躬行。儘管後者在中國傳統社會的長時段中，經常性地成為士人群體孜孜以求的目標，但現實政治顯然無法為每一位躋身其中的官僚，鋪就一條通達的坦途。而仕途順暢與否，勢必影響及於個人的行為取向，正如《論語‧述而》所說「用之則行，舍之則藏」。對此，《孟子‧公孫丑上》又有進一步闡發：「可以仕則仕，可以止則止，可以久則久，可以速則速。」就此而論，仕途的進退與否，長短差異，又與個體對於現實政治的身心感受密切相關。當王朝政治的大環境適合個人抱負與政治理想施展之時，士人選擇入仕往往成為一種必然；而一旦兩者無法契合，尤其是士人在宦海之中屢屢碰壁之際，產生退隱的念頭以尋求自我精神的獨立，又通常性地在其腦海中揮之不去。王禹偁在面臨後一情形時，因個人素來崇尚道教，加之與隱逸之士來往頻繁，棄官歸田的想法屢屢見諸詩文。不過，後來的事實證明，其歸隱之心僅僅停留在願望層面，並未付諸實施。

三、自我之回歸：「修身與行道，多愧古時人」

如前所述，仕與隱、進與退、用與藏、出與處兩者的糾結，似乎伴隨王禹偁宦海生涯的始終，所謂「歸田未果決，懷祿尚盤桓」〔註104〕，但其卻從未邁出實質性的一步，個體生命也最終定格於咸平四年（1001）的知蘄州任上。因此，王禹偁與其時絕大多數由科舉入仕者的人生選擇並無二致，畢生走過的依然是一條仕宦之旅，歸隱的意識也終究未能消釋淑世之情懷。禹偁之所以選擇前者，其原因在於儒家理想的堅定支撐，忠直性格的一貫驅使與維持身家的迫不得已。

首先是根深蒂固的儒學淑世理念的恒久支配。儒家學說提倡入世精神，將

〔註103〕《王黃州小畜集》卷22《乞賜終南山人鍾放孝贈表》。
〔註104〕《王黃州小畜集》卷6《揚州池亭即事》。

入仕而居官從政視為正途。《論語·微子》即道：「不仕無義。長幼之節，不可廢也；君臣之義，如之何其廢之？欲潔其身，而亂大倫。君子之仕也，行其義也。」可知，「行義」是士人入仕責無旁貸的重任，又是維持「長幼之節」「君臣之義」的根本保障，所以「不仕」即為「無義」，試圖潔身自好，往往就會破壞正常的長幼、君臣間的倫理關係。對於士人與仕的關係，《孟子·滕文公下》說得更為直白：「士之仕也，猶農夫之耕也。」仕是士人的職業定位，如同農夫以耕田為業，其社會責任首先則在於治國平天下，誠如《孟子·公孫丑下》所說：「欲平治天下，當今之世，捨我其誰。」

　　長期深受儒家思想薰陶的王禹偁，極其清楚士人的責任，自覺將入仕視為人生的不二選擇，誠如其在《贈種放處士》詩中所說：「學優終不仕，孰為觀國賓。」對於士人「為學」與「道義」的關係，他曾表達下述看法：「古君子之為學也，不在乎祿位而在乎道義而已。用之則從政而惠民，捨之則修身而垂教。死而後已，弗知其他。……讀堯、舜、周、孔之書，師軻、雄、韓柳之作，故其修身也譽聞於鄉里，其從政也惠布於郡縣。」〔註105〕正因如此，即便「人情易逐炎涼改，官路難防陷阱多」〔註106〕，仕途之中屢遭貶黜，王禹偁仍然堅守「何當升大用，吾道始輝光」〔註107〕的執著信念。至道元年（995）五月，貶官滁州時，其詩云：「不稱禁中批紫詔，猶教淮上擁朱輪。時清郡小應多暇，感激君恩養病身。」〔註108〕同年七月的詩中又道：「強仕未為老，望郎不為卑。」〔註109〕「白頭郎吏合歸耕，猶戀君恩典郡城。」〔註110〕次年，王禹偁上表稱：「上惟奉主，旁不忌人。比因直言，頻至左官。去年自禁中出職，滁上臨民。黽勉在公，憂虞度歲。鬢髮漸白，眼目已昏。但以行年未高，不敢求退。明代難遇，猶思報恩。」〔註111〕其拋開個人得失，以衰病之軀而勤於地方政事的心跡昭然若揭，其原因則在於「明代難遇，猶思報恩」，即報效君王和國家，治平意識表現得分外突出。至道三年（997），其上表又提到：「始貶商於，實因執法。後出滁上，莫知罪名。大行皇帝漸察非幸，移領大郡。方且精求民瘼，

〔註105〕《王黃州小畜集》卷19《送譚堯叟序》。
〔註106〕《小畜外集》卷7《次韻和仲咸感懷貽道友二首》。
〔註107〕《王黃州小畜集》卷7《寄主客安員外十韻》。
〔註108〕《王黃州小畜集》卷10《詔知滁州軍州事因題》（之一）。
〔註109〕《王黃州小畜集》卷5《北樓感事》。
〔註110〕《王黃州小畜集》卷10《詩酒》。
〔註111〕《王黃州小畜集》卷22《揚州謝上表》。

少報皇恩。期牽復於詞臣，再發揮於王命。」〔註112〕寄望通過治理地方的政績，以報答皇恩，並表達重入內廷再任兩制之官的心願。由此不難看出，其干祿之心的虔敬。

其實，王禹偁銳意仕途，有志於功名的理想，早在入仕之初所作《長洲遣興二首》中就有明確顯露：「妻兒莫笑甌中塵，只患功名不患貧。自覺有文行古道，可能無位泰生民。」在他看來，「唯有功名書信史，肯同塵土一時休」〔註113〕。不過，功名的獲取實則有賴於「道」「義」的踐行，君子之於二者的追求，雖百折而不回。王禹偁對此有清醒認識：「夫士君子立身行道，是是而非非，造次顛沛不易其心。」〔註114〕縱令宦途坎坷，迭經波折，但曾經痛苦的仕宦經歷，終究無法阻礙其對「道」的崇尚與信仰，如其所稱：「窮達君雖了，沉淪我亦傷。何當升大用，吾道始輝光。」〔註115〕並且，個體生命的價值取決於「道」「德」水平的高下，以及由此而決定的德業的有無與多少，而不宜以人生的禍福，地位的尊卑，財富的多寡來衡量，所謂「人生一世間，否泰安可逃？姑問道何如，未必論卑高。自古富貴者，撩亂如藜蒿。德業苟無取，未死名已消」〔註116〕。禹偁對「道」「義」的執著信守也有精闢表述：「屈於身兮不屈其道，任百謫而何虧！吾當守正直兮佩仁義，期終身以行之。」〔註117〕由「百謫無虧」「終身以行」，足以反映出「道」「義」在其心目中至高無上的地位，這也更應視為其一生志向的高度濃縮。

其次是直躬行道不懈追求的長期鞭策。王禹偁性格耿直，公正無私，不畏時忌，遇事敢言，向以直道自許，如其所稱：「某褊狷剛直，為眾所知，雖強損之，未能盡去。」〔註118〕「出一言不愧於神明，議一事必歸於正直。」〔註119〕對此，太宗有「賦性剛直，不能容物」〔註120〕的斷語；其同年進士戚綸的蓋棺論定則是：「事上不回邪，居下不謟佞。見善若已有，疾惡過仇

〔註112〕　《王黃州小畜集》卷22《謝轉刑部郎中表》。
〔註113〕　《王黃州小畜集》卷9《太師中書令魏國公贈尚書令追封真定王趙（諱普）輓歌》。
〔註114〕　《王黃州小畜集》卷18《答鄭褒書》。
〔註115〕　《王黃州小畜集》卷7《寄主客安員外十韻》。
〔註116〕　《王黃州小畜集》卷5《酬楊遂》。
〔註117〕　《王黃州小畜集》卷1《三黜賦》。
〔註118〕　《王黃州小畜集》卷18《答晁禮丞書》。
〔註119〕　《王黃州小畜集》卷22《黃州謝上表》。
〔註120〕　《續資治通鑑長編》卷34，淳化四年八月己卯，第752頁。

讎。」〔註121〕蘇軾亦曾有「雄文直道，獨立當世」〔註122〕的評價。然而，「直道逆君耳，斥逐投天涯」〔註123〕，其一生仕途多舛，屢遭貶謫，與此不無干係。即如時人所言：「王元之一登翰林，三踐西掖，屢被譴逐，皆以直道。」〔註124〕禹偁對此亦有反思：「又謂吾之去職，由高亢剛直者，夫剛直之名，吾誠有之，蓋嫉惡過當，而賢不肖太分，亦天性然也。而又齒少氣銳，勇於立事。」〔註125〕唯因如此，即便政治上鬱鬱不得志，他仍不改初衷：「古君子之為學，不在乎祿位而在乎道義而已。用之則從政而惠民，捨之則修身而垂教，死而後已，弗知其他。」〔註126〕「位非其人，誘之以利而不往。事匪合道，逼之以死而不隨。」〔註127〕又說：「兼磨斷佞劍，擬樹直言旗。」〔註128〕上述諸多言論，無不顯示出王禹偁躬行直道的堅定訴求。

　　儘管宦途艱險，屢次因貶謫而遭受心靈的重創，王禹偁忠直行道的理念卻並未因此而動搖，對君王的忠心和社稷的擁戴一如既往，如其自道：「遷謫獨熙熙，襟懷自坦夷。孤寒明主信，清直上天知。」〔註129〕雖然宦海沉浮多年後，對仕途的體悟更加深刻，加之年歲漸長，「頭白眼昏，老態且具」，未免「向之剛直，不抑而自衰矣」〔註130〕。而他依然堅持下述主張：「用直道以事君，雖無改變；肆風腸而疾惡，漸亦銷磨。」〔註131〕不過，傳統士大夫所普遍具有的工於心計、世故圓滑的稟性，卻終究與其無緣。之所以如此，他曾有自嘲似的解釋：「自念山野士，不解隨圓方。」〔註132〕

　　需要指出的是，王禹偁矢志不渝終生躬行直道的動機和目的，究其實質是

〔註121〕《涑水記聞》卷3《王禹偁》，第45頁。

〔註122〕〔宋〕蘇軾：《蘇軾文集》卷21《王元之畫像贊》，中華書局點校本1986年版，第603頁。

〔註123〕《王黃州小畜集》卷6《橄欖》。

〔註124〕〔宋〕蘇頌：《蘇魏公文集》卷5《元祐癸酉秋九月，蒙恩補郡維陽。十一月到治蒞事之始，首閱題名，前後帥守莫非一時豪傑，固所欽慕矣。然後，其間九公頗有夤緣，感舊思賢，嗟歎不足，因作長韻題於齋壁以寄所懷耳》，中華書局點校本1988年版，第49頁。

〔註125〕《王黃州小畜集》卷18《答丁謂書》。

〔註126〕《王黃州小畜集》卷19《送譚堯叟序》。

〔註127〕《王黃州小畜集》卷21《滁州謝上表》。

〔註128〕《王黃州小畜集》卷8《謫居感事》。

〔註129〕《王黃州小畜集》卷8《謫居感事》。

〔註130〕《王黃州小畜集》卷18《答丁謂書》。

〔註131〕《王黃州小畜集》卷25《謝除翰林學士啟》。

〔註132〕《王黃州小畜集》卷5《東門送郎吏行承寄旨宋侍郎》。

在根深蒂固的儒家理想的支配下，希望藉此實現輔弼君王治國安邦的宏願，而將個人的榮辱休戚置之度外，誠如其言：「直道雖已矣，壯心猶在哉。」〔註133〕應當說，這種選擇的正當性本身無可厚非，也符合趙宋王朝的根本利益。但在宋初開國未久，時忌頗多，尤其是以陰謀手段篡位的太宗在位期間，關於人、事的大量敏感話題又不容臣下議論的特殊形勢下，王禹偁的一腔忠直難免觸犯人主的隱密，其結果可想而知。如其參與修撰《太祖實錄》時，違背太宗希望《實錄》反映「太祖盡力周室」，「及登大寶，非有意」這種「事實」的願望，直書其事，因而「執政以禹偁為輕重其間，出知黃州」〔註134〕。有此一例，可知王禹偁的「直道」明顯不容於當時整體的政治氛圍，其在仕途上接二連三遭受打擊自屬意料之中。

最後是家計艱難和體弱多病的無奈選擇。王禹偁在步入暮年的詩中曾道：「多病形容唯有骨，食貧生計旋無錢。」〔註135〕寫實性地再現了其時他所面臨的窘境，即身體的多病和生計的艱辛。實際上，疾病與養家糊口的壓力，一直是長期困擾王禹偁的兩大難題，久久揮之不去，而不僅僅體現在晚年。「一家衣食仰在我，縱得飽暖如狗偷。況我眼昏頭漸白，安能隱几勤校讎。」〔註136〕作為家中的頂樑柱，為維持家庭生計，加以滿足個人治病所需，王禹偁入仕為官以獲取穩定的官俸也是勢所必然，誠如其言：「又四年之中，再為謫吏，頓挫摧辱，殆無生意。以私家衣食之累，未即引去。」〔註137〕

王禹偁家境清貧，其詩即道：「汝家本寒賤，自昔無生計。菜茹各須甘，努力度凶歲。」〔註138〕步入仕途多年之後，亦無改觀，乃至使用紙帳：「風搖紙帳燈花碎，月照銅壺漏水清。」〔註139〕在商州期間，由於謫官無俸，無法維持一家老小的生活，故典園十畝，種菜自給：「廢畦添糞壤，胼手捽荒蕪。」〔註140〕「我攜二稚子，東園擷春蔬。可以奉晨羞，采采供貧廚。」〔註141〕又有詩云：「十畝春畦兩眼泉，置來應得弄潺湲。三年謫宦供廚菜，數月朝行賃

〔註133〕《王黃州小畜集》卷8《謫居》。
〔註134〕《東都事略》卷39《王禹偁傳》，第313頁。
〔註135〕《王黃州小畜集》卷11《伏日偶作》。
〔註136〕《王黃州小畜集》卷12《對雪示嘉祐》。
〔註137〕《王黃州小畜集》卷18《答張扶書》。
〔註138〕《王黃州小畜集》卷3《疏食示舍弟禹圭並嘉祐》。
〔註139〕《王黃州小畜集》卷10《夜長》。
〔註140〕《王黃州小畜集》卷9《種菜子雨下》。
〔註141〕《王黃州小畜集》卷3《攜稚子東園刈菜，因書觸目，寄均州宋四閣長》。

宅錢。空媿先師輕學圃，未如平子便歸田。此身久畜耕山記，不敢拋官為左遷。」〔註142〕端拱二年（989）大旱，王禹偁上疏中即有「臣朝行中家最貧，俸最薄」〔註143〕的話頭。淳化元年（990），在京城任職一年多之後，他為其幼弟禹圭娶婦，禹偁事後回憶：「家弟少失母愛，敘婚甚晚。前年某忝職閣下，始能為娶一婦。」〔註144〕由此不難想見，其家庭經濟實力的薄弱。

　　然而，即便入朝為官，其官俸似乎僅僅限於滿足家庭生活開銷，再也無力在京城添置房產，因此只能長期賃宅以安頓家小。其在詩中嘗道：「萍流匏繫任行藏，惟指無何是我鄉。左宦只拋紅藥案，僦居猶住玉泉坊。」〔註145〕另有詩曰：「年年賃宅住閒坊。」〔註146〕晚年又稱：「老病形容日日衰，十年賃宅住京師。」〔註147〕京城高昂的生活成本，不菲的賃宅費用，單單依靠俸祿以維持家計自然入不敷出，捉襟見肘，乃至團聚親族都是一種奢望，諸如其詩所言：「分俸則桂玉不充，聚族則京師難住。」〔註148〕

　　對於家庭經濟情況的窘迫，王禹偁在淳化四年（993）的上書中自述：「四海無立錐之地，一家有懸磬之憂。以至僕馬龍鍾，雜於工祝。弟兄分散，迫於飢寒。若非內受職名，賜之實俸。外求差使，以救食貧。則曷以養高堂垂白之親，備上國燃金之費。」〔註149〕為贍養年邁的父親，撫育幼小的子息，當年六月，王禹偁希望移官東土，在與友人信中提到：「直以窮苦聞於帝閣，所望者移近鄉園，少得俸入，樂病親、聚窮族而已。」〔註150〕其間也曾涉及家庭生活狀況：「前時家弟自荊南乞丐以來，數日而去。臨岐聚泣，聞者淚下。況昆仲三院，妻女九人，亡者未祔葬，生者待婚嫁。散於彼者，糊口於人；係於此者，絕俸於官。其為窮人，亦無伍也。」〔註151〕可見，王禹偁以一已微薄之俸祿，自顧已是不暇，實在再無能力兼濟家弟與親族。故而就經濟水平而言，其家庭與窮人無異。稍後知滁州期間，對於家庭經濟的拮据，其在詩中又有反

〔註142〕《王黃州小畜集》卷9《偶置小園，因題二首》（之一）。
〔註143〕《續資治通鑑長編》卷30，端拱二年十月壬申，第688頁。
〔註144〕《王黃州小畜集》卷18《與李宗諤書》。
〔註145〕《小畜外集》卷7《賃宅》。
〔註146〕《王黃州小畜集》卷10《書齋》。
〔註147〕《王黃州小畜集》卷11《賃宅》。
〔註148〕《王黃州小畜集》卷21《單州謝上表》。
〔註149〕《王黃州小畜集》卷21《陳情表》。
〔註150〕《王黃州小畜集》卷18《與李宗諤書》。
〔註151〕《王黃州小畜集》卷18《與李宗諤書》。

映：「費用量所入，豐約從其宜。一妻本糟糠，不識金翠施。三男無庶孽，詎愛紈綺資。甘貧絕誅求，易退無羈縻。」〔註152〕

王禹偁家境的貧窮，一度引起朝廷關注。淳化五年（994）三月，王禹偁決獄曹州時，又奉敕就差知單州軍州事，太宗賜錢三百貫，以期改善其家庭生活困難的狀況。並且，王禹偁一家老小生計難以為繼的情形，也曾令其相識相知同情不已，並伸出援手。早在貶謫商州之時，潘閬即自京城寄出白銀相贈。〔註153〕而在謫守黃州之初，鑒於王禹偁家貧難以赴任，翰林學士畢士安慷慨解囊，饋贈白金三百兩，以資助其成行。〔註154〕

應當承認，來自朝廷的賞賜與友人的襄助，確實能在一定程度上緩解王禹偁家庭開支方面的壓力，但這種一時之接濟畢竟有限，而不太可能成為長久的經濟來源，家庭生計的維持卻終歸需要穩定並且相對固定的收入作為基本支撐。就此來說，官俸對於確保王禹偁家庭生活的正常運轉不可或缺，所謂「俸微猶助貧」〔註155〕。而獲取官俸的前提，又是入仕從政。唯有如此，養育家小的重任方能實現。這種來自現實生活的沉重壓力，是王禹偁選擇入仕為官的又一重要原因，誠如詩中所言：「誰教為妻子，頭白走風塵。」〔註156〕寥寥數字，實則又蘊含無盡的辛酸與苦楚，窘迫與無奈。

再就是來自身體的衰病，也在相當程度上影響及於王禹偁的仕隱抉擇。王禹偁的身體狀況，自步入中年後即令人堪憂。淳化二年（991），時已38歲的他在西掖，始見白髮，其詩有云：「正向承明戀直廬，年來華髮已侵梳。」〔註157〕當年十月，貶至商州後，「始有白髭」〔註158〕，「玄髮半凋落」〔註159〕，衰老的跡象更加明顯，可謂「老病形容日日衰」〔註160〕。至道元年（995），其詩云：「病眼已甘書冊廢，愁腸猶取酒杯傾。」〔註161〕自注云：「眼病黑花，夜不看書數年矣。」眼疾的嚴重，已然困擾其數年之久，夜間閱讀的習慣竟然

〔註152〕《王黃州小畜集》卷5《北樓感事》。
〔註153〕《王黃州小畜集》卷9《寄潘處士》。
〔註154〕〔宋〕華仲游：《西臺集》卷16《丞相文簡公行狀》，景印文淵閣四庫全書，第1122冊，臺灣商務印書館影印本1986年版，第204頁。
〔註155〕《王黃州小畜集》卷9《自詠》。
〔註156〕《王黃州小畜集》卷6《十月二十日作》。
〔註157〕《王黃州小畜集》卷7《閣下詠懷》。
〔註158〕《王黃州小畜集》卷8《謫居感事》。
〔註159〕《王黃州小畜集》卷3《七夕》。
〔註160〕《王黃州小畜集》卷11《貸宅》。
〔註161〕《王黃州小畜集》卷10《夜長》。

也因此而廢棄。在此之後,衰病的情形日甚一日。咸平元年(998),詩云:「廉使多情應問我,為言衰病似相如。」〔註162〕「病似相如多避事,拙於方朔少詼諧。」〔註163〕「誰解吟詩送行色,茂陵多病老相如。」〔註164〕其屢次以西漢武帝時因病免官的司馬相如作比,感歎衰老和病痛對其身體的折磨,詩人難以排解的憂傷溢於紙外。當年夏天和冬天,又分別有「經年病不飲」〔註165〕和「多病形容唯有骨」〔註166〕的詩句,更是反映出詩人身染沉屙及病魔對於身體戕害造成的事實。咸平四年(1002)春,王禹偁奉命移知蘄州。其時他已病入膏肓,故肩輿上道。四月到任,五月即辭世,年四十八。

應當注意的是,長年的病痛,不僅傷害了王禹偁的身心,也使治療頑疾而產生的藥費支出,成為他本不寬裕家境的又一必須正視的難題。經年的醫療費用日復一日累加,家庭開銷的缺口因而逐年擴大,積累的藥債愈益增多。面對這筆沉重的負擔,在家庭缺乏其他穩定經濟收入來源的情況下,繼續仕宦生涯以領取俸祿,多少能紓緩藥費的緊張,減輕家庭經濟的重壓。關於兩者的關係,其詩曾道:「藥債漸多醫宿疾,宦情猶切戀明朝。」〔註167〕因此,王禹偁的入仕為官又在一定程度上與支付醫治宿疾所需費用有關。

四、結語

自太平興國八年(983)進士及第踏入仕途,至咸平四年(1002)卒於蘄州任上,在20年的宦海沉浮中,由於仕途失意、道教薰染及隱逸嚮往等原因的左右,儘管王禹偁詩文多次顯露棄官歸隱的想法,但他卻終究未將之付諸事實;雖說屢遭貶謫,再三沉淪,而其人生之旅呈現的仍然是傳統官僚士大夫典型的仕宦軌跡。王禹偁這種仕隱抉擇去取的最終決斷,究其緣由,當在於儒家學說入世思想的信仰與主導,君王知遇之恩的感激與報答,內外交困嚴峻現實的思考與應對,以及躬行直道理念的追求與奉行。在此之外,維持一家生計,醫治身體疾病所需的費用和開銷,同樣有賴於官俸的穩定持久供給。因此,仕與隱的二難選擇,之於王禹偁而言,其實並無迴旋之餘地,歸隱以高潔其志、

〔註162〕《王黃州小畜集》卷11《送第三人朱嚴先輩從事和州》。
〔註163〕《王黃州小畜集》卷11《寓直偶題》。
〔註164〕《王黃州小畜集》卷11《送河陽任長官》。
〔註165〕《王黃州小畜集》卷11《壽孫三日》。
〔註166〕《王黃州小畜集》卷11《伏日偶作》。
〔註167〕《王黃州小畜集》卷7《官舍書懷呈郡守》。

放逐心靈的舉動，在理想信念與客觀現實的雙重夾擊下，注定只能是一種虛無
飄渺的人生設計，不太可能亦無可能轉化為真實的圖景。而個人剛直的秉性與
其時特定的政治生態，又決定了其人抱負難施的必然結局。至於說這種選擇的
對與錯，以及由選擇而造成的人生命運的幸與不幸，或許未必真正關乎仕、隱
兩者的權衡取捨，畢竟在個人意志之外，來自社會與家庭的多種因素，對於人
生軌跡的影響，通常性地遠遠超出現實個體的想像之外。就此而言，王禹偁仕
宦人生的起起落落，看似曲折坎坷，其實又無比正常。不過，應當承認的是，
其人在仕、隱抉擇上的度量與思考，在傳統社會的官僚群體中又具有相當的代
表性，即便放在今天，也有值得深入挖掘的價值和比照借鑒的意義。

原刊於《決策與信息》2017 年第 3 期。

洪适知荊門軍二三事

　　洪适（1117～1184），字景伯，號盤洲。饒州鄱陽（今江西波陽）人。洪
皓長子，弟遵、邁，以父蔭補修職郎。紹興十二年（1142），中博學宏詞科。
孝宗時，累官至同中書門下平章事，兼樞密使。居相位僅三月即罷。精於金石，
著有《隸釋》《隸續》《盤洲文集》等。在其仕宦生涯中，紹興二十八年（1158）
四月，除知荊門軍，是年冬赴任；次年秋，改知徽州。雖然洪适知荊門軍的時
間，僅歷冬、春、夏三季，不足一年，但因其勤於政事，一心求治，留意民瘼，
剗除蠹弊，故而稅賦驟減，民困紓蘇，教育復振，當地經濟社會秩序逐漸駛入
正軌，一定程度上有利於鞏固南宋襄陽抗金防線。作為南宋臣僚在荊門軍任上
取得顯赫治績的先驅，洪适所作所為頗具示範性，值得總結和借鑒。此前學界
關於洪适的探討，多集中於其在金石學領域的貢獻，鮮及其他。上世紀 90 年
代末，王瑞明先生曾對洪适知荊門軍的相關舉措有簡略梳理，〔註1〕大致勾勒
出其治理荊門的主要方面，拓寬了洪适研究的視野。本篇以此為基礎，重加考
索，重點圍繞其所上四篇奏疏（《荊門應詔奏寬恤四事狀》《荊門軍奏便民五事
狀》《荊門軍論茶事狀》《復解額申省狀》）的分析，以期更詳細、深入地探究
洪适知荊門軍的為治措施，全面反映其在當地的治績，藉此更可一窺其居官從
政的理念。

一、蠲免各色雜稅，清除額外之征

　　紹興三年（1133）二月，高宗「詔守臣至官半年，具上民間利害或邊防五

---

*與 2011 級歷史文獻學碩士研究生臧致遠同學合撰。

〔註 1〕王瑞明、雷家宏：《湖北通史·宋元卷》，華中師範大學出版社 1999 年版，第
　　　262～264 頁。

事」。〔註2〕紹興二十八年（1158）九月，即洪适赴任荊門軍之前，高宗又「令郡守奉行寬恤指揮，如有未盡事件，條具聞奏」。〔註3〕洪适謹記此諭，下車伊始，走訪民間，周知利病，未及三月，即上書言事，反映荊門稅上起稅，額外徵稅的問題。〔註4〕不久之後，再次上呈奏狀，揭發地方官府借稅收之名而實施的擾民舉措。〔註5〕歸結起來而論，實際就是荊門軍附加稅和雜稅頗多，甚而存在稅上起稅，乃至還有空頭稅等等弊政，以至百姓負擔沉重，嚴重影響了地方經濟的恢復與發展。

荊門軍的附加稅，隨正稅一同徵收。南宋正稅，即二稅之徵，仍採用夏錢秋米的方式。荊門軍每歲人戶所納秋苗即正稅米，此外，原先又有油、麻、豆、粟等雜色，也折變為米。雜色本身即為加徵，而官府此前徵收時，又將正稅、雜色區分開來，要求各自單獨繳納，倉吏乘機漁利，所謂「近年受納官吏生弊，將正稅米與雜折米令各作一鈔，官倉則利於兩鈔畸零，多收合耗，而專斗則利於逐鈔，各收糜費使用等錢，上下侵漁，比之舊年，每歲多取人戶一二千貫。」〔註6〕洪适察知此弊，即將所納折米，每戶並作一鈔，僅於稅簿注明名色，並將使用錢裁減三分之二，禁絕官倉胥吏借稅米入納之機敲詐百姓。

「嘗酒錢」也是荊門軍的一種附加稅。荊門軍下轄長林、當陽二縣，此前當陽縣官府每歲遇人戶納夏秋二稅，下令先須繳納「嘗酒錢」，以家業多少為標準，少則500文，多達3000文。即便是短期寄寓於此的流寓戶，亦同樣承擔。一年兩次出錢，總數接近2000貫。洪适下令從紹興二十九年（1159）起，不再徵收此稅。

荊門軍的雜稅，一度也極其嚴重。酒、茶、鹽課之外，尚有其他花色名目。如為代它州貢禮物。承平之時，荊門軍是川、廣、湖、湘入京的必經之路，商旅絡繹不絕，富甲一方。正因如此，宋廷每遇大禮年份，即令荊門軍代靖州進貢大禮銀200兩、絹200匹。又代峽州貢絹200匹，每匹折錢5貫文，所得峽

〔註2〕〔元〕脫脫等：《宋史》卷27《高宗紀四》，中華書局點校本1985年版，第503～504頁。

〔註3〕〔宋〕洪适：《盤洲文集》卷49《荊門應詔寬恤四事狀》，景印文淵閣四庫全書，第1158冊，臺灣商務印書館影印本1986年版，第572頁。

〔註4〕《宋史》卷373《洪适傳》載為：「應詔上寬恤四事：輕茶額錢，它州代貢禮物，闕試闈以復舊額，蠲官田令不種者輸租。」第11563頁。顯誤，此係《荊門軍奏便民五事狀》中之四事，而非《荊門應詔奏寬恤四事狀》之內容。

〔註5〕《盤洲文集》卷49《荊門軍奏便民五事狀》，第567～572頁。

〔註6〕《盤洲文集》卷49《荊門應詔奏寬恤四事狀》，第572頁。

州絹錢僅 285 貫。而本軍自有進貢銀絹 200 匹兩。上述財物無一例外地取之於民，可荆門軍地域不大，兵火之餘，經濟凋弊，且處於抗金前沿，客商稀少，實力遠非昔時可比，因大禮年份需代它州納貢，為籌措所需錢絹，自不免東移西充。客觀而言，靖州地處偏僻，與溪猺雜居，賦入有限，代靖州納貢多少還情有可原。但峽州田土多出荆門軍一倍，又有川江舟楫之湊，商稅收入在荆門軍之上，如仍循舊例，依然由荆門軍代峽州進貢禮物，顯然不妥。職此之故，洪适上奏朝廷，請求允許荆門軍免納峽州貢物，以改變以一軍而貢三州之賦的陳例。

附加稅、雜稅本身就令百姓難堪重負，而在此之外，更有官府巧立名目創設的各種空頭稅，以至形成稅上起稅的情形，完全違背了以物業為標準的稅收原則。如此前所徵獨石潭下游地區的魚稅，即是如此。獨石潭地處漢江附近，素以產魚著稱。此前曾以漁利補貼官府開支，後來改作放生池，但荆門軍守臣卻在江潭下流，新立車湘灘、上下堤、揚子灘、青術塌等地名。上述地域內的居民，即使不從事漁業，至冬月，也必須分攤此前的漁利，並如數交錢給官府，公使庫每年憑此可收入二百餘貫。本來稅種不存，稅額亦應隨之消亡，但當地政府居然僅依據原有稅名徵稅，顯然於理不合，於法無據，屬擾民之舉，洪适甫一到任，即下令禁徵。

並且，無論是正稅、附加稅、雜稅的稅錢部分，荆門軍皆強令百姓納銀。荆門僅轄兩縣，地域範圍狹小，又不產銀，流通貨幣以銅錢為主，但迫於官府壓力，百姓只得攜銅錢至荆南府兌換銀兩，才能向官府交差。此舉又是百姓所承受的額外負擔。

南宋初期的荆門，迭經戰火沖刷，城郭為墟，人口銳減，田萊荒蕪。紹興初年，南宋政府恢復治理後，在當地以營田的方式，墾闢荒閒田土。然而，經營營田的機構既不修蓋屋宇，又不置造農具，而一旦有民戶耕種，即令納稅。並且，還強迫稅戶根據經濟實力的大小，租種面積不等的營田，稱為「附種營田」。營田耕作之戶，兩年一替，在本鄉內輪流。替換之際，主管營田的吏胥，借機漁利，欺壓善良百姓，一戶替免，卻追逮五七戶，以至「紛拏推託，賄賂公行，源源不絕，舉縣咸被其擾」，並且，遇新至之戶，「未到畎畝，茅茨未庇風雨，而營田官課已遭督責」。而在荆門軍範圍內，「長林縣高陽兩莊、當陽縣山口莊，所名營田，係安撫司專差官兵耕作，即是良田，實收課利。並長林縣車橋兩處，亦有官兵營田。當陽縣只有四戶開墾實田外，其他兩縣營田共一千

七十七戶，所納秋課自五斗有至於四十二石者，共一千八百餘石」〔註7〕。營田課子，包括同屬「無田認納」性質的夏料小麥的交納，又要遭受盤剝，百姓不能直接交給官府，必須由尉司、弓手攬納，而交一石稅，竟有費錢達 3000 文者，其手續費遠遠高於應交的稅額。洪适建議朝廷取消這種典型的稅上起稅，既能減輕百姓負擔，又有肅清吏治之效。

學糧田的耕種，也存在附種現象。兵戈之餘，荊門軍官府以沒官田為學糧田，令本地居民分領認種，謂之「附種學糧」。但學糧田與民戶自身田土不相連接，不便耕墾，幾乎全部荒閒，而官府依然要求耕作民戶按照認種面積繳納租課。其時縣籍顯示：「長林之安西鄉納學糧人一百二十三戶，其一戶有田。通計長林九鄉，納學糧者共二百三十三戶，其有田者才三十五戶。」因學糧田關乎學校的供贍，無法直接免除。不過，荊門軍每年常平戶絕田每年可收米麥一百多石，按照慣例，每年秋夏未接之際，皆出糶常平米以接濟小民，累年下來，收入已在 12000 貫以上，義倉尚不在其數；加之，「本軍人戶稀寡，設有水旱，所費賑濟之數不多，每年老疾乞丐之人亦甚少」〔註8〕，常平倉、義倉每年所費不多。故而，洪适建議朝廷將每年戶絕田租所收米麥各一百撥充學糧，除免民戶附種的學糧田。

二、減少茶酒額錢，推行實用之規

實際上，荊門軍的各種雜稅之中，為害最烈者當數酒額與茶額，而尤以後者為甚。洪适在荊門軍任上，對此採取了針對性措施，大大降低了酒額與茶額，惠及一方。

先看酒額。「買酒錢」為雜稅之一。荊門軍原有榷酒機構強令民戶交錢買酒的做法。每年遇正旦、寒食、冬至等節令，即由酒務及公使庫印製關子，發放居民，逼迫戶戶納錢赴官沽酒，錢額自 100 文至 1000 文不等。僅此一項，軍城數百家每一節出錢即達 200 貫，但只是略得些小惡酒。表面看來，每一戶可能僅有百文上下，影響微乎其微，卻殊不知，荊門迭經兵火蹂躪，經濟凋弊，難得錢物，「買酒錢」無疑加重了百姓負擔。

更為嚴重的是，荊門軍的曲引已與最初的立法相去甚遠，致使民戶重復出錢，實為擾民之一端。按照規定，諸鄉村去州縣二十里外，有吉凶聚會，聽任

〔註7〕《盤洲文集》卷49《荊門軍奏便民五事狀》，第569～570頁。
〔註8〕以上引文均見《盤洲文集》卷49《荊門軍奏便民五事狀》，第570頁。

人戶以錢買引，於鄰近酒戶寄造。上戶納錢三貫，造酒十石；中戶則二貫，造七石；下戶則一貫，造三石，以其錢作朝廷封樁。上述規定的本意在於，「民間有聚會之事，親賓往來，使之納錢買引，則多得酒醴，公私有補」〔註9〕。但宋廷的良法美意，並未在荊門軍的酒榷中得到貫徹與落實，相反卻成為成官府漁利的重要途徑，誠如洪适所言：

> 凡逐縣就州軍請引，至人戶投買之時，縣吏視其物力多寡抑勒出錢，致有十餘千者。既已得引，酒戶又復視其貧富勒令出錢，亦有至十餘千者。初未嘗得酒，中下戶緣無力出錢買引，遂有過期不成婚姻者。其縣邑解發之錢，未必一一皆到州郡封樁。上下相蒙，剝割生弊。〔註10〕

據此可知，人戶買引要受縣吏敲詐，憑引買酒又要遭酒戶勒索，每一項都可高達十餘貫。為買酒而重復交錢，遠非中下戶所能承擔。因無法購得宴會所需酒品，乃至出現婚嫁失期的情況。而縣邑出售曲引所得，並未全部上交至州郡。其間的漏洞太多，滋生出若干弊端。深知其弊的洪适，希望朝廷能採取措施革除此弊，或者逕自刪除此法。

再看茶額。洪适至荊門不久，即瞭解到，荊門軍茶額錢所出遠在夏秋常賦之上，「致使茶商執害民之柄而託吏為奸，不惟民力重困，又緣此不敢歸業，數十年間，所以民未加益」。較之於其他雜稅而言，茶事擾民最甚。原因在於，其一，荊門軍系創痍之地，戶口耗減而凋傷困乏，不可能如江浙等地一樣，頓頓食茶，也就無法令商人隨時賣價；其二，先前官吏未曾顧及民戶負擔，希冀通過提高茶額錢來獲得朝廷賞賜，逐年遞增，以至數額越來越大。在這種情形下，聽任商人自由交易，勢必無法完成定額，本地官員亦會因此而遭責罰。為完成固定的茶額，荊門軍官府此前採取的辦法是，以人戶為標準，計口均敷，如家有一丁，則歲受茶三斤；其丁多及老小者，以次增減。至有一家買十三斤者。這種做法行用了十多年，豪商與猾吏相互串通，狼狽為奸，其弊不一。實際情況如下：

> 今荊門兩縣之民，其客戶往來不常外，主戶才及三千，坊郭不滿五百家。遞年趨茶四百六十引，客人就官入納，每茶一斤，為錢一百八十一文足。就旁近土產處買下等粗茶，雜以木葉，每斤不直百文，卻逐年定價，令民戶每斤還五百三十文足。會計本軍歲額，

〔註 9〕《盤洲文集》卷49《荊門軍奏便民五事狀》，第571頁。
〔註10〕《盤洲文集》卷49《荊門軍奏便民五事狀》，第571頁。

官得客人入納錢一萬七百貫有畸，而民間償客乃費三萬一千七百貫。

凡客人齎引到縣，指定所欲賣茶鄉分，乞留元引，只以縣帖下鄉，稱某客販到若干引，令耆保差大小保長門到戶至，應主客戶並計口均數。或猾吏暗指引數，或豪商均茶已足，計託牙馹，妄稱人丁逃徙，差互發賣未足，乞改別鄉。吏既受賂，更不核實，又與分下別鄉。或不即時批鑿元引，致容往來影帶私販。或先以私茶憑牙馹欺民均賣，續用縣帖再勒依數認買。若爭拒不受，客即委棄於地而去。

不惟疲民費錢重疊，而遞年損折入納錢亦不為少。〔註11〕

上述材料表明，由於歷年遞增，紹興二十八年（1158）荊門軍茶額即達460引。茶商向官府買引，每斤茶官價為181文，茶商將在指定的附近茶場憑茶葉所購得摻有木葉的下等粗茶，儘管每斤的實際價值不足百文，而且年年定價，但卻以每斤530文出售民戶，荊門軍實際所得商人買引錢為10700餘貫，民戶支付的茶額錢31700貫，兩者相差近21000貫。茶商在售茶過程中，還與吏胥相勾結，在茶引上動心思，其間的手段也五花八門。常見的是，在指定行茶地區不使用元引，僅用縣府公文作為售茶憑證，要求所在鄉村的主客戶一律購買茶葉，按人口分攤茶額錢。其他如猾吏暗中增加茶引，茶商完成額定茶葉的銷售又乞求至他鄉再次行茶，官府未按時批鑿元引以至茶商販易私茶等等，時有所見。茶商先委託牙人售賣私茶，強令民戶按人頭購買，然後再用官府公文逼迫百姓再次買茶的事情，亦有發生。凡此種種，不一而足。

上述做法，「不惟疲民費錢重疊，而遞年損折入納錢亦不為少」。造成上述情況的根本原因，在於歲額過多。荊門軍要完成高額的茶錢，就不得不採取均敷的方式，按人頭攤派。此中弊病又為茶商所洞悉，其以高價競購得茶引後，即獲得在指定地區的茶葉行銷權，賣茶價格是購茶的數倍。由於擔心虧欠茶額而受責，官府只能聽任茶商抬高價格，吏胥上下其手，官民俱受其害。但即便在這種情形下，荊門軍的茶引仍有虧欠，為補足欠額，官府向來採取寅吃卯糧的辦法，蒙混過關。洪適上任後，意識到縣吏的中飽私囊是造成歷年茶額虧欠的根源，所以，「究治縣吏，勒令填補，榜示見行條法及續降寬恤指揮，自今更不違法均敷」；並且，請求朝廷以紹興二十九（1159）茶商「從便實住賣到茶數立為新額」〔註12〕，或者將原來的茶額蠲減一半。倘若如此，茶商行茶價

〔註11〕《盤洲文集》卷49《荊門軍奏便民五事狀》，第568頁。

〔註12〕上述引文俱見《盤洲文集》卷49《荊門軍奏便民五事狀》，第569頁。

格自然回落。

　　不久，洪适再次就荆門軍茶額一事上奏。為「不致虧失經費，又不重困民力，使官民兼濟」，其建議朝廷「給降茶引，本軍自行勸誘，上等稅戶依客人入納官錢之數，就軍買引，自往鄰近土產處收買堪好真茶，以實價分均食用。咸謂若得如此施行，民戶自往買賣，免得虛費高價，亦為民利」。為此，洪适提出下述設想：

　　　　欲望鈞慈特賜減損荆門軍歲額，以其數每年徑就提舉司請引至
　　　　本軍，從長招誘客人，或民戶算，請只依元引收頭子錢外，更不別
　　　　收勘合等錢。俟至歲終，本軍以其錢買銀付提舉司，或鄂州總領司
　　　　交納，則於兩縣之民買引得茶之外，每歲實減錢一萬五千餘貫，此
　　　　其為利不鮮。如蒙從某所請，乞自紹興二十九年為始，俟指揮到日，
　　　　若春季已批發過客人鈔引，乞許理作今年之數，仍乞下提舉司於鈔
　　　　引上批係是荆門算請之引，只得前來本軍住賣，以免侵紊他州歲額。
　　　　兼乞下提舉司告示產茶去處，除本軍朱批鈔引之外，卻不許別用客
　　　　人他引批指前來本軍，以免攙奪給降引數。於法，鈔引許留民間九
　　　　年。今既本軍人戶自行買引，卻恐當年未必便能一一買茶。欲乞本
　　　　軍每年只是趁納給到引價錢，其住賣到引，乞隨逐年多少申繳，庶
　　　　使公私兩便。如是向去戶口繁盛，比及承平，商旅通行，見得從便
　　　　可以趁額，則乞許以後守臣申明朝廷，自依常法，更不逐年給降。……
　　　　今每年至提舉司請引，及管押人納銀，有沿路腳乘等費。若不立下
　　　　些小縻費，恐官司別無所出，巧作名目，因緣多取於民。某面問民
　　　　戶，欲令每斤增收五文省作縻費使用，皆稱情願出備。若於外官吏
　　　　別行增添收取，並乞計贓坐罪。〔註13〕

以上構想，較之此前上奏更為具體、詳細，涉及到引額、請引、付錢、售茶等等環節，按照洪适的設計，基本可以堵塞此前的若干漏洞，從而大大減少茶額，惠及民眾。

三、奏增解額數量，激勸向學之志

　　除在經濟方面大力整頓，以緩解百姓壓力之外，洪适在荆門軍任期內還極為留意本地教育文化的發展狀況，並向朝廷積極建言，希望能擴大荆門軍解

〔註13〕《盤洲文集》卷51《荆門軍論茶事狀》，第580～581頁。

額，以激勵士子向學，推動教育事業走向繁榮。

　　據荊門軍學進士反映，本地解額在北宋末年即為 5 人，但兩宋之交，荊門屢遭兵燹，反覆淪為金兵和流寇佔領地區，「軍治鞠為荊棘，人民死徙殆盡」，一直到紹興五年（1135），南宋朝廷才「驅除虎狼，鳩合遺萌，始有人煙」。紹興七年（1137），禮部調查荊門軍靖康元年（1126）解額人數，擬依此立額。其時本軍士人逃散外地，而時任知軍又不太關心科舉，據居住在軍城的流寓士人陳天將所稱，其年有 220 人終場。當年，荊門軍士人的發解試附於江陵舉行，並以 44：1 為解發標準。在此之後，隨著本軍士人返回歸里，解額的前後差異驟然呈現，遂於紹興二十一年（1151）經轉運司和本軍向朝廷申訴，稱荊門軍並無 200 人終場的先例。經向陳天將求證，原來是將當年應天府流寓士人計算在內，但實際上這些人並未參加荊門軍發解試，所以，靖康元年（1126）科場人數顯然有誤。據當年參加解試者回憶，實際應為 65 人。

　　南宋立國之後，除建炎（1127～1130）、紹興（1131～1162）之初，荊門軍無人參加發解試外，紹興七年（1137）開始參加江陵府附試，當年 7 人赴試，解發 1 人。至紹興二十六年（1156）應試者達 46 人，仍然解發 1 人。然而，經過近三十年的恢復，本地士人大致與承平時相當；加之，荊門相距江陵 180里，貧寒人家難以籌措赴試盤纏，年齡稍小的士子又被其父母禁止出遠門，所以，每次赴江陵取應者並非荊門所有符合應試資格的士子；而在人數顯然不可能有太大增加的情況下，多年來又僅能解發 1 人。洪适經調查瞭解到，紹興二十六年（1156）參加鄉飲酒者，除殘疾者不在其列外，共有 88 人具備參加發解試的資格，再加上荊門軍學在籍學生 106 人，再者相加，總數已接近 200 人。士人數量驟增，如再維持每年解發 1 人的做法，則明顯欠妥。

　　如果參照鄰近府州的解發比例來看，荊門軍的解額確實偏少。洪适曾對此有所描述：

　　　　江陵府以省記到靖康元年數係十人，七分取一人。紹興七年終
　　　　場五十二人，解發三人。紹興十七年終場一百六十六人，解發十一
　　　　人，已復舊額。峽州，靖康元年，係八人取一人。紹興七年終場二
　　　　十人，解發三人。紹興十四年，終場七十三人，解發五人，已復舊
　　　　額。歸州，靖康元年係七人，五分取一人。紹興四年終場二十人，
　　　　解發三人。紹興十年終場二十九人，解發四人，已復舊額。復州，
　　　　靖康元年係十二人取一人；紹興十年終場五人，發解一人；紹興二

十六年，終場三十人，發解三人。〔註14〕

據此來看，上述府州解試錄取比例大致在 7：1 至 15：1 之間，甚至還有 5：1 的情形。而紹興二十六年（1156），荊門軍解試的錄取比例竟然是 46：1，其間的懸殊實在太大，競爭太過激烈，荊門士子求學的積極性勢必因此受挫。

此外，荊門軍學術傳承亦頗有淵源。如北宋末年，湖湘學派的開創者胡安國及其子胡寅曾借居荊門，人稱「漢上先生」的朱震慕名而至，前來請益。後來，朱震、胡寅皆通過荊門發解試而赴京參加省試、殿試，並最終考中進士。

但現實的情形是，荊門軍解額過窄，又附試於江陵，故而赴試者有限，解額亦因此難以增加，有礙於荊門教育文化事業的發展。而且，洪适還瞭解到，淮南兩路也無靖康元年（1126）終場人數，但在南宋初年確立解額時，採用的是 13：1 的錄取標準。湖北各路至多也不過是 15：1，「荊門獨以四十餘人為額，顯是多寡不均」。

為改變荊門軍士人因解額過窄，難以發解的問題，使荊門軍的解試錄取比例大致與鄰近府州相當，洪适將瞭解到諸州府解發人數的情況上呈禮部，向尚書省反映，並懇請朝廷自紹興二十九年（1159）起，仿照鄰近州軍體例重新調整荊門軍解額。此項建議對於激勸士子向學，重振荊門教育事業，無疑具有積極意義。

四、結語

綜觀上述，洪适在荊門軍任上雖前後不及一年，但因其體恤民情，深知百姓疾苦，以解生民倒懸為念，故在經濟上，重在採取切實有效的措施，蠲減附加稅和雜稅稅額，減輕百姓負擔，力求改變荊門軍滿目創痍的局面；教育上，則大力呼籲增加解額，改變荊門軍士人因解額過少而難於發解的狀況，以期促進當地教育文化事業的發展。其上述言論與作為，所體現出的公忠體國，竭力謀求民生福祉，為民請願的為官理念與精神，直可垂鑒後世，有益將來。

原載於《荊楚文化與漢水文明》，湖北人民出版社 2013 年版。

〔註14〕《盤洲文集》卷 51《復解額申省狀》，第 581～582 頁。

崔與之的官德、治績與政聲

　　崔與之（1158～1239），字正子，號菊坡，南宋廣州增城（廣東今縣）人。光宗紹熙四年（1193）中進士乙科，歷仕光宗、寧宗、理宗三朝共計 47 年。曾親理民訟，字民一方，守淮五載，衛護四蜀，擊退叛軍。然進道退義，不慕名利，功成則止，以全歸為樂；晚年，閒居廣州，屢召不起，更八辭參政，十三辭右丞相兼樞密使。理宗嘉熙三年（1239），崔與之以觀文殿大學士致仕，未幾而卒，年八十二，諡曰清獻。與有「嶺海千年第一相」之稱的張九齡合稱「二獻」，異代齊名，同享廟祭，誠為嶺南千載不朽之盛事。

　　崔與之一生致君澤民，經邦輔國，於政事、軍事、學術均有過人之處。在南宋中晚期政治昏暗、外患日逼、權臣擅命、奔競干祿之風大熾的情勢下，崔與之易退難進、終始全德的高蹈人格，卓然獨立，分外引人注目。其清風高節，不僅彪炳於一時，後世仁人君子亦推崇備至。學界前輩關於崔與之的論述時有所見，何忠禮先生、王德毅先生，先師張其凡教授均曾刊布專文論及崔與之的若干方面，〔註1〕筆者深受教益。翻檢相關記載，崔與之之所以生前為時人讚譽，且百年之後，稱頌之聲仍不絕如縷，竊以為，其中至為重要的原因之一當緣於其官德之美與政績之著，藉此又有政聲之優。本文即以官德、治績與政聲為題，通過考察此三者在崔與之這一歷史人物身上的具體體現，揭示其間互為

〔註 1〕分見何忠禮先生：《南宋名臣崔與之述論》，《廣東社會科學》1994 年第 6 期；王德毅先生：《崔與之與晚宋政局》，《臺灣大學歷史學報》1996 年第 19 期；先師張其凡教授：《論宋代嶺南三大家》，《徐規教授從事教學科研工作五十週年紀念文集》，杭州大學出版社 1999 年版；先師張其凡教授：《菊坡學派：南宋嶺南學術的主流──再論嶺南三大家》，《第二屆宋史學術研討會論文集》，臺北中國文化大學 1996 年版；先師張其凡教授：《「平生願執菊坡鞭」──陳獻章與崔與之》，《暨南學報》1996 年第 3 期。

依存的唇齒關係，冀望能以此挖掘出南宋名臣崔與之所含攝的豐厚精神內涵，以鑒來者。

一

官德者，居官從政者思想道德之謂也。為官以德，是歷代代君牧民者的基本素質與要求。這種入仕為宦者共同遵守的規範，經過長期積澱，形成類似於今日官員職業道德的官箴。〔註2〕官德集中包括「正己、待人、盡職」三個方面，下分為修身、治家、晚節、事上、友僚、愛民、清廉、謹慎、勤奮、秉公、教化、長能等內容。〔註3〕作為南宋中晚期的名臣，崔與之在其仕宦歷程中，於官德時時傾心，理宗對此即有如下評價：「卿忠清足以範俗，惠直足以揉邦，國之紀也，民之望也。」〔註4〕足見崔與之居官從政期間莫不以官德為忠君愛民、治理教化的基礎和先導。崔與之事功之形成與卓著，實得益於此。限於篇幅，茲僅就崔與之官德中的修身、清廉、愛民、晚節四點略述如次，以一窺其官德之精要。

「修身」，是入仕者履行職責、清白操守的第一要務，是官吏奉行「修、齊、治、平」原則的基石。《禮記·大學》云：「君子先慎乎有德。」「德者，本也。」《論語·子路》曰：「其身正，不令而行；其身不正，雖令不從。」崔與之自幼即以經國濟世為志，「刻苦向學，讀書務通大義」〔註5〕，薰習儒家經典至深，並確立了經邦治國務須以德為先的理念。對此，崔與之曾有明確表述。史載：「公（指崔與之，下同）道經連州，時官民耆儒，迎謁於州治。將行，因書曰：『有才者，固難得，苟無德以將之，反為累爾。窮達自有定分，枉道以求之，徒喪所守。』州人以為名言，刻於石。」〔註6〕也就是說，在官吏所具有的才、德兩項基本素質中，崔與之主張德先才後，才只有秉之於德，方能奏其效；若無德而有才，必致政事不舉，「反為累爾」。本乎此，崔與之一以貫之地加強道德自律與自我修養，終身不敢懈怠。據史籍所載，崔與之素以「無

〔註2〕 此說詳見彭忠德先生：《古代官吏職業道德規範——官箴》，《湖北大學學報》2002 年第 3 期。

〔註3〕 參見彭忠德先生、趙騫編著：《官箴要語》，武漢大學出版社 2007 年版，第 17 頁。

〔註4〕 〔宋〕崔與之：《宋丞相崔清獻公全錄》卷7《奏箚四·第六次辭免參知政事》，廣東人民出版社點校本 2008 年版，第 79 頁。

〔註5〕 《宋丞相崔清獻公全錄》卷1《言行錄上》，第 2 頁。

〔註6〕 《宋丞相崔清獻公全錄》卷1《言行錄上》，第 3 頁。

以嗜欲殺身，無以貨財殺子孫，無以政事殺民，無以學術殺天下後世」〔註7〕
為座右銘，所謂「斯言也，實公心得之學，修身行業之本也」〔註8〕。其在《遺
表》中還說：「毋不敬，則內敬常存，思無邪，則外邪難入。……凡興居食息
之間，皆非恐懼修省之地。」〔註9〕由此不難看出，「修身」在崔與之心目中居
有何等重要的地位。後人於此亦有評價：菊坡先生「篤志好古，動法聖賢，祗
服九思九容之訓。夙夜幹惕，求無歉於不愧不怍之真」〔註10〕。

「愛民」，即重視民眾、愛恤民眾。民眾是施政行政、國家機器正常運轉
的依託，又是政治的終極指向，各級官吏肩負代君治民的重責，惟有「愛民」，
安邦興國的聖論才能實現。《尚書·五子之歌》即云：「民為邦本，本固邦寧。」
《禮記·大學》載：「民之所好，好之；民之所惡，惡之。此之謂民之父母。」
賈誼《新書·大政上》亦道：「夫民者，萬世之本也，不可欺。」先儒所論，
均以「民」為國家政治生活的中心，「愛民」則是政治有序、邦國安寧的基本
保障。在崔與之的仕宦生涯中，其「愛民」之心亦有明顯體現。崔與之認為
「民力」與「國勢」的關係是：「人謀合處天心順，民力寬時國勢張。」〔註11〕
為國之要則在於，「惠養黎元，以培固邦基」〔註12〕。基於這種認識，他認為：
「官之賢否，係民休戚。」〔註13〕緣於對民生的重視，崔與之常常以「州縣
之才」自詡，如其所言：「寸長無取，不過碌碌州縣之才。」〔註14〕又嘗道：
「伏念臣碌碌州縣庸才爾，奔走四方，未嘗擇地，以勤掩拙，實陪其勞。」
〔註15〕「少而有志，不過州縣碌碌之才。」〔註16〕正因其始終能以天下蒼生
的福祉為念，故即使勞碌奔波、無暇暫息，仍能甘之如飴，其「愛民」之情昭

〔註7〕《宋丞相崔清獻公全錄》卷2《言行錄中》，第20頁。
〔註8〕《宋丞相崔清獻公全錄·附集》卷1《序跋·廣西重梓崔清獻錄前序》，第170頁。
〔註9〕《宋丞相崔清獻公全錄》卷3《言行錄下》，第25頁。
〔註10〕《宋丞相崔清獻公全錄·附集》卷1《序跋·崔菊坡先生言行錄序》，第176頁。
〔註11〕《宋丞相崔清獻公全錄》卷8《遺文·送聶侍郎子述》，第96頁。
〔註12〕《宋丞相崔清獻公全錄》卷3《言行錄下》，第25頁。
〔註13〕《宋丞相崔清獻公全錄》卷2《言行錄中》，第21頁。
〔註14〕《宋丞相崔清獻公全錄》卷4《奏箚一·辭免除工部侍郎兼同修國史兼實錄院同修撰》，第46頁。
〔註15〕《宋丞相崔清獻公全錄》卷4《奏箚一·辭免除煥章閣待制知成都府本路安撫使》，第46頁。
〔註16〕《宋丞相崔清獻公全錄》卷7《奏箚四·辭免特授正議大夫右丞相兼樞密使第一詔奏狀》，第82頁。

然可揭。其絕筆依然念念不忘與民休息:「東南民力竭矣,諸賢寬得一分,民受一分之賜。」〔註17〕

「清廉」,乃立政之本。《晏子春秋‧雜下》即云:「廉者,政之本也。」《孟子‧離婁下》曰:「可以取,可以無取,取傷廉。」是則「清廉」實係為官之人清潔自我品質的底線。崔與之為官多年,終身無缺,未嘗一朝點污。史載:崔與之治蜀罷任,「舉羨餘三十萬緡,歸之有司,以佐邊用,一無私焉。……仕於蜀者,鮮不為奇玉美錦所動。公至官,爭以為饋,悉卻之。去之日,至蜀口,四路制領舉所嘗卻者以獻,有加焉,俗謂之大送,公卻愈力。」〔註18〕又,平定摧鋒軍叛亂之後,崔與之「即力辭閫事,所得廣帥月廩錢一萬一千餘緡,米二千八百餘石,悉歸於官,一無所受」〔註19〕。其實,「自謝事還里」以來,崔與之已然是「所得祠祿衣賜,悉辭不受」,有人問及於此,答曰:「仕而食祿,猶懼素餐。今既佚我以老,而貪君之賜,可乎?」聞者歎服。〔註20〕崔與之平素生活節儉,「自中年喪偶,不再娶。官至貴顯,不蓄聲妓。買宅一區,未嘗增飾園池臺樹,亦未嘗增置產業。便坐左右圖書,無玩好,書室所蓄,白宦雞一雙而已。其恬淡無欲,蓋由天性,非矯也」〔註21〕。理宗嘉熙三年(1239),崔與之「乃得致仕,以觀文殿大學士提舉洞霄宮。自領鄉郡,不受廩祿之入,凡奉餘皆以均親黨」〔註22〕。

「晚節」,意謂執事者不貪戀名利,主動退休,讓賢與能。《老子》有「功成身退,天之道」之語;《晏子春秋‧問上》曰:「進不失廉,退不失行。」強調的都是晚節的重要。縱觀崔與之一生,其晚節尤為人們所欽羨。自嘉定十七年(1224)從四川制置使卸任後,「公輕舟出峽,徑歸五羊,自是不復出矣」〔註23〕。除端平二年(1235)因平叛之需,曾短暫知廣州兼廣東安撫使之外,崔與之曾相繼辭免禮部尚書、湖南安撫使、江西安撫使、吏部尚書、參知政事,乃至右丞相兼樞密使等顯赫官職。對於崔與之這種淡泊名利、易退難進

〔註17〕 《宋丞相崔清獻公全錄》卷9《贈挽上‧克齋遊公侶跋公齋房大書》,第117頁。
〔註18〕 《宋丞相崔清獻公全錄》卷2《言行錄中》,第17頁。
〔註19〕 《宋丞相崔清獻公全錄》卷2《言行錄中》,第19頁。
〔註20〕 《宋丞相崔清獻公全錄》卷2《言行錄中》,第20頁。
〔註21〕 《宋丞相崔清獻公全錄》卷2《言行錄中》,第20頁。
〔註22〕 〔元〕脫脫等:《宋史》卷406《崔與之傳》,中華書局點校本1985年版,第12263~12264頁。
〔註23〕 〔宋〕李昴英:《文溪存稿》卷11《崔清獻公行狀》,暨南大學出版社點校本1994年版,第114頁。

的盛德清風，家大酋嘗言：「東海北海天下老，亦有盡歸西伯時。白麻不能起南海，千載一人非公誰。」〔註24〕後人言及於此，嘗評論道：「功成身退，棄相位如脫屣，輕富貴如浮雲。」〔註25〕有人亦稱：「當相不拜之節，至稱之為千載一人。」〔註26〕關於主動退歸的原因，崔與之曾說：「自蜀一病之後，生意蕭然，不堪世用，遂決歸休之計。」〔註27〕惟因疾病纏身，年屆七旬，故其又說：「已逾謝事之期，徒負空餐之刺，可止而不知止，此心得無慊乎？」〔註28〕其也一再以身體老邁、不堪重負為由，屢屢婉拒朝廷任命。所謂「其老也，精力既衰，非惟不足以任事，必至廢事且誤事也」〔註29〕。關於身染陳疴、不能視事的情形，崔與之在《再辭免知隆興府江西安撫使》的奏劄中言之頗詳，無妨移錄如下：

> 顧知一路蕃宣之寄，其責非輕，自度衰殘，若為勝任。頃年頭風之疾，秋冬為甚。今發作無虛日，自早晨為其所苦，食後方少定。若遇風寒，則終日奄奄，無復生意，甚至攻注面目，牽引口齒，呻吟不已，續以叫號，年事至此，能再少再壯乎？使之臨事，非惟無益於事，必至誤事，投老獲戾，一身何足惜，而大體所繫，其可不自量耶！〔註30〕

有研究者已經指出，崔與之屢次辭職、急流勇退的原因是多方面的，〔註31〕但年老體衰的確為不爭事實。至少，在保留至今的崔與之辭免任官的奏劄中，無一不是以此為理由的。

　　與以老病為辭官之由相聯繫的是，崔與之多次提到保持晚節的願望。其在辭免奏劄中就屢屢言及：「致蒲柳之易凋，桑榆之浸晚。加以多病，日就衰殘，丐閒便私，欲全晚節。」〔註32〕「欲望察其樸實之情，全其晚暮之節，收回誤

〔註24〕《文溪存稿》卷11《崔清獻公行狀》，第115頁。
〔註25〕《宋丞相崔清獻公全錄·附集》卷1《序跋·黎貞敘》，第164頁。
〔註26〕《宋丞相崔清獻公全錄·附集》卷1《序跋·崔菊坡先生言行錄序》，第176頁。
〔註27〕《宋丞相崔清獻公全錄》卷5《奏劄二·辭免知隆興府江西安撫使》，第60頁。
〔註28〕《宋丞相崔清獻公全錄》卷6《奏劄三·乞守本官致仕》，第64頁。
〔註29〕《宋丞相崔清獻公全錄》卷5《奏劄二·再辭免知潭州湖南安撫使》，第58頁。
〔註30〕《宋丞相崔清獻公全錄》卷6《奏劄三·再辭免知隆興府江西安撫使》，第63頁。
〔註31〕金強、先師張其凡教授：《南宋名臣崔與之》，廣東人民出版社2007年版，第108～114頁。
〔註32〕《宋丞相崔清獻公全錄》卷4《奏劄一·辭免除煥章閣待制知成都府本路安撫使》，第46頁。

恩，許某守本官職致仕，實出始終保全之大賜。」〔註33〕「惟有忠實一意，始終不渝，冀全晚暮之節。」〔註34〕「若迫於成命，不自揣量，奔走貪榮，死於道路，則晚節掃地，遺憾何窮？」〔註35〕崔與之素有「清泉白石，方託此生」〔註36〕之追求，閒居鄉里期間，即「築室所居之西偏，扁『菊坡』，刻韓魏公『老圃秋容淡，寒花晚節香』之句於門塾，蓋雅志也」〔註37〕。對此，後世學人更有闡發，謂菊坡先生「每慕韓魏公為人。韓嘗言：『士之保初節易，保晚節難。』故詩有『不羞老圃秋容淡，且看黃花晚節香』之句。公心契之，因自號曰：『菊坡』。及老而歸，又目所居之寢曰『晚節堂』」〔註38〕。由此可知，其全晚節之言與其行深相契合，實乃出於天性，並非矯情。

二

崔與之常常以「胸中經濟學，為國好加餐」〔註39〕自勵，自踏入仕途以來，無不克盡職守，踐履素所奉行的官德，並希望通過自身的勤勉和努力，上報君恩，下惠黎民。據史籍所載，與之在其每一任內均有不俗表現。茲據其仕宦履歷先後，簡要敘其治績如下。

光宗紹熙四年（1193），崔與之授潯州（廣西桂平）司法參軍。任期內，「常平倉久弗葺，慮雨壞米，撤居廨瓦覆之。郡守欲移兌常平之積，堅不可，守敬服，更薦之」〔註40〕。作為一名初入仕途、僅位及九品的幕職官，崔與之敢於秉公抗言，其正直與膽量遂深得郡守的敬服和舉薦。

寧宗慶元三年（1197），與之調淮西提刑司檢法官。其時，「民有窘於豪民逋負，毆死其子誣之者，其長欲流之，與之曰：『小民計出倉猝，忍使一家轉徙乎？況故殺子孫，罪止徒』」〔註41〕。由於崔與之據理力爭，堅持從輕發落，最終提刑司長官僅將此人判為徒刑。另外，供職淮西期間，其還展現出

〔註33〕 《宋丞相崔清獻公全錄》卷5《奏箚二·辭免知隆興府江西安撫使》，第60～61頁。

〔註34〕 《宋丞相崔清獻公全錄》卷7《奏箚四·再辭免參知政事》，第74頁。

〔註35〕 《宋丞相崔清獻公全錄》卷7《奏箚四·第四次辭免參知政事》，第77頁。

〔註36〕 《宋丞相崔清獻公全錄》卷6《奏箚三·再辭免知隆興府江西安撫使》，第62頁。

〔註37〕 《文溪存稿》卷11《崔清獻公行狀》，第114頁。

〔註38〕 《宋丞相崔清獻公全錄》卷10《贈挽下·記菊坡大字》，第133頁。

〔註39〕 《宋丞相崔清獻公全錄》卷8《遺文·送夔門丁帥赴召》，第101頁。

〔註40〕 《宋史》卷406《崔與之傳》，第12257頁。

〔註41〕 《宋史》卷406《崔與之傳》，第12257頁。

不畏權勢、秉公斷案的一面。史載：「時王樞密當國，有子豪奪僧寺田，官吏無敢決其訟，公直筆擬斷，不為權勢屈，王聞而壯之，薦於朝。由是，諸臺交剡爭致。」〔註42〕

嘉泰四年（1204），與之知建昌之新城（江西南城），是為一方父母官。上任伊始，「歲適大歉，有強發民廩者，執其首，折手足以徇，盜為止，勸分有法，貧富安之」〔註43〕。另有記載稱：「建昌新城，素號難治，公始至，歲適大歉，民有強發廩者，公折其手足以徇，因請自劾，守大異之。」〔註44〕可見，崔與之在用鐵腕治理民眾騷亂之後，嗣後曾上章自劾，對所採取的嚴酷手段表示自責。這種敢於擔當的舉動，令郡守駭異不已。治理新城期間，崔與之「以撫字寓之，催科酌道里為信限，悉蠲浮費，民輸直造庭下，東廡交錢，西廡給鈔，未納無泛比，已納無泛追，不事一楚，而賦益辦。前是，編民以役，破家相踵。公既去所以蠹役者，民爭應恐後」〔註45〕。改革賦役徵發的方式，明顯收到了便民、利民之效。開禧用兵之後，軍需苛急，「公悉以縣帑收市，一毫不取於民。和糴令下，公依時直躬自交受，民一概不擾而辦，為諸邑最。趙漕使希懌令諸邑視以為法，且特薦於朝」〔註46〕。其實，崔與之以縣帑按照時價在市場上收購百姓糧食的做法，曾經遭到胥吏的反對，但其堅持「寧願罷官，也不能掠奪百姓」的立場，事遂得行。〔註47〕

開禧三年（1207），崔與之堅辭留中，通判邕州，另攝賓州。其時，「邕守武人，性苛刻，御禁卒無狀，相率為亂。公時攝賓陽，聞變亟歸，叛者將擁門拒之，公疾馳以入，執首亂者戮之，縱其徒不問，闔郡貼然」〔註48〕。

嘉定元年（1208），因平叛有功，崔與之擢發遣賓州軍事。任期之內，「郡政清簡」〔註49〕。史載：「其折奸萌不動聲色。憲使楊公方，為時名流，按部至賓，見公處事識大體，愛民有實惠，期以經濟事業。諸郡邑獄訟，久不決者，悉歸之，剖決如神，一道稱快，遂特薦之。」〔註50〕

〔註42〕 《宋丞相崔清獻公全錄》卷1《言行錄上》，第2頁。
〔註43〕 《宋史》卷406《崔與之傳》，第12257頁。
〔註44〕 《文溪存稿》卷11《崔清獻公行狀》，第113頁。
〔註45〕 《宋丞相崔清獻公全錄》卷1《言行錄上》，第2頁。
〔註46〕 《文溪存稿》卷11《崔清獻公行狀》，第113頁。
〔註47〕 《宋史》卷406《崔與之傳》，第12257～12258頁。
〔註48〕 《文溪存稿》卷11《崔清獻公行狀》，第113～114頁。
〔註49〕 《宋史》卷406《崔與之傳》，第12258頁。
〔註50〕 《宋丞相崔清獻公全錄》卷1《言行錄上》，第3頁。

　　嘉定二年（1209），崔與之擢守賓陽提點廣西刑獄。「甫建臺，遍歷所部二十五州，大率皆荒寂之地。朱崖隔在海外，異時未嘗識使者威儀，公至，父老駭異。諸郡縣供帳之類，一切不受，兵吏不給券，攜緡錢自隨，計日給之。停車決遣，無頃刻暇，獎廉劾貪，多所刺舉，風采震動。」〔註51〕其輕車簡從，秋毫不犯，勤於政事，懲貪倡廉，影響極大。當時，「朱崖地產苦荼，民或取葉以代茗，州郡徵之，歲五百緡。瓊人以吉貝織為衣衾，工作皆婦人，役之有至期年者，棄稚違老，民尤苦之。與之皆為榜免。其他利病，罷行甚眾」。崔與之在罷除苛重的科役之外，鑒於「嶺海去天萬里，用刑慘酷，貪吏虐民，乃疏為十事，申論而痛懲之」〔註52〕。史載：崔與之「劾四郡貪黠吏數人。自此，官吏始知有國法，不敢害民矣」〔註53〕。又由於「熙寧免役之法，獨不及海外四州，民破家相望。與之議舉行未果，以語顏戣，戣守瓊，遂行之」〔註54〕。這也是有利於紓蘇民困的有益之舉。其在任上，還注意到「廣右僻縣多右選攝事者，類多貪黷」，遂「請援廣東循、梅諸邑，減舉員賞格，以勸選人」〔註55〕。這種做法旨在通過爭取做官的優惠條件，吸引更多的循吏至廣西任官，以改變吏治貪黷的不正之風，從而起到整肅官場風氣的作用。崔與之在廣西的四年，治事理民，可謂殫精竭慮，不遺餘力，誠如史載：「公歷巡所部，朝嵐晝暑，星行露宿，以葉舟渡朱崖，沖冒川途之險而弗顧。自春徂冬，往返數千里，形容凋瘁，鬢毛悉斑。」〔註56〕

　　嘉定六年（1213），崔與之赴召，為金部員外郎。即使是到了日夜窮忙的金部司，其依然堅持事必躬親、臨事有守的作風。「時郎官多養資望，不省事，與之鉅細必親省決，吏為欺者必杖之，莫不震栗。」〔註57〕這種不計私身、敢於糾偏的做法，在其時頗為難得一見。

　　寧宗嘉定七年（1214），崔與之知揚州兼淮南東路安撫使。迫於金軍鋒鏑南指，其臨危受命，赴任後，即大力修築、鞏固防禦體系，加強士兵的技戰術訓練，並發動民眾參與禦敵。以固根本。嘉定十年（1217），崔與之兼淮南東

〔註51〕《文溪存稿》卷11《崔清獻公行狀》，第114頁。
〔註52〕《宋史》卷406《崔與之傳》，第12258頁。
〔註53〕《宋丞相崔清獻公全錄》卷1《言行錄上》，第4頁。
〔註54〕《宋史》卷406《崔與之傳》，第12258頁。
〔註55〕《宋史》卷406《崔與之傳》，第12258頁。
〔註56〕《宋丞相崔清獻公全錄》卷1《言行錄上》，第4頁。
〔註57〕《宋史》卷406《崔與之傳》，第12258頁。

路制置使。在致力於軍政的同時，於民政亦傾心盡力。史載：「浙東饑，流民渡江，與之開門撫納，所活萬餘。」〔註58〕對此，如下記載敘之甚詳，「浙東大饑，流民渡淮求活，以數千計。公命僚屬於南門外，籍口給錢米，民得無饑亂以死，無不感慕。且請於朝，行之兩淮」。其高風亮節，深得時人贊許。端明洪公諮夔嘗有詩曰：「寨下人家盎盎春，又推餘澤及流民。慶州小范青州富，合作先生社稷身。」〔註59〕崔與之在淮西任上，時刻不忘守土之責，力求為民眾提供和平安定的環境，以造福一方民眾。史載：「楚州工役繁夥，士卒苦之，叛入射陽湖，亡命多從之者。與之給旗帖招之，眾聞呼皆至，首謀者獨遲疑不前，禽戮之，分其餘隸諸軍。」〔註60〕弭除禍亂，將叛卒納入到部隊中，既可穩定局勢，亦可增強軍隊力量，一石二鳥，兩全其美。

嘉定十三年（1220），與之除煥章閣待制、知成都府，兼本路安撫使。次年，權四川宣撫司職事，旋除四川安撫制置使。帥成都三年期間，崔與之忠於職守，整飭軍備，對安定川陝局勢起到了積極作用。

嘉定十七年（1224），以權禮部尚書召還，崔與之堅辭不拜，南歸廣州。自此，潛居鄉里，一再力辭朝廷任命。理宗端平二年（1235）二月，廣州摧鋒軍兵變。三月，為安定南粵，崔與之奉命出面收拾危局，除廣東經略安撫使兼知廣州。六月，兵變甫定，即力辭閫事。「俄拜參知政事，八辭不受。逾年，拜右丞相，上遣中使促召，命守帥彭鉉勸請，又命郎官李昴英銜命而至。遜辭凡十三疏。」〔註61〕即便如此，崔與之仍然念念不忘國事、紓蘇民困。理宗知與之無意出仕，乃「詔即家條上時政。公手疏數萬言，上皆欣納」〔註62〕。由此不難想見其胸懷天下、關心民瘼之情。

總之，崔與之在仕宦生涯的每一任職期限內，均政績斐然。其實，這正是其忠直無私、不辭勞苦為國事盡心竭力的必然結果。崔與之曾不止一次地在奏劄中提到：「奔走萬里，辛苦一生。」〔註63〕「自惟平生奔走四方，王事盡瘁，惟有一誠體國，至於神疲力竭而後已，未嘗輒辭。」〔註64〕觀其一生，此語絕非虛造，亦無絲毫驕矜。

〔註58〕《宋史》卷406《崔與之傳》，第12259頁。
〔註59〕《宋丞相崔清獻公全錄》卷1《言行錄上》，第7頁。
〔註60〕《宋史》卷406《崔與之傳》，第12259頁。
〔註61〕《文溪存稿》卷11《崔清獻公行狀》，第114～115頁。
〔註62〕《文溪存稿》卷11《崔清獻公行狀》，第115頁。
〔註63〕《宋丞相崔清獻公全錄》卷4《奏劄一·辭免兼國史檢討官》，第41頁。
〔註64〕《宋丞相崔清獻公全錄》卷5《奏劄二·第四次辭免除禮部尚書》，第55頁。

三

　　崔與之的宦海生涯共計 47 年，因其謹守官德，上慢其君，下念其民，公而忘私，故而治績卓著。與之相應，崔與之的政聲也格外令人矚目，時人即說：「公以正大學問，發為政事，所至聲跡章灼。擊楫東來，恩信孚浹，軍民歸命，恃為長城，識者以經濟事業望之，期役特細耳。」〔註65〕這種情形在南宋中晚期的官僚群體中極為罕見。崔與之在每一任上，均有不俗治績，政聲亦隨之而至。

　　崔與之步入仕途之初，歷潯州司法參軍、淮西提刑司檢法。因敢於任事，秉公執法，「皆有守法持正之譽」〔註66〕，政聲隨之始有顯露。知賓州任內，嘉定元年（1208），因平叛有功，崔與之擢發遣賓州軍事。任期之內，「郡政清簡」〔註67〕。斷案理訟，剖決如神，「一道稱快，遂特薦之」〔註68〕。寧宗在詔書中亦稱讚他：「分符未久，治有休聲。」〔註69〕知建昌軍新城縣時，崔與之為置辦軍需，不以和糴方式徵購民間糧食，而是用縣帑按時價予以收購，百姓紛紛交納糧食，軍需籌備情況在建昌軍中無有出其右者。江南西路轉運使趙希懌「令諸邑視以為法，且特薦於朝」〔註70〕。確如明人陳璉所稱：倅邑、守賓，及治新城，「治行尤著，有循良風」〔註71〕。

　　為官廣西期間，崔與之足跡踏遍嶺表，深諳民間疾苦，大力懲貪治殘、罷廢苛刻之政。其所施為，「一曰獄囚充斥之弊，二曰鞫勘不法之弊，三曰死囚冤枉之弊，四曰贓物供攤之弊，五曰戶長科役不均，六曰弓手土軍搔擾，七曰催科泛追，八曰緝捕生事，九曰姦猾健訟，十曰州縣病民等事」〔註72〕。後來，真州知州高惟肖、廣州提舉市舶司趙汝楷悉知其事，服為吏師，梓行於世，此即《崔公嶺海便民榜》。〔註73〕海南島百姓感念崔與之在當地的所作所為，將其罷行擾民之政的若干舉措編次成冊，稱為《崔公海外澄清錄》。〔註74〕

〔註65〕〔宋〕洪咨夔：《平齋文集》卷9《揚州重修城壕記》，四部叢刊續編本。
〔註66〕《文溪存稿》卷11《崔清獻公行狀》，第113頁。
〔註67〕《宋史》卷406《崔與之傳》，第12258頁。
〔註68〕《宋丞相崔清獻公全錄》卷1《言行錄上》，第3頁。
〔註69〕《宋丞相崔清獻公全錄》卷1《言行錄上》，第3頁。
〔註70〕《文溪存稿》卷11《崔清獻公行狀》，第113頁。
〔註71〕《宋丞相崔清獻公全錄》卷10《贈挽下·崔清獻公祠堂記》，第135頁。
〔註72〕《宋丞相崔清獻公全錄》卷1《言行錄上》，第3頁。
〔註73〕《文溪存稿》卷11《崔清獻公行狀》，第115頁。
〔註74〕《文溪存稿》卷11《崔清獻公行狀》，第115頁。

　　在知揚州任上，崔與之在關注防務、精心構築防禦體系的同時，對於民政也是勞心費力，絲毫不曾懈怠。故而在寧宗嘉定十一年（1218）被召為秘書少監時，「軍民遮道垂涕」〔註75〕。政聲之優，概可想見。

　　崔與之在蜀為官五載，治軍惠民，頗得其法。寧宗在詔書中稱道：「卿五年作牧，一節不渝，平居則清介以自將，遇事則勞險而弗避。」〔註76〕去蜀之後，人感其恩，乃「繪公像於仙遊閣，與張忠定詠、趙清獻抃並祠，號為『三賢』」〔註77〕。《宋史》本傳載其事為：「蜀人思之，肖其像於成都仙遊閣，以配張詠、趙抃，名三賢祠。」〔註78〕張詠、趙抃均為北宋治蜀名臣，崔與之能與二人齊名，合稱「三賢」，可見其政聲之清顯。另有史料亦稱：

> 張忠定公再治蜀，去之後十年薨，人思之，繪像祠於城都三井觀仙遊閣。又四十九年，而趙清獻公亦再治蜀，人思之如忠定。清獻沒百三十有六年，待制崔公始來郡寓，文節公劉光祖謂公：「勁峻似忠定，廉約似清獻。立朝議論，愛君子，惡小人。又與昔賢同，宜以配之。」乃圖趙、崔二公並祠焉。各為之贊曰：「今代崔公，二老奇拔，立朝抗論，謇謇諤諤，天產遐遠，扶世卑弱，蜀力憊甚，忍復殘割，公來護之，赤子是活，宜以公像，實仙遊閣。」〔註79〕

　　退居廣州期間，因摧鋒軍叛亂，崔與之臨危受命視事，平定兵變，維護了南粵的安定。是以，「淳祐甲辰，廣帥方大琮祠公與張文獻九齡與學，號為『二獻』」〔註80〕。

　　對於崔與之施政之業績，理宗亦讚譽有加，在嘉熙元年（1237）的詔書中曾說：「才高經濟，節守清忠，信為國之蓍龜。」〔註81〕溫若素在崔公墓誌銘中也寫道：「主爾忘身，公爾忘私，國爾忘家，將古所謂社稷臣者，於公有焉。」〔註82〕不惟如此，其時的文士也不乏對崔與之施政的溢美之聲。其中，尤以魏了翁與文天祥的言論最具代表性。如魏了翁嘗道：「崔公之潔己裕民，憂邊思職，亦近世所罕儷也。其大城西近寇，連歲盜邊莫能入，人

〔註75〕　《宋史》卷406《崔與之傳》，第12260頁。

〔註76〕　《宋丞相崔清獻公全錄》卷9《宸翰·辭免禮部尚書不允詔》，第111頁。

〔註77〕　《文溪存稿》卷11《崔清獻公行狀》，第115頁。

〔註78〕　《宋史》卷406《崔與之傳》，第12261頁。

〔註79〕　《宋丞相崔清獻公全錄》卷3《言行錄下》，第26頁。

〔註80〕　《文溪存稿》卷11《崔清獻公行狀》，第115頁。

〔註81〕　《宋丞相崔清獻公全錄》卷9《宸翰·理宗御箚四》，第113頁。

〔註82〕　《宋丞相崔清獻公全錄·附集》卷2《墓誌銘·崔清獻公墓誌銘》，第192頁。

尤德之。」〔註83〕南宋晚期名臣文天祥亦盛讚：「菊坡翁盛德清風，跨映一代，歸身海濱，當相不拜，天下之士以不得見其秉鈞事業為無窮恨。」〔註84〕南宋以後，極力褒譽崔與之之聲亦代有所見，如明代學者曾說：「公平生負志節，其見之行事，軒昂磊落，光明正大，而實當宋運衰弱之時。公之出也，足以維持國家而鎮服當世。時論謂其『屹然有大臣之風』。」〔註85〕可謂至當之論。

四、結語

綜觀上述，崔與之官德足以彪炳千載，誠為百代之師。因其誠敬修身，為政愛民，清廉持身，愛幕名節，能將平素所尚官德施之於政，故歷任均取得優異治績，在南宋臣僚中罕有其匹。其言必信，其行必果，難進易退，名節有始有終，其盛德清風，顯赫一時，誠如時人所論：「四十七年未嘗一玷彈墨，晚節尤光明俊偉。隨如先生劉公鎮挽之曰：『始終無玷缺，出處最光明。』」〔註86〕崔與之的官德、治績與政聲，實為南宋晚期政壇中為數不多的亮點之一，值得後人憑弔、追思、發掘與傚仿。

原載於朱澤君主編：《崔與之與嶺南文化研究》，

人民出版社 2010 年版。

〔註83〕〔宋〕魏了翁：《鶴山先生大全文集》卷49《簡州三賢閣記》，景印文淵閣四庫全書，第 1172 冊，臺灣商務印書館影印本 1986 年版，第 552 頁。

〔註84〕〔宋〕文天祥：《文山先生文集》卷14《跋崔丞相二帖》，景印文淵閣四庫全書，第 1184 冊，臺灣商務印書館影印本 1986 年版，第 608 頁。

〔註85〕《宋丞相崔清獻公全錄》卷10《贈挽下·重修祠堂記》，第 138 頁。

〔註86〕《宋丞相崔清獻公全錄》卷3《言行錄下》，第 26 頁。

《五代史闕文》管窺

　　北宋初年，整理五代舊事蔚為風氣，《五代會要》、《五代通錄》、《五代史》等官私著述相繼問世，惜皆有漏略，史載不完。時耆舊高年口述自梁迄周之傳聞而不載史筆者，間亦有之。專門採摭故實，旁貫異聞，以增補前言往事之史著，由此而迭有所見，王禹偁《五代史闕文》（以下簡稱《闕文》）是為同類先驅，其中翹楚。此書僅一卷，凡十七事，即「梁史三事，後唐史七事，晉史一事，漢史二事，周史四事」〔註1〕，文淵閣四庫全書本之正文、附注合 3976 字。因《闕文》所錄史事皆不載於《五代實錄》，故雖篇帙不大，史料價值卻彌足珍貴，向為史家推崇。然稍有缺憾者，是著之撰寫時間、著錄流別，學界至今仍無定論；相關記述，又多有謬誤；至於史料價值之掘發，亦言有未盡。凡此種種，皆有待澄清、辨識與深究，以期有裨於該書之使用與評價。茲不揣譾陋，略就上述數端敷陳鄙見如次，以就教於博識通人。

一、成書時間之推斷

　　《闕文》有自序，但未著年月，其文末題為「宋翰林學士王禹偁撰進」，結銜「翰林學士」。據此，四庫館臣以為：「其結銜稱翰林學士，則作於真宗之初。」其前又稱：「考書中周世宗遣使諭王峻一條，自注云：使即故商州團練使羅［翟］守素也。嘗與臣言以下事蹟。是在由左司諫謫商州團練副使以後。」〔註2〕即該書首撰於貶謫為商州團練副使期間，定稿於任翰林學士之際，時在真宗之初。揆諸史載，王禹偁被貶謫至商州，事在淳化二年（991），「九月戊

〔註1〕〔清〕永瑢等：《四庫全書總目》卷 51《史部七·雜史類》，中華書局影印本 1965 年版，第 464 頁。
〔註2〕《四庫全書總目》卷 51《史部七·雜史類》，第 464 頁。

戌，王禹偁等始免官」〔註3〕。至淳化四年（993）因南郊大禮，隨例量移解州團練副使，所謂「孟夏四月，始自（商州）移於解梁」〔註4〕。拜翰林學士，則在至道元年（995）正月下旬。其在當年六月三日抵滁州後之上表，即有「今春召自西垣，入叨內署」〔註5〕之語可證。是年五月，「禹偁坐輕肆，罷為工部郎中、知滁州」〔註6〕。故其任翰林學士前後通計僅五個月而已，如其自謂「在內庭果百日而罷」〔註7〕。而至道元年係太宗最後一個年號之首年，真宗即位於至道三年（997）三月，故以「結銜稱翰林學士」而係時於真宗之初，明顯不確。

四庫館臣雖於禹偁任翰林學士之繫時有所失察，但以序末結銜而推測成書時間，似不為無據。依此而論，《闕文》約為王禹偁於至道初任翰林學士時作。〔註8〕且《闕文》「廣王全昱」條有「至道初，知單州有稱廣王之後與尼訟田宅者」云云，似亦為旁證之一。然結銜說僅從表象立論，猶有商榷餘地。史載：禹偁為人剛直，仕途坎坷，曾「三坐左官，皆以直道」；又因長於文學，辭誥純深，竟「前後三值西掖，一入翰林」〔註9〕。而至道元年正月，除拜翰林學士，係王禹偁官宦生涯之巔峰。以之結銜，合乎情理，但未必為《闕文》著述時間。古人著書，此種結銜方式，亦為常態。其後學人乃至習以為稱，如《清波雜志》卷12「范文正覆姓」條曰：「大中祥符五年（1012），潯陽陶岳作《五代史補》百餘條，蓋補王元之內相《五代史闕文》未備者。」所謂「內相」即「翰林學士」之別稱。《直齋書錄解題》卷5《雜史類》著錄：「《五代史闕文》一卷，翰林學士巨野王禹偁元之撰。」徑稱「翰林學士」。是即可知，「翰林學士」之結銜，無非以仕途最為顯赫之職銜署識而已，殆相沿已久之慣例，與成書時間並無必然聯繫，故以此為據斷定此書成於至道元年，恐不足憑信。

〔註3〕〔宋〕李燾：《續資治通鑑長編》卷32，淳化二年八月己卯附注，中華書局點校本2004年版，第719頁。

〔註4〕〔宋〕王禹偁：《小畜外集》卷7《鹽池十八韻並序》，四部叢刊初編本。《王黃州小畜集》卷9《量移後自嘲》、《量移自解》、《出商州有感》等有類似說法，四部叢刊初編本，第133冊，上海書店影印本1989年版。

〔註5〕《王黃州小畜集》卷21《滁州謝上表》。

〔註6〕《續資治通鑑長編》卷37，至道元年五月甲寅，第813頁。

〔註7〕《王黃州小畜集》卷18《答鄭褒書》。

〔註8〕顧薇薇：《五代史闕文·校點說明》，五代史書彙編，第4冊，杭州出版社點校本2004年版，第2443頁。

〔註9〕〔宋〕蘇頌：《蘇魏公文集》卷66《小畜外集序》，中華書局點校本1988年版，第1009、1010頁。

其實，上世紀 70 年代，徐規先生即曾指出，直東觀期間，王禹偁曾閱《五代史》（即《五代實錄》）三百六十卷，為其後咸平年間謫官黃州時撰著《五代史闕文》奠定基礎。〔註10〕《小畜集》卷 4《懷賢詩》序即稱：「僕直東觀時，閱《五代史》，見近朝名賢立功立事者聳慕不已。」王禹偁直東觀，始於端拱元年（988）正月拜右拾遺、直史館，〔註11〕終於次年三月拜左司諫、知制誥。〔註12〕徐先生大著並未就此申論，然翻檢相關記載，足證其說不誣。

現存最早言及《闕文》者，見諸蘇頌《小畜外集序》，其中有云：「公之稿，晚年手自編綴，集為三十卷，命名《小畜》，蓋取《易》之懿文德而欲己之集大成也。《後集詩》三卷，《奏議集》三卷，《承明集》十卷，《五代史闕文》一卷，並行於世。」〔註13〕據此，《闕文》成書或大約與《小畜集》同時。王禹偁《小畜集序》則稱：「咸平二年（999），守本官（刑部郎中）知齊安郡，年四十有六，發白目昏，居常多病，大懼沒世而名不稱矣。因閱平生所為文，散失焚棄之外，類而第之，得三十卷……集曰『小畜』。」其末署時「咸平三年（1000）十二月晦日」。是知出守黃州後，王禹偁即已手編纂昔日舊作，至咸平三年十二月，勒成《小畜集》三十卷；次年，即咸平四年五月，王禹偁卒，年四十八，故其「年四十有六」而知齊安郡，蘇頌稱之為「晚年」，當得其實。再結合以上蘇頌所述而論，則《闕文》或應撰成於咸平三年前後的知黃州任上，此論與徐先生關於《闕文》成書時間之判斷正相吻合。

上述說法，在《闕文》中有所印證，「王樸」條載有王禹偁「臣聞重修《太祖實錄》，已於李穀傳中見樸遺事，今復補其大者」〔註14〕之語，其間所言「重修《太祖實錄》」，與成書時間關聯至密，殊值留意。據相關記載可知，《太祖實錄》自太平興國（976～983）迄大中祥符（1008～1016）凡四修，成書三部。〔註15〕其中之二修，史臣僅於淳化五年（994）上《太祖紀》一卷，「其

〔註10〕徐規先生：《王禹偁事蹟著作編年》，商務印書館 2003 年版，第 86 頁。

〔註11〕《續資治通鑑長編》卷 29，端拱元年正月丙寅，第 646 頁。

〔註12〕〔宋〕曾鞏撰，王瑞來校證：《隆平集校證》卷 13《侍從·王禹偁》載：「端拱二年，廷試貢士，詔使作歌，援筆立就。太宗謂侍臣曰：『此歌不逾月遍天下矣。』以左司諫知制誥。」中華書局 2012 年版，第 370 頁。

〔註13〕《蘇魏公文集》卷 66《小畜外集序》，第 1010～1011 頁。

〔註14〕〔宋〕王禹偁：《五代史闕文》「王樸」條，五代史書彙編，第 4 冊，杭州出版社點校本 2004 年版，第 2460 頁。

〔註15〕蔡崇榜：《北宋〈太祖實錄〉纂修考析》，《徐中舒先生九十壽辰紀念文集》，巴蜀書社 1990 年版，第 301 頁。燕永成：《〈宋太祖實錄〉探微》，《史學史研究》2008 年第 4 期。

書未成」〔註 16〕。三修始於咸平元年（998）九月己巳（十三日），迄於次年六月丁巳。四修起於真宗大中祥符九年（1016）二月，終於天禧元年（1017）。咸平四年（1001）五月，王禹偁辭世，故其所謂「重修《太祖實錄》」，當是三修無疑，絕無可能是四修。《宋史‧真宗紀一》明確記載：「（咸平元年）九月己巳詔呂端、錢若水重修《太祖實錄》。」南宋孝宗乾道年間（1165～1173）晁公武亦言：「咸平中，真宗以前《錄》漏略，詔錢若水、王禹偁、李宗諤、梁顥、趙安仁重加刊修，呂端監修。」〔註 17〕其間「重修」「重加刊修」，均指咸平年間《太祖實錄》之撰修。雖則禹偁曾參預此次重修，並於成書之際，特授朝請大夫，賜絹五十匹，銀五十兩。〔註 18〕然咸平二年（999）閏三月，禹偁出守黃州，以是未睹完帙，「臣聞」之語，即此之謂。藉此而言，《闕文》撰畢，當在咸平年間王禹偁知黃州任上。並且，若依上文四庫館臣將成書時間定為至道初翰林學士任上之說法，則「臣聞重修《太祖實錄》」之語，殊不可解。畢竟至道初年，僅有《太祖實錄》初修本，二修並未成書，所謂「重修」尚無從談起，其後直至真宗咸平初年，方始啟動《太祖實錄》之重修。因此，綜合以上相關記載與分析，可知徐先生將此書撰寫時間定為王禹偁知黃州之咸平二年（999）以後，足資採信。

當然，因《闕文》重在補綴史事，內容取資於耆舊故老之傳聞，而此類坊間所言絕非一時即可採擷無遺，大抵需數年方可匯而聚之。《闕文》自序即稱：淳化二年（991）九月至四年四月，謫任商州團練副使期間，商州團練使羅〔翟〕守素，曾語及「周世宗遣使諭王峻」一事，實為禹偁搜集舊事之例證。咸平二年（999）謫守黃州後，著者始將昔時所得五代之傳聞匯為一編，並勒定書名。藉此而論，《闕文》從收集材料至成書歷時數年，定稿則在著者晚年知黃州任上。

二、史料價值之分析

《闕文》係補輯《五代實錄》之作，王禹偁自序即稱：

臣讀《五代史》總三百六十卷，記五十三年行事，其書固亦多矣。然自梁至周君臣事蹟，傳於人口而不載史筆者，往往有之，或

〔註 16〕《續資治通鑑長編》卷 43，咸平元年九月己巳，第 916 頁。
〔註 17〕〔宋〕晁公武撰，孫猛校證：《郡齋讀書志校證》卷 6《實錄類》，上海古籍出版社 1990 年版，第 227 頁。
〔註 18〕《王黃州小畜集》卷 22《謝加朝請大夫表》。

史氏避嫌，或簡牘漏略，不有紀述，漸成泯滅，善惡鑒戒，豈不廢
乎！因補一十七篇，集為一卷，皆聞於耆老者也。孔子曰：「吾述而
不作。」又曰：「我猶及史之闕文。」此其義也。

其間所言《五代史》並非宋初薛居正等撰修《五代史》，實乃《五代實錄》。《闕
文》明確言及《五代實錄》者，有《梁祖實錄》、《莊宗實錄》、《明宗實錄》、
《漢祖實錄》、《漢隱帝實錄》與《周祖實錄》6種。另外，間接提及《五代實
錄》者亦有多處，如「廣王全昱」條之《梁史‧廣王全昱傳》；「司空圖」條之
注云「以上《梁史》舊文」，正文「故《梁史》指圖小瑕」；「張全義」條，「《梁
史》稱」，「《梁史》云云者」。因五代諸朝並未纂修國史，故上述所言《梁史》，
皆指《後梁太祖實錄》。

上引《闕文》序，禹偁開宗明義，表明撰述旨趣在於，「猶及史之闕文」，
所記皆「傳於人口而不載史筆者」。而且，書中數條涉及《實錄》不載相關史
事原因之分析，尤以避諱為多。如（1）「梁太祖」條曰：「均王朝詔史臣修《梁
祖實錄》，岐下係鞬之事，恥而不書。」（2）「張承業」條曰：「《莊宗實錄》敘
承業諫即位事甚詳，惟『我王自取』之言不書，史官諱之也。」（3）「安重誨」
條曰：「《明宗實錄》是清泰帝朝修撰，潞王即清泰帝也。史臣避諱，不敢直書。」
（4）「王淑妃許王從益」條曰：「詔史臣修《漢祖實錄》，敘淑妃、從益傳，但
云『臨刑之日，焚香俟命』，蓋諱之耳。」（5）「劉銖」條曰：「周世宗朝史官
修《漢隱帝實錄》，銖之忠言，諱而不載。」（6）「周太祖馮道」條曰：「臣謹
按，周世宗朝，詔史臣修《周祖實錄》，故道之事，所宜諱矣。」此外，「廣王
全昱」條載：「臣謹按《梁史‧廣王全昱傳》曰：昱樸野，常呼帝為『三』。宮
中博戲之事諱之。」亦屬史臣避諱而不書之類。其餘諸條，或事涉譏諱，或畏
於時忌等，史臣皆未有記載。

《闕文》所載，「皆聞於耆老」，而不見於《五代實錄》360卷，但其間史
事，大體真實可靠。如「廣王全昱」條載：

> 全昱，梁祖之兄也。既受禪，宮中閒燕，惟親王得與。因為博
> 戲，全昱酒酣，忽起取骰子擊盆迸散，大呼梁祖曰：「朱三，汝碭山
> 一民，因天下饑荒，入黃巢作賊，天子用汝為四鎮節度使，富貴足
> 矣，何故滅他李家三百年社稷，稱王稱朕，我不忍見汝血吾族矣，
> 安用博為！」梁祖不悅而罷。

《資治通鑑考異》卷28引王仁裕《玉堂閒話》曰：

骰子數擲，廣王全昱忽駐不擲，顧而白梁祖，再呼「朱三」，梁祖動容。廣王曰：「你受它爾許大官職，久遠家族得安否？」於是大怒，擲戲具於階下，抵其盆而碎之，喑嗚皆睚，數日不止。

兩相比照，雖言語略有差異，但事實並無太大出入。由此一例，概可推知《闕文》記載之可信。唯因如此，後世史家頗為推崇《闕文》之史料價值。清人王士禎嘗道：

王元之《五代史闕文》僅一卷，而辨正精嚴，足正史官之謬。如辨司空圖「清真大節」一段，尤萬古公論所繫，非眇小也。如敘莊宗「三矢告廟」一段，文字淋漓慷慨，足為武皇父子寫生。歐陽《五代史·伶官傳》全用之，遂成絕調。惟以張全義為亂世賊臣，深合《春秋》之義。而歐陽不取，於《全義傳》略無貶詞，蓋即舊《史》以成文耳。終當以元之為定論也。〔註19〕

四庫館臣亦有如下評論：

今考《五代史》，於朱全昱、張承業、王淑妃、許王從益、周世宗、符皇后諸條，亦多采此書。而《新唐書·司空圖傳》即全據禹偁之說，則雖篇帙寥寥，當時固以信史視之矣。〔註20〕

清代學者之於《闕文》評價之高，藉此可見一斑。不過，王士禎、四庫館臣所言《五代史》，則指歐陽修《五代史記》，亦即《新五代史》（以下簡稱《新史》）。蓋因薛《史》湮沒已久，罕有流傳，世人竟以《五代史》專稱歐《史》，迄至開修四庫，館臣邵晉涵方始從《永樂大典》輯出薛《史》，是為輯本《舊五代史》（以下簡稱《舊史》）。

誠如上引清人記載所述，《新史》採自《闕文》處甚多，然列舉仍有遺漏。今有學者於此有詳細梳理，並表識之。〔註21〕此外，輯本《舊史》相關記載亦

〔註19〕〔清〕王士禎：《香祖筆記》卷4，上海古籍出版社點校本1982年版，第81～82頁。

〔註20〕《四庫全書總目》卷51《史部七·雜史類》，第464頁。按同書卷46《史部二·正史類二》言：「《五代史補》、《五代史闕文》亦增益於本書之外。如斯之類，則均入別史焉。」第416頁。據此，則《五代史闕文》當歸入別史。前後不同，附識於此。

〔註21〕張明華；《新五代史研究》，中國社會科學出版社2007年版，第72頁。按，是著表3-2，偶有訛誤。如《宦官傳·張承業傳》，「宦官傳」當為「宦者傳」；《唐明宗家人傳·王淑妃》，「王淑妃」當為「淑妃王氏」。至於《闕文》「張全義」條，所對應《新史》當為「卷四五，《雜傳·張全義傳》」。清人王士

以附注形式引用《闕文》，茲一併表之如下。

表 1　《新史》引用、輯本《舊史》附注《闕文》一覽表

《闕文》		《新史》引用	輯本《舊史》附注
梁史	梁太祖	卷 21《梁臣傳・敬翔傳》	卷 7《梁書・梁祖紀七》
	廣王全昱	卷 13《梁家人傳・廣王全昱》	卷 12《梁書・宗室列傳二・廣王全昱傳》；同卷《邵王友誨傳》
	司空圖		卷 60《唐書・李敬義傳》
唐史	武皇	卷 5《唐本紀・莊宗下》	卷 26《唐書・武皇紀下》
	莊宗		卷 34《唐書・莊宗紀八》
	張承業	卷 38《宦者傳・張承業》	卷 72《唐書・張承業傳》
	張全義		卷 63《唐書・張全義傳》
	明宗	卷 6《唐本紀・明宗》	卷 44《唐書・明宗紀十》
	安重誨	卷 24《唐臣傳・安重誨》	卷 66《唐書・安重誨傳》
	清泰帝		卷 48《唐書・末帝紀下》
晉史	晉高祖		卷 80《晉書・高祖紀六》
漢史	王淑妃許王從益	卷 15《唐明宗家人傳・淑妃王氏》	卷 51《唐書・宗室列傳三・許王從益傳》
	劉銖	卷 30《漢臣傳・劉銖》	卷 107《漢書・劉銖傳》
周史	周太祖馮道	卷 52《雜傳・李守貞》；卷 54《雜傳・馮道》	卷 113《周書・太祖紀》
	王峻	卷 50《雜傳・王峻》	卷 130《周書・王峻傳》
	世宗符皇后	卷 20《周世宗家人傳・皇后符氏》	卷 109《漢書・李守貞傳》
	王樸		卷 128《周書・王樸傳》

據表可知，《新史》引用《闕文》計 11 條。除「司空圖」條入《新唐書・司空圖傳》外，尚有 5 條為《新史》不取。其間原因各異，大抵「莊宗」條、「晉高祖」條語涉讖緯；「張全義」條則因歐氏於全義「略無貶詞」，故「即舊

禎《香祖筆記》卷 2 明言此條為「歐陽不取，於《全義傳》略無貶詞，蓋即舊《史》以成文耳」。是則《新史》不取《闕文》所載，而從《莊宗實錄》之記載。《闕文》「張全義」條即云：「臣讀《莊宗實錄》，見史官敘《全義傳》，虛美尤甚，至今負俗無識之士，尚以全義為名臣，故因補闕文，粗論事蹟云。」

《史》以成文」〔註22〕;「王樸」條諱於太祖。至於「清泰帝」條見棄於《新史·唐本紀·廢帝》,或緣於歐氏不予採信。而《舊史》係輯本,並非原帙,附注《闕文》各條,旨在增益舊事,比勘異同。

《新史》大量引用《闕文》,輯本《舊史》附注《闕文》全文,足以說明《闕文》史料價值之高,其原因則在於《闕文》所載不見於《五代實錄》。而後者乃纂修、考訂五代史之基本史源,《舊史》與《新史》均以之為基本史料,「薛《史》更是以《實錄》為藍本」〔註23〕。但《五代實錄》360卷,編修之際,或因時忌,或因避諱,史臣於相關事蹟往往闕而不書,而此類行事卻以口耳相傳於世間,其中雖不乏異辭虛誇,卻因源頭蓋出於親歷者之口述,跡近真實者不在少數;再者,《舊史》、《新史》僅為150卷和74卷,遠不如《五代實錄》之卷帙,是知二者纂修之時,刪削者多,存之者少。而《闕文》所載,超出於《五代實錄》之外,對於補益舊事,質正史實,自是大有裨益。歐陽修及四庫館臣於此有清晰認識,故大量引用或附注《闕文》全文,《闕文》之史料價值亦因此而彰顯。

三、書籍流別之探討

關於是書之著錄流別,各種目錄多有歧異。一是雜史類,如《通志》卷65《藝文略三·史類五·雜史》錄有「《闕文》一卷」;又《郡齋讀書志校證》(以下簡稱《讀書志》)卷6《雜史類》(袁本前志卷2上《雜史類》):《闕文》一卷,右皇朝王禹偁撰。錄五代史筆避嫌漏略者,以備闕文,凡一十七事。又《遂初堂書目》亦將《闕文》歸入雜史類。又《直齋書錄解題》(以下簡稱《解題》)卷5《雜史類》:《闕文》一卷,翰林學士巨野王禹偁元之撰。又《玉海》卷47《藝文·雜史》稱:「王禹偁進《闕文》一卷,凡十七篇。」《四庫全書總目》(以下簡稱《總目》)卷51《史部七·雜史類》錄有《闕文》。二是傳記類,如《文獻通考》(以下簡稱《通考》)卷196《經籍二十三·史·傳記》過錄晁氏《讀書志》:《闕文》一卷,皇朝王禹偁撰錄五代史筆避嫌漏略者,以備闕文,凡一十七事。三是別史類,如《宋史》卷203《藝文志二·別史類》:王禹偁

〔註22〕《四庫全書總目》卷51《史部七·雜史類》,第464頁。按同書卷46《史部二·正史類二》言:「《五代史補》、《五代史闕文》亦增益於本書之外。如斯之類,則均入別史焉。」(第416頁)據此,則《五代史闕文》當歸入別史。前後不同,附識於此。

〔註23〕郭武雄:《五代史料探源·前言》,臺灣商務印書館1987年版。

《闕文》二〔一〕卷。

上述目錄著錄《闕文》流別之差異，實則基於目錄編纂者對於書籍內容理解之不同，故而分析《闕文》文本，釐清逐條記載性質，是為探討《闕文》流別根本之所在。以下就上述三說分而論之。

首先論雜史之說。雜史作為史書類別之一，淵源於《隋書》卷 33《經籍志·史志》，雖「體制不經」，「又有委巷之說，迂怪妄誕，真虛莫測」，然「大抵皆帝王之事」，故「通人君子，必博採廣覽，以酌其要」。《舊唐書·經籍志》、《新唐書·藝文志》分史部為十三類，第四類即雜史。延及宋代，《通志》、《讀書志》、《遂初堂書目》、《解題》、《玉海》等目錄，仍保留雜史一目。所謂「雜史者，正史、編年之外，別為一家。體制不純，事多異聞，言或過實，然藉以質正疑謬，補輯闕遺，後之為史者，有以取資」〔註24〕。《通考》卷 195《經籍考二十二·雜傳》則認為：「蓋雜史，紀、志、編年之屬也，所記者一代或一時之事。」《總目》增史部為十五類，雜史第五，「大抵取其事繫廟堂，語關軍國，或但具一事之始末，非一代之全編；或但述一時之見聞，祇一家之私記，要期遺文舊事，足以存掌故，資考證，備讀史者之參稽云爾」〔註25〕。總括三家之論，可知雜史有如下特點：內容上，以帝王、軍國之事為主體；來源上，取資於傳聞異辭，里巷雜談，故而真偽莫辨；體制上，為例不純，有欠嚴整；作用上，拾遺補闕，訂訛辨誤。

比照雜史之要義，《闕文》之特色則可概括為：（1）以篇目論，皆以人物為條目名稱，所記或帝王，或皇后，或將相大臣。具體言之，梁史三篇依次為「梁太祖」、「廣王全昱」和「司空圖」，後唐史七篇依次為「武皇」、「莊宗」、「張承業」、「張全義」、「明宗」、「安重誨」、「清泰帝」，晉史一篇為「晉高祖」，漢史二篇依次為「王淑妃許王從益」、「劉鋹」，周史四篇依次為「周太祖馮道」、「王峻」、「世宗符皇后」、「王樸」，篇名總計涉及 19 人，而所載稱帝封王者即有梁太祖、廣王全昱、武皇、莊宗、明宗、清泰帝、許王從益、周太祖等 8 人，占總數 42% 略強。且每篇均與帝王有關，上述之外，記載所涉五代諸帝尚有漢高祖、漢隱帝、周世宗等。（2）以內容論，要以帝王言行、軍國大事為主，尤偏重於鼎革易代之際帝王之活動，此類記載多達 14 條，即「梁太祖」條梁太

〔註24〕〔元〕馬端臨：《文獻通考》卷 195《經籍二十二·雜史》引《宋三朝志》，中華書局影印本 1986 年版，考 1647。
〔註25〕《四庫全書總目》卷 51《史部七·雜史類》，第 460 頁。

祖迎昭宗於鳳翔，「武皇」條三矢告廟，「莊宗」條中流矢而崩，「張承業」條莊宗將即位於魏州，「張全義條」託跡朱梁，「明宗」條仰天禱祝，「安重誨」條恨不得與官家誅得潞王，「清泰帝」條舉族自焚，「晉高祖」條晉帝即位，「王淑妃許王從益」條漢高祖起軍建號，「劉銖」條周祖自鄴起兵，「周太祖馮道」條周祖自鄴起兵，「王峻」條周祖欲親征，「王樸」條太祖掌禁兵。（3）以材料來源論，誠如《闕文》序所稱：「皆聞於耆老者也。」「王峻」條注云「使即故商州團練使羅〔翽〕守素也，嘗與臣言以下事蹟」，即為典型例證。（4）以編纂論，每條大抵以帝王等人物為中心，「所紀者一代或一時之事」〔註26〕，各自為篇，彼此孤立，著者僅依朝代先後次序綴集排比各條，勒成一編而已，無從言及體例，自是為例不純。（5）以修撰旨歸論，著者重在補苴罅漏，增益舊事，所謂「猶及史之闕文」〔註27〕。上述諸方面，與「雜史」特點皆相契合，故以《闕文》入雜史類，當無不妥。

其次論傳記之說。傳記之名，脫胎於《隋書·經籍志》史部之「雜傳」，所記包括先賢、耆舊、孝友、忠節、列藩、良吏、高逸、科錄、家傳、文士、仙靈、高僧、鬼神、列女，乃至道釋之事。《宋三朝藝文志》曰：「傳記之作，蓋史筆之所不及者，方聞之士得以紀述而為勸誡。」又《宋兩朝藝文志》曰：「傳記之作，近世尤盛。其為家者，亦多可稱。採獲削稿，為史所傳。然根據膚淺，好尚偏駁，滯泥一隅，寡通方之用。至孫沖、胡訥收摭益細，而通之於小說。」〔註28〕

《通考·經籍考》以《闕文》隸傳記類，不同於所過錄《讀書志》以《闕文》入雜史類。其原因或在於《闕文》篇目皆為人物，內容亦偏重於人物言行。或一如鄭樵所言：「古今編書所不能分者五：一曰傳記，一曰雜記，三曰小說，四曰雜史，五曰故事。凡此五類之書，足相紊亂。」〔註29〕客觀而論，傳記之作，以事主生平事蹟為主體，其間不乏佳作，乃至「為史所傳」，但由於「根據膚淺，好尚偏駁，滯泥一隅，寡通方之用」，故傳記常常淪入小說之流，以荒誕不經、光怪陸離為特色，與無徵不信之史著相去甚遠。《闕文》意在補輯史事，「猶及史之闕文」。唯因《闕文》所載大多真實可靠，故四庫館臣嘗曰：

〔註26〕《文獻通考》卷195《經籍考二十二·雜傳》，考1647。
〔註27〕〔宋〕王禹偁：《五代史闕文·序》，第2447頁。
〔註28〕以上引文俱見《文獻通考》卷195《經籍二十二·雜傳》，考1647。
〔註29〕《文獻通考》卷195《經籍二十二·霸史偽史》，考1648。

「雖篇帙寥寥，當時固以信史視之矣。」〔註30〕《闕文》與普通傳記之區別，由此不難窺知，以之入傳記類，或有失允當。

最後論別史之說。別史之名，始創於陳振孫《解題》，是著分史部為十六類，曰正史、別史、編年、起居注、詔令、偽史、雜史、典故、職官、儀注、時令、傳記、法令、譜牒、目錄，地理。別史第二，但未詳其義。且「別史類」僅錄《南史》、《高氏小史》、《唐餘錄史》、《古史》、《東都事略》及《新唐書略》數種，似難以「上不至於正史，下不至於雜史」〔註31〕概括。即使其後《宋史·藝文志》、《千頃堂書目》、《總目》、《書目答問》均設此目，著錄標準亦未盡一致。

《宋史·藝文志》（以下簡稱《宋志》）以《闕文》入別史類，應是沿襲陳氏《解題》而致。《宋志》分史部為十三類，曰正史、編年、別史、史鈔、故事、職官、傳記、儀注、刑法、目錄、地理、譜牒，別史第三。尚須注意者，《宋志》無雜史類，就其著錄書籍而言，似有並《解題》之別史與雜史而一體之傾向，雖兩者不盡完全相同，但兼而有之者不在少數，如《解題》別史類下之李延壽《南史》、高峻《小史》、王皞《唐餘錄》、蘇轍《古史》，雜史類下之王禹偁《五代史闕文》、陶岳《五代史補》，均在《宋志》別史類之列。以是，《宋志》以別史類著錄《闕文》實與《解題》隸之於雜史類，一脈相承。其後《總目》雖別史、雜史兩存之，但仍以《闕文》隸雜史。〔註32〕因此，《宋志》別史之說，實與雜史說無異，無煩具論。

四、結語

綜括上述，《闕文》雖自序以「翰林學士」結銜，但實為古人著書相沿已久之慣例，與是著之成書時間並無直接關涉。據《小畜集序》、《小畜外集序》所載以及《闕文》內「臣聞重修《太祖實錄》」一語，此書大約勒定於咸平二年至咸平四年禹偁知黃州任上。因其內容取資於耆舊高年之口碑傳聞，並皆為《五代實錄》所不載，故史料價值向為史家倚重，《新史》大量引用，《舊史》輯本附注全文，即為明證。至於各家官私目錄之著錄是書，雖有雜史、傳記、

〔註30〕《四庫全書總目》卷51《史部七·雜史類》，第464頁。

〔註31〕《四庫全書總目》卷50《史部六·別史類》，第445頁。

〔註32〕按《四庫全書總目》卷46《史部二·正史類二》言：「《五代史補》、《五代史闕文》亦增益於本書之外。如斯之類，則均入別史焉。」第416頁。據此，則《五代史闕文》當歸入別史。前後不同，附識於此。

別史之種種說法，然以其所載史事而論，終當歸於雜史之列，而與別史、傳記截然有別。

原載於拙編：《張其凡教授榮休紀念文集》，

華中師範大學出版社 2014 年版。

輯本《壽昌乘》輯佚之考察

　　有宋一代是中國方志定型的重要時段，由北宋入南宋，方志內容日臻宏富、體例漸趨完備，模式大致固定，志書修纂的規模與數量亦遠逾前代。具體就天水一朝湖北方志的成書情況而論，今人據現存文獻統計，見於著錄者為 75 種，〔註1〕雖然其實際數量或不止於此，但即便是此類迄今尚能明確可考的方志，至晚清時皆已飄零湮沒，散佚殆盡，惟《壽昌乘》猶存清人輯本。《壽昌乘》原係撰修於南宋寶祐三年（1255），以壽昌軍（今湖北鄂州市）為記述範圍而形成的一部宋代方志。該志雖非全帙，卻是唯一存世的宋代湖北方志，也是宋代千餘種方志中傳承至今的 29 部中的一部。有光緒三十三年（1907）武昌柯氏息園刻本，1990 年中華書局影印柯氏刻本收入《宋元方志叢刊》，不著撰人，不分卷。

　　因《壽昌乘》撰成於南宋滅亡前夕，內中所載多不見於正史與他書，尤其是關於壽昌軍建置沿革、壽昌軍軍制、壽昌軍學的內容，均僅備載於此書，一定程度上可補壽昌軍沿革闕略，有資於南宋軍事重鎮軍制的探討，亦有裨於宋代湖北官學演變歷程的勾勒。其餘關於經濟、文化方面的史料，也有不少值得深入挖掘之處。唯其如是，近年關注《壽昌乘》的學者明顯增多，以其所載材料為主要論據而形成的成果時有所見。〔註2〕至於零星採摭《壽昌乘》史料的

〔註 1〕顧宏義：《宋朝方志考》，上海古籍出版社 2010 年版，第 353～381 頁。一說為 78 種，劉緯毅、王朝華等輯：《宋遼金元方志輯佚》，上海古籍出版社 2011 年版，第 597～635 頁。

〔註 2〕分見羅新：《湖北歷代書院考》，《江漢論壇》1988 年第 10 期；雷家宏：《宋元荊楚地區的官學》，《湖北大學學報》（哲學社會科學版）2011 年第 3 期；劉芷新：《宋元時期地方學校藏書研究》，《農業圖書情報學刊》2011 年第 4 期；王

論著，則更為多見，囿於篇幅，恕不一一列舉。以此觀之，儘管今輯本《壽昌乘》全書不足 16000 字，但仍具不容忽視的史料價值，且還有進一步探研之空間，諸如官寺、貢士規約記、貢舉等目，皆有待認真審視與剖析。此外，由於壽昌軍介於荊襄、淮東、江西之間，其設置興廢與南宋晚期長江中游軍事形勢密切相關，以此為觀察視角，解讀京湖與兩淮兩大戰區的協作、聯動關係，或許亦有所斬獲。

不過，今存《壽昌乘》畢竟係輯本，與原本不盡一致，內中錯訛之處頗多，包括文字錯置與舛誤、體例淆亂等，但學界關注者不多，探討者更少。就筆者目力所及，關於此點，僅張國淦、顧宏義先生的大著有所涉及，〔註3〕顯然已意識到輯本存在的問題，但未及充分展開。筆者亦曾在合撰文中對此稍有提及，〔註4〕但仍有欠全面與精當。出於更加便利使用其所載材料，以及深入瞭解宋代湖北方志內容與體例特點的目的，在重視該志史料價值的同時，似有必要對《壽昌乘》的輯佚予以探討。筆者今不避繁冗，重加考察，意在釐正輯本之缺失，並補救昔日之疏漏。

一、《壽昌乘》輯本的形成與漏輯之文

今本《壽昌乘》的絕大部分內容，係清人文廷式（1856～1904 年）自《永樂大典》（以下簡稱《大典》）陽韻「昌」字下輯出。文氏擔任翰林院侍讀學士期間，利用院中所藏《永樂大典》，將久已散佚的《壽昌乘》從中輯出若干條，聚為一書。但文氏當年所輯《壽昌乘》並未刊行，僅有抄本存世。晚清湖北武昌（今鄂州市）金牛（今屬黃石市大冶縣）人柯逢時（1845～1912 年），晚年賦閒漢口，因修志之需，得見文氏《壽昌乘》輯本，遂於光緒三十三年（1907）刊印此書，其本即武昌柯氏息園刻本，今收錄於中華書局 1990 年影印版《宋元方志叢刊》中，是為通行本。此影印本版式為左右雙夾線，平魚尾，大黑口，半頁 18 行，行 21 字。

因《大典》絕大部分已亡佚，今中華書局 1986 年版《大典》影印本僅存

曾瑜：《南宋晚期壽昌軍的軍制》，中國社會科學院歷史所隋唐宋遼金元史研究室編：《隋唐遼宋金元史論叢》（第二輯），上海古籍出版社 2012 年版。

〔註3〕張國淦：《中國古方志考》，中華書局 1962 年版，第 481 頁。張國淦著，杜春和整理：《張國淦文集四編》，燕山出版社 2006 年版，第 523 頁。顧宏義：《宋朝方志考》，第 364 頁。

〔註4〕曾育榮、胡偉：《鄂州現存最早方志考略》，武清海主編：《荊楚文化與長江文明》，湖北人民出版社 2011 年版。

近 800 卷，內中又多有殘缺者，總計仍不及原帙 22877 卷之 1/28。近年雖又有新發現，但加上前者，總量亦僅 813 卷。故依《大典》考索文氏輯佚材料來源，殆無可能。幸今存山西靈石楊氏連筠簃刻本《永樂大典目錄》60 卷，據此當可一窺文氏當日所輯文字出處。翻檢該《永樂大典目錄》，「昌」隸於目錄卷 17「十八陽」下，前後包括卷 6235 至卷 6291。但上述諸卷均已散佚，今皆不復可睹。依目錄透露的信息而論，與壽昌軍有關的內容，大多當不出於卷 6269「武昌府一」至卷 6279「武昌府十一」內。結合輯本「武事考」條下「關隘」目之「隘口五處」注云「《永樂大典》卷六千二百七十三」，與「古蹟」條下「磯」目之「上磧磯」注云「《大典》卷六千二百七十四」，似可推知，關於壽昌軍的記載應在卷 6273、6274 中。〔註5〕至於此兩卷是否僅記此地，抑或兼有他地，今已難確知。並且，其後的卷 6291 下，又有「武昌縣」，因其本為南宋壽昌軍舊地，明永樂年間（1403～1424）以「武昌縣」為名，以此觀之，今本《壽昌乘》之輯文亦當有出於此處者。不過，此點尚無明確證據。

除上述三卷的集中記述外，關於壽昌軍的相關文字，亦有零星散見於他卷者，文氏輯出時，「他卷亦刺取數條」〔註6〕。如「古蹟」條「亭館」目之「武昌郡西有蘆洲」注云「《大典》卷一萬三百九」，此卷今存，《大典》係於「二紙」下「卷一○三○九『死』」，《永樂大典目錄》標於卷 27「卷之一萬三百九『死』」。又同條「門」目之「臨津門」注云「此條又見卷三千五百二十五」，此卷今存，《大典》係於「九真」下「卷三五二五『門』」，《永樂大典目錄》標於卷 10 內「卷之三千五百二十五『門』」。惟此內容別見於何卷，已無從考索。又同條「磯」目之「鳴鳳門」注云「《大典》卷三千五百二十七」，此卷亦存，並與《永樂大典目錄》卷數相符。

根據以上對輯本《壽昌乘》注文及今存《目錄》所進行的初步考察或可推知，《壽昌乘》原文分散於《大典》若干字韻下的眾多卷內，而尤以卷 6273、6274 所載最為集中，他卷亦散存若干。

〔註5〕〔清〕繆荃蓀《藝風堂藏書記》卷 3《地理第四》稱：「此書久佚，今從《大典》二千二百七十三、四昌字下輯出。」上海古籍出版社 2006 年版，第 58 頁。按，《目錄》卷二千二百七十三、二千二百七十四系「湖」之詩二、詩三，卷六千二百七十三、四系「昌」之武昌府五、六，故繆氏所言「二千二百七十三、四」，顯為「六千二百七十三、四」之誤。

〔註6〕〔清〕柯逢時：《壽昌乘·跋》，〔宋〕佚名：《壽昌乘》，《宋元方志叢刊》，第 8 冊，中華書局影印本 1990 年版，第 8412 頁。

實際上，《壽昌乘》在《大典》中的分布遠不止上述數項，結合新輯出的佚文來看，《大典》卷 2261、2266、2270「湖」及卷 2755「陂」亦皆引述《壽昌乘》原文，依次載有「黃石湖」、「車湖」、「五丈湖」與「陂」等。此四條新輯之佚文，前三條繫張國淦先生所輯，後一條繫顧宏義先生所輯。〔註 7〕茲將《大典》存卷中此四條原文一併移錄如下。

其一，《大典》「黃石湖」條載：

> 黃石湖。《壽昌乘》：在武昌府郡東六十八里，周九十五里。《輿地志》云：西塞有黃石，故名。《水經注》云：江之右岸得黃石山，水逕其北注，對黃公九磯，所謂九圻者也。〔註 8〕

其二，《大典》「車湖」條載：

> 車湖。《雲南志》：在仁德府為美縣西五十里山澗中，周四十餘里，水色澄碧，四時無盈縮，有車氏居其旁，故名車湖。武昌府志《壽昌乘》：在武昌府郡東三十里，蘇軾在黃州時王文甫居湖上，往來殆百數，欲買田老馬，會量移不果。余見車武子墓條。有車武子墓。〔註 9〕

其三，《大典》「五丈湖」條載：

> 五丈湖。郡縣志《壽昌乘》：在武昌府郡東八里，舊曰南湖。《太平御覽》引《武昌記》曰：長湖通江夏，境有水，冬則涸。於時靡所產殖，陶侃作堤以遏水，由是水常不竭。因取琅琊隔湖魚菱以養湖內，魚菱甚甘美，異於他處所產，鮒魚乃長三尺。永嘉初，頹破，太守褚儁之修復，尋又朽壞，魚菱不復蕃息矣。臧質敗走南湖，以荷自蔽，即此湖也。《水經注》云：江東得五丈口。則五丈之名，亦古也。今湖有小磁之目，即《水經注》又得次浦者是。〔註 10〕

〔註 7〕張國淦著，杜春和整理：《張國淦文集四編》，第 523 頁。顧宏義：《宋朝方志考》，第 364 頁。按，顧先生認為：「於文氏輯本以外，《大典》卷二二六一《黃石湖》、卷二二六六《車湖》、卷二七五五《陂》、卷三三八四《宬樽》引錄《壽昌乘》計四則；又卷七五一六《大軍倉》、《都倉》所引《武昌志》中引錄《壽昌乘》計二則，卷二二七〇《五丈湖》所引《郡縣志》中引錄《壽昌乘》一則。」按，輯本今存「宬樽」、「大軍倉」、「都倉」三條，故與張氏所較，顧先生新輯出「卷二七五五《陂》」一條。

〔註 8〕〔明〕解縉等：《永樂大典》卷 2261「湖」之「黃石湖」，中華書局影印本 1986 年版，第 745 頁。

〔註 9〕《永樂大典》卷 2266「湖」之「車湖」，第 813 頁。

〔註 10〕《永樂大典》卷 2270「湖」之「五丈湖」，第 839 頁。

其四，《大典》「陂」條載：

> 陂。《壽昌乘》：南陂，楊井陂，何四陂，妻家陂，黃公陂，秦家陂，少府陂，大陂，蘆陂，廖家陂，楊家陂，鋪陂，鹿山陂，金陂，蓮荷陂，李婆陂，蔣二陂，甘師陂，蟲陂，宋八公陂，新陂，後陂，古陂，魯家陂，黃師陂，黃土陂，白水坑陂，戎子陂，橫陂，魯二陂，小洪陂，余家陂，李婆陂，雷陂，彼家陂，油榨陂，陳從陂，尤陂，小陂，姚二陂，赤稠陂，蓮荷陂，石陂。以上並在武昌府郡邑內。〔註11〕

二、輯文與《大典》殘卷原文之比對

輯佚之事，誠非易與。文氏所輯佚的《壽昌乘》，為今湖北鄂州市現存最早的一部方志，也是宋代湖北方志中唯一保存至今的志書，其功非細。不過，仍然值得探討的是，《壽昌乘》輯出之文，與《大典》相較，有無異同？以下僅據《大典》所載三條原文，與輯本相關文字略做比對，即可知其一二。

其一，《大典》「覆舟而死」載：

> 《壽昌乘》，武昌郡西有蘆洲。《輿地》云：伍子胥叛楚出關，於江上見漁父求渡。時旁多人，漁父曰：灼灼兮侵己，私與子期兮蘆之漪。子胥既渡，解劍與之，不受，子胥曰：掩子漿，勿令其露。漁父知意，遂覆舟而死。〔註12〕

同條，輯本《壽昌乘》「古蹟」條「亭館」目之「武昌郡西有蘆洲」載：

> 武昌郡西有蘆洲。《輿地志》云：伍子胥叛楚出關，於江上見漁人求渡。時旁多人，漁父曰：灼灼兮侵己，私與子期兮蘆之漪。子胥既渡，解劍與之，不受，子胥曰：掩子漿，勿令其露。漁父知意，遂覆舟而死。〔註13〕

按，前者《輿地》，後者作《輿地志》，餘皆同。

其二，《大典》「臨津門」載，

> 《壽昌乘》：在武昌府吳隔城西北。《寰宇記》云：吳城有五門，四門以所向為名，西角一門謂之臨津。《土俗編》云：按今吳王宮城止四門，隔城三門，北曰釣臺，東失其名。大城又有五門，東一門，

〔註11〕 《永樂大典》卷2755「陂」，第1406頁。
〔註12〕 《永樂大典》卷10309「死」之「覆舟而死」，第4313頁。
〔註13〕 《壽昌乘》，第8406～8407頁。

南四門。一門在王城東門，東有牆如羊馬城，失其名。牆東門曰將軍巷，疑當時宿衛同廬所在。又東即雞鳴關，又東閔家巷。按古軍營皆有巷，猶今夾道也。〔註14〕

同條，輯本《壽昌乘》「古蹟」條「門」之「臨津門」載：

臨津門，在吳陽城西北。《寰宇記》云：吳城有五門，四門以所向為名，西角一門謂之臨津。《土俗編》云：按今吳王宮城止四門，陽城三門，北曰釣臺，東失其名。大城又有五門，東一門，南四門。一門在王城東門，東在牆如羊馬城，世失其名，牆東門曰將軍巷，疑當時宿衛周廬所在。又東即雞鳴關，又東關家巷。按古軍營皆有巷，猶今甲道也。」（此條又見卷三千五百二十五。關家巷作閔家巷，甲道作夾道。）〔註15〕

按，前者「吳隔城」、「隔城」，後者作「吳陽城」，「陽城」；前者「失其名」，後者作「世失其名」；前者「宿衛同廬」，後者作「宿衛周廬」；前者「閔家巷」、「夾道」，後者於注中皆已注出。

其三，《大典》「鳴鳳門」載

鳴鳳門，「《壽昌乘》：鳴鳳門，舊名朝陽。《武昌記》：城東有崗高數丈，名鳳闕。吳黃龍元年，有鳳凰集於此。〔註16〕

同條，輯本《壽昌乘》「古蹟」條「門「之「鳴鳳門」載：

鳴鳳門，舊名朝陽。《武昌記》：城東有崗高數丈，名鳳闕。吳黃龍元年，有鳳凰集於此。〔註17〕

按，此載前後皆同。

通過上述比照，不難發現，輯本文字絕大部分忠實於《大典》原文，僅有個別之處稍有不同。由此似可推知，《壽昌乘》其他內容亦應如此，故總體而言，文氏之輯本，基本保留了《壽昌乘》的原文。並且，輯本並不僅僅單純直接照搬《大典》所載，而是對於其中明顯的錯訛之處予以回改。《壽昌乘》輯本關於「臨津門」之載，較之《大典》原文出入之處頗多。具體來看，《大典》原載「吳隔城」、「隔城」，輯本作「吳陽城」、「陽城」，明顯是文氏所改。實際上，「陽城」，乃為地名，今亦有之，故輯本不從《大典》，而逕稱「陽城」，當

〔註14〕《永樂大典》卷3525「門」之「臨津門」，第2018頁。
〔註15〕《壽昌乘》，第8409～8410頁。
〔註16〕《永樂大典》卷3527「門」之「鳴鳳門」，第2038頁。
〔註17〕《壽昌乘》，第8411頁。

為有據。另《大典》原文「宿衛同廬」，輯本改作「宿衛周廬」，亦妥當之極。如《宋史・職官志六・皇城司》即有「凡周廬宿衛之事、宮門啟閉之節皆隸焉」之說法，可證其是。有此二例，足以證明文氏當日輯出《壽昌乘》時，頗費功力。由於柯氏所處時代，《大典》已不復可睹，似無可能與殘存文字對照，故上述之功當出自文氏，而非柯氏所為。

三、《壽昌乘》體例之復原

方志體例，即其內容的編排形式，不同於外在形式之體裁。方志演進至南宋，體例已臻成熟和完善，輯本《壽昌乘》雖非全帙，但據其內容的綴合而論，大略可知其最初之體例。今柯氏刊行之《壽昌乘》輯本不分卷，而以平目體的方式排列，條目具體包括城社考、倉庫、驛舍、官寺、軍衙、學校、齋舍、學職、貢舉、貢院、貢士規約記、器服、祭器、書籍、郡學、書院、教閱、大閱、武事考、營寨、糧廩、尺籍、戰艦、戎器、烽候、關隘、古蹟、亭館、墓、冢院、宅、城、縣、壇、峴、樽、基、谷、門、路、臼、殿、庵、鎮、浦、洑、磯等47項，次序並不十分規整嚴格，其內容則涉及機構設置、教育概況、武裝設施、城池關津、古蹟名勝等等。

結合現存志文內容予以分析，上述各目實則並非平行，而是有著明顯的統合關係。具體而論，以城社考為例，其下應包括倉庫、驛舍、官寺、軍衙。而學校、齋舍、學職、貢舉、貢院、貢士規約記、器服、祭器、書籍、郡學、書院、教閱、大閱則當另有所屬，當隸於「文事考」或「武事考」之下。輯本即稱：

> 文武並用，尚矣。或謂吳都古用武之國爾，文非所宜急，豈知文以經之，而復武以緯之，施之而有次第哉？我朝列聖右文，光被四表，而建置郡邑，又與起作新之一機也。是故教養備而文之本以立，選舉精而文之用以行。俎豆晃服，禮之文也；載籍簡冊，道之文也。瞻鶿翔鳳煮之新，訂蘇剝苔封之舊。文無今古，隨窮而隨著，愈久而彌章也。嗚乎，至矣！作文事考。〔註18〕

可知，與「城社考」相對應，《壽昌乘》亦有「文事考」。據各目所載內容而論，下設學校、齋舍、學職、貢舉、貢院、貢士規約記、器服、祭器、書籍、郡學、書院各目，而教閱、大閱則應係於其下的「武事考」中。而且，輯本以「學校」

〔註18〕《壽昌乘》，第 8394～8395 頁。

兼攝上述引文與「郡縣立學，自我朝慶曆始」云云一段，顯有不妥，前者當係於「文事考」，後者則當隸於「學校」，後者為前者之一目。

其後的「武事考」則為一綱，輯本即載：

> 文事必有武備，況郡以江防設乎？分符出守，謹簡材望。於屯戍，則假以節制；於義勇，則責以提舉，其不輕而重也，審矣。是故，蛟鼉鼓勇，波濤出沒，險之自然者，天也。貔貅萬寵，氣勢赫張，所資以用險者，人也。度地以居之，豐儲以餉之，蒙衝蔽江，戈甲耀日。謹烽候，審屯隘，勤閱習，軍政脩而軍容肅，以戰則克，以守則固，故漢人以為郡將，而且以課邊最云。作「武事考」。〔註19〕

其下當領營寨、糧廩、尺籍、戰艦、戎器、烽候、關隘等各目。

再後有「古蹟」一目，實亦當為一綱，其文載：

> 天下山水奇勝處，或英雄之所躔，或神仙之所都，或賢哲之所遊覽，故陵谷代遷而名不與之俱往。好古博雅之士，景遺芳而慕前躅，非託之紀載，何以見之？若夫因舊闕疑，則夏五、郭公有魯史之書法在。〔註20〕

此載與其下「釣臺」、「南樓」、「怡亭」、「九曲亭」等截然有別，顯非平列關係，後者實包含於前者內。

通過上述分析即可推知，《壽昌乘》原本體例並非輯本所示之平目體，而是南宋時頗為流行的綱目體。其綱分為「城社考」、「文事考」、「武事考」和「古蹟考」，其下又隸有各目，各目之下又隸有小目，呈現出明顯的三級層次。

再者，輯本在各目隸屬關係的處置上，也多有失察之處。除前述之外，如輯本將「鳴鳳門」係於「古蹟考」下的「磯目」之內，「古蹟考」又設「壇」（下隸「郊天壇」），皆有不妥，當為輯佚者未審而錯置者也。

此外，又有漏置目的情況存在，如「城社考」綱之下，直接以「社稷壇」隸之，即有悖常例，其上應有「壇社」目，而「社稷壇」為其下小目。

最後，因輯佚者並未留意於綱、目與小目間的隸屬關係，故三者在文字設置上，大多並無明顯區別，致使相互間的層級關係難以分辨，如「城社考」之「官寺」目，其下當隸「軍衙」與「武昌縣衙」小目，但輯本「武昌縣衙」卻

〔註19〕《壽昌乘》，第 8400 頁。
〔註20〕《壽昌乘》，第 8405 頁。

為「軍衙」之下一小目；再如「貢舉」與「貢院」、「貢士規約記」、「貢士題名」，
當非平列，後三者當隸於前者。又如「器服」與「祭器」、「祭服」在輯本中也
以同級關係排列，實際上後二者也應是前者下的之小目。類似疏漏，在輯本中
還有數處，茲不遍舉。

　　據此，以輯本《壽昌乘》各目內容而論，筆者以為其體例最初應如下列各
表所示：

《壽昌乘》體例復原之一——城社考

綱	目	小　目
城社考	壇社〔註21〕	社稷壇、郊天壇、縣社
	倉庫	都倉（常平倉）、大軍倉、寄椿倉、軍資庫（常平庫、公使庫、大軍庫）
	驛舍	壽昌館、既見亭、南亭嶺馬驛、梅城馬驛
	官寺	軍衙、武昌縣衙（主簿廳、縣尉廳、南尉兼鎮廳、總在大軍倉庫官廳、總轄衙、統制衙、水軍統制衙、在城都監司、白湖巡檢司）

《壽昌乘》體例復原之二——文事考

綱	目	小　目
文事考〔註22〕	學校	齋舍、學職、學賦
	貢舉	貢院、貢士規約記、貢士題名
	器服	祭器、祭服
	書籍	郡學、書院
	南湖書院	

《壽昌乘》體例復原之三——武事考

綱	目	小　目
武事考	營寨	防江水軍寨、飛虎軍寨、義士左軍寨、右軍寨、白湖寨
	糧廩	防江水軍、飛虎軍、義士左右軍、廂軍、土軍、弓手

〔註21〕按，此目係新增，其下原小目為「社稷壇」、「縣社」，茲將原隸於「古蹟考」
　　　之「壇」目下「郊天壇」移置其下。
〔註22〕按，此綱為新增，輯本「學校」下接文字即有「作文事考」之語，據其意，「文
　　　事考」當係與「城社考」並列之一綱。

尺籍	防江水軍、飛虎軍、雄淮義士左右兩軍、忠義軍、廂軍、土軍
教閱〔註23〕	大教場、水教場
大閱	
戰艦	元管戰船、槽底船、平底船、腳船、添造槽底槳船
戎器	元籍舊管堪好者、舊損堪修、寶祐添修、寶祐創造
烽候	望樓、金紫磯、遞鋪、三里鋪、十里鋪
關隘	隘口五處

《壽昌乘》體例復原之四——古蹟考

綱	目	小 目
古蹟考	樓臺	釣臺、南樓
	亭館	怡亭、九曲亭、笑依亭、伯履亭、解劍亭、廣宴亭、殊亭、尋梅亭、中允亭
	墓	車武子墓、庾雲墓、桓宣武墓、戴淵墓、趙龍圖墓
	塚院	漏澤園、恩養院
	宅	陶公宅
	城	鄂王城、吳王城、吳大城、梅城
	縣	東鄂縣、義寧縣
	峴	吳王峴
	樽	窊樽、杯樽
	基	雞鳴關故基、安樂宮故基
	谷	退谷
	門	臨津門、鳴鳳門
	路	郎亭山路、夾石坑路
	臼	石臼
	殿	太極殿
	庵	淳老庵
	鎮	武昌鎮、金牛鎮
	浦	南浦
	洑	劉郎洑

〔註23〕按，此目原隸於「文事考」，茲據其意，置於「武事考」下。其下之「大閱」亦同。

湖	黃石湖、車湖、五丈湖
陂	南陂、楊井陂、何四陂……
磯	安樂磯、五磯、黃子磯、上磧磯

綜上所述，文氏《壽昌乘》輯本文字基本忠實於《大典》原文，僅有個別之處稍有不同，基本保留了《壽昌乘》原貌。但輯佚之事，誠非易與，疏漏在所難免，以上就此稍有探察，囿於學識，加之識見非廣，故上述所論未敢自必，內中恐仍有欠妥之處，敬望博通之士教之。

原刊於《中國地方志》2015 年第 2 期。

《中國經濟通史・宋遼夏金卷》讀後

　　葛金芳教授著《中國經濟通史・宋遼夏金卷》由湖南人民出版社 2002 年 12 月出版，係趙德馨教授主編的十卷本《中國經濟通史》（獲 2003 年度國家圖書獎提名獎、2004 年度湖北省社會科學優秀成果一等獎）之一。全書凡 64 萬字，近 900 頁，分為 22 章，以宋、遼、夏、金時期 300 餘年的經濟運行為考察對象，內容宏富，體例嚴謹，既有對經濟運行特徵的總體概括，又涉及行政區劃、生態環境、自然資源、人口增長和分布、農業機具和水利建設、耕作制度、農牧業兩大經濟板塊的碰撞與擠壓、手工業的技術革新與工藝革命、民營手工業的經營方式、商品經濟的繁盛和都市化進程、交通運輸業的發展、海外貿易與國際市場的開拓等內容，亦有經濟結構、經濟政策方面的深入闡述，是一部全面解讀 11～13 世紀中國經濟運行和發展的精心之作。

　　通覽是書，筆者認為有如下三點彌足稱道：

　　一是研究結論的堅實性，表現為對原始史料的深入挖掘、學界成果的廣搜博採，並有紮實深入的前期研究成果作為全書的主要支撐。全書立論依據於大量翔實、可靠的史料，其中標明徵引的古籍文獻達 312 種，兼及正史、總集、編年、傳記、典章、類書、法律、文集和筆記小說等九大類，史料注釋 2100 餘條。書中論題的緣起與分析則基於對學界既有成果的廣採博收，總計引用近人論著 100 餘種，300 餘次。在著者涉獵的千餘篇學術論文中直接被本書所引用的合計 300 餘篇、次，覆蓋自然科學和社會科學的眾多門類。全書亦多次運用文物考古資料所提供的實證材料，作者此前發表的大量原創性成果更為全書奠定了堅實的基礎。

　　二是研究方法的創新性，表現為宋、遼、夏、金經濟圈的整體建構，多學

科分析工具的有機交織和嚴密理論思維的抽象與概括。著者率意打破朝代經濟史研究的單一模式，將其時先後並存的各區域政權納入到一個具有緊密聯繫的經濟整體中予以考察，既著意把握各區域經濟的不同特色，又特別強調宋、遼、夏、金及周邊多個少數民族並立政權間的經濟互動，著力構造真正意義上的斷代中國經濟史。著者這種獨到的研究方式，與其長期注重理論思維是密不可分的。

三是研究取向的務實性，表現為求真與求實的一以貫之，歷史與現實的一脈相通，為學與知世的一體交融。本書諸多論題的選取既來自於對史料的發掘，更凝聚著著者對現實生活的高度關注。著者期望在宋代經濟的解剖中，尋找到可資借鑒的歷史智慧。如在 20 世紀 80 年代初直至 90 年代，著者悉心探研的官田私田化、原始工業化進程、工商業文明因子的成長等問題，莫不與現實世界暗含著千絲萬縷的聯繫。特別是對兩宋東南沿海地區在發展路向上，以「頭枕東南、面向海洋」取代漢唐時期「頭枕三河，面向草原」的分析，不僅糾正了西方漢學家把古代中國看作是封閉型內陸國家的誤識，更是對中國傳統社會運行軌跡的重新認識。著者對當代中國發展路向的期許亦可從中見出端倪。

然而，該著亦有瑕疵，大致可歸納為下述兩方面。

其一是在對經濟政策的探討上，過分偏重於土地、賦役、工商業政策等，較少觸及人口、貨幣、財政政策，不免有畸輕畸重之嫌，難以使人窺見經濟格局變遷、經濟結構嬗變的全方位、深層次動因。所幸著者於 2002 年申請到國家社科基金重點項目「唐宋之際經濟結構變遷與國家經濟政策的互動關係研究」（02AJL008），隨著該課題的結項，此方面的缺憾當能得到有效彌補。

其二是校對不精。以下略舉數例，如文字之誤，第 92 頁注釋③中的「《璜州小畜集》」實係「《王黃州小畜集》」；第 327 頁的「草木棉花」顯為「草本棉花」；第 374 頁注釋③中的「胡廷大臣」當為「朝廷大臣」；第 613 頁「兩（棉）」應為「兩（綿）」。再如注釋之誤，第 82 頁注釋④中的「天聖六月七日甲午條」當為「天聖六年七月甲午條」；第 115 頁注釋④中的「《中國歷史論文集》，人民出版社，1963 年版」應是「《范文瀾歷史論文選集》，中國社會科學出版社，1979 年版」；第 146 頁注釋③當係「王瑞明《宋代秧馬的用途》，《社會科學戰線》1981 年第 3 期」；同頁注釋③中的論文名稱應為「《關於秧馬的推廣及用途》」，期刊年份則為「1983 年」。另在注釋方面亦存在前後不一的情況，如第

642 頁注釋①作「呂大鈞《民議》，載《宋文鑒》卷一○六」，第 668 頁注釋⑩卻作「《宋文鑒》卷一○六載呂大鈞《民議》」。

原刊於《中國史研究動態》2005 年第 6 期。

《宋代嶺南謫宦》讀後

　　嶺南地區的開發始於秦漢時期，自唐初設置「嶺南」行政區劃以降，嶺南的發展進程漸次加速，歷宋元明清，其勢不減。特別是以珠三角為龍頭的南粵，在近代至當代中國的歷史大舞臺上，一再成為執風氣之先的前沿，引領嶺南乃至整個中國前行的航向。縱觀嶺南兩千餘年的歷史脈動與嬗變軌跡，兩宋時期無疑是嶺南從蠻夷向神州邁進的過渡時段，故關於宋代嶺南的研究是整個嶺南史研究中極為重要的一環，殊值留意。而天水一朝嶺南的劃時代變遷，又與中原文化的輸入有著密不可分的聯繫。此一階段不絕如縷、遍布嶺南的謫宦，即不自覺地扮演著先進文化傳承者的角色，這類政治失意的特殊群體駐足嶺南期間的立身行事，卻無形中為嶺南政治、經濟、文化的驅動，提供了鮮活的生機與助力。關於宋代謫宦與嶺南發展間的上述關係，早在上世紀八十年代初，陳樂素先生就已有所覺察和闡發，並撰成關榛山林的《流放嶺南的元祐黨人》（《求是集》第二集，廣東人民出版社 1984 年版）一文。篳路藍縷，薪火相傳，2009 年 3 月由廣東人民出版社「嶺南文庫」推出的、金強博士在其博士論文基礎上修改而成的《宋代嶺南謫宦》，接續陳老之餘思，以總計 6 章、35 萬字的篇幅，全面、系統探究了宋代嶺南謫宦群體形成的地理環境、謫宦制度、貶謫原因、分期、心態、地域分布，以及謫宦在嶺南的活動及影響等，全方位再現了宋代嶺南這一特殊的政治人物群體，揭示了謫宦對於嶺南社會前行所發揮的積極作用，是目前宋代嶺南史研究中為數不多的精心之作。

　　這部勾稽宋代嶺南謫宦的著作，令人稱道之處不在少數，諸如「謫宦」語彙釋義之洽切、謫宦個案考索之綿密、以詩證史方法運用之合理與謫宦心態探索之精微等等，均為是著中的亮點，閱者不難有此共識，自然無須逐一申論。

而掩卷之餘，相較而論，筆者認為該著在下述三方面尤其值得推許：

首先是史料廣博，引徵繁富。史學以豐贍、堅實的史料為立足根本，以史帶論、論從史出為治史之圭臬。該著立論即奠基於作者從浩繁的古籍文獻中逐條抽繹而出的精當史料，在全書總計896條注釋中，注出史料出處者多達866條。史料來源則見諸書末「徵引文獻」所列舉的237種古籍，範圍涵蓋正史、編年史、紀事本末史、政書、類書、叢書、地理書、方志、筆記、總集、別集等眾多類別。緣於該書以宋代與嶺南為時空考察範圍、謫宦為探討對象，故其史料採擷重心特別集中於兩宋文獻，但凡迄今所能見到的與宋代嶺南相關的文獻，大致都已被是著網羅無遺，全書總計引用宋人撰著154種。這些出自宋人筆下的若干記述，零碎地保留著關於嶺南謫宦的行跡與言論。結合書中附錄「宋代嶺南謫宦表」來看，著者依據現存可資查考的文獻，已考證出493名生前被貶和8名死後被追貶至嶺南者，儘管其實際數字或不止於此，但僅從表中羅列謫宦而言，未見載於常見史籍者不乏其例，諸如醫官、軍人、僧侶、堂吏等等，即是如此。此類在世聲名不彰、離世湮沒無聞者，若非著者廣泛披覽宋人著述，並予以辛勤爬梳，旁搜博採，或許依舊會長期塵封於故紙堆中，難以被致力於宋代嶺南史研究的學者所關注，宋代嶺南謫宦的整體考察勢必會因此而有過多闕遺。學如積薪，史料之外，該著同樣重視今人成果的吸納。出現於書末的今人論文、論著雖然只有13種，但並非今人相關著述的全部，僅在前言部分的「研究現狀回顧」中，就有包括關於流人史、西北流人史、嶺南流人、貶官、謫宦等研究的43篇論文和23部著作。除此之外，各章所徵引的學界成果，也有一些不見於上述兩項。正是因為依託於極為豐厚的學術積澱，該著論題的立腳點顯得分外夯實。

其次是以點帶面，見微知著。以個案考索和群體探究為內容的人物研究，素來是宋代史學術領域中的重要構成部分。整合個體而進行全面、深入解構的群體抉發著作，在近年的宋史學界更是屢有所見，探賾目標指向兩宋期間嶺南謫宦群體的是著，即為宋代人物研究的又一全新嘗試。然而，誠如著者所言，宋代嶺南謫宦群體並非實指其時已然客觀存在的謫宦人群的集合，所謂的群體研究，強調的是群體研究的角度。具體來說，謫宦寓居嶺南期間，伴隨對共同貶謫經歷的體味，通過相互間的社會交往、詩詞唱和等群體活動，流露出的群體認同意識，以及與之相聯繫的系列互動關係，就是該著著力的重心。而謫宦群體意識的誘致，實則有賴於謫宦個體意識的廣泛參與與交相介入。原本散

落各地、年月接近或相隔的眾多謫宦,憑藉人生的參悟與情感的共鳴,實際上在不經意間已為擁有共通精神特質的群體的構建,提供了高度契合的可能。有鑑於此,在對宋代嶺南的這一特殊群體的考察與透視中,著者審慎地選取了謫宦中的若干典型個體,並以對這些極具代表性個案的詳細剖析為切入點,著意透過實實在在的個體的生命體驗、創作旨趣、思想傾向、心境歷程的深層次掃描,概括與歸納謫宦特殊集合體的共同心理特徵。著者此番縝密的解讀與探析,準確地勾勒出潛在於宋代嶺南謫宦個體心靈的共有情結,其也成為書中聯貫眾多謫宦的一條主線。惟其如是,看似孤立的謫宦個體,其實又都是謫宦群體由以構成的有機因子,依此而構築出的謫宦群體影像也愈益豐滿和充實。

最後是視野宏闊,縱橫自如。是著雖以宋代嶺南謫宦為研究中心,但著者視域並未僅僅侷限於特定時代,而是力求採用長時段追溯的方式,用心探察和真切把握宋代之前嶺南社會發展的總體輪廓,明辨與宋代謫宦諸層面相關問題的淵源,且將之作為客觀考量與評估宋代謫宦影響嶺南社會的基礎。在這種歷時態的穿梭中,著者簡要敷陳與梳理了嶺南發展前史、謫宦制度的演化過程,清晰地展現出宋代謫宦形成的地域條件和制度環境,為其後分析謫宦的心理生成與因謫宦湧入嶺南而產生的社會巨變,提供了前後比較的縱向維度。與之相得益彰的是,著者又在共時態層面上,結合兩宋政治發展的歷程,圍繞北宋初年宮廷鬥爭、北宋中葉黨派傾軋、南宋權臣政治的階段性特點,細緻地區分與辨析三個不同政治時段嶺南謫宦的表現形態,並就不同時期謫宦的政見歧異與精神風貌展開了集中論述。這種將嶺南謫宦置於兩宋政治實態下所進行的細微洞察,不僅深刻地觸及到謫宦群體的政治本位與思想特質,而且總結出不同政治氣候條件下謫宦的政治理念與人格訴求,為探明各時段謫宦的心態內涵與思維動向,確立了可資比照的橫向維度。借助於貫通與橫斷研究取向的有機融合,宋代嶺南謫宦群體的歷史面貌大致得以復還,宋代嶺南謫宦的政治、經濟、文化活動之於嶺南的廣泛、持久而深入的影響,也在此基礎上拓展了縱橫對比的空間,全書立意愈見深遠。

然著述之事,誠非易與,該著同樣是瑕瑜不掩,其中至為明顯之不足有二:

其一是個別章目結構的處置有欠妥帖。如第五章「宋代嶺南謫宦的地域分布」之下的小目中,僅有「宋代嶺南各州謫宦分布」與此章標題相吻合,而此前獨立成目的「中國歷代謫地考察」和「宋代謫宦空間分布」,顯然不為該章主題所包容。

其二是校勘不精。茲略舉數例，如版本前後相異，頁 52 注 [8] 所引《嶺外代答》，頁 54 注 [60]、頁 56 注 [99] 均作《嶺外代答校注》，「徵引文獻」所列該書與後者同；如文字之誤，頁 436 注 [185] 引「《侯鯖錄》」，頁 436 卻作「《候鯖錄》」，當以前者為是。如注釋規範不盡一致，頁 55 注 [85] [92] 所引期刊均標識至頁碼，頁 100 注 [24] 則缺此項；頁 [99] 注 [12] 為「〔日〕大庭脩著，林劍鳴等譯《秦漢法制史研究》第 161～162 頁，上海人民出版社 1991 年版」，頁 100 注 [28]、[30] 分作「郭東旭《宋代法制研究》第 123 頁」、「龔延明《宋代官制辭典》第 558 頁」，與前者相較，後兩者均無出版社、年份；頁 100 注 [27] 作「《宋會要·職官》」，頁 103 注 [70]、頁 104 注 [101] [105] [110]、頁 [106] 注 [143] 皆同於此，頁 204 注 [3] 卻作「《宋會要》職官」；頁 211 注 [149]、頁 344 注 [193]、頁 346 注 [239] 引「《欒城集》後集」，頁 336 注 [29] 卻作「《欒城集後集》」；頁 213 注 [201] 引「《陸放翁全集·渭南文集》」，頁 256 注 [17] 同此，頁 433「徵引文獻」中卻作「陸游《渭南文集》」。

原刊於《中國史研究動態》2010 年第 9 期。

20 世紀以來唐宋之際
經濟政策研究綜述

所謂唐宋之際，大致是指從中唐（公元 8 世紀中葉）開始，中經五代十國，延至北宋（公元 11 世紀）的這段時期，前後大約 300 餘年的時段。從 20 世紀以來，越來越多的中外學者認為中國古代社會在唐宋之際發生了重大變化，其變化之巨如不亞於、也是僅次於春秋戰國之際，此點幾成學界共識。早在 1910 年，日本京都學派的領軍人物內藤湖南發表長文《概括的唐宋時代觀》（《歷史與地理》9-5，譯文載《日本學者研究中國史論著選譯》第一冊，中華書局 1992 年版），認為唐代是中國中世的結束，宋代是中國近世的開始，揭開了唐宋變革期討論的序幕。此後宮崎市定著重從社會經濟變遷方面，豐富了內藤湖南的學說，其主要觀點集中反映在《從部曲到佃戶》（同上書，第五冊）這篇長文中。自 1945 年二戰結束後，京都學派的上述觀點受到東京學派的持續反駁，他們認為宋代是中國古代社會的終結，是中世社會的開始。這兩大學派長達半個多世紀的互相詰難，將唐宋變革期這個學術論題突現在學界面前。1954 年，我國著名史學家陳寅恪在《論韓愈》（《金明館叢稿初編》，生活·讀書·新知三聯書店 2000 年版，第 332 頁）中即已指出：「綜括言之，唐代之史可分前後兩期，前期結束南北朝相承的舊局面，後期開啟趙宋以降新局面。關於政治、社會、經濟者如此，關於文化、學術者，亦莫不如此。」特別是近 20 年來，關於唐宋變革期的討論日見激烈，吸引了政治史、思想史、學術史、經濟史等眾多學者的參與。

---

*與業師葛金芳教授合撰。

漢唐是同質社會，都以自然經濟立國；宋明亦是同質社會，農業仍是國民經濟的基礎，但工商業特別是城市經濟和海外貿易獲得前所未有的發展。加之自晚唐以降，契約租佃經濟取代中古田制經濟；經濟重心從黃河流域加速向長江流域，特別是向東南沿海地區轉移，在這些因素的共同作用下，長期運行在大陸帝國軌道上的漢唐王朝至宋代開始，表現出一定程度上的向海洋發展的趨勢。工商業文明因子的生長和海洋發展路向的出現，相對於農業文明來說，都是與自然經濟對立的異質因素。正是這些異質因素在農業社會中的成長，使得宋明社會與漢唐社會區別開來，諸如漢唐以門閥世族為主體的貴族政體，至宋演變為以士大夫為主體的官僚政體；漢唐時期以奴婢、部曲為代表的賤民階層向平民階層轉化；把農民固著在土地上的地著體制向遷徙自由的流動體制轉變等，均是其時代變化之最著者。筆者曾就《唐宋之際農民階級內部構成的變動》（《歷史研究》1982 年第 1 期）、《唐宋之際土地所有制關係中的國家干預問題》（《中國史研究》1985 年第 4 期）等作過一些初步研究。筆者近年申請到國家社科基金重點項目——《唐宋之際經濟結構變遷與國家經濟政策的互動關係研究》（02AJL008），擬從經濟和體制層面，探討唐宋變革的深層次原因。本文即是對 20 世紀以來唐宋之際經濟政策研究狀況的回顧，下面按土地政策、賦役政策、工商業政策、專賣政策和外貿政策依次展開。

一、土地政策研究

唐宋之際土地政策的演變，包含均田制的瓦解、不抑兼併政策的出臺、官田私田化政策的推行以及土地買賣合法化等環節。

先看均田制的瓦解。一般認為均田制弛壞於中唐開元、天寶年間，隨著唐德宗建中元年（780）兩稅法的出臺而正式消亡。陳登原《中國土地制度史》（商務印書館 1932 年版）認為，唐均田制中放寬土地買賣限制的政策所促成的豪強兼併和戶籍不整，是均田制頹廢的關鍵。陶希聖、鞠清遠《唐代經濟史》（商務印書館 1936 年版）則認為國有土地減少、耕地不能增加和不守田令是主導因素。1943 年，李劍農《魏晉南北朝隋唐經濟史稿》（生活・讀書・新知三聯書店 1959 年版）指出，「私人田莊的自始存在」、「口分田亦可買賣」為導致均田廢弛之「兩端」。此後，論及均田制瓦解原因的還有：烏廷玉《關於唐代均田制度的幾個問題》（《東北人民大學人文科學學報》1955 年第 1 期）、胡如雷《唐代均田制研究》（《歷史研究》1955 年第 5 期）、唐長孺《均田制的產

生破壞》(《歷史研究》1956 年第 6 期)、金寶祥《北朝隋唐均田制研究》(《甘肅師範大學學報》1978 年第 1 期)、郭庠林《試論「均田之制」的緣起及其弛壞的根本原因》(《復旦學報》1981 年第 3 期)、趙儷生《均田制的破壞》(《天津社會科學》1985 年第 5 期)、楊際平《均田制新探》(廈門大學出版社 1991 年版)、武建國《均田制研究》(雲南人民出版社 1992 年版)、唐任伍《論唐代的均田思想及均田制的瓦解》(《史學月刊》1995 年第 2 期),以及日本學者池田溫《中國古代買田買園契的一考察》(《西嶋定生博士還曆紀念——東亞史上的國家和農民》,山川出版社 1984 年版)、山根清志《唐均田制下的民田買賣》(《中國都市和農村》,汲古書院 1993 年版)等等。上述諸家大都認為土地兼併導致地主土地所有制的壯大,土地不敷授田所需,以及戰爭衝擊帶來戶籍的紊亂是均田制瓦解的主要原因。葛金芳《論五朝均田制與土地私有化的潮流》(《社會科學戰線》1990 年第 2 期)試圖從五朝均田制三百餘年的演進趨勢中去挖掘其瓦解的內在機制,指出均田制的長期維持需要兩個基本條件,一是國家對於人口的嚴密控制(「農皆地著」),二是地權流轉速度的相對遲緩(「摧制兼併」),然而時至中唐,土地兼併愈演愈烈,加之安史亂後版籍漫患,丁口游離,兩個條件均不復存在,均田制遂告終結。

再看不抑兼併政策的確立。自中唐均田制瓦解後,歷史進入「不立田制」的時代,其標誌就是「不抑兼併」成為其後各朝的「國策」。張蔭麟《北宋的土地分配與社會騷動》(《社會經濟史集刊》6:1,1939 年)較早切入土地買賣問題的研究。此後有楊志玖《北宋的土地兼併問題》(《歷史教學》1953 年第 2 期),收入《中國歷代土地制度問題討論集》,生活‧讀書‧新知三聯書店 1957 年版)、李景林《對北宋土地兼併情況的初步探索》(《歷史教學》1956 年第 4 期)、楊儀《北宋土地佔有形態及其影響》(《歷史教學問題》1958 年第 3 期)等文發表。梁太濟《兩宋的土地買賣》(《宋史研究論文集》,《中華文史論叢》增刊,上海古籍出版社 1982 年版)指出,宋代「土地買賣盛行的事實表明,土地私有性質確實已經有了增強」,與此同時官田的民田化也日益普遍。但李春圃《宋代佃農的抗租鬥爭》(《社會科學論叢》1980 年第 2 期)則將不抑兼併定性為反動政策。稍後,楊樹森、穆洪益主編的《遼宋夏金元史》(遼寧教育出版社 1986 年版)認為不抑兼併政策使得尖銳的階級矛盾自始至終貫穿於兩宋,評價亦很低。

80 年代中葉前後,上述觀點受到了學界質疑。葛金芳《試論「不抑兼併」》

（《武漢師範學院學報》1984 年第 2 期）指出，中唐以來不抑兼併政策的出現及其定型化，標誌著地主所有制優勢合法地位的確立，包含著合理的現實因素。不抑兼併政策在土地、賦稅、階級關係等方面引發的新變化，標誌著中國封建社會由前期進入後期的歷史階段。他的《對宋代超經濟強制變動趨勢的經濟考察》（《江漢論壇》1983 年第 1 期）將土地所有制關係的變動和農業生產的經營方式聯繫起來考察，指出：晚唐以降直至兩宋，土地轉移率的急劇提高，促使累世相承的主僕名分趨向瓦解；經濟性大土地所有制的成長，導致統治權和土地所有權逐步分離；地塊分散的土地佔有情況導致了部曲制經營方式的日趨衰落。在《唐宋之際土地所有制關係中的國家干預問題》（《中國史研究》1985 年第 4 期）中，葛金芳揭示了唐宋之際土地政策演進的五大趨勢，一是對土地所有制結構放棄調整，此以田制模式的放棄為標誌；二是大量下放官田給民間（包括地主和係官佃農），此以官田私田化政策為標誌；三是對地主土地所有權的干預明顯減弱，此以「不抑兼併」為標誌；四是對小農土地所有權更加維護尊重，如「逃田」「戶絕田」所有權的保留和處置；五是暢通地權轉移的渠道，此以土地買賣合法化為標誌。唐兆梅《析北宋的「不抑兼併」》（《中國史研究》1988 年第 1 期）與葛金芳持相同觀點。另有馬興東《宋代「不立田制」問題試析》（《史學月刊》1990 年第 6 期）、姜錫東《試論宋代的官僚地主土地所有制》（《中國經濟史研究》1994 年第 3 期）等文發表。

對五代十國時期的研究近年來亦有佳作。張星久《關於五代土地兼併問題的考察》（《中國史研究》1992 年第 2 期）對五代土地兼併發展的一般情況、地主兼併土地的手段及方式，以及對地主階級內部地權運動的影響三個問題進行了分析。武建國《論五代十國的封建土地國有制》、《五代十國大土地所有制發展的途徑和特點》（分見《中國經濟史研究》1996 年第 1 期；《學術月刊》1996 年第 2 期）兩文指出，當時各類國有土地已大量私有化。此外，趙雲旗《從敦煌吐魯番文書看唐代土地買賣的管理機制》、《論唐代土地買賣政策的發展變化》（分見《敦煌研究》1998 年第 3 期；《中國古代社會研究——慶祝韓國磐先生八十華誕紀念論文集》，廈門大學出版社 1998 年版）等文和霍俊江《中唐土地制度演變研究》（暨南大學出版社 2000 年版）、趙雲旗《唐代土地買賣研究》（中國財政經濟出版社 2002 年版）等專著，對唐後期土地買賣的合法化過程都有詳盡的描述。

最後來看官田私田化政策的施行。葛金芳在《北宋官田私田化政策的若干

問題》(《歷史研究》1982 年第 3 期)中指出,該政策的執行分為「無償轉化」和「有償轉化」兩種形式,其動因在於土地私有化潮流的持續推動。該政策有利於小農地權的深化,但後來變成地主攫取官田的門徑,因而具有兩重性。趙儷生《試論兩宋土地經濟中的幾個主流現象》(《文史哲》1983 年第 4 期)將之概括為三個方面,即「富者有資可以買田」、「廣置營田」與「盡鬻官田」並存,以及田主對佃戶看法的改變。楊康蓀《宋代官田包佃述論》(《歷史研究》1985 年第 5 期)認為,宋代官田實行自由射佃制,既保證了官府經濟收入的穩定性,也滿足了包佃戶追求財貨的欲望。宋代包佃主的承佃活動,擴大了當時的墾田面積,同時也促進了遊散勞動力與土地資料的結合,是一種歷史的進步。對此,葛金芳連發四文提出不同看法。在《宋代官田包佃成因簡析》(《中州學刊》1988 年第 3 期)中,認為宋代私人包佃官田制度日趨普遍的基本動因,是土地私有化潮流的持續推動;契約租佃經濟佔據主導地位是包佃形態得以發展的歷史環境,荒田曠土的大量存在則是官田包佃得以繁衍滋生的外部條件。通過《宋代官田包佃特徵辨析》(《史學月刊》1988 年第 5 期)得出其本質是「品官權貴、形勢豪右之家,為轉佃取利、謀取差額地租而承佃大段係官田產的行為」。在《宋代官田包佃性質探微》(《學術月刊》1988 年第 9 期)中,認為應將形勢豪右對於係官田土經營權的封建壟斷,規定為包佃形態的本質特徵。《宋代官田包佃作用評議》(《江漢論壇》1989 年第 7 期)認為,官田包佃之弊表現在三個方面,即影響官府課入、阻滯農業生產恢復發展和妨礙土地與勞力結合。

二、賦役政策研究

先看賦稅。中唐均田制瓦解後,人丁稅性質的租庸調已成無源之水,資產稅性質的兩稅法應運而生。陳登原《中國田賦史》(商務印書館 1936 年版)指出,浮寄客戶的大量增加致使租庸調不得不變而為兩稅,宇文融括戶的辦法只能治標,不能行於時。〔日〕日野開三郎《楊炎兩稅法的實施與土戶客戶》(《瀧川政次郎博士還曆紀念論文集》,東京出版社 1957 年版)亦持此論。袁英光、李曉路《唐代財政重心的南移與兩稅法的發展》(《北京師範學院學報》1985 年第 3 期)認為,安史亂後南方經濟的發展促進了土地私有制的進一發達;交換中錢幣的大量使用,又為「按貲納稅」和「以錢為稅」準備了條件。陳明光《論唐朝兩稅預算的定額管理體制》(《中國史研究》1989 年第 1 期)

認為,兩稅改變了前期單一的農業稅收結構,採取以兩稅為代表的農業稅與以榷鹽為代表的商品稅並重的二元結構。吳麗娛《也談兩稅的「量出為入」與「定額給資」》(《中國唐史學會論文集》,三秦出版社 1991 年版)認為,楊炎兩稅法是以國家財政需要和支出作為主導和前提。翁俊雄《唐後期民戶大遷徙與兩稅法》(《歷史研究》1999 年第 3 期)綜合諸家之說,指出安史亂後的民戶大遷徙減少了國家編戶,增多了浮寄客戶,土地所有權轉移的頻率隨之加快,以工商為業者明顯增加,因而導致了以「稅客戶」「稅資產」為改革方向的兩稅法的產生。

在兩稅的徵收內容上,學者們眾說紛紜。〔日〕玉井是博《唐代土地問題管見》(《史學雜誌》33-8、9、10,1922 年)強調兩稅法是由唐前期資產稅性質的地稅和產稅發展而來。持同樣看法的我國學者有鞠清遠《唐代兩稅法》(《北大社會科學季刊》6:3,1936 年)、李劍農(前引書)、張維華《對於兩稅法的考察》(《山東大學學報》1963 年第 4 期)、王仲犖《唐代兩稅法研究》(《歷史研究》1963 年第 6 期)等。日本有鈴木俊《唐代產稅與青苗錢的關係》(《池內博士還曆紀念東洋史論叢》,座右寶刊行會 1940 年版)、《唐朝的夏稅、秋稅》(《加藤繁博士還曆紀念東洋史集說》,富山房出版社 1941 年版),韓國有金永濟《唐宋時代的兩稅沿革》(《東洋史學研究》34,1990 年)。另一種觀點認為兩稅仍指租庸調。岑仲勉《唐代兩稅法基礎及其牽連的問題》(《歷史研究》1951 年第 5、6 期)和〔日〕曾我部靜雄《兩稅法與地稅、戶稅無關論》(《東洋學》1959 年第 2 期)、《兩稅法出現的由來》(《社會經濟史學》26-1,1960 年)即主此說,但應者寥寥。第三種觀點認為兩稅單指戶稅,不包括地稅。代表性成果有〔日〕小林高四郎《唐代兩稅法考——中國經濟思想史的一幕》(《社會經濟史學》3-6,1933 年)、陳登原《中國田賦史》(前揭)、金寶祥《唐代封建經濟的發展及其矛盾》(《歷史教學》1954 年第 6 期)和《論唐代的兩稅法》(《甘肅師範大學學報》1962 年第 3 期)等。而韓國磐《隋唐五代史綱》(生活‧讀書‧新知三聯書店 1961 年版)、張澤咸《論田畝稅在唐五代兩稅法中的地位》(《中國經濟史研究》1986 年第 1 期)和沈世培《兩稅向田畝稅的轉變及其原因初探》(《中國社會經濟史研究》1990 年第 1 期)等持地畝稅說。第四種認為兩稅由多個稅種合併而成。〔日〕吉田虎雄《關於唐兩稅法》(《東亞經濟研究》24-2,1940 年)、胡如雷《唐代兩稅法研究》(《河北天津師範學院學報》1958 年第 3 期)、〔日〕船越泰次《唐代兩稅法中的斛斗徵

課和兩稅錢折糴問題》(《東洋史研究》31-4,1972 年)、丁柏傳《談對唐代兩稅法的再評價問題》(《河北大學學報》1983 年第 2 期)為其代表。李錦繡(《唐代財政史》下卷第二分冊,北京大學出版社 2001 年版)參酌眾說,認為「兩稅得名於夏秋兩徵」,「兩稅包括兩稅錢物和兩稅斛斗兩部分,田畝稅是兩稅的重要組成部分」。其說較為公允。

　　宋代兩稅,李劍農《宋元明經濟史稿》(生活·讀書·新知三聯書店 1957 年版)認為是指「錢」與「穀粟」,並以田畝為徵收標準,故有「夏錢秋米」之說,實指「夏稅秋苗」。王曾瑜《宋朝的兩稅》(《文史》總 14 輯,1982 年)仍為夏秋兩徵,夏稅以徵收絲帛、大小麥錢為主,秋稅則以糧食為主。各地稅額不一;和糴、和買加重了鄉村民戶的負擔;多數地區還殘存著一定數量的人頭稅和各種附加稅。漆俠《宋代經濟史(上)》(上海人民出版社 1987 年版)認為宋代兩稅是向「有常產」的稅戶徵收的土地稅,基本上承襲了後周之制。葛金芳《宋遼夏金經濟研析》(武漢出版社 1991 年版)、《中國經濟通史(第五卷)》(湖南人民出版社 2002 年版)根據相關文獻對兩稅徵收程序及相關規定作出解說,包括「均田」與「檢田」、「兩料」與「三限」、「支移」與「破分」、「倚閣」與「帶納」、「攬納」與「包稅」、「預借」和「增借」等。鄭學檬主編《中國賦役制度史》(廈門大學出版社 1994 年版)指出,宋代兩稅實行夏錢秋米制度的同時,還有不少增稅辦法。此外,汪聖鐸《北宋兩稅稅錢的折科》(《許昌師範專科學校學報》1989 年第 2 期)認為當時社會還不具備賦稅貨幣化的條件。張熙維《宋代折變制探析》(《中國史研究》1992 年第 1 期)則認為折變有利於社會經濟的發展。

　　再看徭役。對兩稅法頒行之後晚唐五代的徭役問題,學界長期注意不夠。張澤咸《唐五代賦役史草》(中華書局 1986 年版)專列「兩稅法時期的雜徭」一節予以深究,指出「雜徭在實施兩稅法時,曾宣布省併」,但雜役卻被改頭換面地一直沿襲下來,此後與力役漸趨合流,整個唐代的勞役徵發是始終嚴重存在的。唐長孺《唐代色役管見》(收入《山居存稿》,中華書局 1989 年版)指出,兩稅法施行後,色役與差科往往並稱,亦可謂之雜徭。陳明光《試論唐後期的兩稅法改革與「隨戶雜徭」》(《中國社會經濟史研究》1994 年第 3 期)認為,唐後期的「隨戶雜徭」,是未被兩稅法改革方案包括在內的地方性徭役,而不是再生形態。張澤咸《略論六朝唐宋時期的夫役》(《中國史研究》1994 年第 4 期)指出,唐宋夫役就其主流而言是丁男承擔的力役。

　　宋代，兵役已成殘餘，力役漸輕，職役突出起來。何茲全《北宋之差役與雇役》（上、下，《北平華北日報‧史學週刊》11、12，1934 年）較早探究了北宋時期的役法。李劍農《宋元明經濟史稿》（前揭）將宋代「職役」分為四類：（1）衙前；（2）里正、戶長和鄉書手；（3）耆長、弓手和壯丁；（4）承符、人力、手力和散長，認為北宋前期的役法經歷了由差役至雇役的轉變。聶崇岐《宋役法考述》（《燕京學報》33，1947 年；收入《宋史叢考》，中華書局 1980 年版）對各類職役作出詳細考述。此後有朱瑞熙《宋代的科配不是「差役」》（《光明日報》1963 年 10 月 23 日）、《關於北宋鄉村下戶的差役和免役錢問題》（《史學月刊》1964 年第 9 期）、《關於北宋鄉村上戶的差役和免役錢問題》（《史學月刊》1965 年第 7 期）和王曾瑜《宋朝的差役和形勢戶》（《歷史學》1979 年第 1 期）等文。關於差役的性質，汪槐齡《有關宋代差役的幾個問題》（《宋史研究論文集》，上海古籍出版社 1982 年版）認為，差役是鄉亭之職向勞役與苛稅演變過渡階段的產物。李志學《北宋差役制度的幾個問題》（《史學月刊》1983 年第 3 期）認為，差役的擔當在仁宗之際發生了由上戶向下戶轉移的情況，但其性質仍是職役。漆俠《宋代差役法的幾個問題》（《宋史論集》，中州書畫社 1983 年版）認為，宋代的差役是前代勞役制的繼續，主要由下戶負擔。王棣《北宋差役的變化和改革》、《試論北宋差役的性質》（分見《華南師範大學學報》1984 年第 2 期、1985 年第 3 期）兩文認為，北宋的差役可分為州縣役和鄉役兩種，差役的本質就是讓私有土地產權所有者無償提供公共服務。葛金芳（前引書）則認為差役按其性質可分三類：一是州縣吏人與鄉村政權頭目，此其主體；二是各級官衙裏的雜差公人，屬力役性質；三是鄉村壯丁、城鎮所有和直屬縣尉的弓手之類治安人員，屬兵役殘餘，不能一概而論。

　　關於夫役，梁太濟《兩宋的夫役徵發》（《宋史研究集刊》，浙江古籍出版社 1986 年版）認為出現了從差夫制向雇夫制的變化。葛金芳（前引書）認為，兩宋力役從總體上看呈減輕的趨勢，可有「一代（廂軍代役）二雇（和雇夫役）三轉化」來概括。所謂轉化，是指各類徭役向代役稅轉化，這是攤丁入畝在宋代的主要表現。葛金芳《兩宋攤丁入畝趨勢論析》（《中國經濟史研究》1988 年第 3 期）指出，攤丁入畝的實質就是封建國家加在民戶身上的徭役和人頭稅逐步向田畝稅轉化和歸併的歷史過程。這個過程在宋代有兩大表現，一是部分力役轉化為代役稅，二是尚未轉化的部分開始依據民戶資產攤派。在《兩宋攤丁入畝趨勢補證》（《暨南學報》1991 年第 3 期）中，葛金芳指出，在兩宋水利

役中依據田畝廣狹來徵調夫役的辦法日趨普遍，且有私約文簿為之約束，此後逐步演變為地方性水利法規，有些地方「計田出丁」漸向「履畝納稅」轉化。這是從非正式制度向正式制度演進的角度，對宋代攤丁入畝趨勢日趨擴大的內在機制做出的說明。

三、工商業政策研究

先看手工業。鞠清遠《唐宋官私工業》（新生命書局 1934 年版）、張澤咸《唐代工商業》（中國社會科學出版社 1995 年版）和魏明孔《隋唐手工業研究》（甘肅人民出版社 1999 年版），是三部對唐宋手工業作紮實細緻研究的專著，多以官府手工業的經營管理為探討重點。魏明孔《唐代官府手工業的類型及其管理體制的特點》（《西北師範大學學報》1993 年第 2 期）認為唐代官府手工業工匠職責明確；實行工匠徵集制度；對工匠實行培訓制度；在大型工程中實行工頭技術負責制。劉玉峰《唐代礦業政策初探》、《試論唐代官府手工業的發展形態》（分見《齊魯學刊》2001 年第 2 期、《首都師範大學學報》2001 年第 5 期）指出，唐朝實行了以官營優先為前提的公私兼營礦業的政策，官府手工業具有很強的政治干預和自給自足的特點，民間手工業的正常發展受到摧殘。

有關宋代手工業的研究，漆俠《宋代經濟史（下）》（上海人民出版社 1988 年版）指出，從宋初到宋神宗時期，礦冶業從勞役制向召募制演變，與此相適應，二八抽分制代替了課役制。稍後王菱菱《宋代礦冶經營方式的變革和演進》（《宋史研究論文集》，河北教育出版社 1989 年版）、《論宋朝邊疆地區的礦冶禁採政策》、《論宋代礦業管理中的獎懲制度》、《宋朝政府的礦業及開採政策》（分見《河北大學學報》1993 年第 3 期、1996 年第 3 期、1998 年第 3 期）和《宋政府的礦產品收買措施及其效果》（《中國史研究》2000 年第 2 期）等文有具體論述。葛金芳（前引書）將宋代官府手工業的管理體制概括為「國有、官監、民營、專賣」八個字，並指出其間存在著逐步下放經營權的趨勢，而民營手工業佔據主導地位。李曉《宋代工商業經濟與政府干預研究》（中國青年出版社 2000 年版）認為，宋室對關係國計民生的紡織業等比較重視，對礦冶業既鼓勵又控制，對軍工、鑄錢等業實行官營壟斷，對鹽、茶、酒等實行禁榷專賣，對陶瓷、漆器、建築、造船、印刷、糧食加工等業允許民間經營。就紡織業而言，魏天安《宋代布帛生產概觀》和賈大泉《宋代四川的紡

織業》（俱見《宋史研究論文集》，河南人民出版社 1984 年版）兩文值得注意。
前者對宋朝獲取布帛的科配及和買等政策有所論述；後者著重介紹了宋王朝
對絲織品從市買至無償徵收的搜刮政策。姜錫東《宋代和預買絹制度的性質
問題》（《河北學刊》1992 年第 5 期）認為從宋初直至哲宗時期，和預買絹對
絲織業極為有利。

再看商業。鄭行巽《中國商業史》（世界書局 1932 年版）認為，唐中葉以
後特別是德宗時期推行抑商政策，商事進行艱難。王孝通《中國商業史》（商
務印書館 1936 年版）也留意到商業、關禁等內容。葛金芳（前引書）指出，
宋代商業立法弊端不少，但以「通商惠工」為主旨，目的是攫取商稅。戴順祥、
邵蘭認為《唐宋時期政府商業政策的變化》（《思想戰線》2000 年第 1 期）集
中表現在三個方面，即由重視專賣權利轉向注重徵商，商稅制度化和規範化，
實施扶商的政策。李曉（前引書）認為，宋代在市場設置、商品價格和商人隊
伍方面實行了開放政策，在打擊壟斷、維護合同和商業經營、統一度量衡和打
擊假冒偽劣等方面實行維護市場秩序的政策，並加強了對行會、商人和牙人的
監控。

在商品流通政策方面，俞大綱《讀高力士外傳釋「變造」、「和糴」之法》
（《臺灣「中研院」史語所集刊》第 5 本第 1 分，1935 年）認為牛仙客首建和
糴，是有唐一代政治隆替之關鍵。〔日〕鈴木正《唐代的和糴》（《歷史學研究》
10-5、6，1940 年）則認為和糴的目的是供軍糧。在和糴淵源的論辯中，陳寅
恪《隋唐制度淵源略論稿》（重慶商務印書館 1945 年版）主張和糴盛行是唐代
財政政策呈「河西地方化」之表現。岑仲勉《隋唐史》（高教部教材編審處 1954
年版）反對「河西地方化」之說。徐壽坤《對唐代「和糴」的分析》（《史學月
刊》1957 年第 2 期）持岑氏之論，指出和糴在前期是不帶強制性的交易關係，
安史之亂以後才由和買變為強徵。盧開萬《唐代和糴制度新探》（《武漢大學學
報》1982 年第 6 期）則糅和陳氏、岑氏之說，認為和糴在西北、關內、中原
都實行，前期已具有強制性，安史之亂後，和糴性質進一步蛻變。楊際平《試
論唐代後期的和糴制度》（《唐史學會論文集》，陝西人民出版社 1986 年版）強
調，和糴軍糧有益於抑制藩鎮，有積極作用。趙文潤《唐代和糴制度的性質及
作用》（《唐史論叢》第 5 輯，三秦出版社 1990 年版）認為，和糴解決了邊地
軍糧供應，在唐前期起積極作用，後期流弊是法制鬆弛、吏治敗壞造成的。

宋代和糴仍是籌糧養兵的重要手段。戴裔煊《北宋便糴制度產生的時代

背景》(《現代史學》4-4，1942 年) 和若璋《宋代的糴政》(《東南日報》1948
年 1 月 24 日) 率先論及宋代的糴政。王曾瑜《宋朝的和糴糧草》(《文史》總
24 輯，1984 年) 指出，北宋中葉以前常取「博糴」「便糴」方式，神宗以後
又有「結糴」「寄糴」「表糴」「兌糴」等名目。魏婭婭《宋代和糴利弊初探》
(《中國社會經濟史研究》1985 年第 3 期) 認為，熙寧以後「和糴」演變為科
配，成為賦役，但仍不失為國防供應的應急措施。魏天安《宋代糧食流通政
策探析》(《中國農史》1985 年第 4 期) 認為，宋代置場和糴，是政府利用民
間商業流通組織來補充糧食消費的不足。葛金芳 (前引書) 認為宋代兩稅相
當於農業稅中「公糧」部分，而和糴則類似於統購統銷制下的「購糧」性質。
袁一堂《宋代市糴制度研究》(《中國經濟史研究》1994 年第 3 期) 認為，市
糴體現了「國防財政」的特點；他另有《北宋的市糴與民間貨幣流通》(《歷史
研究》1994 年第 5 期) 認為，北宋的市糴本身不是本來意義上的商品交換，
卻更近似於賦稅。

在市場管理和行會方面。〔日〕加藤繁《宋代都市的發展》和《唐宋時代
的市》(俱見《中國經濟史考證》中譯本，商務印書館 1959 年版) 率先指出唐
末坊市制已漸趨鬆弛，至宋代最終走向崩潰。李劍農《宋元明經濟史稿》(前
揭) 闡述了坊市制至北宋中葉毀壞的過程。唐宋行會研究的奠基者，中國有全
漢昇 (《中國行會制度史》，上海新生命書局 1934 年版)，日本有加藤繁。戴靜
化《兩宋的行》(《學術研究》1963 年第 9 期) 亦有開拓之功。傅築夫《中國
經濟史論叢》(生活‧讀書‧新知三聯書店 1980 年版) 指出宋代的行不能等同
於西方的行會。楊德泉《唐宋行會制度研究》(《宋史研究論文集》，上海古籍
出版社 1982 年版) 則認為唐宋行會在商品質量、訓練學徒制度等方面與歐洲
一樣受行規約束，所以宋代行會雖有不同於西方的特點，但其性質基本相同。
〔日〕日野開三郎《唐代時代商人組合「行」的再探討》(《日野開三郎東洋史
學論集》第 7 卷，三一書房 1983 年版) 著重分析宋代「行」的市場獨立性及
內部階層分化。漆俠《宋代經濟史 (上)》(前揭) 和周寶珠《宋代東京研究》
(河南大學出版社 1992 年版) 對「行」亦有涉及。魏天安《宋代行會制度史》
(東方出版社 1997 年版) 指出行會是封建性的同業商人組織，並從行商與坐
賈勢力消長的角度，得出行會形成於宋代的結論。行會具有一定的限制競爭、
壟斷市場的作用，同時承擔政府的「科買」和「行役」。

對商稅含義的理解，學界向有不同說法。陶希聖、鞠清遠《唐代經濟史》

（前揭）認為唐「除陌法」近於交易稅。鞠清遠《唐代財政史》（商務印書館 1940 年版）認為，安史之亂後的「關津之稅」，即是過稅。日野開三郎《唐代商稅考》（《社會經濟史學》30-6，1965 年）、〔日〕小西高弘《唐代的客商和雜稅——以商稅的成立為中心》（《經濟學論叢·福岡大學》24-2、3，1979 年）亦持鞠說。張鄰、周殿傑《唐代商稅辨析》（《中國社會經濟史研究》1986 年第 1 期）認為狹義商稅僅指關稅利市稅，兩稅法對行商所徵之稅不是商稅，而是資產稅。陳明光《唐五代「關市之征」試探》（《中國經濟史研究》1992 年第 4 期）將商稅分為三類，即禁榷（專賣）、關津之稅（商品通過稅）和市肆之稅（商品交易稅），後兩者亦即關市之征。對於宋代商稅，加藤繁《宋代商稅考》（《史林》19-4，1934 年）認為過稅、入市稅出現於唐中葉，宋代確立了過稅和住稅制度，稅率在 2～3%之間。馬潤潮《宋代的商業城市》（馬德譯，臺灣中國文化大學出版部 1985 年版）和戴靜華《宋代商稅制度簡述》（《宋史研究論文集》，上海古籍出版社 1982 年版）亦同此說。漆俠《宋代經濟史（下）》（前揭）認為，過稅、住稅之外，還有翻稅和買出翻稅，「力勝錢」、「市例錢」等則屬雜徵橫斂。李曉（前引書）指出，在徽宗崇寧五年（1106）以前，2%的過稅和 3%的住稅是按商品的實際市場價格徵收的，但過稅每過一次稅務都要徵收一次，實際可達 10%以上。

四、禁榷專賣政策

先看榷鹽。對唐鹽專賣施行的原因，鮑曉娜《從唐代鹽法的沿革論禁榷制度的發展規律》（《中國社會經濟史研究》1982 年第 2 期）認為禁榷首要目的不是增加收入，而為抑商。齊濤《論唐代榷鹽制度》（《山東大學學報》1989 年第 4 期）則認為傳統賦稅政策失去了賴以存在的社會經濟條件，也應加以考慮。陳衍德、楊權《唐代鹽政》（三秦出版社 1990 年版）認為是政府干預經濟的必然結果，而安史之亂後農業稅不敷政府支出，要求擴大稅源，才是最為直接的原因。關於榷鹽機構及其作用，〔日〕妹尾達彥《唐代後半期江淮鹽稅機關的立地和機能》（《史學雜誌》91-2，1982 年）認為，專賣機構發揮了聯結鹽戶和鹽商的作用。在《唐代河東池鹽的生產和溝通》（《史林》65-6，1982 年）中，妹尾氏又指出，河東鹽區直接將鹽委託給鹽商銷售，確保了專賣收益。陳衍德《唐代專賣機構論略》（《中國唐史學會論文集》，三秦出版社 1989 年版）指出，唐代從中央到地方，形成了院、監、場三級管理機構，三者職能各有側

重又有重疊。

五代鹽政，張澤咸《唐五代賦役史草》（前揭）認為，五代鹽法是對唐鹽法的沿襲，自後唐又新增表賣蠶鹽制，實為變相人丁稅。鄭學檬《五代鹽法鉤沉》（《中國社會經濟史研究》1982 年第 1 期）指出五代鹽稅有蠶鹽、屋稅鹽、隨絲鹽錢等，具有資產稅和附加稅性質。郭正忠《五代蠶鹽考》（《中國社會經濟史研究》1988 年第 4 期）認為蠶鹽法制定於梁唐之交，是政府插手絲蠶業的結果，以權賣為特色。吳麗娛《五代的屋稅鹽》（《中國唐史學會論文集》，三秦出版社 1993 年版）認為屋稅鹽源於朱梁之末，是蠶鹽的補充形式而行於農村。

宋代榷鹽的研究較為深入。戴裔煊《宋代鈔鹽制度研究》（商務印書館 1957 年版）認為，宋初大部分地方實行官般官賣制，之後才逐漸發展為官府間接專賣的引鈔鹽制。張秀平《宋代榷鹽制度述論》（《西北大學學報》1983 年第 1 期）認為，宋代榷鹽制度的主要內容是生產上的壟斷與統購政策及銷售上的抑配與科買。漆俠《宋代經濟史（下）》（前揭）和汪聖鐸《兩宋財政史》（中華書局 1995 年版）都認為買撲法和鈔引鹽制都屬通商法。郭正忠《宋代鹽業經濟史》（人民出版社 1990 年版）和《中國鹽業史》（人民出版社 1997 年版）兩書指出，宋代鹽的榷賣形式有官府批發或零售、蠶鹽和食鹽賒購、強制認購、納鹽錢等。商民分銷形式又分鈔引鹽、撲買鹽、買賣鹽場、合同鹽場等，以具有間接專賣性質的鈔引鹽最為普遍。

再看榷茶。鞠清遠《唐代財政史》（前揭）認為稅茶是榷茶的前身，茶稅確立於貞元九年（793）。此後，始榷茶之年，爭論不休，張澤咸《漢唐時期的茶葉》（《文史》總 11 輯，1981 年）認為唐人對榷與稅的使用並不嚴格，故易混淆。陳衍德《唐代茶法略考》（《中國社會經濟史研究》1987 年第 2 期）認為，「唐代茶法的形成和演變經歷了『課稅——全部專賣——局部專賣』這樣一個過程」。關於五代茶法，凌大埏《中國茶稅簡史》（中國財經出版社 1986 年版）認為五代一些政權對內實行茶專賣，而對外則行通商之策。商峴《一千年茶法與茶政（下）》（《平準學刊》第三輯下，光明日報出版社 1988 年版）認為南方政權茶法政策不一，南唐兼行官收商銷和官收官銷、楚徵稅商銷，後蜀行茶專賣。漆俠《宋代經濟史（下）》（前揭）詳細論述了宋初到嘉祐四年（1059）之間的交引法、三稅法、貼現法的興廢交替，並將茶法區分為禁榷法與通商法兩類。汪聖鐸《兩宋財政史》（前揭）將宋代茶法沿革分為三個階段，即北宋

前期禁榷和茶法入中時期、嘉祐通商時期、崇寧年間恢復榷行合同場及南宋的茶引時期。李曉分析了《北宋榷茶制度下官府與商人的關係》（《歷史研究》1997年第 3 期）。孫洪昇《宋代交引茶制中政府貿易費用探析》（《雲南民族學院學報》1988 年第 3 期）認為交引制切斷了茶園戶與商人的直接關係，旨在形成官府壟斷價格。黃純豔《宋代茶法研究》（雲南大學出版社 2002 年版）指出，宋代各地茶法雖有不同，但都經歷了由通商向政府壟斷收購的轉變。

最後來看榷酒。鞠清遠《唐代財政史》（前揭）、〔日〕金井之忠《唐代的榷酤》（《文化》7：6，1940 年）、〔日〕丸龜金作《唐代的酒專賣》（《東洋學報》40：3，1957 年）和〔日〕西岡弘晃《唐代的酒專賣制度》（《中村學園研究紀要》3，1970 年）等，研究了唐後期榷酒的性質及變化等內容。張澤咸《唐五代賦役史草》（前揭）和《唐代工商業》（前揭）指出，榷酒始於建中三年（782），有榷麴、征榷酒錢等多種形式。陳衍德《唐代的酒類專賣》（《中國社會經濟史研究》1986 年第 1 期）認為，廣德二年（764）即已開始酒專賣，有特許專賣制、全部專賣制、榷酒錢、榷麴四種形式。董希文《唐代酒業政策探析》（《齊魯學刊》1998 年第 4 期）討論了唐朝的禁酒、稅酒戶、榷酒、官酤、納榷、榷麴等多變的榷酒制度。漆俠《宋代經濟史（下）》（前揭）認為宋代榷酒始於乾德二年（964），酒制則有許民般酤、官榷和買撲制三種形式。包偉民《宋朝的酒法與國家財政》（《宋史研究集刊》，浙江省社聯《探索》增刊，1988 年）認為，宋朝酒法以官釀官賣的官酒務制和民釀民賣的買撲坊場為主體。楊師群《宋代榷酒中的買撲經營》（《學術月刊》1988 年第 11 期）、《兩宋榷酒結構模式之演變》（《中國經濟史研究》1989 年第 3 期）等文認為宋代榷酤起步於太平興國二年（977），榷酒機構由部曲院、都酒務、酒務、坊場等構成。酒業買撲初有定額，後實行「實卦投狀」。李華瑞從 1988 年開始發表一系列論文，後匯成專著《宋代酒的生產和征榷》（河北大學出版社 1995 年版）。他指出宋代榷酒的形式通行全國的有三種：官監酒務（屬完全專賣，占統治地位）、買撲坊場和特許酒戶經營；局部地區亦有三種，即京師榷麴、四川隔槽法和兩浙、兩湖等地的萬戶酒。

五、海外貿易政策研究

〔日〕石橋五郎《唐宋時代的中國沿海貿易及貿易港（1、2、3）》（《史學雜誌》12-8、9、11，1901 年）最早進入這一領域。〔日〕桑原陟藏《唐宋貿易

港研究》（中譯本，商務印書館 1935 年版）由關於海路貿易、貿易港和市舶管理機構的四篇論文匯集而成。孫棨《唐宋元海上商業政策》（臺灣正中書局 1970 年版）和陳高華、吳泰《宋元時期的海外貿易》（天津人民出版社 1981 年版）對當時海外貿易的諸層面展開了較為細緻的分析。王冠倬《唐代市舶司建地初探》（《海交史研究》1982 年第 4 期）認為，唐玄宗開元初在廣州設有「押蕃舶使」，唐末則先後在揚州、泉州、明州設立市舶司。林萌《關於唐、五代市舶機構問題的探討》（《海交史研究》1982 年第 4 期）指出，唐代在交州也設市舶使，但在各地名稱不一。喻常森《海交史劄記》（《海交史研究》1990 年第 1 期）認為唐只有市舶使，沒有市舶司。宋太祖開寶四年（971）六月，才在廣州設市舶司。

關於市舶制度的具體內容，陸韌《論市舶司性質和歷史作用的變化》（《海交史研究》1988 年第 1 期）認為，唐代市舶司兼有海外貿易管理機構、稅收機構和外事機構的性質，宋代又增加了舶貨變易機構和發送機構兩個功能。關鏡石《市舶原則與關稅制度》（《海交史研究》1988 年第 1 期）將市舶原則概括為，政治上懷柔遠人；財政上增加國庫收入；嚴格控制貨物出口，維護本國政治、經濟利益。漆俠《宋代市舶抽解制度》（《河南大學學報》1995 年第 1 期）指出，市舶稅率經歷了「十取其二」至「十取其一」、再至「十五取一」，又倒退至「十取其一」的變化過程。廖大珂《宋代市舶的抽解、禁榷、和買制度》（《南洋問題研究》1997 年第 1 期）認為這些制度是政府控制海外貿易的手段，具有掠奪性；他的《北宋熙豐年間的市舶制度》（《南洋問題研究》1992 年第 1 期）指出，當時的改革是市舶管理過渡到正規化、法典化的標誌。章深《北宋「元豐市舶條」試析》（《廣東社會科學》1985 年第 1 期）將宋代促進海外貿易的措施歸結為五條：（1）大力招誘，獎進海商；（2）優待來華舶商；（3）保護舶商的生命財產；（4）維護舶商正當權益；（5）鼓勵中國商人出海貿易。陳蒼松《市舶管理在海外貿易中的作用和影響》（《海交史研究》1988 年第 1 期）亦持此說。連心豪《略論市舶制度在宋代海外貿易中的地位和作用》（《海交史研究》1988 年第 1 期）則強調其對民間貿易的掠奪性和危害性。郭宗寶《市舶制度與海關制度比較》（《海交史研究》1988 年第 1 期）認為唐代海舶可自由往來通商港口，宋代則通過「公憑」加強了對商舶的監督管理，而且有了查私的內容。黃純豔《論宋代貿易港的布局和管理》（《中州學刊》2000 年第 11 期）指出，宋代對貿易港的管理較為規範：其一，修建停泊碼頭，建

市舶亭或來遠亭;其二,貿易港口設有儲存貨物的倉庫;其三,設專門機構來保護港口及入港商船安全。

六、結語

關於唐宋之際經濟政策的研究當然不止上述數項,還有人口政策、貨幣政策、財政政策等亦與經濟發展息息相關,限於篇幅,容待後論。僅就本文所涉的土地、賦役、官私手工業、商業、專賣和外貿等政策而言,已是大家林立,碩果累累,以上介紹難免掛一漏萬,特別是日本學者的論述,所見欠廣。若從唐宋變革角度言之,今後的研究欲更上層樓,筆者以為以下數處尚可加強。一是盡可能打通朝代隔閡,將晚唐、五代和兩宋的政策演變作貫通研究,力求以中時段的尺度來把握其演變規律和演進趨勢。二是應將唐宋之際經濟政策的轉軌與當時經濟格局的變遷、經濟結構的嬗變,特別是城鄉商品經濟成分的成長和海外貿易的開拓結合起來進行考察,以明動因。三是加強區域研究,注意從空間角度把握其時經濟政策的地域差異,例如經濟重心南移導致東南沿海地區的海洋發展路向日漸明顯,加之該地區原本商品經濟發展程度較高,因此發展商品經濟和海外貿易的要求更加強烈,而駐有重兵的西北地區則長期籠罩在戰時財政體制的陰影之中,商品經濟既受到抑制、又有畸形發展的一面。四是在政策效果和社會影響的層面上,對國家、商人、手工業、農民等所涉各方面進行利益分析,已有學者注意,但尚須加強,因為在政策變動的軌跡背後,確實存在著持續不斷的利益之爭。這種鬥爭當然是政策變遷的重要動因,而鬥爭的不同結局也會影響到日後新的利益格局的形成。

原刊於《中國史研究動態》2004 年第 2 期。

人大復印資料《經濟史》2004 年第 1 期全文轉載;

《新華文摘》2003 年第 3 期篇目輯覽。

20世紀以來唐宋之際
經濟格局變遷研究綜述

　　唐宋之際的中國社會發生了重大變革，自1910年日本學者內藤湖南發表長文《概括的唐宋時代觀》（譯文載《日本學者研究中國史論著選譯》第1冊，中華書局1992年版）以來，經過近一個世紀的努力，中外學界已在唐宋變革期研究領域取得了豐碩成果，大大豐富了人們對唐宋社會轉型問題之內涵的認識。而唐宋之際經濟格局的變遷實為唐宋社會變革的重要表現，學界成果亦相當可觀，內容涉及氣候變化、森林植被伸縮、湖泊水系變遷，農牧業經濟板塊的異動、經濟重心的南移、交通網絡的延伸，以及區域經濟的升降等諸多方面。然據筆者所見，目前從總體上研究其時經濟格局諸方面變化的論著尚付闕如，至於經濟格局內部各方面在演變過程中的相互作用、邏輯聯繫和內在機制等重要問題更是少人問津，顯然這種情況侷限了人們對唐宋變革期的深入認識，因而極有必要對事涉唐宋之際經濟格局變遷的相關論著進行一番認真的回顧和梳理。

　　根據筆者目前的認識，公元10世紀因第二寒冷期的到來而導致的自然生態環境的變化，是其時經濟格局變遷的初始動因；而草場南移作為氣候變遷的結果又持續擠壓中原地區的農業經濟板塊，顯然這是晚唐以降党項、契丹、女真等周邊部族與天水一朝爭奪生存空間的經濟動因；在農業經濟板塊向東南方向收縮的同時，由於黃河流域生態環境惡化和戰亂的壓力，中原士民在晚唐五代和兩宋之際扶老攜幼、持續南移，導致勞動力分布和國家賦稅重心移往長

---

*與業師葛金芳教授合撰。

江下游地區；而江南地區特別是東南沿海一帶，隨著人口密度的增加，除向湖海要田（圩田、塗田）之外，日益增多的農業剩餘人口轉向工商業領域謀生，江南經濟區於是不僅在量上（人口、耕地、賦役徵取），而且在質上（商品貨幣經濟的發達程度）全面超越中原經濟區，我國傳統社會的區域經濟格局於是顯現出嶄新的面貌。至於交通網絡的變化則從一個側面反映經濟格局變遷的脈絡及其具象，亦須攬入視野。本文即挾此認識，將學界關於唐宋之際經濟格局變遷的成果歸納為五個方面，即自然環境的變遷、農牧業經濟板塊的錯動、經濟重心的南移、交通網絡的變化以及區域經濟的盛衰，扼要加以介紹。

一、自然環境變遷研究

自然環境是人類賴以生存的基本條件，其變遷必然會對人類社會經濟產生影響。在自然環境諸要素中，與唐宋之際經濟格局關係至為密切的三方面當是氣候變遷、森林植被變遷和水系變遷。

關於氣候變遷。氣候對人類生存狀況的影響重大而深遠，特別是氣溫升降和乾渴狀況的變化對於人類經濟行為的選擇之影響尤為突出。竺可楨《中國歷史上氣候之變遷》（《東方雜誌》22：3，1925 年第 2 期）為研究歷史時期氣溫變遷的較早成果。1972 年，竺氏又在《考古學報》第 1 期發表《中國近五千年來氣候變遷的初步研究》，認為唐宋之際正處於物候時期由第三個溫暖期（公元 600 年到 1000 年）向第三個寒冷期（公元 1000 年到 1200 年）轉變的階段，年平均氣溫持續下降，致使生物分布亦出現較大變化。張家誠等《我國氣候變遷的初步探討》（《科學通報》19：4，1974 年）、任振求《中國近五千年來氣候的異常期及其天文成因》（《農業考古》1986 年第 1 期）等文，又做進一步申論。龔高法《歷史時期我國氣候帶的變遷及生物分布界限的推移》（《歷史地理》第 5 輯，1987 年）認為，隋唐溫暖時期，亞熱帶北界位置較之現代北移 1 個多緯度；而宋代寒冷時期，亞熱帶北界位置較之現在南移 1 個緯度以上。

也有部分學者從區域研究角度對竺氏觀點作局部的修正和補充。張天麟《長江三角洲歷史時期氣候的初步研究》（《華東師大學報》1982 年第 4 期）認為，長江三角洲在公元 500 年至 850 年處於暖期，公元 850 年至 1200 年處於冷期。王開發等《根據孢粉組合推斷上海西部三千年來的植被、氣候變化》（《歷史地理》第 6 輯，1988 年）認為，上海西部在公元 550 年至 1100 年期

間氣溫處於上升階段。李一蘇《江西唐代以來的冷暖振動》(《農業考古》1990年第 1 期) 認為，北宋初期的江西繼唐代之後更加溫暖。盛福堯《初探河南省歷史時期的寒暖》(《歷史地理》第 7 輯，1990 年) 推斷河南省在隋唐時期以暖為主，自 9 世紀起轉寒；五代至宋初，暖情佔優勢，溫度有所回升；11 世紀寒情顯著。滿志敏《唐代氣候冷暖分期及各期氣候冷暖特徵的研究》、《黃淮海平原北宋至元中葉的氣候冷暖狀況》(分見《歷史地理》第 8 輯，1990 年；第 11 輯，1993 年) 指出，唐代氣候以 8 世紀中葉為界可分為前後兩個時期，前期氣候的總體特徵與現代相近，後期氣候明顯轉寒，氣候帶要比現代南退 1 個緯度。而在五代北宋之際至元中葉，包括黃淮海平原在內的我國東部地區大部分時間都有偏暖的跡象。陳家其《江蘇近二千來氣候變化研究》(《地理科學》1998 年第 3 期) 指出，唐代中期以前很少有冷冬記載。何業恒《近五千來華南氣候冷暖的變遷》(《中國歷史地理論叢》1999 年第 1 期) 認為，唐至北宋，華南氣溫較高，北宋末年氣溫逐漸降低。程遂營《唐宋開封的氣候和自然災害》(《中國歷史地理論叢》2002 年第 1 期) 認為，在公元 1000 年以前，北宋東京仍處於隋唐以來的第三個溫暖期；但到了公元 1000 年以後，頻繁的雪災預示著寒冷氣候的到來。

總體說來，竺可楨關於唐宋之際氣候變遷的論斷，迄今仍為學界的主流觀點，並為眾多歷史地理教科書所採納，如王育民《中國歷史地理概論 (上、下)》(人民教育出版社 1987 年版、1988 年版)，張步天《中國歷史地理 (上、下)》(湖南大學出版社 1987 年版、1988 年版)，史念海《中國歷史地理綱要 (上、下)》(山西人民出版社 1991 年版)，鄒逸麟《中國歷史地理概述》(福建人民出版社 1993 年版)，張翼之《中國歷史地理論綱》(華中師範大學出版社 1995 年版) 等。

關於乾濕狀況。竺可楨《中國歷史上氣候之變遷》(前揭) 根據對比中國歷代旱災和雨災的統計資料，認為唐代旱災相對較少。徐近之《黃淮平原氣候歷史記載的初步整理》(《地理學報》1955 年第 2 期) 認為，長江流域一般較黃河流域濕潤，黃河中游旱多於澇。關斯中等《我國東南地區近兩千年氣候濕潤狀況的變化》(《氣候變遷和超長期預報文集》，科學出版社 1977 年版) 指出，自公元初以來，我國東部地區存在著水災相對減少而旱災相對增加的趨勢，公元 1000 年以前旱期持續時間短，濕潤期持續時間長，其後則恰恰相反。王鄉、王松梅《近五千年我國中原氣候在降水量方面的變化》(《中國科學》B

輯，1987 年第 1 期）指出，公元 630 年到 834 年這 200 多年是中原地區近 3000
年來歷時最長的多雨期。張步天《中國歷史地理（下）》（前揭）認為，東部地
區的乾濕狀況大致與氣溫相對應，唐中期至北宋中葉為最長濕期，持續約 240
年（811～1050 年）。而且淮河以北地區旱多於澇，淮河以南地區則相反。劉俊
文《唐代水災史論》（《北京大學學報》1983 年第 2 期）根據唐代降水旱情的
統計分析，認為氣候特徵以溫濕為主。

　　關於森林植被。史念海《歷史時期黃河中游的森林》（《河山集・二集》，
生活・讀書・新知三聯書店 1981 年版）認為，唐宋時期黃河中游的森林地區
繼續縮小，山地森林受到嚴重破壞，丘陵地區的森林也有變化。宋代的破壞更
遠較隋唐時期劇烈，所破壞的地區也更為廣泛。林鴻榮《歷史時期四川森林的
變遷（續）》（《農業考古》1985 年第 2 期）指出，唐宋時期四川森林的變遷進
入漸變時期，表現為盆地、丘陵的原始森林基本消失，偏遠山區森林受到一定
程度摧殘，部分地區手工業的發展也使林區受到破壞。張靖濤《甘肅森林的歷
史變遷》（《農業考古》1986 年第 2 期）指出，唐宋時期森林采伐的規模很大，
時為農耕區的黃土高原上的森林日益遭到嚴重破壞，隴南山地森林覆蓋率仍
然較高。李繼華《山東森林的歷史演變》（《農業考古》1987 年第 1 期）認為
唐宋時期山東森林日益減少。朱士光《歷史時期我國東北地區的植被變遷》
（《中國歷史地理論叢》1992 年第 4 期）認為，唐宋時期該地區森林未受明顯
破壞。植被方面，朱士光《歷史時期農業生態環境變遷初探》（《地理學與國土
研究》1990 年第 2 期）認為，黃土高原上植被的嚴重破壞是唐宋以來的事，
其後果是助長或促進了鄂爾多斯高原和河套西部的三個沙漠的形成與發展。
史念海《歷史時期森林變遷的研究》（《中國歷史地理論叢》1988 年第 3 期）
和《論歷史時期我國植被的分布及其變遷》（《中國歷史地理論叢》1991 年第 2
期）兩文，認為黃河流域、長江流域、珠江流域及東北地區的森林植被的減少，
大多始於唐宋之際。趙永復《歷史時期黃淮平原南部的地理環境變遷》（《歷史
地理研究》第 2 輯，1991 年）指出，唐宋以後，隨本地區植被的銳減，湖澤
陂塘逐漸淤成一片平陸，水旱災害加重。鄒逸麟（前揭）認為，唐宋之際華北
平原的次生草地和灌木叢漸為大片栽培植被替代，黃河中游地區植被破壞嚴
重，太行山區森林至北宋已為童山，秦嶺大巴山區森林仍然茂密。林鴻榮《隋
唐五代森林述略》（《農業考古》1995 年第 1 期）指出，唐代北方森林面積進
一步縮小，不少林區殘敗，生態後果遠遠高於南方。而南方自然條件優越，生

態環境良好。程民生《宋代林業簡論》(《農業考古》1995 年第 1 期)指出,宋代的天然林帶主要分布於山區,如南方的四川、湖南、江東和兩廣、福建北部,北方則主要集中於秦嶺山脈和京西路的部分地區以及太行山區。

關於水系和湖泊。唐宋之際東部平原水系變遷較大,而尤以黃河中下游水系和長江中下游水系變遷對經濟格局影響至為明顯。鄭肇經《中國水利史》(商務印書館 1939 年版)較早涉足水系變遷問題。岑仲勉《黃河變遷史》(人民出版社 1957 年版)為探討黃河變遷的最早專著。譚其驤《何以黃河在東漢以後會出現一個長期安流的局面》(《學術月刊》1962 年第 2 期)認為,安史亂後,由於生態環境的惡化,黃河下游河患增多,五代以降,河患更是愈演愈烈。史念海《由歷史時期黃河的變遷探討今後治河的方略》(《中國歷史地理論叢》1981 年第 1 期)指出,唐代後期黃河中下游河道泥沙大量增多。宋代淤泥更為嚴重,河道頻繁改易。張含英《歷史治河方略探討》(水利出版社 1982 年版)介紹了黃河下游在北宋初至中葉前後的五次改道情況。周魁一《隋唐五代時期黃河的一些情況》(見《黃河史論叢》,復旦大學出版社,1986 年)認為,唐末下游河道漸趨淤高,曾於河口段改道,五代時期 53 年內決溢 19 次,11 世紀初又出現了懸河現象。鄒逸麟(前揭)認為至唐末以前黃河下游河道相對穩定,此後黃河下游進入變遷紊亂時期。湖泊方面,鄒逸麟《歷史時期華北大平原湖沼變遷述略》(《歷史地理》第 5 輯,1987 年)認為,從 6 世紀至 10 世紀,華北大平原上的湖沼雖有一部分消失或縮小,但整個湖沼的布局似無根本性的變化。北宋時期,由於主要河流頻繁改道,華北大平原湖沼逐漸發生了較大的變遷,部分湖泊開始淤廢。

關於長江中下游水系的變遷,王育民、張步天、鄒逸麟(前揭)在學界研究成果的基礎上,分別進行了概述。他們認為,唐宋時代雲夢澤已淤成平陸;下荊江統一河床形成,河床不斷淤積,逐步深化為河曲,北宋河患始見頻仍;洞庭湖進一步下沉,湖面向西部擴展;鄱陽湖因彭蠡澤迅速向東南方向擴展,迫近都陽縣城。太湖平原湖泊廣布,太湖水系中之太湖至北宋復歸淤淺,泛濫時有發生,而吳淞江雖在入宋以後漸淤,但是經北宋中葉整治,情形有所改觀。李文瀾《唐代長江中游水患與生態環境諸問題的歷史啟示》(《江漢論壇》1999 年第 1 期)認為,唐代是長江中游水患頻率最低的歷史時期。湖泊方面,張修桂《洞庭湖演變的歷史過程》(《歷史地理》創刊號,1982 年)認為,唐宋時期洞庭湖仍處於沉降擴展之中。譚其驤、張修桂《鄱陽湖演變的歷史過程》(《復

旦學報》1982 年第 2 期）指出，唐末五代至北宋初期大體奠定了鄱陽湖未來
的範圍和形態。

二、農牧業經濟板塊錯動研究

在自然環境諸要素中，氣候變遷是影響我國北部農牧業經濟板塊發生錯
動的重要原因之一。張家誠《氣候變化對中國農業生產影響的初探》（《地理學
報》1982 年第 2 期）認為，若其他條件不變，年均氣溫下降 1℃，糧食單位產
量即會較常年下降 10%；年均降水量下降 100 毫米，糧食產量也會下降 10%。
程洪《新史學——來自自然科學的挑戰》（《晉陽學刊》1982 年第 6 期）認為，
若其他因素不變，其地區平均氣溫降低 1℃，相當於將該地區向高緯度推進 200
公里到 300 公里；若年降水量減少 100 毫米，我國北方農業區則將向南退縮
100 到 500 公里。龔高法等《氣候寒暖變化及其對農業生產的影響》（《紀念科
學家竺可楨論文集》，科學普及出版社 1982 年版）認為，唐五代溫暖濕潤期農
作物的生長期比現在長 10 天以上。翁經方等《中國歷史上民族遷徙的氣候背
景》（《華東師大學報》1987 年第 4 期）認為，如果年平均氣溫下降 2℃，生物
的分布區域就要向南移緯度 2℃至 4℃，反之亦然。倪根全《論氣候變遷對中
國古代北方農業經濟的影響》（《農業考古》1988 年第 1 期）認為，歷史時期
氣候變冷變乾造成我國北方濕潤區半濕潤區由北向南退縮，農業地區隨之不
斷南退。

關於唐宋之際的農牧業分布，史念海《黃土高原及其農林牧分布地區的變
遷》（《歷史地理》創刊號，1982 年）指出，隴東、陝北和晉西北地區，從隋唐
開始逐漸由牧區轉變為農區，農牧區之間的界限則處在變動之中。趙永復《歷
史時期河西走廊的農牧業變遷》（《歷史地理》第 4 輯，1986 年）認為，河西
走廊自唐安史亂後至北宋，處於畜牧業生產佔優勢的歷史時期。史念海《隋唐
時期黃河上中游的農牧業地區》（《唐史論叢》第 2 輯，陝西人民出版社 1987
年版）指出，唐初牧馬地原在隴右，鄂爾多斯高原也在唐初開始成為游牧區。
河隴各地在吐蕃佔領時，也均為牧場。唐後期馬政漸趨廢弛，原牧馬區仍為半
農半牧區。史念海《唐代河北道北部農牧地區的分布》（《唐史論叢》第 3 輯，
陝西人民出版社 1987 年版）說，「燕山以南，在唐代已經都成為農耕地區，司
馬遷所規定的碣石龍門間的農牧地區分界線，這時應北移到燕山之上」，「燕山
北的桑乾河中游和玄水、白狼河流域，就是當時媯州和營州，仍當是半農半牧

地區」。韓茂莉《唐宋牧馬業地理分布論析》(《中國歷史地理論叢》1987 年第 2 期)和《宋代農業地理》(山西古籍出版社 1993 年版)指出,唐後期牧馬區由前期的集中於隴右、關內、河東三道,轉向河淮一帶分散,而且牧馬區域穩定程度漸差。入宋以來,河牧監內移,良田被占,河北路農耕地僅為該地區總土地面積的十分之四。河東路山區及澤、潞、遼等州軍,農牧混雜。陝西路地處農耕區西界,西、北兩面均為半農半牧區。程民生《宋代畜牧業述略》(《河北學刊》1990 年第 4 期)指出,因失去北方及西北牧場,宋代畜牧業總量較唐代為小,但在其他地域畜牧業的發展卻超過唐代。杜瑜《甘肅、寧夏黃土高原歷史時期的農牧業發展研究》(《黃河流域地理環境演變與水沙運行規律研究文集》第五集,海洋出版社 1993 年版)認為,自唐宋時期開始,該地區由以往的半農半牧狀態向農業地區轉化。雍際春《宋代以前隴中黃土高原農牧業的分布及其變遷》(《中國歷史地理論叢》1995 年第 2 期)認為,中唐以後,隴中牧業衰退,農業也呈不平衡發展。唐代後期肇始的濫墾之風更使草原牧場加速退化。張澤咸認為,西域在吐蕃佔領期間,畜牧業有顯著振興,農業亦未見衰落;歸義軍時代河西農業仍稱發達(分見《漢唐間西域地區的農牧生產述略》,《唐研究》四,北京大學出版社 1996 年版;《漢唐間河西走廊地區農牧生產述略》,《中國史研究》1998 年第 1 期)。史念海《隋唐時期農牧地區的變遷及其對王朝盛衰的影響》(見《唐代歷史地理研究》,中國社會科學出版社 1999 年版)認為,唐代農牧業界線為農耕區與半農半牧區的界線,較漢代有所北移,東段北移到燕山山脈以上,西南端達至隴山之西,東北端伸向遼水下游。而半農半牧區的界線則由陰山山脈西達居延海,東達燕山山脈。葛金芳《中國經濟通史(第五卷)》(湖南人民出版社 2002 年版)指出,宋遼夏金時期的農牧分界線由從外長城(即秦漢所建長城)退縮到內長城(即明代長城一線,即從位於東北方向的碣石向西南蜿蜒延伸到龍門一線。此線以西以北,大片農田化為牧地,除燕雲一帶的部分地區外,多以畜牧業為主。就是此線以東以南的農耕區中,草場牧監也為數不少。

　　研究唐宋之際北部中國的農牧業分布情況,尚須關注遼和西夏轄區。契丹(遼朝)南境之南京道(治今北京)、西京道(治今山西大同)地處今河北北部和山西北部,屬華北大平原的北半部。陳述《契丹社會經濟史稿》(生活·讀書·新知三聯書店 1963 年版)認為,契丹北境草原以牧業居多,分布著「插花田」;而毗鄰漢區的南部地帶定居放牧的成分也逐漸增加,燕山以南則是傳

統農耕區。鄒逸麟《遼代西遼河流域的農業開發》（《遼金史論集》第 2 輯，書目文獻出版社 1987 年版）認為，自 10 世紀始，西遼河流域分布著星點農家村莊。遼代以後，該地成為半農半牧區，或稱農牧交錯區。林榮貴《遼朝經營與開發北疆》（中國社會科學出版社 1988 年版）指出，北部、西北地區和潢河（西拉木倫河）流域一帶為傳統畜牧業區；潢河與土河（老哈河）匯流處及其周圍地區，分布著零星的墾殖點；在上京道的東部、南部和中部還分布著一些草原式的「插花田」。由於在草原地區開闢農業區，又在農業地區開闢牧場或放牧點，故遼代農牧業的總體發展方向是，農業生產向北拓展，畜牧業生產向南推進。顏亞玉《契丹統治下的燕雲農業經濟》（《中國社會經濟史研究》1989 年第 3 期）指出，唐末至五代初該地區農業經濟堪稱發達，其後又有起伏，但仍以增長為主。鄭川水等《歷史時期遼河流域的開發與地理環境關係》（《歷史地理》第 10 輯，1992 年）認為，在 10 世紀初遼河中下游平原重新出現點線分布的農田與居民點。漆俠、喬幼梅《遼夏金經濟史》（河北大學出版社 1994 年版）指出，契丹人所在的草原地區以畜牧業為主，穿插一點農業；大定府以南奚人居住的部分草原和燕山山區，畜牧業與農業相間，燕山以南至白溝以北，西達東北，東至遼東，則以農業為主，雜以部分畜牧業和果樹業。鄧輝《遼代燕北地區農牧業的空間分布特點》（《歷史地理》第 14 輯，1998 年）認為，遼代燕山以北到大興安嶺東南麓，是一個非常寬闊的農牧交錯地帶，農業集中於赤峰市以南的中京地區，赤峰以北的上京地區則以游牧為主。農業區的北界大約位於隆化縣北到赤峰市一帶，再向東穿過奈曼、庫倫二旗南部的黃土臺地北緣。韓茂莉《遼金農業地理》（中國社會科學出版社 1999 年版）指出，契丹立國之前以畜牧業為主，還未形成固定的農業墾殖區，漢城主要分布於西拉木倫河、大凌河、灤河流域。遼建立後，主要農業區分布於西拉木倫河流域、醫巫閭山北端以及中京周圍，遼東、燕雲地區亦以農業生產為主，畜牧業區以北疆和東北疆最為廣泛，半農半牧區的典型區域為河東、代北一帶。

　　西夏轄區在今甘肅、寧夏一帶。汪一鳴《歷史時期寧夏地區農林牧分布及其變遷》（《中國歷史地理論叢》1988 年第 3 期）研究了寧夏地區或農或牧的變遷過程。漆俠、喬幼梅（前揭）認為，除夏州一帶的毛烏素沙漠地區外，西夏境內皆適宜畜牧業。農業區集中於靈州、橫山天都山一帶的片段土地，以及河西走廊。韓茂莉《西夏農業區域的形成及其發展》（《歷史地理》第 10 輯，1992 年）指出，西夏農耕業最為成熟與穩固的地區是銀川平原及宋、夏交界

處的丘陵山地，河西走廊附近的農業亦有一定發展，但不占重要地位。杜建錄
《西夏經濟史》（中國社會科學出版社 2002 年版）認為，西夏的農業區為興靈
平原和內蒙古河套平原，荒漠與半荒漠牧區由鄂爾多斯與阿拉善兩大高原組
成，農牧相間的半農半牧生態區主要分布在河西走廊與宋夏沿邊山界。

三、經濟重心南移研究

唐宋經濟重心南移問題的提出，始見於張家駒《中國社會中心的轉移》
（《食貨》2：11，1935 年），其後張氏又相繼發表《宋室南渡前夕的中國南方
社會》（《食貨》4：1，1936 年）和《宋代社會中心南遷史（上）》（商務印書館
1942 年版）重申自己的觀點。半個多世紀以來，學術界就此進行了激烈的討
論，焦點主要集中於對經濟重心的理解、南移完成的時間、南移的判定標準，
以及南移的具體內容等方面。

在對經濟重心的理解上，韓國磐《隋唐五代史綱》（人民出版社 1977 年
版）提出安史亂後唐代財賦重心在江南的說法。冀朝鼎《中國歷史上的基本經
濟區與水利事業的發展》（中國社會科學出版社 1981 年版）提出基本經濟區的
概念，認為隋唐時期長江流域取代黃河流域，已取得了基本經濟區的地位。袁
英光、李曉路《唐代財政重心的南移與兩稅法的產生》（《北京師範學院學報》
1985 年第 3 期）提出財政重心的說法，但認為唐代後期財政重心的南移並不
等同於經濟重心的南移。鄭學檬《中國古代經濟重心南移的若干問題探討》
（《光明日報》1988 年 6 月 15 日；《農業考古》1991 年第 3 期）贊同「財賦重
心」的提法。趙德馨《我們想寫一部怎樣的〈中國經濟通史〉》（《中國社會經
濟史研究》1997 年第 3 期），則區分了「經濟重心地區」與「經濟中心地區」
的不同，認為「經濟重心地區」是指經濟較其他地區發達、財富較其他地區多
的地區，是經濟發展、財富分布不平衡的結果。

在南移時間的看法上，學界存在較大分歧。依各家意見提出的先後次序而
言，第一種是「南宋說」，張家駒（前揭文）認為，中唐以後，南方社會的發
達已漸漸超過北方。及至宋代，東南已完全成為國家根本。而南宋時代更為中
國社會經濟中心轉變的最大關鍵。其所撰《兩宋經濟重心的南移》（湖北人民
出版社 1957 年版）再次強調，宋王朝的南渡標誌著南方經濟的空前發展，這
一時期是我國歷史上經濟重心完成南移行程的時代。鄭學檬《中國古代經濟重
心南移和唐宋江南經濟研究》（嶽麓書社 1996 年版）認為，經濟重心至北宋後

期已接近完成,至南宋則全面實現。第二種是「隋代說」。全漢昇《唐宋帝國與運河》(重慶商務印書館 1944 年版)認為,中古之經濟重心在隋代業已南移。第三種是「晚唐五代說」,韓國磐《五代時南中國的經濟發展及其限度》(《廈門大學學報》1956 年第 1 期)認為,五代時南中國的農業、手工業、商業的發展均較北方發達。曹爾琴《唐代經濟重心的轉移》(《歷史地理》第 2 輯,1982 年)認為,唐代後期經濟重心從我國北方轉向南方。童超《東晉南朝時期的移民浪潮與土地開發》(《歷史研究》1987 年第 4 期)認為,經濟重心南移始於東晉南朝,終於唐五代。唐長孺《魏晉南北朝隋唐史三論》(武漢大學出版社 1992 年版)認為,安史亂後,經濟重心加速向南方傾斜,終南移於長江流域。翁俊雄《唐代區域經濟研究》(首都師範大學出版社 2001 年版)認為,唐代後期經濟的總體水平大大超過唐前期,尤其是長江流域。寧可主編《隋唐五代經濟卷》(經濟日報出版社 2000 年版)指出,大體上從安史亂後,南方經濟發展的水平超過北方,全國的經濟重心轉移到南方。第四種是「宋代說」,李劍農《宋元明經濟史稿》(生活·讀書·新知三聯書店 1957 年版)說,「宋以後之經濟重心遂移於東南」。漆俠《宋代經濟史(上、下)》(上海人民出版社 1987 年版、1988 年版)認為宋代經濟水平整體上是「北不如南,西不如東」。葛金芳《宋遼夏金經濟研析》(武漢出版社 1991 年版)根據《元豐九域志》的統計數據,認為北宋熙豐年間(1068~1085)耕地和勞動力資源重心的南移過程已經完成。近在《中國經濟通史(第五卷)》(前揭)中又重申了這個觀點。但程民生《宋代北方經濟及其地位新探》(《中國經濟史研究》1987 年第 3 期)認為,北宋時我國的經濟重心似仍在北方。其所撰《宋代糧食生產的地域差異》(《歷史研究》1991 年第 2 期)中甚至認為宋代「北方地位比南方有過之而無不及「。稍後又在專著《宋代地域經濟》(河南大學出版社 1992 年版)中說,「宋代南北經濟各有特色。經濟重心從發展趨勢上看正在南移,但從歷史現狀上看還未完成」。五是「六朝說」,羅宗真《六朝時期全國經濟重心的南移》(《江海學刊》1984 年第 3 期)為其代表。

在經濟重心南移完成的判斷標準上,學界認識有一個逐步深化的過程。多數學者是從人口分布入手,易曼暉《唐代的人口》(《食貨》3:6,1936 年)指出,天寶以後,北方南徙人口大抵集中於江南道。黃盛璋《唐代的戶口與分布》(《歷史研究》1980 年第 6 期)認為,安史亂後人口比重發生變化,黃河中下游讓位於長江中下游,汴河兩岸讓位於漢江襄鄂等州,沿海港市戶口猛增。林

立平《唐後期的人口南遷及其影響》(《江漢論壇》1983 年第 9 期) 認為，經過安史之亂的人口南遷，江南人口密度已居各道之冠，我國古代的人口分布重心也由此基本上從黃河流域轉向了江南。胡煥庸《中國人口地理（上）》(華東師範大學出版社 1984 年版) 指出，安史亂後，人口分布格局發生重大變化，南方遠遠超過北方。胡道修《開皇天寶之間人口的分布與變遷》(《中國史研究》1984 年第 4 期) 亦認為安史之亂是南北人口升降的主要轉折點。費省《論唐代的人口分布》(《中國歷史地理論叢》1988 年第 2 期) 認為，元和時期的淮河以南及江南地區為大面積的人口密集區，人口占全國三分之一。凍國棟《唐代人口問題研究》(武漢大學出版社 1993 年版) 指出，安史亂後人口南遷與經濟重心南移同時發生，黃河中下游地區失去了傳統的人口重心地位。翁俊雄《唐後期政區與人口》(首都師範大學出版社 1999 年版) 指出，安史亂後，長江流域民戶日趨增多。宋史領域，胡道修《宋代人口的分布與變遷》(《宋遼金史論叢》第 2 輯，中華書局 1991 年版) 認為，宋初人口分布的最大特點為北方人口的減少和南方人口的增加。人口增加之區主要分布在東南、江淮一帶，這是南方經濟的發展、中國經濟重心南移的表現。吳松弟《中國人口史（第三卷）》(復旦大學出版社 2000 年版) 指出，遼宋初期無疑是南北人口分布的一個轉折點，此前北方人口占優，此後南方人口逐漸確立了絕對優勢，並一直維持到明清時期。

後來漸涉農田水利、蠶絲紡織、自然生產力和城市分布等諸多方面。論者們普遍認為，南方水利事業在中唐以後的大規模興修，是促使南方經濟趕超北方經濟的重要原因之一。鄒逸麟《從唐代水利建設看與當時社會經濟有關的兩個問題》(《歷史教學問題》1959 年第 3 期) 指出，在唐前期 138 年興修的 163 項水利工程中，北方五道 101 項，占全數三分之二。唐後期 101 項工程中，南方五道就有 76 項，以江南道為最多，竟佔有 49 項。因此安史亂後，是我國古代經濟重心南移局面的初步形成期，至於其鞏固與發展，則在 10 世紀以後的宋代。闡明同一主旨的成果極多，其中頗具代表性的有：李燦文《唐代水利事業與南北經濟重心的南移》(《新亞書院歷史系系刊》4，1978 年)，黃耀能《隋唐時代農業水利事業經營的歷史意義》(《中山學術文化集刊》30，1983 年)，周魁一《中國古代的農田水利（續）》(《農業考古》1986 年第 2 期)，楊蔭樓《秦漢隋唐間我國水利事業的發展趨勢與經濟區域重心的轉移》(《中國農史》1989 年第 2 期)，鈕海燕《唐代水利發展的因素及其影響》(《歷史地理》第 10

輯，1992 年），屈弓《關於唐代水利工程的統計》（《西南師範大學學報》1994
年第 1 期）。

紡織業方面，孫運郅《絲綢之路和我國絲織業中心的遷移》（《華東師範大
學學報》1981 年第 1 期）從絲織業角度考察，認為絲織業中心的南移完成於
唐宋之交。黃世瑞《我國蠶業中心南移問題的探討》（《農業考古》1985
年第 2 期；1986 年第 1 期）認為我國蠶業中心的南移開始於唐末五代，完成
於南宋。陶緒《論宋代私營絲織業的生產形態及地理分布》（《中國經濟史研究》
1990 年第 2 期）認為宋代南方私營絲織業的發展速度高於北方。邢鐵《我國
古代絲織業重心南移的原因分析》（《中國經濟史研究》1991 年第 2 期）認為，
在兩宋三百年間絲織業的生產重心尚未轉移。鄒逸麟《有關我國歷史上蠶桑業
的幾個歷史地理問題》（《選堂文史論苑》，上海古籍出版社 1994 年版）亦指
出，唐宋以後我國絲織業南盛北衰的局面逐漸形成。

從自然生產力角度探討，董咸明《唐代自然生產力與經濟重心南移》（《雲
南社會科學》1985 年第 6 期）認為，唐代北方自然災害遠較南方頻繁，對經
濟的破壞程度遠遠大於南方。鄭學檬、陳衍德《略論唐宋時期自然環境的變化
對經濟重心南移的影響》（《廈門大學學報》1991 年第 4 期）認為，南方經濟
超過北方是自然環境的優劣互為逆轉的結果。

從城市分布角度闡述，林立平《試論唐宋之際城市分布重心的南移》（《暨
南學報》1989 年第 2 期）認為，唐宋之際的中國都城已由長安而洛陽而開封
地向東遷徙，中國城市分布重心也從黃河流域移到了長江下游的江淮及太湖
區域，也表明全國的經濟重心已移到長江下游地區。近有鄭學檬（前揭）將經
濟重心完成南移的判斷標準歸納為三個方面：第一，經濟重心所在地區生產發
展的廣度和深度超過其他地區，表現為人口眾多，勞力充足；主要生產部門的
產量與質量名列前茅；商品經濟發達。第二，經濟重心所在地區生產發展具有
持久性和確定性，不只是在一個較短的時期居優勢地位，而是有持續佔優勢的
趨勢，就是其優勢為後世所繼承。第三，新的經濟中心取代了舊的經濟中心後，
封建政府在經濟上倚重新的經濟中心，並在政治上有所反映。

四、交通網絡變遷研究

唐宋交通網絡由國內陸路、水路和通向域外路線三方面組成，目前最具代
表性的著述，仍是嚴耕望《唐代的交通與都市》（《大陸雜誌》8：4，1954 年）、

《隋唐五代人文地理（上、下）》（臺灣中華文化出版事業委員會 1954 年版）、
《唐代交通圖考》（《臺灣「中研院」歷史語言研究所集刊》83，1985 年；1986
年），和青山定雄《唐宋朝代的交通和地志圖研究》（吉川弘文館 1963 年版），
兩人對復原唐代、宋代的交通路線貢獻尤巨。日野開三郎《五代時期南北中國
的陸上交通道路》（《日野開三郎東洋史學論集》12，三一書房 1989 年版）作
過研究。王文楚《古代交通地理叢考》（中華書局 1997 年版）中也有 6 篇關於
唐宋交通道路的考證文章。

先看陸路。白壽彝《中國交通史》（商務印書館 1937 年版）列舉出唐代以
長安為中心的向四周展開的六條陸路交通幹線，在所開鑿的新道中，又以大庾
嶺山路為最重要。宋代陸路幹線改以開封為中心。陳偉明《唐五代嶺南道交通
路線述略》、《宋代嶺南交通路線變化考略》（分見《學術研究》1987 年第 1 期；
1989 年第 3 期）認為，唐代以廣州為中心向四方延伸的各條交通路線中，北
路較南路發達，西路較東路發達。宋代嶺南交通基本格局主要沿襲唐代，但其
功能開始由唐代的政治型、軍事型向經濟型轉變，嶺南道成為真正意義上的經
濟動脈。李孝聰《公元十一十二世紀平原北部亞區交通與城市地理的研究》
（《歷史地理》第 9 輯，1990 年）認為，宋遼驛道的開闢，使得大名府、澄州、
澶州為代表的一批地方中心城市地位的上升，宋遼邊界形成了一條新的城市
帶。蔡良軍《唐宋嶺南聯繫內地交通線路的變遷與該地區經濟重心的南移》
（《中國社會經濟史研究》1992 年第 3 期）敘述了唐宋時期嶺南以廣州為中心
聯繫內地的三條道路，即桂州路、郴州路和大庾嶺路，認為自唐代宗完成對大
庾新路的開鑿後，該路成為進入嶺南的最佳線路，嶺南交通重心亦因此東移至
郴州路和大庾嶺路。韓茂莉《宋代嶺南地區農業地理初探》（《歷史地理》第 11
輯，1993 年）指出，宋代由內地進入兩廣的道路自西向東主要有三條，即湘
桂道（水路）、騎田道、大庾道，而以後者路途較為通暢。張澤咸《唐代工商
業》（中國社會科學出版社 1995 年版）指出，安史亂後西線中的荊襄段因汴水
通航受阻而變得格外重要。曹家齊《唐宋時期南方地區交通研究》（《宋史研究
通訊》2002 年第 2 期）指出，唐代南北交通幹線主要有兩條，一為長安東南
行至嶺南道；一為洛陽東南行至汴州，經運河至福建、嶺南道。宋代入閩道路
進一步開闢，幾條南北幹線之間聯繫進一步加強，杭州與淮西地區的聯繫進一
步密切。

再看水路。白壽彝（前揭）指出唐代的運河較江河等水道所居地位要高，

唐代中葉後大運河段地位更見重要。北宋汴河（通濟渠）在交通上居於睥睨一切的地位。而在唐宋之際所開濬的河渠中作用較大的還有嘉陵江、新源水、蔡河、廣濟河、金水河、荊南漕河、深州新河等，但地位均無法與運河相比。全漢昇《唐宋帝國與運河》（前揭）認為，運河聯結著北方的軍事政治重心和南方的經濟重心，導致唐宋帝國的經濟地理發生劇烈變動。李劍農《魏晉南北朝隋唐經濟史稿》《宋元明經濟史稿》（前揭）指出，安史亂後，除江淮汴道地位見重外，由湘、贛二水入江，溝通江以南與嶺表，又順流入揚州，經汴淮以達於河，由湘出者至鄂州入漢、漢沔經陸路至長安，此亦有唐一代內河南北交通之要道。就沿海航線而言，唐代海舶，由交廣北航經泉州，北以江都為終點；揚子江口以北至白河口之線，幾無定泊之港。然在宋時，已由交廣閩浙江淮擴至密州。《長江水利史略》（長江流域規劃辦公室《長江水利史略》編寫組，水利電力出版社1979年版）指出，北宋時期，與長江幹流密切相關的運河有三個系統：其一為江北運河，聯繫黃河、長江的汴運潁運等；其二為江南運河，聯繫江浙；其三為荊襄運河，聯繫長江、漢水。馮漢鏞《宋代國內海道考》（《文史》26輯，1986年）對宋代沿海各地，包括長江口外、錢塘江口外、閩江口、珠江口外、黃淮以北的海道，進行了詳細考察。王興淮《我國歷史上江漢運河》（《中國水運史研究》專刊一，1987年）指出，北宋是江漢運河曾經發揮過積極作用的歷史時期之一。王力平《唐肅、代、德時期的南路運輸》（《古代長江中游的經濟開發》，武漢出版社1988年版）認為，中晚唐水陸交通中，穿過秦嶺，經漢、沔水系，溝通關中地區與江漢流域以及整個東南地區水陸聯繫的南路，肅、代、德時期運輸非常活躍，承平之際即告蕭條。其在《唐後期淮潁（蔡）水運的利用與影響》（《河北學刊》1991年第2期）說，「北宋的惠民河與唐時的淮潁（蔡）水運相比，已不再是臨時性、替代性的運道，而成為固定運輸線」。張澤咸（前揭）認為，有唐一代，珠江、長江、淮河、黃河等都有商船通行，沿海自南海至渤海的海上交通亦有發展。

域外交通又分陸、海兩路。白壽彝（前揭）較早據《新唐書‧地理志》列舉唐代通四夷的七條重要道路，除登州海行入高麗渤道、廣州通海夷道外，其餘五條為陸路，自唐天寶亂後，西域交通漸形衰落，雖北宋盛時也不能完全恢復。烏廷玉《隋唐時期的國際貿易》（《歷史教學》1957年第2期）、陳守忠《北宋通西域四條道路的探索》（《西北師範學院學報》1988年第1期）分別考察了隋唐和北宋的通西域道路。藍勇《唐宋南方陸上「絲綢之路」的轉輸貿易》

（《中國社會經濟史研究》1990 年第 4 期）認為，南方陸路主要有川滇道、邕州道和滇緬印道。

港口與海上交通。開創者當屬桑原隲藏《蒲壽庚考》（陳裕青譯，中華書局 1929 年版）和《唐宋貿易港研究》（楊煉譯，商務印書館 1935 年版），兩書據伊本·胡爾達茲比《道程及郡國志》記載，指出交州、廣州、泉州、揚州為唐宋四大貿易港，此外潮州、福州、溫州、明州、松江亦為沿海貿易港。白壽彝（前揭）指出，隋唐宋時代的域外交通，較前為特別進展並歷時最久的，是南海上的交通。烏廷玉（前揭文）認為，唐代從廣州出發可至大食波斯及南洋諸國；對日本的商路則有兩條，一為北路，即由登州出海；一為南路，從明州出發。兩宋海外貿易路線經馮承鈞（《諸蕃志校注》，中華書局 1956 年版）、蘇繼頏（《島夷志略校釋》，中華書局 1981 年版）和章巽（《我國古代的海上交通》，商務印書館 1986 年版）等諸多先生的持續努力，現已清楚有四條航線。東起航線是從明、杭等州出發東渡高麗、日本。南海起航線是從廣、泉等州出發，有三條：一是經三佛齊（今蘇門答臘）轉航闍婆（今爪哇）、渤泥（今加里曼丹）、麻逸（今菲律賓群島）等地；二是經蘭無里（今印尼亞齊）再橫渡印度洋去阿拉伯半島上的大食諸國；三是從蘭無里出發橫渡細蘭海到故臨（今印度奎隆），在此換乘小船，沿近海西北向駛入波斯港、亞丁灣。與此同時，也有更多的沿海港口被發掘出來。陳高華、吳泰《宋元時期的海外貿易》（天津人民出版社 1981 年版）指出，宋代東海航路中有登州、密州、明州、杭州、華亭、溫州等港；南海航路中有廣州、雷州、徐聞、瓊州等港；介於東海和南海航路間的有泉州、福州、漳州等港。章巽（前揭）指出，北宋時期，長江口以北的通、楚、海諸州，以及長江口以南的越、臺、福、漳、潮、雷、瓊諸州，也都是通航的海港。沿渤海灣的登州、萊州、滄州、平州、都里鎮諸地，亦有海舶往來。關履權《宋代廣州的海外貿易》（廣東人民出版社 1987 年版）認為，廣州是唐代最為繁榮的貿易港，宋代與之通商的海外國家較唐代為多，海外貿易也超過了唐代。蔣致潔《唐宋之際絲路貿易與海路貿易的消長變化》（《社會科學戰線》1993 年第 5 期）認為，自唐宋以降，在中國古代對外貿易中，陸路（絲路貿易）地位日趨下降，海路貿易逐漸佔據優勢，基本上處於主導、支配地位。陸韌《宋代廣西海外貿易興起初探》（《海交史研究》1997 年第 1 期）認為，宋代廣西海港得到了極好的發展機遇，一躍成為西南地區貿易重地和出海門戶。黃純豔《宋代海外貿易》（社會科學文獻出版社 2003 年版）認

為，宋代貿易港較唐代有明顯增長，北自京東路，南至海南島，港口以十數，形成多層次結構，大致可分為廣南、福建、兩浙三個相對而言自成體系的區域。

五、區域經濟研究

此項研究源起於 20 世紀 30 年代的《食貨》雜誌。進入 80 年代後，關注者益多。漆俠對兩宋區域經濟的研究堪稱詳盡具體，他認為從整體看是「北不如南，西不如東」（《宋代經濟史・下》，上海人民出版社 1988 年版）。葛金芳在《中國經濟通史・第五卷》（前揭）中，從動態角度將其發展趨勢概括為「東強西弱，南升北降」，並將各區域經濟特色歸納為：中原經濟頑強發展、一波三折，東南經濟蓬勃興起、後來居上，西川經濟不平衡發展，中南經濟困頓停滯，廣南經濟地廣人稀、起點過低。

中原經濟區。該區位於黃河中下游地區，唐代大體包括關內、河東、河北、河南四道，以及山南道北部地區，宋代則為京畿、河北、京東、河東、陝西、京西北路六路。學界普遍認為，關中地區自唐中葉後經濟發展遭受重創，入宋以後漸次恢復。楊德泉《北宋關中社會經濟試探》（《宋史研究論文集》，浙江人民出版社 1987 年版）指出，從農業和手工業看，較之唐代，宋代陝西經濟地位明顯低落。韓茂莉《北宋黃河中下游地區農業生產的地域特徵》（《中國歷史地理論叢》1989 年第 1 期）認為，中原地區以河南的經濟發展水平為高；陝西則次之，雖本地農業區僅限於關中，但仍能達到較高水平；河東略有餘糧；唯河北一路糧食最為短缺。程民生《論宋代河北路經濟》（《河北大學學報》1990 年第 3 期）認為，宋代河北路經濟仍然發達，實力雄厚。邢鐵《宋代河北的絲織業》（《河北學刊》1990 年第 5 期）認為河北的絲織業仍較發達，絲織業的重心似仍在北方。程民生《論宋代陝西路經濟》（《中國歷史地理論叢》1994 年第 1 期）認為，宋代陝西的經濟發展屈從於國防利益，但手工業門類齊全，商業也異常活躍。

東南經濟區。該區泛指長江下游地區，尤其以太湖流域為重心，在唐代大致為淮南、江南道東部地區，宋代大致為淮南東西路、江南東西路和福建沿海地區。該區在兩宋時期發展迅速，故成果較多。陶希聖《五代的都市與商業》（《食貨》1：10，1935 年）指出，五代時，各地商業繁榮，都市繁盛。尤以淮河以南最足稱道。楊章宏《歷史時期寧紹地區的土地開發及利用》（《歷史地理》第 3 輯，1983 年）認為，唐後期，該地區已成為全國最富庶的地區之一。至

宋代，更成為全國的糧食基地之一。方如金分析了《北宋兩浙社會經濟的發展及其原因》（《浙江師範學院學報》1984 年第 1 期）。彭友良《兩宋時代福建農業經濟的發展》（《農業考古》1985 年第 1 期）指出，兩宋時代福建農業經濟得到很大的發展，表現為土地的墾闢，耕地迅速增加；水利的開發和興修；各種物產豐富；對外貿易的崛起。梁加龍《宋代江西蠶業發展初探》（《農業考古》1985 年第 2 期），文士丹、吳旭霞《試論北宋時期江西農業經濟發展》（《農業考古》1988 年第 1 期）和吳旭霞《宋代江西農村商品經濟的發展》（《江西社會科學》1990 年第 6 期）等，分別從不同角度探討了江西的經濟發展。謝元魯《論「揚一益二」》（《唐史論叢》第 3 輯，陝西人民出版社 1987 年版）認為，揚州在唐以後的衰落不過是東南地區內部中心城市轉移的一種表現。杜瑜《歷史地理變遷與揚州城市興盛的關係》（《平準學刊》第 4 輯上，光明日報出版社 1989 年版）指出，唐代後期江淮地區經濟的迅速發展，為揚州發展提供了物質基礎，揚州亦因其優越的地理條件很快發展為全國最大的經濟都市。楊希義《唐代絲綢織染業述論》（《中國社會經濟史研究》1990 年第 3 期）指出，江南地區的絲織業到唐代後期已超過北方。林汀水《兩宋期間福建的礦冶業》（《中國社會經濟史研究》1992 年第 1 期）認為，福建的礦冶業初興於唐代，至宋極盛，成為全國重要的礦區之一，出產金、銀、銅、鐵、水銀、錫和礬等礦。方亞光《論唐代江蘇地區的經濟實力》（《中國史研究》1993 年第 1 期）認為，唐代中葉以後，從生產工具水平、手工業技術、商品經濟發展程度而言，該地區均處於全國領先地位。韓茂莉論述了《宋代東南丘陵地區的農業開發》（《農業考古》1993 年第 3 期）。方鍵《唐宋茶產地和產量考》（《中國經濟史研究》1993 年第 2 期）認為，若從唐宋茶的產量而言，江南路居首位，次則四川，荊湖第三，兩浙第四，淮南 13 場至北宋盛極，福建茶產量雖遜於以上各路，卻以品質優良著稱。兩廣產量甚微。周生春《論宋代太湖地區農業的發展》（《中國史研究》1993 年第 3 期）認為，北宋崇寧以後太湖地區農業發展達到北宋後期最高水平。龍登高《宋代東南市場研究》（雲南大學出版社 1994 年版）通過分析和比較，認為宋代的經濟與市場發展程度最高的地區在東南的兩浙、福建、江東、江西四路。鄭學檬《中國古代經濟重心南移和唐宋江南經濟研究》（前揭）指出，太湖地區自晚唐五代以來，農業經濟的發展最為突出；手工業以製茶、製鹽、紡織、竹編、葦編、瓷器、釀酒、造紙、藥材等為主，水平較高。江西經濟開發自五代始大大加速，有特色的產品主要是稻米、豬、

牛、禽、魚等副食品資源，木材、礦產、蔬果、烏血等經濟林等等；手工業品則以瓷器最出名。宋代福建農業發展最快的地區是沿海平原，在許多方面與兩浙有共同之處，它也代表當時中國農業經濟的水平。而從總體來看，五代時期南北方農業經濟發展不平衡，長江流域及其以南地區農業經濟無論在深度和廣度上都超過了北方，但本地區內部亦不平衡。方健《兩宋蘇州經濟考略》(《中國歷史地理論叢》1998 年第 4 期) 認為，宋代蘇州經濟居當時全國的領先地位，與中唐以來經濟重心南移的趨勢相一致。周懷宇《論隋唐五代淮河流域城市的發展》(《安徽大學學報》2001 年第 3 期) 認為，隋唐五代是淮河流域城市發展史上的一個快速成長期，揚州、開封為兩大龍頭城市，而沿運河相繼湧現出的新城市中較為突出的有宋、楚、泗、壽、潁、濠、宿、盧等州。陳國燦《宋代江南城市研究》(中華書局 2002 年版) 認為，北宋時期，兩浙路的城鎮發展最為顯著，已達到乃至超過了北方發達地區的水平；江南東路次之，接近北方發達地區的水平；江南西路雖較宋代以前有顯著的發展，但由於起點較低，直到北宋中後期，仍與兩浙、江東地區有相當大的距離。葛金芳《兩宋東南沿海地區海洋發展路向論略》(《湖北大學學報》2003 年第 3 期) 認為，入宋以後，隨著商品經濟的發展，海外貿易的興盛，促使東南沿海地區開放型市場崛起，從而在本地區出現海洋發展路向，其具體表徵有五：其一，東南沿海眾多外貿港口，從南到北連成一片；其二，海外貿易範疇大為擴展，構成當日世界性貿易圈的兩大軸心之一；其三，進出口商品中，分別以初級產品和工業製成品為主；其四，中外商人隊伍壯大，出海經商風氣盛行；其五，對域外世界的認識遠較漢唐豐富詳贍。此前，也有專文討論福建地區的海外貿易問題，如林汀水《略談泉州港興衰的主要原因》(《廈門大學學報》1984 年第 1 期)，韓振華《五代福建對外貿易》(《中國社會經濟史研究》1986 年第 3 期)，胡滄澤《宋代福建海外貿易的興起及其對社會生活的影響》(《中國社會經濟史研究》1995 年第 1 期)，廖大珂《唐代福州的對外交通和貿易》(《海交史研究》1994 年第 2 期)。

西川經濟區。該區大致指唐代的劍南道，北宋的成都府和梓州、利州、夔州這四路。關於唐宋時期四川經濟的發展，先後有兩部專著予以討論。賈大泉《宋代四川經濟述論》(四川省社會科學出版社 1985 年版) 認為，自 10 世紀後期至北宋中葉，本地經濟發展迅速，在全國佔有重要地位。李敬洵《唐代四川經濟》(四川省社會科學出版社 1988 年版) 指出，中唐以後四川成為全國經

濟最發達的兩個地區之一。賈大泉《宋代四川的紡織業》、《宋代農村商品生產》和《宋代四川城市經濟的發展》（分見《宋史研究論文集》1982 年年會會刊，河南人民出版社，1984 年；《西南師範學院學報》1985 年第 1 期；《四川師範大學學報》1986 年第 2 期）認為，宋代本地的紡織業在前代的基礎上又有長足發展，農村地區的商品化生產的專業分工現象極為普遍，在蠶桑紡織業、茶葉種植業、甘蔗種植業和製糖業、藥材種植業、釀酒業、井鹽業、水果生產方面均有體現，從而促進了本地區商品經濟的日趨活躍。城市經濟的發展貌似繁榮，但在封建勢力的干擾和戰爭的衝擊下，很難持續。謝元魯《宋代成都經濟特點試探》（《中國社會經濟史研究》1983 年第 3 期）、《論「揚一益二」》（前揭）認為，宋代成都的經濟十分繁榮，在全國佔有重要地位。韓茂莉《宋代川峽地區農業生產述論》（《中國史研究》1992 年第 4 期）認為，川峽四路的農業生產發展很不平衡，川西成都平原是全國農業生產最發達的地區之一，川東地區仍然較為落後。林文勳《宋代四川與中原內地的貿易》（《宋代經濟史研究》，雲南大學出版社 1994 年版）認為，四川地區已發展成為我國西部區域的經濟中心區。

中南經濟區。該區大致指唐代山南道南部和江南道西部一帶，宋代的京西南路和荊湖南北路。鄭學檬《試論唐五代長江中游經濟發展的動向》（《古代長江中游的經濟開發》，武漢出版社 1988 年版）指出，唐五代長江中游（今湖北、湖南、江西三省）地區經濟發展加速，使地區聯繫日趨緊密，由此江南經濟正在向超過北方的方向發展。韓茂莉《宋代荊湖地區農業生產述略》（《歷史地理》第 12 輯，1995 年）認為，宋代荊湖南、北路尚未得到全面開發，尚處於粗放經營階段。楊果《宋代兩湖平原地理研究》（湖北人民出版社 2001 年版）認為，兩宋時期是兩湖平原市鎮在空間上迅速擴展的一個重要時期，其中值得特別注意的又是縣以下鎮、市的擴展。

廣南經濟區。該區大致指唐代的嶺南道，北宋的廣南東西二路。徐俊鳴《古代廣州及其附近地區的手工業》（《歷史地理》創刊號，1982 年）認為，唐宋時期本地區手工業較為發達，諸如造船、紡織、食品加工、陶瓷、製紙、礦冶等均帶有濃厚的地方特色。陳偉明《宋代嶺南主糧與經濟作物的生產經營》（《中國農史》1990 年第 1 期）認為，宋代嶺南地區初步形成了獨立的農業生產區。關履權《宋代廣東歷史發展趨向與農業商品化》（《廣東社會科學》1991 年第 1 期）認為，工商業和海外貿易對廣東歷史發展起了催化劑作用。韓茂莉《宋代

嶺南地區農業地理初探》(《歷史地理》第 11 輯，1993 年) 分析了宋代嶺南地區的人口構成及其分布，認為蠻人集中分布的廣西和海南島生產方式還很落後，指出宋代內地移民是嶺南地區重要的農業生產勞動力，內地移民集中的南嶺南坡地帶，以及珠江三角洲，是嶺南農業開發程度較高的地區，也是嶺南最重要的農業經濟區。但與內地相比，嶺南大多地區的生產方式仍很落後。

六、結語

筆者自知，對於學界在長達近一個世紀的時段中所做的有關唐宋經濟格局研究的成果，是無論如何也不可能在此文中一一盡述的，因取捨眼光和目的所限，即使部分較為重要的成果，間或亦有遺漏。在對經濟格局的研究成果進行了上述梳理後，筆者認為要使此課題的研究進一步走向深入，還須從如下幾方面著手：

第一，確立貫通研究的思路，打破朝代分野。即以唐宋變革期學說為指導，改變過去以朝代為中心的敘述模式，將晚唐至宋的經濟格局變動視作整體予以考察，關注趨勢的演變特徵，以期反映出其時經濟格局變動的總體面貌。

第二，明確經濟格局變遷的內涵，切實把握其所涉及的各個方面。經濟格局當以自然環境、農牧業經濟、經濟重心、交通網絡和區域經濟為主體構成部分，這也理應成為學界探討此課題的側重點。

第三，探明經濟格局變遷的內在聯動機制，揭示各要素間的相互影響關係。由上述各要素組成的經濟格局是一個有機結構，各側面間存在著相互影響、相互制約的關係，故有必要從動態的角度尋求其間蘊含的內在邏輯關係。

第四，加強薄弱環節研究，重視區域經濟的不平衡發展。在既往關涉唐宋之際經濟格局變遷的成果中，仍存在明顯的薄弱環節（如生態等），區域經濟的研究亦畸輕畸重，為此，今後的研究應在薄弱之處進一步加強力量，而對於學界著力較多的經濟區域，重點則在於概括出其特色，指明其地位。

以上淺見，僅供參考。

原刊於《湖北大學學報》2003 年第 6 期；
人大復印資料《魏晉南北隋唐史》2004 年第 3 期全文轉載。

後　記

　　《宋代史論探》是繼《五季宋初史論探》之後，筆者編纂整理的第二部論文集，由主要研究宋代史相關問題的 17 篇文章構成，寫作時間前後跨度達 20年之久。而這 20 年，既是個人從事史學研究的起步階段，也是在宋代史研究領域展開初步探索的時期，出於為將來治學提供借鑒和思考，以示不忘業師教誨恩情之意的目的，自認為甚有必要對此稍加回顧和總結。

　　於我而言，與兩宋史結緣，本身應該是小概率事件。雖說在啟蒙教育階段，個人就對《三國演義》、《說岳全傳》、《水滸傳》以及《上下五千年》中的人物故事顯現出濃厚的興趣，但這種興趣與歷史的學習畢竟不是一回事，更遑論與歷史研究的聯繫。而且，實際上，當年填報大學誌願時，從咸寧市一所職業高中畢業的我，在所有專業中根本就沒有選擇歷史，也許僅僅就是因為在時任校長勸說下不甘心寫上的「服從調劑」四個字，才最終被湖北大學歷史系歷史教育專業提前錄取。當時，對於專業的認識極為模糊，本人只是簡單認為，能讀大學，實現從農村戶口到城鎮戶口的轉變，吃上商品糧，脫掉草鞋，再也不像父輩那樣「背朝黃土面朝天」、風吹日曬、黑汗水流般辛苦，就已經心滿意足了。至於學習歷史究竟有什麼用，將來能幹什麼，並未多想，也實在是想不明白，端上鐵飯碗就是實實在在的硬道理。就這樣陰差陽錯，本希望趕大潮學習金融等熱門專業，以便將來在商海博弈、徹底摘掉貧窮帽子的我，卻稀裏糊塗不得不接受歷史教育，這彷彿是此生宿命，注定無法擺脫。

　　更加需要說明的是，1992 年本科畢業留校後的 10 年間，我一直從事行政工作，包括總支秘書、團委書記、教學秘書、學生支部書記、成教主任等等都幹過，還曾先後擔任 92 級歷史、93 級檔案和 96 級歷史班主任。如果按照行政

正常晉升的規律推算，大約 2007 年前後，個人也有極有可能成為一名正處級幹部，頂多晚幾年，結果必定不會有太大不同。換句話說，這種按部就班的職業發展軌跡，在沒有受到其他因素的干擾下，一切順利，將最早在 15 年後抵達「天花板」。以一般世俗的眼光來看，這也未嘗不是一種理想的人生選擇，畢竟屬於普通人難以企及的高度，收入和待遇也比大多數教員高出很多，一路走下去，並非不可接受。因此，倘若安心行政工作，我也幾無從事歷史研究的可能。

但是，變化往往會在不經意間發生。在行政崗位工作 7 年之後，我頓悟似地開始認真考慮未來何去何從的問題。其間最大的疑惑就是，40 歲左右榮升正處級以後還能有什麼追求？退休之後，因無專業特長，又能幹什麼？基於這種考慮，我從內心已經很難認同行政工作的服務性和輔助性的意義，對於行政的職級晉升也了無興趣，進而逐漸萌生去意，期待能轉入專業教師系列，從事學術研究，切實承擔教書育人的神聖職責。

依照鄙校當年的規定，從行政轉崗教學，必須擁有碩士文憑。遵循就近和從簡的原則，經過師友指點和個人反覆權衡，我有意報名參加 1999 年的碩士研究生考試，選擇的導師是本科階段的老師、現同在人文學院工作的葛金芳教授。葛先生向有嚴師和名師之譽，要求學生的標準極高，批評的嚴厲程度更是令人聞之色變。不過，其雄辯的口才、高深的學術造詣和行之有效的學術訓練方法，顯然對有志於深造的學生吸引力更大。而葛師對我這個多年不誤正業的學生，竟然並不排斥。數年之後，其坦言當時確實有同事不無擔心地提醒他：小曾不容易「收服」，讀書可能僅僅是為混文憑。但葛師對此並不以為然，仍然鼓勵我潛心備考。

在明確獲得葛師同意報考後，我在三個月的時間裏全力備戰，並最終克服英語這個「攔路虎」而成功上岸，於 1999 年秋季入學，正式躋身葛師門垣，成為一名在職碩士研究生，再度在歷史學領域學習和深造，接受更為專業的史學訓練。客觀而論，整個碩士階段的學習異常艱苦，極其不易，而葛師的鞭策和督促發揮了至關重要的作用，效果出奇的好。其間受教的諸多細節，在葛師七十壽慶之際，個人所撰《卅載教誨 於今受賜》(《葛金芳教授七十壽慶文集》，中山大學出版社 2016 年版) 中有詳細記載，此處不再贅述。

在葛師的推薦下，個人又於 2005 年 3 月參加了暨南大學的博士生考試，當年 9 月有幸成為先師張其凡教授座下弟子之一。關於結識張師、乃至其後讀博的經歷以及對先師的緬懷，筆者曾先後撰寫《從慕名到入門：與先生最初的

交往》(范立舟、曹家齊主編:《張其凡教授榮開六秩紀念文集》,上海人民出版社 2009 年版)、《最後的印記 永遠的別離——憶先師張其凡教授》(《五代宋史論集》,中國社會科學出版社 2018 年版)與《負笈嶺南:受教三年的追憶》(《張其凡先生紀念文集》,長江出版社 2019 年版)的 3 篇文章多有涉及,此處無冗再敘。至於為何介紹我至張先生門下攻讀博士,葛師自有說法:其凡兄文獻功底極為深厚,剛好彌補我之弱項,攻博期間若能將其凡兄之文獻工夫學到手,再輔以敝人方法論之解剖刀,則前途無量矣。其間自然不乏謙抑之意,但由此不難感知葛師之期許。先生此論發表於 18 年之前,至今我仍言猶在耳,無日敢忘。但遺憾的是,兩位恩師之絕學,個人尚未真正領略精髓和奧妙,未來仍需繼續加倍努力。

倘若從 2002 年 6 月畢業算起,迄今正好 20 年;而從 2008 年 6 月自暨大以在職博士生的身份順利畢業,返回湖北大學歷史文化學院任教作為上限,至今也有 14 年。在這前後長達 20 年的史學研究生涯中,其間固然因從事教學、申報課題、發表論文和申報職稱的需要,個人的學術關注點不得不經常「飄移」,很難長期集中於某一特定研究方向作深度挖掘,由此導致的淺嘗輒止的缺陷顯而易見。不過,若從「飲水思源,落實思樹」的角度而言,儘管過去 20 年,迫於「生存」的實際需要,屢屢不得不「跳出三界外,不在五行中」,但前後授受於葛師與先師張其凡教授的宋代史方向,卻仍然是個人研治史學的一條主線,從未中斷——心茲念茲,未敢或忘。雖說此類成果無論在數量和質量上,難與同時代之先進相提並論,對於宋代史研究的貢獻乏善可陳,然而在學術傳承和個體治學的自我提升層面上,又注定是難以抹滅的標記,故而即有此編的問世。

兩位受業恩師都是宋史學界的名家,在學術上各有專擅,但不僅風格上存在差異,而且關注的重點也有明顯區別。相對來說,葛師的學問承襲於太老師趙儷生先生,以思辨見長,理論素養堅實,善於從長時段來把握歷史走向,注重歷史發展趨向的認識,並一直以經濟史作為深耕的領域,曾在《歷史研究》、《中國史研究》、《社會學研究》、《民族研究》和《中國經濟史研究》等重要刊物發表多篇重頭文章,在學界享有極高知名度。先師張教授的學術則深受新會陳氏的影響,注重文獻基本功的掌握和運用,強調史源的重要性,以考據為治學的根本方法,研究領域側重於文獻學、人物史、軍事史和政治史等,累計在《歷史研究》、《中國史研究》、《文史》、《中華文史論叢》、《文獻》、《文史哲》、

《史學月刊》、《史學集刊》等刊物發表論文近 200 篇，出版專著 10 餘部、合著多部，在宋史學界頗負盛名。

本人卻自認稟賦有限，加以刻苦用功程度不夠，故而無論在學術的高度和深度上，都與兩位先生的要求還有不小差距。但在論題的選擇和治學風格上，又或多或少地保留和遺傳了先生的路數。即以此編所收 17 篇文章而論，關於經濟史的 6 篇，顯然是受教於葛師的收穫，其中的兩篇綜述和宋代人口問題的討論，更是參與葛師課題的直接產物；對於農具稅和社會流動的分析，潛移默化中也有葛師的「元素」。至於人物和文獻方面的文章，諸如王禹偁、洪适和崔與之等某一側面的探究，以及對《壽昌乘》、《五代史闕文》等歷史文獻的解讀，則與先師張教授的影響不無關係。所以，就此來看，這 20 年來，本人終究還算是宋史研究的一員。當然，誠如葛師所言：「文獻與方法皆有再上層樓之餘地。」

古人云「學然後知不足」，「學而知困，教而知不足」。筆者自知，相較於漫無涯際的學術而言，個人此前的研究成果就連滄海一粟都算不上，但未知世界卻在無限擴展其邊界，現代學術對研究者的要求又在不斷提高。因而在行年五十有四的今日，更是倍覺光陰之可貴，且寄望能在有生之年於宋代史研究領域多作掘發和探討。更為重要的是，學術以專精為貴，以博通為難，為要博通則必須有所專精，而在時間和精力有限的條件下，個人未來數年將具體依託於兩宋，兼及前後數朝，大體以中古時期的社會流動、中古疾病醫療史為主攻方向，力爭發表更多更高品位的學術成果，以報師恩於萬一！

最後，藉此機會，本人誠摯向花木蘭文化出版社表達衷心的感激之情，感謝該社多次惠賜拙作付梓的難得機會！其實，包括此編在內，個人已是第三次與該社合作，此前《高氏荊南史稿》（2015 年）、《五季宋初史論探》（2022 年）的出版經歷，使我對素未謀面的高小娟先生、楊嘉樂先生和宗曉燕先生的誠懇熱情、細緻專業，留下了極為深刻的印象，而這無疑是保證書籍出版質量至為重要的因素，也是作者願意與該社開展合作的直接原因。基於此點，本人深信，與該社的合作，將來仍會繼續，《宋代史論探》的出版依舊只是漫漫征程中的起點之一。

是以為記。

曾育榮

2022 年 8 月 2 日